UTB **2567**

Eine Arbeitsgemeinschaft der Verlage

Beltz Verlag Weinheim · Basel
Böhlau Verlag Köln · Weimar · Wien
Wilhelm Fink Verlag München
A. Francke Verlag Tübingen und Basel
Haupt Verlag Bern · Stuttgart · Wien
Lucius & Lucius Verlagsgesellschaft Stuttgart
Mohr Siebeck Tübingen
C. F. Müller Verlag Heidelberg
Ernst Reinhardt Verlag München und Basel
Ferdinand Schöningh Verlag Paderborn · München · Wien · Zürich
Eugen Ulmer Verlag Stuttgart
UVK Verlagsgesellschaft Konstanz
Vandenhoeck & Ruprecht Göttingen
Verlag Recht und Wirtschaft Heidelberg
VS Verlag für Sozialwissenschaften Wiesbaden
WUV Facultas Wien

Karl-Heinz Göttert

Oliver Jungen

Einführung in die Stilistik

Wilhelm Fink Verlag · München

Bibliografische Information Der Deutschen Bibliothek

Die Deutsche Bibliothek verzeichnet diese Publikation in der Deutschen National-
bibliografie; detaillierte bibliografische Daten sind im Internet über http://dnb.ddb.de
abrufbar.

© 2004 Wilhelm Fink Verlag GmbH & Co. KG
ISBN 3-7705-3962-1

Printed in Germany.
Einbandgestaltung: Atelier Reichert, Stuttgart
Herstellung: Ferdinand Schöningh, Paderborn

UTB-Bestellnummer: ISBN 3-8252-2567-4

Himmel! welche entsetzliche Wortfügungen! welche hochverrätherische
Zeitwörter! welche majestätsverbrecherische Accusative! welche
Imperative! welche polizeywidrige Fragezeichen! welche Metaphern,
deren bloßer Schatten schon zu zwanzig Jahr Festungsstrafe berechtigte!

(Heinrich Heine zu Ludwig Börnes „Pariser Briefen")

Ihre Stillosigkeit kennzeichnet Ihre Zukunft!

(Thomas Goppel zu protestierenden Studierenden in Augsburg)

Inhalt

Vorwort: Kein Stil!

> He had one last triumph, which I think we need not grudge him. As he stood on the bulwark looking over his shoulder at Peter gliding through the air, he invited him with a gesture to use his foot. It made Peter kick instead of stab. At last Hook had got the boon for which he craved. "Bad form," he cried jeeringly, and went content to the crocodile. Thus perished James Hook.
>
> *(James Matthew Barrie: Peter Pan)*

„Kein Stil" – im englischen Original von 1904: „Bad form" – ruft der in den Schlund des Krokodils stürzende Käpt'n Hook Peter Pan beglückt zu, der ihn – als letzten Freundschaftsdienst – reichlich ungalant mit den Füßen hinabstößt. Nichts anderes wollte der Verführer schließlich erreichen, als den in Ausdruck und Geste geradezu perfekten Stil des Helden zu durchbrechen, ihm einen wahrhaften Stilverstoß nachzuweisen. Peter Pan, der Junge, der nicht erwachsen werden will, ist nämlich das genaue Gegenteil des bocksfüßigen, gehörnten Namenspatrons, der, panischen Schrecken verbreitend, in den arkadischen Wäldern mit Nymphen tändelte. Peters piratesker Verfolger scheint um einiges kindlicher zu sein. Hook weiß aber nicht nur infantil wenig vom Stil, noch weniger weiß er von der Stilistik, die sich so einfach nicht an der Nase herumführen lässt. Wie man den Stil nicht nur halten, sondern durch eine stilvoll eingesetzte Stillosigkeit sogar mehren kann, führt das *Neverland*-Märchen James Matthew Barries vor.

Stillosigkeiten als Stil? Das ist durchaus keine Besonderheit. Stil, in der kürzest möglichen, aber auch wenig erhellenden Definition, ist einfach das jeweils Angemessene (in der Sprache der Rhetorik: das *aptum*). Ein bewusst eingesetzter Stilbruch kann nun allerdings sehr angemessen sein, viele rhetorische Figuren operieren in diesem Grenzbereich des Korrekten. Wichtig ist dabei immer, dass das jeweilige stilistische Detail, auch wenn es nach üblicher Klassifikation eigentlich einen Stilbruch oder eine Stilblüte darstellte, *bewusst* so und nicht anders eingesetzt wird. Mit der Stilistik, wie sie gut zwei Jahrtausende lang die abendländische Kultur begleitete, hat der Stil, den Peter Pan repräsentiert, dennoch wenig zu tun. Hier nämlich ist der Stil ein Charakteristikum im stärksten Wortsinn: der Ausdruck eines (edlen) *Charakters*, radikal individuell.

Erst seit dem 18. und vor allem seit dem 19. Jahrhundert gilt Stil nicht mehr als Technik, die sich einüben lässt, sondern als Manifestation, als individueller Ausdruck des Inneren. In diesem physiognomisch denkenden Zeitalter wollte man am Stil wie an vielen anderen Zeichen auch das Wesen eines Menschen und die Größe seiner Gedanken erkennen und eben nicht seine Kunstfertigkeit. So zumindest die Programmatik, auch wenn sich die Praxis weniger eindeutig zeigte: Trotz der prinzipiellen Gleichwertigkeit aller Expressionen schienen doch manche gleicher zu sein als andere.

Ein zweites Beispiel mag verdeutlichen, dass diese Auffassung vom Stil weit ins 20. Jahrhundert hinein gültig bleibt. Im Artikel „Beredsamkeit" des *Wörterbuchs der Antike* von 1963 (die Erstauflage stammt von 1933) steht der lapidare Satz: „Die Freude an kunstreicher Rede u. geformtem Stil ist dem Südländer angeboren". Einmal abgesehen vom stutzig machenden Gehalt dieser Aussage verbindet auch sie einen Menschen(schlag) mit einem bestimmten, natürlichen, sogar *angeborenen* Stil. Einerseits steht hinter solchen fragwürdigen Theorien ein bedenklich verengter Stilbegriff. Andererseits begünstigt gerade dieses Verständnis eine moderne Rationalisierung: Stil, nicht mehr als Norm betrachtet, lässt sich nicht formen, sondern lediglich beobachten, und das heißt: analysieren. Damit ist eine kritische Distanz zum Gegenstand eingenommen, die Voraussetzung aller Wissenschaft.

Die längste Zeit aber war dies anders: Stil (hier ist gemeint: Sprach- und Schriftstil) als Gegenstand der Stilistik schien durchaus lehrbar. Die folgende Einführung in Theorie, Geschichte und System und Praxis der Stilistik vermittelt einen Überblick über die Disziplin in ihrer ganzen Breite, angefangen im antiken Griechenland und fortgesetzt bis zur Gegenwart – über die magische Grenze um 1800 hinaus, als die Stilistik als ganze ihren systematischen Ort wechselte.

Schriftlicher Stil entfaltet sich vor allem in der Literatur. Seine Analyse gehört seit je zu den wichtigsten Aufgaben der Literaturwissenschaft. Nach dem Durchgang durch die Theorie des Stils bzw. der Stilistik werden daher in einem zweiten Teil prototypische Stilanalysen klassischer Texte aus den bedeutendsten Epochen der deutschen Literaturgeschichte gegeben. Die vorliegende Stilistik wendet sich damit in erster Linie an (junge) Philologen, die mit Texten bzw. Textinterpretationen zu tun haben und hier auf Probleme der sprachlichen Gestaltung stoßen.

1 Theoretische Verortung

1.1 Der Stilbegriff

1.1.1 Unendlich viel(e) Stil(e)

Das hat Stil! oder auch: *Das hat keinen Stil!* – erstaunlicherweise verstehen wir solche Aussagen bestens, ohne sagen zu können, was Stil eigentlich ist. Diese definitorische Verlegenheit stellt kein kleines Manko für eine Stilistik dar. Eine Einführung in die Disziplin der Stilistik hat es da etwas einfacher, weil sie das Manko nur zu benennen, nicht zu beheben braucht. Keine der zahlreichen sprachgeschichtlichen Stilistiken, keine der heutigen oder älteren Ratgeber-Stilistiken, nicht einmal die angrenzende Stil-Geschichte konnte in allgemein gültiger (und das heißt: akzeptierter) Weise klären, was genau wir unter Stil zu verstehen haben. Keine dieser Publikationen konnte demnach den eigenen Gegenstand bestimmen. Man behalf sich daher mit *ad-hoc*-Eingrenzungen. Solche Festlegungen gab es zuhauf, beispielsweise wissenschaftliche: „Sprachlicher Stil ist die sozial relevante Art der Durchführung von Handlung mittels Text oder interaktiv als Gespräch" (Barbara Sandig), aperçuhafte: „Der Stil ist der Mensch" (Graf Buffon) oder polemische: „Der Stil ist der Teufel" (Paul Valéry). Doch taugte ein Definitionsversuch eben immer nur bis zur nächsten Infragestellung. Nach vielen Kämpfen nähert man sich inzwischen der entspannteren Auffassung einer Pluralität von Stilen, ohne dass dies gleich auf eine solipsistische Welt hinausläuft. Stil ist immer auch ein Spiel: mit der Konvention, mit den Erwartungen. Stil – so die heute wohl gängige Ansicht – liegt jenseits der Sprache, in der er sich äußert und die alle Möglichkeiten bereithält: Stil ist Entscheidung.

Dem Ungenügen auf definitorischer Seite steht der geradezu inflationäre Gebrauch der Stil-Vokabel gegenüber. Was bezeichnen wir nicht alles als Stil! Es gibt ohne Frage einen Sprachstil, um diesen dreht sich die folgende Einführung. Man spricht aber ebenso vom Denkstil, vom Baustil, vom Einrichtungsstil, vom Stil eines Künstlers wie vom Stil eines Kochs, vom Regierungsstil, vom Kampfstil (sportlich oder kriegerisch), vorübergehend wollte man sogar einen „Rassenstil" kennen (Julius Petersen). Sehr mo-

derne Stile tauchen auf, der Cyberstil etwa – nicht nur eine Abwandlung des Sprachstils, gemeint ist vielmehr eine bestimmte
Einstellung, die mit dem Erlebnis weltweiter Simultaneität zusammenhängt – oder auch jener „Lifestyle", der sich mit Lebensstil kaum übersetzen lässt. Überhaupt sind die Bildungen mit „style" flüchtiger als jene mit „Stil", beziehen sich eher auf Verhal-
tensweisen und nicht auf materielle oder intellektuelle Grundlagen
(wie der Lebensstil). Das ist im Übrigen nicht falsch: Das englische Wort *style* ist etwas weniger erhaben als die deutsche Variante, gibt es doch im Englischen für den uneigentlichen Ausdruck
noch weitere Bezeichnungen. So die Wendung *manner*, wenn die
Eigenart von etwas gemeint ist, *way* bei sehr freien Ausdrücken
wie *in a big way* (im großen Stil) oder *form* für Haltung: *That is bad
form* (Das ist schlechter Stil).

1.1.2 Schriftstil und Stilbegriff

Mehrere Eingrenzungen sind vorzunehmen, will man sich nicht in
dieser Unübersichtlichkeit verlieren. Der weiteste Stilbegriff be-
zeichnet eine bestimmte Haltung („sein großzügiger Stil") oder
steht als Synonym für „Art und Weise" (Laufstil etc.). Um diesen
Begriff wird es im Folgenden nicht gehen. Spezieller ist schon die
Bestimmung des Stils als Sprache der Kunst: ein bestimmter Bau-,
Musik- oder Literaturstil (der gotische Stil, der Novellenstil etc.).
Noch spezieller ist die Beschränkung auf den Sprachstil (also die
Ausdrucksweise) und schließlich, eine letzte Einschränkung, auf
den Schriftstil. Dieser philologische Stilbegriff steht hier im Mittelpunkt. Der zugehörigen Wissenschaft der Stilistik, die sich im-
mer schon mit dem Schrift- und Redestil beschäftigte, nähern wir
uns in theoretischer, historischer und analytischer Hinsicht.

   Oft und nicht grundlos findet sich in Stilanalytiken noch eine
weitere Verengung der Perspektive: Sie interessieren sich nicht für
den gesamten Schriftstil, sondern allein für den literarischen. Die
Linguistik hat jedoch herausgestellt, dass *jede* Äußerung Stil besitzt,
weshalb man einer Stilistik ebensogut die umgangssprachliche
Kommunikation zugrunde legen kann. Wenn das in diesem Buch
nicht geschieht und im analytischen Teil tatsächlich der literarische
Stil überwiegt, so hat das eher praktische Gründe: Die Einführung
richtet sich besonders an Studierende der Literaturwissenschaften.
Mit Stilanalysen, wie sie im vierten Kapitel vorgenommen werden,

wird man dort eher konfrontiert als mit Untersuchungen der Alltags- oder Jugendsprache etc. Wir werden aber auch auf die professionellen Stile der Wissenschaft und des Journalismus (und *en passant* auch der Werbung) eingehen.

Mit diesen Einschränkungen haben wir unbemerkt die Begriffsgeschichte der Bezeichnung „Stil" durchlaufen, allerdings in zeitlich umgekehrter Richtung. Am Anfang der Geschichte des Stils (als Begriff) steht der Schriftstil. Man glaubte zwar lange Zeit, den Begriff auf das griechische Wort *stylos* zurückführen zu dürfen, das Pfeiler oder Säule bedeutet. Doch in Wahrheit hat der Stil mit dem *stylos* nicht mehr zu tun als mit einem Stuhl. Tatsächlich nämlich geht die deutsche Bezeichnung lediglich bis auf den lateinischen *stilus* zurück, den spitzen Pfahl, Stiel oder Griffel (wurzelverwandt übrigens mit dem Wort *stimulus*: ein Treibstecken mit eiserner Spitze, der auch einmal als Folterinstrument missbraucht wurde). Ursprünglich ist dabei lediglich die Bedeutung des aufrechten spitzen Gegenstands, weshalb man auch Oliven- oder Spargelschösslinge als *stili* bezeichnete. In der Militärsprache waren *stili* in den Boden eingelassene und verborgene Spitzpfähle, in die der anrennende Feind stürzen sollte. Die zentrale Anwendung des Begriffes stammt allerdings aus der Schreibpraxis: Der *stilus* ist hier ein rückseitig abgerundeter Griffel aus Holz, Elfenbein, Knochen oder selten auch Metall, mit dem man seine Notizen in Wachstafeln (teils auch in Bleitafeln) ritzte und bei Bedarf – *stilum vertere*, den Stift umdrehen – mit der runden Seite glättete und korrigierte. Stil in seiner ersten übertragenen Bedeutung meinte also einfach die (mit dem *stilus* geschriebene) Sprachäußerung. Wurde zunehmend die kunstfertige Beherrschung des Griffels zum Hauptgehalt der Bezeichnung *Stil*, so war auch in der Metapher noch die Zuspitzung präsent. Der Griffel selbst konnte sogar als Waffe dienen. Noch Julius Caesars letzte Handlung vor seiner Ermordung hatte insofern durchaus Stil, setzte er (der nicht nur Triumvir, Konsul und zuletzt Imperator auf Lebenszeit war, sondern ein ebenso bedeutender Redner und Schriftsteller) sich an den Iden des März 44 v. Chr. doch ausgerechnet mit diesem Schreibgerät gegen seine Widersacher zur Wehr. So berichtet Sueton, wie der von den Verschwörern umringte Herrscher, nachdem er von einem der beiden Casca unterhalb der Kehle verletzt worden war, dessen Arm ergriff und seinen Schreibgriffel hindurchstieß. Allerdings rettete auch diese Tat Cäsar nicht mehr und zudem verwendet Sueton an der besagten Stelle nicht den Begriff *stilus*, sondern das lateinische Synonym *graphium*.

Die vermeintlich griechische Etymologie des Begriffs Stil führte eine Zeit lang zu dem Nebeneinander der Begriffe Stil und Styl, nicht nur im Deutschen. Im Englischen und Französischen hat sich, anders als im Deutschen oder Italienischen (*stile*), die (genealogisch gesehen) falsche Schreibung mit „y" sogar durchgesetzt (*style*). Ursprünglich eine Metonymie, eine inhaltlich angebundene Übertragung der Bezeichnung des Schreibgeräts auf die Schreibweise, schließen sich erst in einem nächsten Schritt – und nun rein metaphorisch – die übrigen Stile (wie der Architekturstil etc.) an.

Eine sehr frühe (wenn nicht die erste) Verwendung des Wortes *stilus* im übertragenen Sinn findet sich im Prolog der Komödie *Andria* des römischen Dichters Terenz aus dem Jahre 166 v. Chr. Das Stück handelt von einer folgenreichen Verwechselung: Um Pamphilius vor der Ehe mit einer vermeintlichen Hetäre zu bewahren, täuscht sein Vater Simo Hochzeitsvorbereitungen mit der Tochter eines Freundes vor. Nach einigen Verwicklungen stellt sich heraus, dass die vermeintliche Hetäre selbst eine Tochter dieses Freundes ist. Was die Bedeutung von Terenz' Erstlingswerks ausmacht, ist allerdings der Prolog, der nicht die übliche Handlungsexposition enthält, sondern ein kritisches Bekenntnis des Dichters. Terenz hatte nämlich weder eine kühne Neuformulierung des Andria-Stoffes vorgenommen, wie es etwa Plautus' Spezialität war, noch eine einfache Übersetzung angefertigt, wie es ein Gelehrter namens Luscius Lanuvius tat. Vielmehr hatte er den Stoff aus zwei inhaltlich verwandten Komödien des berühmten griechischen Komödiendichters Menander (3. Jh. v. Chr.) geschöpft. Für diese ‚Kontamination' wurde er schon zeitgenössisch gerügt, vor allem von jenem ansonsten nicht weiter bekannten Luscius Lanuvius. Gegen solche Anschuldigungen verwahrt sich Terenz im Prolog, wobei er den „alten scheelen Dichter" direkt angreift und an das Publikum gewandt herausstellt, warum sein Vorgehen legitim ist:

> Nun paßt mal auf, woraus man ihm einen Vorwurf macht:
> Menander schrieb die „Andria" und die „Perinthia" –
> Wer eine richtig kennt, der kennt sie alle beide;
> sie sind in ihren Stoffen nicht so sehr verschieden,
> jedoch verschieden in der Sprache und im Stil.

Im Original lautet die entscheidende Passage, die letzten beiden Zeilen des Zitats: *ita non sunt dissimili argumento sed tamen dissimili oratione sunt factae ac stilo.* Stil scheint hier tatsächlich schon die heutige Bedeutung zu haben, steht er doch gleichberechtigt neben der Sprache (*oratio*), und beides wird dem Argument oder Inhalt (*argumentum*) entgegengesetzt.

Der Begriff und das Konzept Stil sind also lateinischen Ursprungs, vom Griffel abgeleitet, man kann vielleicht sagen: das Griffelige oder auch das sprachlich Griffige (im Gegensatz zum sprachlich Korrekten). Das Phänomen des Stils kannten die Griechen natürlich gleichwohl, und so hat unser historischer Überblick denn auch bei ihnen zu beginnen, da gerade sie die abendländische Kultur in sprachlicher Hinsicht prägten. Und doch ist auffällig, dass es im Griechischen zwar viele Umschreibungen für den Stil gibt, vor allem das Wort *léxis*, aber auch *idéai*, *prágmata* – die es im Lateinischen im Übrigen genauso gibt: *elocutio*, *genus dicendi* – doch eben keine eigene und eigens abgeleitete Bezeichnung für die Schreibweise. Und tatsächlich entstehen die wichtigsten stilistischen Prinzipien wie etwa die Klassifikation nach drei Stilhöhen erst in römischer Zeit. Bis zum Ende des 16. Jahrhunderts waren Wort und Sache des *stilus* noch im Gebrauch, die konkrete neben der abgeleiteten Bedeutung. Im 17. Jahrhundert verschwindet mit dem Gerät, dem traditionellen Schreibgriffel, weitgehend auch das Wort, erhält sich aber hier und da im übertragenen Sinn. Im stilverliebten 18. Jahrhundert findet dann schlagartig die Ausweitung der Vokabel bis zum heutigen Umfang statt.

Eine Zeit lang sah es im Anschluss an die italienische Frührenaissance so aus, als könnte ein nahezu bedeutungsgleicher Begriff aus dem Gebiet der bildenden Künste dem Stil den Rang ablaufen: die Manier (italienisch: *maniera*). Die in *maniera* angesprochene Hand-Schrift des Künstlers war im 15. Jahrhundert als (erstaunlich individualisiertes) Qualitätskriterium weithin etabliert. In dieser Zeit verschmolz das nun als gleichwertig betrachtete bildhaft Schöne mit der Dichtung zu einem einzigen Bereich des Schönen. Damit schien der aus der Rhetorik stammende Begriff des Stils nicht mehr ohne weiteres aus sich heraus gerechtfertigt. Vom 17. Jahrhundert an wurde aber deutlich, dass sich doch der Stilbegriff durchsetzte: Bei Manier (auch bei Manierismus, vor allem aber bei Manieriertheit) überwog zunehmend die pejorative Konnotation. Ihren Abschluss fand die begriffliche Konkurrenz schließlich im

18. Jahrhundert bei Goethe, der Stil und Manier in einer kleinen, aber wichtigen Abhandlung einander gegenüberstellt, übrigens neben der einfachen (detailgetreuen) Naturnachahmung, die ihm als die anspruchsloseste Kunstform gilt. Die beiden anderen Formen haben dagegen das große Ganze im Blick, einmal abstrakt (Manier) und einmal anschaulich (Stil), aber Goethe lässt keinen Zweifel daran, welchem Konzept er den Vorrang zuerkennt. Der Stil stellt für ihn den höchsten Zustand aller Kunst dar. Im stilvollen Werk kommen die Abstraktion und das genaue Studium des Einzelnen zusammen, weil hier das Einzelne im Begriff zusammengefasst werde. Von solchen Stilkonzepten ist man heute wieder weit entfernt.

Im vorliegenden Buch ist mit *Stil* fortan also *Schriftstil* gemeint. Nicht nur die Zielsetzung der Einführung oder die Herkunft des Begriffs rechtfertigt eine solche Einengung, auch ein weiteres Faktum spricht dafür. Es mag an der starken öffentlichen Präsenz der Sprach- und Literaturwissenschaften (etwa in der feuilletonistischen Literaturkritik) liegen, jedenfalls ist trotz aller Neubildungen mit der Endung *-stil* und trotz der Modevokabel *Style* mit dem für sich stehenden Wort Stil oft der schriftliche bzw. literarische Stil gemeint. Begrenzt man die stilistische Betrachtung in dieser Weise auf die sprachlich-literarische Sphäre, ist das Problemfeld aber immer noch weit genug.

In diesem Kapitel wird das Stilproblem daher zunächst theoretisch angegangen und die entsprechende Terminologie aufgefächert. Das beinhaltet eine Behandlung des Grundproblems der Form-Inhalt-Relation sowie der zentralen Begrifflichkeiten Individualstil, Gattungsstil, Epochenstil, Stiltypen, Stilprinzipien etc. Ebenso werden die wichtigsten theoretischen (linguistischen) und praktischen (literaturwissenschaftlichen) Richtungen der Stilforschung seit etwa 1900 zusammengestellt. Danach (Kap. 2) wenden wir uns der Geschichte der Stilistik von der Antike bis etwa 1900 zu. Gewappnet mit diesem theoretisch-historischen Rüstzeug nähern wir uns schließlich in zwei Schritten der Praxis des Stils an: systematisch (Kap. 3) sowie anhand ausgewählter literarischer Beispiele (Kap. 4).

1.1.3 Das Was und das Wie

Haben wir damit einmal die Beschränkung auf den Schriftstil zugrunde gelegt, stoßen wir gleich auf das nächste Problem: die zweifache und zunächst einmal entgegengesetzte Verwendungsweise des Begriffs. Mit Stil meint man einerseits den charakteristischen *Individualstil*: den Stil Gottfried Benns etc. Andererseits gibt es verschiedene *Gattungsstile*, jede Textsorte erfordert einen eigenen Stil. Wird dieser durchbrochen, handelt es sich – anders als beim Individualstil – um einen Stilbruch, sei es aus Schludrigkeit oder aus kalkuliertem Interesse (z.B. als parodistischer Verstoß). Im Gattungsstil/Textsortenstil zeigt sich Stil also generell im Erfüllen einer erwarteten Charakteristik. Natürlich beweist sich der wahre Künstler darin, sich in ein Genre einzufügen, dies aber so wiedererkennbar individuell, dass es zugleich überschritten wird. Trotz dieser eleganten Verbindung enthüllt die doppelte Stilausrichtung ein weiteres Mal das fundamentale Problem der Stilistik, mit mehreren Stilbegriffen zugleich zu operieren.

Nach dem einfachsten Zeichenmodell lässt sich das sprachliche Zeichen auf zwei Weisen erfassen: als Zeichen selbst in seiner Äußerlichkeit (Form, Klang) oder als das, was es jeweils bedeutet. Ebenso trennt die Kommunikationstheorie einen Inhalt, ein Was, von seiner Mitteilung, dem Wie. Innerhalb der Stilistik findet sich diese Grundunterscheidung wieder, und eben sie ist maßgeblich für die verschiedenen Stilbegriffe verantwortlich. Es ist nämlich so, dass manche Stilbegriffe den Stil auf die Form und andere ihn auf den Inhalt beziehen. Der Gegensatz ist unauflösbar: Stil ist entweder Hinzufügung zu einem Inhalt, der so oder anders ausdrückbar ist, also reines *Wie*. Oder er ist etwas, das mit dem Inhalt selbst in Relation steht: ein *Was*. Handelt es sich beim Stil um ein inhaltlich angebundenes Phänomen, existieren gewisse Vorgaben, die nicht nur in der (selbst natürlich wandelbaren) Konvention begründet sind.

Wie sehr ist nun der Gedanke, das Ausgedrückte, an der stilistischen Gestalt beteiligt? Schon Cicero hat hier Beziehungen gesehen, in der Praxis aber beantwortete man Jahrhunderte lang diese Frage eher nüchtern: Der Gedanke ist überhaupt nicht beteiligt. Es gibt die Botschaft und es gibt ein Übertragungsinstrument, die Rhetorik. Hier wird entschieden, wie wirkungsvoll, mit welchen Stilwerten etc. die Botschaft übermittelt wird. So ging man etwa von der erwünschten Wirkung aus (z.B. der Verurteilung eines

Angeklagten) und suchte dazu passende ‚Gedanken', die dann, einem festen Schema folgend, stilistisch ausgeschmückt wurden.

Der Einspruch kam nicht zufällig in Zeiten der Problematisierung der Rhetorik. Im 18. und besonders 19. Jahrhundert ging man so weit, Gedanke und Stil miteinander zu identifizieren. Eine der berühmtesten (wenn auch eher späten) Formulierungen dieser Gleichung stammt aus Nietzsches Schrift *Menschliches, Allzumenschliches* (1886): „Den Stil verbessern – das heisst den Gedanken verbessern, und gar Nichts weiter!" Demnach formuliert derjenige schlecht, der auch schlecht denkt. Und umgekehrt scheint ein Automatismus des Denkens und Ausdrückens zu gelten: Intelligent Durchdachtes bringt einen guten Stil gleich mit. Dieser radikalen Gleichsetzung stimmt wohl heute niemand mehr zu. Allerdings findet sich bei Nietzsche zu beinahe jeder These auch das Gegenstück und gerade seine eigene musikalisch-lebensphilosophisch geprägte Stil-Auffassung war um einiges subtiler als es dieser immer wieder zitierte Ausspruch vermuten lässt.

Die Identifikation von Stil und Gedanke fiel zusammen mit der Blütezeit des Individualstilkonzepts. Im Stil sah man im frühen 19. Jahrhundert einen direkten Abdruck des Individuums, sein sprachliches Spiegelbild. Dazu passte die Formung der Rede nach einem festen Schema natürlich nicht. Das individuell Verschiedenartige der Stile war geradezu Programm. Der Stil oder besser: die Stile erfahren aber auch als Textsortenstile Veränderungen, und zwar historische. Ein Brief etwa ‚verlangt' einen bestimmten Briefstil, der heute ganz anders aussieht als im 18. Jahrhundert, als man die gespielte Natürlichkeit zur Richtschnur machte. Der aufklärerische Briefstil unterscheidet sich seinerseits wieder völlig vom Stil der formalisierten Briefe des Mittelalters. Man hat versucht, innerhalb des geschichtlichen Stilwandels jeweils bestimmte Dominanzen auszumachen und diese mit dem Begriff Epochenstil belegt. Der Epochenstil des Barock etwa zeichnet sich durch eine starke Rhetorizität aus, einen reichen ‚Ornat', also durch die Verwendung vieler Tropen und Figuren. Ganz anders der Stil der Aufklärung, der sich hiervon absetzt und auf Natürlichkeit pocht. Dabei legt man jedoch letztlich den Stil statistisch fest, nämlich gemäß der herrschenden Norm, wobei alle Abweichungen als Übertretungen herausfallen, an denen andere Stilforscher gerade die Stilqualität festmachen. Sicherlich ist es sinnvoll, sprachliche Gepflogenheiten bestimmter Epochen zu erforschen und deren

Ausdrucksmöglichkeiten aufzudecken. Nur darf man darin nicht *den* Epochenstil sehen und alle Binnendifferenzen einebnen. Wie verschieden ist allein der Stil Schillers von demjenigen Goethes. Und nimmt man erst die populäre Literatur der Zeit hinzu oder gar die Alltagssprache um 1800, dann löst sich das, was man gemeinhin den klassischen Stil nennt, schnell in Luft auf.

1.1.4 Abweichung oder Auswahl?

Die Problematik *Individualstil* versus *Textsortenstil* ähnelt entfernt der viel umfassenderen Grundfrage in stiltheoretischer Hinsicht, die wissenschaftlich ausgedrückt einigermaßen kompliziert klingt: *Deviationstheorie* versus *Selektionstheorie*. Gemeint ist etwas Einfaches: Bezeichnen wir als Stil lediglich eine Abweichung (Deviation) von der Norm, also das Auffällige? Manche Stilfiguren scheinen dafür zu sprechen. Würde man sie nicht als bewusst eingesetzte sprachliche Figuren erkennen, hätte man es lediglich mit sprachlichen ‚Fehlern' zu tun. Die deviatorische Stilauffassung wurde von verschiedenen Stiltheoretikern vertreten, der bekannteste unter ihnen ist wohl der Strukturalist Michael Riffaterre (der uns noch genauer beschäftigen wird). In Absetzung vom klassischen Strukturalismus (Betonung des vertikalen Austauschs) vertritt er einen kontextuellen Stilbegriff (Betonung der horizontalen Einbindung). Hier bedeutet Abweichung allerdings nur Kontrast innerhalb eines (Kon-)Textes und nicht, wie die Dichtungstheoretiker meinten, das Herausragen der poetischen über die alltägliche Sprache. Eine ganz ähnliche Stilistik wie Riffaterre hat auch Nils Erik Enkvist vertreten. Bei der Deviationstheorie stellt sich jedoch sofort ein neues Problem: das fragwürdige Ansetzen einer Norm, die es in dieser Weise nicht gibt. Jede ‚normale Aussage' erweist sich bei genauem Hinsehen nämlich ebenfalls als stilistisch ‚markiert'.

Daher die Selektions-Alternative, die Stil in der Auswahl bestimmter Elemente aus einem Set prinzipiell gleichwertiger Möglichkeiten lokalisiert. Die Selektionsvorstellung gibt es bereits in der Antike, während die gegenwärtige Auffassung jedoch stark vom Zwei-Achsen-Strukturalismus Ferdinand de Saussures geprägt ist. Die Grammatik ähnelt hier der analytischen Geometrie, da sie durch eine horizontale Achse (satzbezogen, *syntagmatisch*) und eine vertikale Achse (austauschbare Worte, *paradigmatisch*)

erschlossen wird. Die selektive Stiltheorie beherrscht heute –
wenn auch mit manchen Erweiterungen gegenüber dem klassischen Strukturalismus – wohl mit Recht die Diskussion. Dagegen
ist die Deviationstheorie, die vom kalkulierten Regelverstoß ausgeht und Stil sozusagen als erlaubte Fehlerhaftigkeit ansieht, trotz
strukturalistischer Rettungsversuche ein wissenschaftlich kaum zu
haltendes Relikt aus einer Zeit, in der es keinen Zweifel daran gab,
dass Sprache ein ‚festes‘ System bildet.

Dennoch muss man zugeben, dass wir in vielen Fällen unbe-
wusst nach dieser Maßgabe urteilen. Das, was uns an einem Text
auffällt, scheint eben das Nicht-Normale zu sein. Auch bei Stilanalysen, wie sie im vierten Kapitel dieser Einführung vorgenommen
werden, scheint eine solche Einschätzung an mancher Stelle nahe
zu liegen (etwa der auffällige Stil der Expressionisten gegenüber
der Schlichtheit im Naturalismus). Doch man hat eben im Hinterkopf zu behalten, dass es sich dabei nicht um mehr oder weniger
stilvolle Realisierungen handelt, sondern lediglich um verschiedene. Übertriebene Auffälligkeit kann sogar maniert oder kitschig
wirken. Um Individualität geht es bei dieser Frage allerdings nicht.
Auch eine Auswahl ist jedoch individuell. Das ‚Überraschungs-
moment‘ ist also mit beiden Ansätzen kompatibel, wenn auch
nach der Selektionstheorie nur ganze Textpassagen als stilistisch
auffällig wahrgenommen werden, nicht schon einzelne Stilfiguren.
Wir können den Ansatz der autorisierten Fehlerhaftigkeit also
getrost beiseite legen, da dessen Erklärungspotential in der weniger dogmatischen Selektionshypothese bereits enthalten ist. Tatsächlich findet man viele Stildefinitionen, die von der Überraschung ausgehen. Stil sei „besiegte Erwartung", hat etwa Roman
Jakobson formuliert, der als klassischer Strukturalist zu den Selek-
tionisten zählt. Stil ist andererseits nicht nur Überraschung, sondern immer zugleich Erfüllung bestimmter Erfordernisse.

Auch innerhalb der selektionellen Sicht gibt es also zwei Richtungen: Erfüllung und Durchbrechung der Erwartung. Diese lassen sich sogar noch einmal verdoppeln: Erwartung der Erwar-
tungsdurchbrechung und Durchbrechen der Erwartungserfüllung.
Wir haben uns (durch permanente Normdurchbrechungen) allmählich daran gewöhnt, gerade in der Literatur ohne eine klare
Norm auszukommen. Alles scheint erlaubt, aber nicht alles erscheint uns als gleichermaßen stilvoll, schon gar nicht das um
jeden Preis Abweichende. Dennoch ist hier nach wie vor die Er-

wartungsbesiegung ein wichtiger Faktor, sie wird gewissermaßen erwartet. In einem Brief an das Finanzamt möchte dagegen niemand mit raffinierten Unüblichkeiten glänzen. Es geht hier darum, den richtigen, behördlichen Ton zu treffen, die Erwartung zu erfüllen. Liest man jedoch die tatsächlich eingereichten Eingaben, wenn sich dazu einmal die Gelegenheit bietet, stellt man überrascht fest, wie wenig sie der Erwartung entsprechen. In dem doppelten Spiel von Erwartungserfüllung und Erwartungsbesiegung dürfte die Funktionsweise von (schriftlichem) Stil zu sehen sein.

1.1.5 Die zwei Zeitalter der Stilistik

In der Geschichte der Stilistik gibt es einen entscheidenden Umbruch. Jahrhunderte lang verstand man unter dem Begriff *Stilistik* eine Zusammenstellung von Regeln zum richtigen und angemessenen Sprachgebrauch. Da diese Stilistiken vorgaben, wie zu schreiben war, also die jeweilige Norm festlegten, spricht man von normativen Stilistiken. Diese konnten sehr unterschiedlich ausfallen, auch sie entstanden schließlich in jeweils prägenden gesellschaftlichen und geistigen Kontexten.

Der systematische Ort von Stilistiken war bis zum 18. Jahrhundert die Rhetorik. Das seit der Antike gültige rhetorische Programm unterscheidet fünf Bearbeitungsphasen der Rede, die sich mit leichten Einschränkungen auch auf die schriftliche Abfassung von Texten übertragen lassen. Es gibt die so genannte Erfindung der Gedanken (*inventio*), also die Thesenfindung, gefolgt von der Anordnung derselben (*dispositio*), was dem Textaufbau entspricht, drittens die Ausschmückung durch allerhand sprachliche Finessen (*elocutio*) und – zumindest bei Redetexten – das Auswendiglernen (*memoria*) und den Vortrag (*actio*). Die mittlere und sprachlich zentrale Bearbeitungsphase, die *elocutio*, erforderte eine eigene Lehre: die Stilistik.

Seit der Aufklärung aber nahm die Kritik an der kunstvollen Zurechtmachung der Aussagen derart zu, dass die Rhetorik insgesamt ihr Ansehen einbüßte. Mit dem neuen Natürlichkeitsideal schien sie unvereinbar. Die Stilistik – weiterhin vor allem normativ – ging jedoch keineswegs mit ihr unter, sondern überlebte und beerbte die Redekunst. Insofern ließen sich auch drei (statt zwei) Phasen der Stilistik unterscheiden: die rhetorisch-normative von der Antike bis zum 18. Jahrhundert, die aufklärerisch und romantisch normative im 18. und 19. Jahrhundert und schließlich die analytische Phase ab dem 20. Jahrhundert.

Den entscheidenden Umschwung stellt jedoch der Wechsel von der normativen zur analytischen Stilistik dar. In der aufklärerischen Zwischenphase, in der man das alte stilistische System ablehnte und den natürlichen, individuellen Stil forderte, bereitete sich diese Ablösung der Stilistik durch die Sprachwissenschaft vor. Wenn jeder in seiner wiedererkennbaren, individuellen Form zu reden und zu schreiben hat, kann es folglich keine normativen Regelsammlungen mehr geben. Es gab sie gleichwohl, denn auch vom Natürlichen hatte man seine festen Vorstellungen. Das 20. Jahrhundert jedoch machte Ernst mit der Neuausrichtung. Die einzig angemessene Form des Umgangs mit Stilphänomenen schien von nun an die Beobachtung, Beschreibung und Systematisierung der verschiedenen Stile zu sein. In dieser Phase stehen zunächst die Linguisten an der Spitze der Stilforschung. Ihre Stil-Analytiken, die man nun ebenfalls Stilistiken nennt, hängen eng mit den jeweils vorherrschenden Paradigmen der Sprachwissenschaft zusammen. So gibt es strukturalistisch inspirierte Stilistiken ebenso wie pragmatisch orientierte, textgrammatisch ausgerichtete und vieles mehr. Es handelt sich damit um phänomenologische (also das Phänomen betrachtende) Stilistiken.

Doch selbst jetzt stellen Stil und Stilistik bekanntlich keine ausschließlich linguistischen Größen dar. Nachdem am Ende des 19. Jahrhunderts die Kategorie *Stil* kaum mehr verwendet worden war, fand ihre Rehabilitation vielmehr auf ganz anderem Gebiet statt. Der Kunsthistoriker Heinrich Wölfflin hat in seinen Epoche machenden *Kunstgeschichtlichen Grundbegriffen* (mit dem präzisierenden Untertitel: *Das Problem der Stilentwicklung in der Neueren Kunst*) von 1915 ein Stilanalyseraster aus Gegensatzpaaren entwickelt, das schnell von anderen Disziplinen adaptiert wurde. Ein Kunstwerk konnte demnach linear oder malerisch sein, flächenhaft oder tiefenhaft, geschlossen oder offen, einheitlich oder vielheitlich, absolut klar oder nur relativ klar. Dahinter stand Wölfflins Abkehr vom Individualstil-Monopol. Das Temperament des Künstlers ist demnach nur eines der Elemente des Kunstwerks (Wölfflin nennt es „den stofflichen Teil der Stile"), während der sich darin ausdrückende Zeitstil wie der jeweilige Volksstil wichtiger schienen. Wölfflin historisierte also die Kunstgeschichte, die für ihn wesentlich eine Ausdrucksgeschichte wie eine Geschichte des Sehens ist, führt die Werke in ihrem Stil auf Zeit und Ort der Hervorbringung zurück. Diese Milieutheorie war allerdings nur der Ausgangspunkt: Die eigentliche Bedeutung Wölfflins liegt in der Ausmessung der bildenden Künste mithilfe des Analyseschemas aus Binäroppositionen. Dieses übernahm die frühe Literaturwissenschaft für ihre Dichtungsinterpretation.

Bis etwa 1945 standen in Deutschland letzte Ausläufer der normativen Stilistik und frühe sprachwissenschaftliche Stiltheorien unverbunden nebeneinander, die literaturwissenschaftliche Stilbetrachtung spielte noch kaum eine Rolle. In den 1960er-Jahren begann dann eine Hochphase der Stilanalyse: Die Sprachwissenschaft, bereits sehr ausdifferenziert, trug verschiedene, nicht selten theorielastige Zugänge zum Phänomen *Stil* bei. Die Literaturwissenschaften interessierten sich zur selben Zeit stark für die Praxis – wenn auch kaum für die Theorie – des Schriftstils, genauer: für den vermeintlich ästhetisch hervorgehobenen literarischen Stil. Im Folgenden wollen wir uns die wichtigsten linguistischen und literarischen Stiltheorien näher ansehen, auch wenn diese nicht immer klar voneinander zu trennen sind.

1.2 Sprachwissenschaftliche Stilistik

Stil – aufgefasst als individuelle oder geforderte Wahl bestimmter Mittel – zeigt sich auf allen Untersuchungsebenen der Sprachwissenschaft: 1) auf der elementaren Stufe, auf der inhaltliche oder lautliche Grundbestandteile der Sprache betrachtet werden (Morphologie, Phonetik, Phonologie), 2) ebenso auf semiotischer Ebene, wo die Zeichenfolge in verschiedenen Hinsichten untersucht wird: grammatisch (Syntax), inhaltlich (Semantik) oder bezüglich ihrer Anwendung (Pragmatik), sowie 3) auf der Ebene der linguistischen Soziologie, die die gesellschaftliche oder einfach kommunikative Funktion von sprachlichen Äußerungen analysiert. Je nachdem, von welcher Unterdisziplin aus man sich dem Stil nähert, erhalten die Untersuchungen ein anderes Gepräge. Statistische Untersuchungen des Stils fanden in der Sprachwissenschaft schon in den 1920er-Jahren statt. Durch Analysen der Häufigkeitsverteilung sprachlicher Merkmale versuchte man, die Normalsprache sowie stilistisch auffällige Abweichungen zu ermitteln. In diesem mathematischen Zugriff ist bereits eine Auflehnung gegen den vorherrschenden intuitiven Stilbegriff zu sehen, wie er vom 18. bis ins 20. Jahrhundert die Diskussion beherrschte und wonach mit Stil in erster Linie eine spezifisch ästhetische Abweichung von der Alltagssprache gemeint war. Die Linguistik wollte dem mit ihrer Stilmerkmal-Quantifizierung eine wissenschaftlich objektive Erfassung entgegensetzen. Trotz der dabei scheinbar erreichten Präzision führte dies aber schnell in eine Sackgasse: Auch Texte mit den gleichen Häufigkeitswerten konnten sehr unterschiedlich wirken. Man kam also dem Stil mit reiner Mathematik nicht bei, hatte aber immerhin die Aura des Genialischen durchbrochen. Das verband die Stilstatistik mit dem Strukturalismus.

Mit Strukturalismus im weiteren Sinne bezeichnet man die linguistischen (und bald auch anderen) Disziplinen, die sich nicht an einzelnen Details orientierten, sondern erneut das Ganze der Sprache in den Blick nahmen, allerdings nicht mehr, wie noch im 18. Jahrhundert, in allein philosophischer Hinsicht, sondern nun im Hinblick auf die Beziehungen und Strukturen der Elemente innerhalb von Systemen. In dieser weiten Perspektive umfasst der Strukturalismus eigentlich alle sprachwissenschaftlichen Strömungen des 20. Jahrhunderts, auch die so genannten Poststrukturalisten. In einem engeren Sinn dagegen bezeichnet er diejenige (immer noch sehr breite) Forschungsrichtung, die sich methodisch direkt auf das Grundlagenwerk des Strukturalismus bezieht, Ferdinand de Saussures *Cours de linguistique générale* (1916).

Nicht alle sprachwissenschaftlichen Teiltheorien hatten einen solchen Einfluss auf die linguistische Stilistik. Neben dem eigentlichen Beginn der modernen Sprachwissenschaften im Zeichen des Strukturalismus sind hier vor allem zwei Neuansätze zu nennen: die Erweiterung der linguistischen Perspektive durch die Pragmatik und der stiltheoretisch nicht unbedeutsame Ansatz der so genannten Textgrammatik.

1.2.1 Strukturalistische Stilistik

Die Linguistik um 1900 war geprägt von der Schule der Junggrammatiker, die ihrerseits die Sprachwissenschaft auf den Kopf gestellt hatten. Während in der Historischen Sprachwissenschaft des 19. Jahrhunderts vor allem Abstammungsverhältnisse der Sprachen untereinander untersucht (und gesucht) worden waren, setzten die Junggrammatiker in positivistischer Manier ganz auf die beobachtbaren Fakten der Einzelsprachen. Sie lehnten übergreifende Abstraktionen ab und nahmen einzig den aktuellen Sprachgebrauch zum Gegenstand.

Nach den innovativen linguistischen Ansätzen des russischen Formalismus richtet sich im frühen 20. Jahrhundert die gesamte Disziplin neu aus. Unabhängig von ästhetischen Wertungen und unabhängig von genetisch-historischen Fragestellungen analysieren die neuen, auf die Struktur fixierten Forschungsrichtungen die Sprache zu einem gegebenen Zeitpunkt (synchron), darin den Junggrammatikern verwandt, unterstellen aber zugleich das Vorhandensein eines umfassenden Gesamtkomplexes über die aktuell verwendete Sprache hinaus: ein System.

Die formal ausgerichteten Theorien des Genfer Linguisten Ferdinand de Saussure (1857-1913) gelten als der Beginn der strukturalistischen Bewegung, die sich in den 1920er-Jahren im Prager Strukturalismus fortsetzte und allmählich die meisten anderen geisteswissenschaftlichen Disziplinen erfasste. De Saussure hatte als Sanskrit-Spezialist seit 1896 einen Lehrstuhl für Sanskrit und indoeuropäische Sprachen an der Universität Genf inne, zehn Jahre später kamen Lehraufgaben im Hinblick auf die Allgemeine Sprachwissenschaft hinzu. Seine in diesem Zusammenhang ab 1907 gehaltenen Vorlesungen näherten sich der Sprache von ungewohnter Seite her an, denn de Saussure ging von einer umfassenden Großtheorie aus. Wenn auch der Strukturalismus in verschiedenen (vor allem russischen) Zirkeln vorbereitet und die junggrammatische Richtung in Deutschland bereits vor 1907 vielfach abgelehnt wurde, bildete die Genfer Systematisierung doch einen Kulminationspunkt dieser Neuansätze. De Saussure, dem es dabei allein um neue Einsichten in den Aufbau von Sprachen ging, konnte nicht ahnen, welche wissensgeschichtliche Welle seine Vorlesungen auslösen würden. Er hat seine Gedanken zeitlebens nicht einmal publiziert. Sie finden sich als Vorlesungsmitschriften erstmals veröffentlicht in dem von seinen Schülern Charles Bally und A. Sechehaye drei Jahre nach de Saussures Tod edierten Werk *Grundfragen der allgemeinen Sprachwissenschaft* (1916).

De Saussure hatte mehrere grundlegende Entdeckungen gemacht, die von großem Einfluss auf die Linguistik waren. So stellte er fest, dass die Beziehung zwischen einem Zeichen und dem damit Bezeichneten rein willkürlich (arbiträr) war. Das Zeichen erhält nun seine Bedeutung nicht mehr von dem her, auf das es sich bezieht (referentiell), sondern durch seine Stellung in diesem System (relational). Es existierte also keine den Dingen mehr oder weniger angemessene Sprache, ebenso wenig ein natürlicher Stil, sondern lediglich Konventionen.

Und es gab Strukturen, auf die der Strukturalismus sich schließlich schon im Namen bezieht. Darunter werden regelhafte Zusammenhänge innerhalb eines (Sprach-)Systems verstanden, die als solche aber nicht sichtbar, sondern lediglich rekonstruierbar sind. Was wir an der Oberfläche wahrnehmen, sind also die Auswirkungen eines verdeckten Mechanismus in der Tiefenstruktur der Sprache (und der Literatur etc.). Erforderlich ist daher eine Strukturanalyse: die Herausarbeitung und Klassifizierung aller Einheiten eines Systems, um zu einer angemessenen Beschreibung der grundlegenden Regeln zu gelangen.

Zu einem sprachwissenschaftlichen Standard wurde insbesondere de Saussures Aufgliederung der Sprechfähigkeit (*langage*) des Menschen in zwei prinzipiell zu unterscheidende Komponenten: erstens die Sprache als Zeichensystem, die *langue*, und zweitens die konkreten sprachlichen Umsetzungen dieses Systems, die *parole*. Beides, *langue* wie *parole*, sind für de Saussure im gesprochenen und im geschriebenen Code vorstellbar. Es handelt sich also nicht um eine einfache Trennung von Schrift- und Sprechsprache. Das *langue*-System ist allerdings viel komplexer, so komplex sogar, dass es an sich nie realisiert wird. Dennoch oder genau deshalb stellt für de Saussure gerade die *langue* mit ihren Regularitäten den eigentlichen Gegenstand der Linguistik dar. Dem widerspricht nicht der eingeräumte Primat der gesprochenen vor der geschriebenen Sprache, denn es gibt ja eben beide Codes für beide Bereiche.

Die so genannte Genfer Schule des Strukturalismus, also de Saussures eigenes Umfeld, weicht in diesem stiltheoretisch wichtigen Punkt jedoch von de Saussure ab. Charles Bally ging bereits 1909 in einer wichtigen Schrift über den Stil der französischen Sprache (*Traité de stylistique française*) von der *parole* statt von der *langue* aus, wobei sein Vorgehen in diesem Fall psychologisch inspiriert war. Er klassifizierte die Stilmittel der aktuellen (nicht der idealtypischen) französischen Sprache und untersuchte den emotionalen Ausdruck, der seiner Theorie nach in jeder Äußerung mitschwingt. Auch entstanden in der Folge in Frankreich linguistische Stilistikhandbücher (etwa 1935 von Jean Marouzeau), die von der konkreten Sprache ausgingen. Ebenso waren die literarisch inspirierten Stilistikhandbücher, die den Stil schöpferischer Autoren zum Maßstab nahmen, vom Strukturalismus beeinflusst. Viele Rhetorik-Handbücher und entsprechende Lexika der 1960er- und 1970er-Jahre wendeten die Grundkategorien de Saussures an und unterschieden die gesprochene Sprache vom prototypischen System. Die bekannteste Publikation in diesem Sinne ist wohl Heinrich Lausbergs detailliert systematisches *Handbuch der literarischen Rhetorik* (1960).

Eine letzte Grundbestimmung de Saussures sei noch erwähnt, auf die sich viele Strukturalisten in der Folge bezogen und die in der Stiltheorie fundamental bedeutsam wurde. Es handelt sich um dessen Modell vom Mechanismus der Sprache. Weil de Saussure die lautliche und die inhaltliche Ebene der Sprache klar unterscheidet, ergeben sich bei der Realisierung der *langue* zwei verschiedene Arten der *parole*. Man kann sich die Verfahrensweise bildlich (oder besser: geometrisch) vorstellen. Danach liegen die beiden Realisierungsformen auf zwei verschiedenen Achsen. Die horizontale (syntagmatische) Achse geht von der Einbindung des einzelnen Lauts in die Abfolge von Lauten aus, von der Abgrenzung eines Elements von den umgebenden. Stilistisch interessant ist diese lineare Achse nicht nur hinsichtlich des Klangs, sondern für alle kontext- und kontrastbezogenen Definitionen des Stils. Die vertikale (paradigmatische oder assoziative) Achse kommt andererseits dadurch zustande, dass jedes Wort oder Zeichen durch Synonyme ersetzbar ist, die beim Sprechen assoziativ mitschwingen.

Der Mechanismus der Paradigmatik ist für de Saussure weitgehend deckungsgleich mit der Stilistik, die die Auswahl bestimmter Elemente nach rein stilistischen (und nicht inhaltlichen) Gesichtspunkten regelt. Vereinfacht gesagt haben wir also die Trennung von Stilistik (Auswahl aus Synonymen) und Grammatik (Richtigkeit im Kontext) vor uns. Im Anschluss daran hat der zunächst in Moskau, dann in Prag und später in Amerika tätige Linguist und Philologe Roman Jakobson die Stilistik bewusst auf die paradigmatische Beziehung hin fokussiert. Seiner Theorie nach wird ein literarisches Werk erst durch seine formale Gestaltung zum Kunstwerk. Die poetische Struktur ist für Jakobson objektiv – also ohne den Interpreten einzubeziehen – analysierbar. Die Ausformulierung eines Textes besteht demnach in der fortschreiten-

den Selektion von Elementen, wobei diese Auswahl – und das
eben heißt: der Stil – vom Kommunikationsziel gesteuert wird.

Neben dieser so genannten Prager Schule des Strukturalismus,
die außer von Jakobson vor allem von Jan Mukařovský geprägt
wurde, bildete sich innerhalb der Sprachwissenschaft bald ein
Kopenhagener, ein englischer und ein amerikanischer Strukturalismus heraus. Von den 1960er-Jahren an war der linguistische
Strukturalismus dann eng verflochten mit der Soziologie, Philosophie oder Kulturanthropologie, besonders in Frankreich und in
Amerika. In diesem Umfeld wurde auch die Stilistik erneut strukturalistisch aufgerollt, und zwar von dem in Amerika lebenden,
französischen Linguisten Michael Riffaterre: diesmal allerdings im
Gegensatz zu de Saussures und Jakobsons Selektionstheorie in
syntagmatischer Hinsicht. Riffaterre geht es also um die einzelnen
stilistischen Elemente im Vergleich zum umgebenden Kontext,
was keineswegs nur grammatisch zu verstehen ist. Den Auftakt
seiner einflussreichen Aufsatzsammlung *Strukturale Linguistik* von
1971 (die deutsche Übersetzung erschien 1973) bildet eine programmatische Absetzung von der bisherigen Tradition: Riffaterre
grenzt seinen Versuch einer „objektiven Stilistik" sowohl gegen
den „subjektiven Impressionismus" – den ‚gefühlten Stil', wie er
in der werkimmanent verfahrenden Literaturwissenschaft vor-
herrschte – als auch gegen die „normative Rhetorik" ab.

Objektivität hatte bereits Jakobsons Stilistik beansprucht, bei
Riffaterre zielt diese jedoch auf Intersubjektivität, also die Übereinstimmung des Urteils möglichst vieler Urteilenden. Eine solche
Perspektive vom Leser aus (Rezeptionstheorie) ist konsequent
gedacht, wenn man im Anschluss an Kant davon ausgeht, dass wir
über das subjektive Urteil ohnehin nicht hinauskommen. Riffaterre legt die Abweichungsthese in Reinform zugrunde: Was einer
genügend großen Zahl von neutralen Durchschnittslesern (Riffaterre nennt sie: *Archileser*) an einem Text stilistisch auffällt, darf
und soll analysiert werden. Dieses Verfahren ist aufwändig, aber
nur so glaubt der Sprachwissenschaftler, dem Subjektivismus entgehen zu können. Die stilistische Abweichung findet nun innerhalb des Textes statt, zwischen dem stilistisch auffälligen (markierten) Element und seinem (unmarkierten) Kontext, nicht als Abweichung gegenüber der normalen Sprache. Und doch steht dies
letztlich dahinter, wenn Riffaterre vom spezifischen Charakter der

poetischen Sprache gegenüber allen übrigen linguistischen Fakten spricht.

Der Autor ist nichts anderes als der Verschlüsseler einer Nachricht, der Leser entsprechend deren Decodierer. Der Code, in dem die Nachricht verfasst ist, lässt sich nun mit dem Stil identifizieren. Die Analyse hat die betreffenden Kontrastelemente innerhalb eines Kontextes, so genannte *Stimuli*, herauszupräparieren und ihre Ähnlichkeiten und Abhängigkeiten zu bewerten. Damit erhält man die „stilistische Struktur" eines Textes. Von der Zielrichtung her ist Riffaterres Ansatz dennoch eine literarische Stilistik, denn hinter dem Entwurf dieser mechanisch anmutenden Theorie steht die Suche nach einer angemessenen Literaturanalyse. Es macht aber doch Sinn, sie zugleich unter den linguistischen Stiltheorien zu subsumieren, denn sie bedient sich beinahe ausschließlich des linguistisch-strukturalistischen Instrumentariums. Und auch Riffaterre selbst ordnet sich bewusst hier ein: „Die linguistische Forschung ist das einzige ausreichende wirksame Instrument, um sowohl die Relevanz als auch die Objektivität der stilistischen Analyse zu garantieren".

In der *Semiotik der Dichtung* von 1978 führt Riffaterre seine Arbeiten aus den 1960er-Jahren systematischer fort. Hier wird besonders klar, dass es die „Ungrammatikalitäten" auf sprachlicher und auf inhaltlicher Ebene sind, an denen der Leser sich stößt und die für die Stilanalyse fruchtbar gemacht werden müssen. Die Lektüre in mehreren Durchläufen bezieht diese Stellen immer wieder und unabhängig von aller äußeren Bedeutung auf den Gesamttext, darin der werkimmanenten Methode ähnlich. Riffaterres Theorie verdeutlicht zweierlei: zum einen den durchaus verständlichen Wunsch, das Stilproblem mit mathematischer Genauigkeit zu lösen. Andererseits lässt sich gerade an Riffaterre demonstrieren, dass sich eine solche stilstatistische Theorie eine ganze Reihe von unhinterfragten Unterstellungen einhandelt. Die wichtigste ist wohl die Annahme, Stil sei eine expressive, absichtliche Markierung und das Unmarkierte entspreche insofern einer (wie beschränkt auch immer) geltenden Norm. Das, was Riffaterre *Kontext* nennt, ist zwar nicht mehr die gesamtsprachliche, aber doch eine jeweils textuelle Norm und trifft auf exakt dieselben Probleme. Wie Bernd Spillner schon 1974 urteilte, ist eine deviatorische Stilistik dieser Art trotz mancher interessanter Ergebnisse als umfassendes Stilkonzept ungeeignet.

1.2.2 Pragmatische Stilistik

Die nächste wichtige Wendung innerhalb der Linguistik wirkte sich sofort auf die Stiltheorie aus. Gemeint ist die in den 1960er und 70er-Jahren stattfindende Verschiebung des Augenmerks von der gesamten Systematik auf eine Theorie der Sprechakte. Sprache sollte nicht länger als ein abstraktes System betrachtet werden, sondern als eigene Form des Handelns: als Sprachhandeln. Strukturell war die pragmatische (auf das Handeln bezogene) Komponente in der Linguistik immer schon enthalten, da diese sich schließlich in einer Art Gründungsakt auf die Schriften Ferdinand de Saussures berief. Dessen Aufteilung von Theorie und Praxis der Sprechfähigkeit (*langage*), also: Sprache (*langue*) versus Äußerung (*parole*), umfasste mit der *parole* bereits die Umsetzung des in der *langue* abstrakt-systematisch vorhandenen Sprachsystems. Doch de Saussure selbst hatte sich, wie gesehen, sehr viel mehr für die Sprachseite als für die Äußerungsebene interessiert. Auch die weitere strukturalistische Linguistik stützte sich mit wenigen Ausnahmen auf die *langue*, in der man das vollständigere und daher wissenschaftlich wertvollere System der Sprache sah.

In der Nachkriegslinguistik erfolgte dann der Umschwung. Auch wenn die Bezeichnung „Sprechakt" auf de Saussures *parole* zurückgeht und als expliziter Begriff bereits in der strukturalistischen Phonologie eine Rolle spielte verstand man darunter nun etwas sehr Spezifisches. In der pragmatischen Linguistik, welche mit leichter Interessenverschiebung auch als kommunikative Stilistik bezeichnet wird, ist die Hypothese leitend, dass der Kommunikation immer ein absichtsvolles Verhalten zugrunde liegt und mittels Äußerungen Handlungen vollzogen werden, insofern sie die Beziehung zwischen den Kommunikationspartnern verändern. Das Interesse richtete sich also auf die tatsächlich angewandte (gesprochene oder geschriebene) Sprache: die Performanz.

Der Anstoß zu dieser Forschungsrichtung kam aus England, genauer: aus der Oxforder Schule der analytischen Philosophie. Seine Initiatoren waren die Sprachphilosophen John L. Austin und sein Schüler John R. Searle, die durch zwei grundlegende Schriften die Neujustierung der Linguistik philosophisch begründeten: Austin mit *How to do things with words* (1962), Searle mit *Speech Acts* (1969). Die gemeinsame Idee ist, dass sich die menschliche Kommunikation in Grundelemente, eben die erwähnten Sprechakte, zerlegen lasse, welche genauso von sozialen Konventionen bestimmt seien wie jedes andere Verhalten auch, etwa der Handschlag. Es wurden daraufhin verschiedenste Einteilungsklassen für diese grundlegenden Sprechakte entwickelt. Austin selbst unterscheidet die rein formal betrachtete Äußerung (lokutionärer Akt), den sprachlichen Handlungsvollzug (illokutionärer Akt) und die beabsichtigte Wirkung (perlokutionärer Akt). Searles Theorie, die stark auf die Regelhaftigkeit der Sprechakte abhebt, geht im Gegensatz zu Austins Empirismus (Beobachtungswissen) wieder mehr in die normative Richtung (Suche nach Gesetzmäßigkeiten). Eine ganz andere Form nimmt die Theorie vom Sprachhandeln dagegen bei dem Philosophen Jürgen Habermas an, der den einzelnen Sprechakten einen übergeordneten Diskurs gegenüberstellt.

Was hat das mit Stil zu tun? In der Praxis eine ganze Menge. Die pragmatische Linguistik (zu der wir hier etwas vereinfacht auch die Soziolinguistik zählen), insofern sie die wirkliche Rede zum Gegenstand nimmt, hat sozusagen eine natürliche Nähe zur Stilanalytik, während sich die auf das Gesamtsystem bezogenen Forschungen unvermeidlicherweise mit einer idealtypischen, der normativen Stilistik verwandten Stilebene befassen. Vollziehen Äußerungen immer eine bestimmte Handlung, wird jede stilistische Einzelheit bedeutsam, da sie die Wirkung zu verändern vermag. Zudem harmoniert die Sprechakttheorie bestens mit dem Axiom modernen Stilverständnisses, dass jede Äußerung in ihrer Art Stil besitzt. Unmarkierte Sätze sind also *bewusst* unmarkiert, das heißt: nicht stillos, sondern im Stil der Unauffälligkeit verfasst. Eben dadurch können sie unter Umständen mehr bewirken als durch auffällige Markierung. Die antiquierte Auffassung der Stilkritik, die mit Wertungen wie stilvoll und stillos operierte, hat sich spätestens mit der Pragmatik überlebt.

In der Praxis kann die pragmatische Stilistik unterschiedlichste Formen annehmen. Beispielsweise hat sich die Gesprächsstilistik zu einer wichtigen Subdisziplin dieser Richtung entwickelt. Dabei werden (etwa von Anne Betten) verschiedene Dialogstrukturen betrachtet. Der in Frankreich und in den USA wirkende bulgarische Literaturtheoretiker Tzvetan Todorov geht ebenfalls von der pragmatischen Theorie aus. Er plädiert im Sinne einer Rehabilitation der *parole* für eine Diskursanalyse. Dazu gehört unter anderem die Diskursstilistik, welche – anders als die Poetik etc. – keine Einzeldiskurse (der literarische Diskurs, der wissenschaftliche Diskurs etc.) untersucht, sondern auf übergreifender Ebene Probleme behandelt, die für alle verschiedenen Diskurse gelten. Todorov ist jedoch trotz der prinzipiellen Offenheit für alle Redeformen in erster Linie am literarischen Diskurs interessiert. Er unterscheidet drei Registerklassen des Sprechens, die transitive Rede (bezieht sich auf einen Gegenstand: Bericht), die intransitive Rede (bezieht sich auf sich selbst als literarische Rede: rhetorische Figuren etc.) und die persönliche Rede (bezieht sich auf den Vorgang des Sprechens selbst: Gesten etc.). Auch hier also tauchen neben der dritten Form, einer Art Regieanweisung, die beiden Grundbestimmungen des *Was* und des *Wie* auf: Je nachdem, welche dominiert, handelt es sich um die eine oder die andere Klasse der Rede. Vor allem die mittlere Form, die intransitive Rede (das *Wie*), verlangt nach einer stilistischen Analyse, aber auch die Bezugnahme auf etwas anderes, also die erste Form (das *Was*), findet immer in einem bestimmten Stil statt, über den es sich Klarheit zu verschaffen gilt.

Die in jüngerer Zeit wichtigste Vertreterin der pragmatischen Stilanalyse ist Barbara Sandig, die ihren Ansatz in mehreren Arbeiten aus den 1970er und 1980er-Jahren ausgearbeitet hat. Sandig versteht Stil als logisch isolierbaren Handlungsaspekt, also als einen Teil des Sprachhandelns, der neben anderen Aspekten wie der Motivation, der Mittelentscheidung oder der Ausführung steht. Nach dieser Theorie ist Stil die gesellschaftlich relevante Art der Handlungsdurchführung und fügt dem Handeln, mit dem er verwoben ist, einen spezifisch „stilistischen Sinn" zu. Sandig kommt nicht von der Literaturtheorie her: In den ersten Arbeiten wendet sie sich vor allem nichtliterarischen Texten zu, die eindeutig auf Handlungsvollzug ausgerichtet sind, erst später nimmt sie auch literarische Texte mit in den Blick. Die wichtigste Kategorie ist hier die der Angemessenheit des Stils, womit die funktionale (sinnvolle und wirksame) Art der Handlungsdurchführung gemeint ist. So kommt der ehemalige Zentralbegriff der rhetorischen Stilistik, das *aptum*, zu neuen Ehren. Wenn Stil aber unterschiedlich angemessen sein kann, bedeutet dies zugleich, dass er keineswegs bloßen Dekor darstellt. Der Stil ist vielmehr entscheidend am Sprachhandeln beteiligt und transportiert Wertungen bis hin zu Ideologien. Daher sind die Stilmittel für Sandig keine bloßen Synonyme, wie sie in der strukturalistischen Stilistik oft aufgefasst worden waren.

In der an sich konsequenten Konzeption der pragmatischen Stilanalyse, wie sie außer Barbara Sandig etwa Birgit Stolt vertritt, ist allerdings ein grundlegendes Problem verborgen: Wenn die pragmatische Funktion eines Stils oder einer Formulierung nachgewiesen werden soll, kann man nicht einfach von der Wirkung dieser Äußerung ausgehen und im Rückblick die Formulierung als die entsprechende Handlungsbestimmung verstehen. Ansonsten – wenn man also ohne weiteren Kontext zu einer Wirkung eine passende Äußerung sucht – erhält man zwar eindeutige Lösungen, aber dies sind eben keine Einsichten, sondern Zirkelschlüsse. Vielmehr muss die Handlung und die Intention, genau so zu (sprach)handeln, auf die jeweilige Gesamtsituation zurückgeführt werden, und erst dann lässt sich erkennen, ob die stilistische Ausrichtung dem entspricht. Das wiederum ist in der Praxis oft schwer einzulösen, und die Hauptbeschäftigung besteht dann nicht mehr in konzentrierten Stilanalysen, sondern darin, Handlungsmuster aufzudecken.

1.2.3 Textlinguistische Stilistik

Eine weitere Umwälzung im Bereich der Linguistik gehört zwar in jede Linguistik-Einführung, braucht uns hier jedoch nur am Rande zu interessieren, da ihre Auswirkungen auf die Stilistik eher gering waren: der Theorie-Putsch der Generativen Transformationsgrammatik (GTG). Die revolutionäre Idee ihres Erfinders Noam Chomsky lag im Wechsel der Blickrichtung. Er sah Sprache nicht mehr als fertiges System an, sondern in ihrer kreativen Offenheit. Die Erzeugung von richtigen Sätzen ist für Chomsky ein dynamischer Prozess. Entgegen dem ersten Eindruck wurde in der GTG die Performanz jedoch noch stärker vernachlässigt als bei de Saussure und den Strukturalisten. Auch die Stilistik ist nur von untergeordneter Bedeutung. Einzig die früheste Version der GTG aus dem Jahre 1957 – die von der Transformation von Kernsätzen ausging – schien überhaupt eine Nähe zur Stilanalyse zu besitzen, da mit solchen Transformationen einfacher Sätze auch die Wahl der jeweiligen Stilvariante erklärt werden konnte. Aber nicht diese, sondern die verbesserte Version der GTG von 1965 – man sah nicht mehr die Regel selbst, sondern nur noch ihre Auswirkung an der Oberfläche – fand größte Verbreitung und galt unter Sprachwissenschaftlern bald als das beste, aber

zugleich komplizierteste Grammatik-Modell. Ein entscheidender
Mangel blieb allerdings bestehen, der auch alle vorherigen Gram-
matikmodelle betraf: Sie ging über die Ebene des Satzes nicht
hinaus.

Laute, Lautverbindungen, Worte und Sätze (Aussagen) waren
daher die Gegenstände der Linguistik von Beginn an. Noch die
Pragmatik war sehr satzorientiert, zumal in ihrem sprechaktttheo-
retischen Beginn. Entsprechend wies auch die linguistische Stilistik bis dahin systematisch gesehen die Unterformen Laut-, Phono-
, Grapho-, Wort- und Satzstilistik auf. Ein Blick auf die rhetorischen Figuren – etwa den wiederholten gleichen Satzbeginn bei
der Anapher – zeigt aber sofort, dass die Stilistik immer schon in
einem weiteren Rahmen, nämlich transphrastisch (also: über die
Phrase hinaus) operierte. In den 1970er-Jahren entwickelte sich –
teilweise vorbereitet durch die Pragmatik und in bewußter Absetzung von der GTG – eine neuartige Form der Linguistik, die im
Rückgang auf die Rhetorik mit einem transphrastischen Groß-
schema arbeitete: die Textlinguistik. Nicht syntaktische, sondern
kommunikative Einheiten wurden nun untersucht. Der Text als
zusammenhängende Folge von Sätzen (Text-Kohärenz) stellte
mithin als ein Ganzes den Untersuchungsgegenstand dar. Die
Textlinguistik, die man – dann mit dem Augenmerk auf der ‚Richtigkeit' von Satzfolgen – auch als Textgrammatik bezeichnet, betrachtet das Verhältnis von Text und Satz entsprechend dem Verhältnis von Satz und Wort. Nur wenig verkürzt lässt sich sagen:
Was einen Text als solchen zusammenbindet, sind einheitliche
sprachliche Mittel, also sein einheitlicher Stil.

Die Stilistik hatte sich als Sonderbereich der Linguistik immer
schon mit satzübergreifenden Regularitäten beschäftigt. Es wäre
daher zu vermuten, dass sich die Textlinguistik stark an ihr orientierte. Unausgesprochen ist das auch der Fall, an der Oberfläche
aber finden sich kaum offene Bezugnahmen. Dieses ostentative
Desinteresse hatte wohl damit zu tun, dass die Stilistik zu nah am
eigenen Bereich lag. Es ging der Textlingistik – zumal ihrer rhetorisch ausgerichteten Version – vielmehr darum, die Stilistik zu
ersetzen. Indem man an die rhetorischen Grundlagen wieder an-
schloss, schien das seit dem 18. Jahrhundert während Zwischen-
spiel der verabsolutierten Stilistik beendet. Die Nähe zeigt sich
auch darin, dass bekannte Kategorien leicht verändert wiederkehren. So spricht die Textlinguistik zwar nicht mehr von der (literari-

schen) *Gattung* und ihrem *Stil,* sondern vom *Textsorten-Stil,* meint aber dasselbe. Stil definiert die Textwissenschaft in ihrer Perspektive als Art und Weise der Textkonstitution. Es sind vor allem die rhetorischen Figuren, die in dieser Hinsicht untersucht werden. Um ihre Mechanismen zu ergründen, werden sie nach Funktionsweisen klassifiziert. Durch ihre Ordnung der Stilfiguren nach verschiedenen Oberbegriffen konnte die Textlinguistik einiges zum Verständnis ihrer Funktionsweise beitragen. Textlinguisten unterscheiden beispielsweise offene Sätze, Wiederholungsfiguren, Modifikationen der Sprecherrolle, Sprecher-Hörer-Beziehungen etc.

Dass die Textlinguistik die (literarische) Stilistik ersetzen könnte, wie es zu Beginn gefordert bzw. befürchtet wurde, hat sich indes nicht bewahrheitet. Indem die Textlinguistik aber die sprachwissenschaftliche Seite der Stilanalyse abdeckte, verschob sich die Geltung der Disziplin *Stilistik* – zumindest, was das Erkenntnisziel angeht – noch einmal weiter in den literaturwissenschaftlichen Bereich. Die frühe Textlinguistik könnte verstanden werden als Schwesterdisziplin der werkimmanenten Interpretation, die im Kern eine literarische Stilanalyse darstellt. In der Textwissenschaft, wie sie sich im Laufe der 1970er-Jahre entwickelte, wurden die textlinguistischen Fragestellungen bewusst mit literaturwissenschaftlichen Methoden verbunden. Die rhetorische Verfassung von Texten spielt dabei eine wichtige Rolle. Damit sind wir – einmal durch die Sprachwissenschaften hindurch – endgültig in der Literaturwissenschaft angekommen, in der die Stilistik eher von praktischem Interesse ist.

1.3 Literaturwissenschaftliche Stilistik

Dass Stil nicht allein ein linguistisch zu betrachtendes Phänomen ist, räumen selbst Sprachwissenschaftler sofort ein. Vor allem der literarische (bzw. auf analytischer Seite: literaturwissenschaftliche) Aspekt gilt als angestammtes Gegenstück, und tatsächlich haben Stilistik und Philologie dieselben Vorfahren. Wenn auch manche Theoretiker gleich eine umfassende Stildeutung forderten, in der sich „Linguisten und Literaturwissenschaftler zusätzlich mit Vertretern anderer Disziplinen wie Musik, Malerei, Architektur, der bildenden Künste, ja Kleidung (Mode!), usw. zu einer komplexen Stildeutung zusammenfinden" (Willy Sanders), so wird immerhin die Verbindung von sprach- und literaturwissenschaftlicher Betrachtung im Bereich des Stils heute häufig praktiziert. In der Regel fasst man die Stilistik sogar als Brücke zwischen der philologischen und der linguistischen Disziplin auf. Waren aber die sprachwissenschaftlichen Stiltheorien zumeist hochgradig theoretisch, so beschäftigte sich die Literaturwissenschaft eher zu wenig mit der Theorie, indem sie einen intuitiven Stilbegriff zugrunde legte und ihr Erkenntnisinteresse ausschließlich auf die Stilpraxis richtete.

Die Kriterien entnahm man vor allem in der Frühzeit der literarischen Stilanalyse gerne dem Gefühl. In den 1970er-Jahren erstarkte dagegen eine linguistisch inspirierte Literaturwissenschaft, die nun aber oft das Textganze aus dem Blick verlor und sich wiederum zu eng an die theoretischen Vorgaben hielt. So ließen sich etwa illokutionäre und perlokutionäre Akte in literarischen Texten unterscheiden. Nur war damit noch wenig gewonnen, wenn man die Erkenntnisse nicht in einen historischen, sozialen, medialen oder anderen Kontext stellte. Einer der wenigen Literaturwissenschaftler, die sich mit der Stilanalyse selbst beschäftigt haben, ist Ulrich Püschel. Seine inzwischen zwanzig Jahre alte Feststellung gilt immer noch: Bei der verwirrenden Anzahl von stiltheoretischen Konzeptionen „bleibt aber fast unbemerkt, daß die Zahl der Arbeiten, die sich explizit und ausschließlich mit der Analysepraxis beschäftigen, geradezu schmal ausfällt". Püschels Ansicht, dass „vielfach die Analysen einfach besser sind als die Theorie, auf der sie fußen sollen", erscheint aber doch etwas zu parteiisch. Manche eher gefühlte als belegte Stilanalyse trägt jedenfalls nicht viel zur Erhellung bei. Ohne Theorie, die die Beobachtung organisiert, führen auch noch so detaillierte Analysen nicht zu verallgemeinerbaren Ergebnissen. Festzuhalten bleibt: Die Stilistik gehört auch nach dem Selbstverständnis der Literaturwissenschaft eindeutig zu ihrem Fach. Hinsichtlich des theoretischen Unterbaus greift man gerne auf die linguistische Stilistik zurück. Was fehlt, sind Anleitungen zur Stilanalyse. In diesem Zusammenhang ist auch die meist wenig reflektierte historische Tradition der Stilistik(en) von Belang, denn geraume Zeit schrieben die normativen Schreibschulen vor, was wir aus den Texten heraus zu analysieren gewohnt sind.

1.3.1 Intuitiver Beginn

Am Beginn des 20. Jahrhunderts war die Auffassung, dass der literarische Wert eines künstlerischen Textes maßgeblich von seiner stilistischen Qualität abhänge, sehr verbreitet. Stil galt demnach in erster Linie als ästhetische Rede, als Hinzufügung des ästhetischen Effekts zu einer Botschaft. Das hatte bereits Tradition. Seit dem Niedergang der Rhetorik im 18. Jahrhundert war der Stilbegriff beinahe ausschließlich auf die literarische Schreibweise bezogen worden. Getragen wurde dieses Verständnis von der deviatorischen These, Stil sei Abweichung von der Norm. Literatur als ästhetische Abweichung von der Alltagsrede schien dem genau zu entsprechen.

Die Literaturwissenschaft selbst hatte sich als Nachfolgerin der alten Poetik im Umfeld des an Fakten orientierten Positivismus entwickelt, weshalb zunächst besonders die Literaturgeschichte erstarkt war. Ein wichtiges Grundlagenwerk der Disziplin, Wilhelm Scherers *Poetik*, schlüsselte literarische Texte in solcher Weise mittels der Kategorien Erlebtes, Erlerntes und Ererbtes auf, führte sie also gezielt auf außerliterarische Faktoren: die umgebende Gesellschaft und Kultur, zurück. Bei der Stilanalyse beschränkte sich die positivistische Literaturwissenschaft demgegenüber auf ein Minimum: Stilistische Merkmale waren vor allem dann von Interesse, wenn sie sich milieutheoretisch verorten ließen.

Die anschließende literaturwissenschaftliche Phase, die so genannte *geistesgeschichtliche* Epoche, die sich im Rückgriff auf Wilhelm Dilthey statt einer *Erklärung* das *Verstehen* von Texten zum Ziel setzte, räumte zwar mit dem kausalen Historismus auf, nahm Literatur nun aber einzig in ihrer Beziehung zur unterstellten Entwicklung des Geistes wahr. Das Einzelwerk (und sein Stil) zählte angesichts der epochalen Fortschritte des Geistes nur wenig. Die Intuition ist in dieser Perspektive eine wichtige Größe. In der Naturwissenschaft, in der sich nun alles um messbare Genauigkeit drehte, ließ sich damit zwar wenig anfangen. Seit Dilthey aber stand die Geisteswissenschaft der Naturwissenschaft mit ganz eigener Legitimation gegenüber. Dass das Verstehen in einem Prozess der Annäherung vor sich geht, bildete die Grundlage dieser Eigenständigkeit. Die geistesgeschichtliche Schule entwickelte daraus ein ausgeklügeltes Konzept der Interpretation, welches das sonst oft erkenntnishemmende Vorurteil produktiv machte. Mit einer intuitiv erlangten Vorstellung des Ganzen im Hinterkopf betrachtet der Interpret die Teile eines Werks, woraufhin er sein Gesamturteil zu revidieren hat, um sich erneut den Teilen zuzuwenden usf. Der Prozess des approximativen Verstehens verläuft also zirkulär, genauer ist es eine Spirale, da sich idealiter der Radius fortwährend verkleinert. Als *hermeneutischer Zirkel* hielt dieses Modell mit Friedrich Schleiermacher und Wilhelm Dilthey Einzug in die Literaturwissenschaft. Es lag nahe, dabei dem Stil eine herausragende Bedeutung zuzuschreiben. Um zu einer ersten Einschätzung des Ganzen zu gelangen, brauchte man schließlich gewisse Anhaltspunkte und diese schienen in der stilistischen Struktur gegeben.

Bei aller Intuition verlangte die Stilanalyse aber doch ein wenig Organisation. Eine brauchbare methodische Vorlage fand man mit Heinrich Wölfflins 1915 entworfenem Stilanalyseraster aus Gegensatzpaaren vor, von dem schon die Rede war. Im ersten Drittel des 20. Jahrhunderts versuchten geistesgeschichtlich beeinflusste Literaturwissenschaftler, diese polare Systematik auf eine Erfassung der Literatur zu übertragen, so etwa Oskar Walzel, Fritz Strich oder Wilhelm Schneider. Trotz aller Systematik war letztlich das eigene *Stil-Erleben* der wichtigste Maßstab. Die Untersuchungen zielten auf die Herausarbeitung verschiedener Epochenstile, blieben aber aus eben diesem Grund sehr allgemein und wenig überzeugend.

Als Reaktion auf beide frühe Richtungen der Literaturwissenschaft – die geistesgeschichtliche Spekulation wie die positivistische Unterordnung der Literatur unter historische Fakten – entstand u.a. die formal-ästhetische Interpretation: Sie stellte in programmatischer Klarheit eine Stil- und Formanalyse ins Zentrum und nahm damit die Grundidee der werkimmanenten Methode vorweg. Diese Form der literarischen Stilbetrachtung war zunächst in der Romanistik verbreitet, wo sich eine eigene Interpretationsmethode entwickelte, die so genannte *explication de texte*. Ihre wichtigsten Vertreter waren Gustave Lanson, Karl Voßler, Helmut Hatzfeld, vor allem aber Leo Spitzer.

Der Literaturwissenschaftler Leo Spitzer, der als Begründer der literarischen Stilistik gelten darf, entwarf früh eine eigene Stilerfassungs-Systematik. Bereits 1910 erschien seine Schrift *Die Wortbildung als stilistisches Mittel*, noch weitreichender waren seine *Stilstudien* von 1928. Spitzer erklärt, ganz gemäß der geisteswissenschaftlichen Schule, die Intuition zum ersten Schritt der Stilanalyse. Der Stileindruck sei aber nicht ein spontanes Erfassen der Gesamtidee, sondern basiere auf bestimmten, auffälligen Textmerkmalen. Spitzer geht also von einer nicht direkt erfassbaren Beziehung der jeweils auffälligen Stilmerkmale zum Textganzen aus, die sich erst der sorgfältigen Lektüre erschließe. Wieder stehen gemäß der Abweichungstheorie die auffälligen Stellen im Mittelpunkt. Spitzer schließt vom Zusammenhang dieser Stellen untereinander auf eine verborgene Struktur, die eine eigentümliche Logik aufweise. Eben diese Struktur definiert er als den Individualstil des jeweiligen Autors. Die stilistischen Eigenheiten gelten dabei letztlich als Indikatoren für die Psyche (Spitzer spricht von der „Seele") des Autors wie für den national- und geistesgeschichtlichen Kontext. Noch hat sich die Literaturwissenschaft nicht für eine der beiden Richtungen – geistes- oder naturwissenschaftliche Herangehensweise – entschieden. Zeigt sich in der Idee des Stilerlebnisses das geistesgeschichtliche Erbe, so erinnert die Rückführung der Literatur auf außerliterarische Faktoren zugleich an den Positivismus und seine Kausaltheorie.

Spitzers Leistung in Bezug auf die literarische Stilanalytik besteht darin, nicht mehr die Sprache als ganze in den Blick zu nehmen, sondern das stilistische System innerhalb eines künstlerischen Werkes. Genau hieran schloss später die werkimmanente Interpretation an. Bei Spitzer beziehen sich die gewonnenen Erkenntnisse allerdings doch wieder auf eine über das Werk hinausweisende Dimension – als Signatur des Autors, der Epoche etc. –, weshalb er zeitlebens die unhistorische, rein werkimmanente Auslegung ablehnte. Spitzers literarische Stilistik kann gewissermaßen als das philologische Gegenstück zu Charles Ballys linguistischer Stilistik gelten, die den Stil ebenfalls als den mitschwingenden emotionalen Ausdruck einer Botschaft auffasste.

Eine weitere Koryphäe aus dem Bereich der Romanistik ist hier anzuführen, dessen Werk, wie Ulrich Schulz-Buschhaus kürzlich mutmaßte, „vielleicht sogar *den* Höhepunkt dessen, was die akademische Disziplin Literaturwissenschaft in ihrer Geschichte erreicht hat", darstelle: gemeint ist Erich Auerbach. Sein Ruhm gründet sich vor allem auf ein durchschlagendes Werk, das Auerbach, 1935 von den Nationalsozialisten seines Amtes enthoben, im türkischen Exil verfasst hat und das 1946 veröffentlicht wurde: *Mimesis. Dargestellte Wirklichkeit in der abendländischen Literatur.* Auerbach untersucht darin das Verhältnis von Wirklichkeit und Literatur in verschiedenen historischen Epochen anhand exemplarischer Textpassagen. Seine Untersuchungen sind in methodischer Hinsicht geradezu vorbildliche Stilanalysen, welche in einem zweiten Schritt (und hier über Spitzer hinausgehend) historisch eingebettet werden. Den Kern des modernen Realismus erkennt Auerbach in einer Überschreitung des antiken Stiltrennungsgebots. Im Mittelalter bereite sich diese Form der „Stilmischung" bei gleichzeitiger geschichtlicher Situierung vor und setze sich in der Neuzeit schließlich durch. Diese Großtheorie bildet jedoch nicht die Quintessenz des auerbachschen Werkes, sie wird eher vorsichtig geäußert und ist sich ihrer Pauschalität bewusst. Als Glanzstück der Philologie gilt dagegen *Mimesis* bis heute zu Recht wegen seiner brillanten und gelehrten Einzelanalysen.

Im Anschluss an diese romanistische Vorlage entwickelten sich mehr oder weniger vergleichbare Stiltheorien. Auch Julius Petersens Schriften zum Stil aus den späten 1930er-Jahren, in denen unter anderem der unselige Begriff „Rassenstil" auftaucht, sind hier zu verorten. Petersen legt ebenfalls wölfflinsche Gegensatzpaare zugrunde, diesmal sind es zehn. Die Untersuchung der Funktionen von Stilmitteln in einem Kunstwerk, die man zu diesem Zweck zu extrahieren und zu klassifizieren hat, soll wiederum der Rückbeziehung des Werks auf den Dichter – seine Persönlichkeit und seine Einstellung – dienen. Stilanalyse hat hier jedoch den Ruch von detektivischer Spurenlese, mehr noch: von Gesinnungstest. Der Stil kommt für Petersen dadurch zustande, dass ein Autor unter dem Bann einer Idee steht, die in die Gestaltung einwirkt. Guter Stil entsteht also unter der Herrschaft einer ‚guten Weltanschauung' – worunter man in der NS-Zeit bekanntlich äußerst Bedenkliches verstand. Zu dieser Individualstilauffassung tritt nun noch eine kausale Milieutheorie hinzu. Auch der geistige Ort nämlich wirke auf die Literatur ein. In diesem Zusammenhang verortet Petersen den Individualstil – dem gängigen nationalistischen Paradigma entsprechend – in einer bestimmten Epoche, in einem bestimmten „Stamm", einer bestimmten „Nation" und zuletzt in einer bestimmten „Rasse".

Was im ersten Drittel des 20. Jahrhunderts aus der Verbindung des Positivismus mit seinem Kausalbegriff und der Geistesgeschichte mit ihrem Erlebnisbegriff entstand, war eine geschichtlich ausgerichtete, deskriptive (nicht mehr normative) und genetische

Stilistik. Dabei wurden intuitiv einzelne Individualstile erfasst, aber zunächst vor allem im Hinblick auf den sich darin ausdrückenden Kontext. Die Analyse eines Werkstils diente letztlich meist der Ermittlung eines National- oder Epochenstils. Eine solche Funktionalisierung des literarischen Werks war nur allzu kompatibel mit der zunehmend nationalistisch ausgerichteten Literaturwissenschaft.

1.3.2 Die werkimmanente Stilinterpretation

Neben der positivistisch und der geistesgeschichtlich orientierten Stilbetrachtung entwickelte sich früh eine dritte stilanalytische Richtung, die sich entgegen der vorherrschenden Einordnung in größere historische bzw. in übergreifende geistige Einheiten ausschließlich auf den Text konzentrierte. Die entscheidenden Impulse gingen dabei nicht von Deutschland aus, wo im Gegenteil die psychologisierende und historisierende Lesart bis zur Mitte des 20. Jahrhunderts noch zunahm, sondern von Frankreich, Russland und Amerika. Allenfalls die französische Version der *explication de texte* fand, wie bei Leo Spitzer gesehen, ihre Nachahmer auch in Deutschland. Der Literarhistoriker und Schriftsteller Max Kommerell wäre hier zu nennen, der sich durch die progressive Romanistik zu detaillierten Formanalysen anregen ließ.

Besonders aber von Russland, und hier vom *Moskauer Linguistenkreis*, strahlte zwischen 1915 und 1930 eine ganz eigene Interpretationsmethode nach Europa aus: der Formalismus, der sich bei der Erforschung literarischer Texte offen linguistischer Methoden bediente. Biographische, psychologische und soziologische Methoden wurden dagegen explizit ausgeschlossen: ein Novum in der Literaturwissenschaft. Das dichterische Kunstwerk wurde als ein bewusst Gemachtes aufgefasst, eine Formung von Sprache und Material. Die Untersuchung eines solcherart hergestellten Werkes bediente sich vor allem der Sprach- und Stilanalyse. Die Hauptvertreter des russischen Formalismus waren Viktor Šklowskij, Roman Jakobson, Juri Tynjanov und Boris Ejchenbaum.

Einer marxistisch orientierten Literaturwissenschaft, wie in den 1920er-Jahren in Russland bereits sehr verbreitet, musste diese Form der Literaturinterpretation, die von einer Einbettung der Texte in die Geschichte des Klassenkampfes völlig absah, als bürgerlich reaktionäre Lektüreweise erscheinen. Der Vorwurf des Eskapismus – der Flucht vor den drängenden Problemen – führte tatsächlich dazu, dass der Formalismus ab 1930 in Russland unterdrückt wurde. Er hatte aber bis dahin eine so breite Wirkung entfaltet, dass er einerseits im Strukturalismus der Prager Schule weiterlebte, die der in die Tschechoslowakei emigrierte Roman Jakobson um 1926 mitbegründete, und andererseits in Polen Nachahmer fand (die so genannte *integrale Literaturbetrachtung* von Roman Ingarden u.a.).

Zugleich entstand in den USA, nicht zuletzt bestärkt durch emigrierte Wissenschaftler, der *New Criticism*. Diese wohl bedeutendste Richtung der amerikanischen Literaturtheorie im 20. Jahrhundert wurde allerdings erst später, von etwa 1950 bis 1970, zur dominierenden Methode der angloamerikanischen Philologie. Der *New Criticism* vertrat die Ansicht, nur eine Arbeit eng am Text (*close reading*), wozu eine breite Stil- und Strukturanalyse gehört, sei der Literatur angemessen. Grundlage dieser Interpretationsmethode waren neben den formalistischen Einflüssen die zeichentheoretischen Schriften von Ivory Armstrong Richards. Zu den wichtigsten theoretischen Vertretern dieser Richtung zählen in den 1920er-Jahren John Crowe Ransom, William Empson und Cleanth Brooks. Bekannter sind allerdings die ebenfalls zum *New Criticism* gehörenden „Dichterkritiker", die – selbst Schriftsteller – entsprechende Essays und Literaturkritiken verfassten: T(homas) S(tearns) Eliot, William Butler Yeats und Ezra Pound.

Es existierten also zwischen 1920 und 1940 bereits ausgeprägt stilanalytische Richtungen der Literaturwissenschaft, obwohl deren Einfluss in Deutschland bis 1945 kaum nachweisbar blieb. Erst nach dem Zweiten Weltkrieg war schließlich auch hier ein literaturwissenschaftlicher Neuanfang vonnöten, zu sehr hatte sich die Disziplin mit ihrer ständigen Rückführung der Literatur auf Dichter und Epoche (zuletzt gar Volk und Rasse) in die nationalsozialistische Weltanschauung verstrickt. In radikaler Umkehr blendete man den Kontext nun völlig aus und übernahm in nochmaliger Steigerung der Beschränkung auf den Text die Deutungsinteressen der verschiedenen formalästhetischen Strömungen. Der genetische Aspekt: wo, wann und wie ein literarisches Werk entstanden war, wurde nun mit derselben Vehemenz verdrängt, wie er zuvor verabsolutiert worden war. Stilistisch relevant ist bei dieser bald vorherrschenden werkimmanenten Forschungs richtung die Grundannahme einer Entsprechung von Form und Inhalt. Der Stil – als Königsweg zum Gemeinten – stand so im Mittelpunkt der Analyse, stilistische Gestaltung und literarischer Wert wurden nahezu deckungsgleich.

Im deutschsprachigen Bereich waren vor allem zwei Philologen von zentraler Bedeutung für die Entwicklung der werkimmanenten Methode: Wolfgang Kayser und Emil Staiger. Wie gezeigt, hatte die Geistesgeschichtliche Schule dem positivistischen Erklären ihr Verstehen entgegengesetzt. Staiger, der seine *Grundbegriffe der Poetik* (1946) in Auseinandersetzung mit Wilhelm Scherer erarbeitete, stellte ebenfalls die Rückführung der Literatur auf außerliterarische Faktoren zur Disposition und formulierte eine weitere Alternative, die stärker auf Diskursivität abhebt: Beschreiben statt Erklären. Staigers wichtigstes Werk in theoretischer Hinsicht ist *Die Kunst der Interpretation* (1955), in dessen Einleitung er die Prinzipien der werkimmanenten Methode zusammenfasst. Interpretation bedeutet demnach, die innere Stimmigkeit der einzelnen Elemente im Ganzen des Kunstwerks zu prüfen. Vollkommenheit erreicht ein Kunstwerk für Staiger durch stilistische Einstimmigkeit. Dadurch wird die Stilanalyse zum wichtigsten Kriterium für die Beschreibung und Bewertung von Kunstwerken. Sehr ähnlich sind die Thesen, die sich in Wolfgang Kaysers Hauptwerk *Das sprachliche Kunstwerk* (1948) finden, wenn er auch weniger als Staiger auf die Subjektivität des Interpreten abhebt.

Bis zur erneuten Hinwendung zum Inhalt der Texte, die die sozialhistorisch ausgerichtete Interpretation in den 1970er Jahren mit sich brachte, war die Autonomiethese der werkimmanenten Dichtungstheorie (Wolfgang Kayser: „Das sprachliche Kunstwerk lebt als solches und in sich") die zentrale Doktrin der deutschen Literaturwissenschaft. Trotz der überragenden Bedeutung, die dem Stil eingeräumt wurde, hat die werkimmanente Literaturwissenschaft jedoch wenig zur theoretischen Durchdringung des Stilbegriffs beigetragen. Kayser wie Staiger definieren den Stil zwar in Anlehnung an Goethe als hehre Kategorie der künstlerischen Vollkommenheit, geben aber keine Kriterien für die stilistischen Wertigkeiten an, sondern berufen sich – darin ganz in der geistesgeschichtlichen Tradition stehend – auf das Gefühl des Interpreten. Die Analyse stellt letztlich die Bestätigung des intuitiven Ersteindrucks dar. Der Wechsel zwischen Gesamteindruck und einer von diesem Eindruck geprägten Analyse der Details stimmt mit dem schon erwähnten, aus der Geistesgeschichte stammenden hermeneutischen Zirkel überein. Zwar geht man heute im Allgemeinen nicht mehr davon aus, dass es angemessen ist, sich auf diese Weise die Aussage eines Kunstwerks zu erarbeiten. In praktischer Hinsicht aber entstanden dadurch in den Nachkriegsjahren viele und zum Teil sehr brauchbare Stilanalysen zu einzelnen, meist kanonischen Autoren wie Eichendorff, Kleist oder Musil.

Eine etwas andere Ausrichtung kennzeichnete die Stilistik der DDR. Die Diskussion hier wurde bis in die 1980er-Jahre entscheidend geprägt von den Schriften der österreichisch-sowjetischen Stil-Theoretikerin Elise Riesel. Riesel vertrat eine Funktionalstillehre, wonach sich der Stil in fünf Typen einteilen lässt: amtlicher Stil, Wissenschaftsstil, journalistischer Stil, Alltagsstil und künstlerisch-literarischer Stil. Bestimmte „Stilzüge" liegen jedem dieser Typen zugrunde. Allerdings war Riesel und mehr noch die DDR-Stilistik – mit ihren Vertretern Georg Michel, Siegfried Krahl, Josef Kurz, Wolfgang Fleischer u.a. – besonders an der Erforschung des literarischen Typs interessiert. Obwohl man sich von der Theorieabstinenz wie von der Gesellschaftsferne der werkimmanenten Interpretation explizit absetzte, ähnelten die Stiluntersuchungen selbst oft den Textanalysen Kaysers und Staigers: beginnend mit einem ganzheitlichen Erfassen des Textes, das in mehreren Schritten mit den stilistischen Besonderheiten vermittelt wird. Auffällig ist allenfalls ein eher bürokratischer Umgang mit den Stilelementen, die gesammelt und in Tabellen oder Skizzen festgehalten werden.

1.3.3 Neuere Ansätze der literarischen Stilanalyse

Von den 1960er-Jahren an wirkt sich der *linguistic turn* – die Einsicht, dass sprachliche Äußerungen in Bezug auf ihre Sprachlichkeit und nicht auf ihren Sinn untersucht werden müssen – auch auf die Literaturwissenschaft aus. (Post)strukturalistische Grundsätze ziehen in die Literaturwissenschaft ein. Unter der sichtbaren und bislang interpretierten Oberfläche wird jetzt eine *Tiefenstruktur* vermutet, ein verborgener Mechanismus, weshalb die Textproduktion im Grunde autonom und autorlos geschehe.

Bereits mit der pragmatischen Wende in der Linguistik fiel das wachsende Interesse der Philologie für die Mündlichkeit zusammen. Es entstand die so genannte Oralitätsforschung, die sich vor allem mit mündlicher Dichtung befasste. Dem widersprach nicht, dass sie dabei meist schriftliche Texte zugrunde legte, denn die mittelalterlichen Niederschriften von mündlich vorgetragenen Epen konnte man als „gespeicherte Mündlichkeit" begreifen. Von sprachwissenschaftlicher Seite steuerte Barbara Sandig einen wichtigen Befund bei: Viele Merkmale unserer Sprechsprache stimmten mit solchen mittelhochdeutschen Texten überein. Das betrifft etwa die in der gesprochenen Sprache oft zu findenden Satzanschlüsse mit *da* bzw. *und da(nn)*, zu denen sich in den alten Epen mit *dô* bzw. *unde* auffällige Parallelen finden. Ganz anders dagegen die mittelalterlichen Dialogpartien, da die direkte Rede offensichtlich nach dem rhetorischen Schema, also weit elaborierter ausgearbeitet wurde als die Erzählpartien. Diese Stilhierarchie kehrte sich in den Texten der Neuzeit bekanntlich um: Direkte Rede soll nun möglichst mündlich klingen. Hiermit sollte nur angedeutet werden, dass auch die pragmatische Stiltheorie durchaus von Bedeutung für literaturwissenschaftliche Stilanalysen ist.

In einer ersten Phase der Reformation der Literaturwissenschaft orientierte man sich allerdings stark an der Sozialgeschichte und unterstellte der Literatur ein höheres Reflexionsniveau als der Alltagssprache. Jede literarische Produktion schien in den 1970er-Jahren in kritischer Weise auf die Gesellschaft bezogen zu sein. Doch noch hangelte man sich dabei trotz angenommener Lenkung durch das Unterbewusstsein am Inhalt entlang. Diese emanzipatorisch ausgerichtete Decodierung (man sprach nicht selten von Codes) wurde später abgelöst durch die Auffassung der nicht minder unsichtbar gesteuerten, aber politisch neutralen Literatur, die sich allein auf sich selbst bezog. Solcher Selbstbezug (Autoreferentialität) war nun vor allem auf textformaler, rein sprachlicher Ebene zu finden, und das heißt – darauf kommt es hier an – im Stil. Mit der kybernetischen wie der dekonstruktiven Literaturtheorie der 1980er- und 1990er-Jahre ging eine Renaissance der Rhetorik einher. Die rhetorischen Figuren wurden – fernab jeglicher Inhaltlichkeit – als Bezugnahme der Schrift auf sich selbst entziffert. Abzulesen war also an diesen stilistischen Bezugnahmen nur eines: *wie* man liest. Diesen Ansatz machte vor allem Paul de Man bekannt, der wichtigste Vertreter der *Yale Schule der Dekonstruktion*.

Insgesamt geht die Postmoderne davon aus, dass es keine umfassenden Erklärungsmodelle für die Welt mehr gibt – überlegen

kritisch nun „große Erzählungen" genannt –, sondern allein vor-
läufige Wissensmodelle, die sich permanent gegenseitig über-
schreiben. Mit dem Stil passt das wunderbar zusammen: war doch
der *stilus* eben das Instrument der vorläufigen Notiz, mit dem man
einerseits das Wissen festhielt und andererseits (mit der anderen
Seite) diese Furchen (im Externgedächtnis) wieder einebnete.
Dass die rhetorische Dimension des Wissens insgesamt, vor allem
aber diejenige der Texte nicht auflösbar ist, der Stil also keineswegs als Verschlüsselung einer Bedeutung fungiert, kann geradezu
als Quintessenz der postmodernen Literaturtheorie gelten. Stil
wird damit zwar vom Autor abgelöst und der textuellen Ebene
selbst zugeschlagen, aber nicht unterschlagen, im Gegenteil. Stil,
auch wenn nicht unbedingt die Handschrift eines Künstlers, wie
die werkimmanente Interpretation annahm, ist nun eine Strategie
der Zeichen selbst, der Signifikanten. Bis zum Ursprung zurück
erweisen sich alle zuvor angenommenen Eindeutigkeiten als in
sich gespalten. Jeder ausgedrückte Inhalt bezieht sich zugleich auf
die Form des Ausdrucks, was im Grunde eine romantische Idee
ist. Am Stil, heißt das, kommt keine Aussage mehr vorbei.

Die literaturwissenschaftliche Praxis beschränkte sich in der
Folge auf den Text, was jedoch etwas völlig anderes bedeutete als
bei der werkimmanenten Interpretation. Sah man dort mit idealistischer Vollkommenheitsemphase den Text als in sich abgeschlossenes Kunstwerk, so behauptet die Postmoderne, dass es kein
Außen des Textes gebe, wobei der unendliche Text selbstverständlich nie abgeschlossen sein kann. Allenfalls der mit dem Autor verschmolzene Leser wird noch als Größe anerkannt, aber
auch dieser leistet nur produktive Fehllektüren vorhandener Texte, eben weil unter der Bedingung des ewigen Selbstbezugs nichts
anderes möglich ist.

Auf stilistischer Seite gehört etwa die *Affektive Stilistik* hierher,
die der amerikanische Literaturwissenschaftler Stanley Fish um
1970 entwarf und bald darauf radikalisierte (die gesamte Entwicklung ist abgebildet in: *Is there a Text in This Class. The Authority of
Interpretive Communities*, 1980). Dabei handelt es sich im Wesentlichen um eine Rezeptionstheorie, die den Leser zur wichtigsten
Instanz der Interpretation erhebt und an dessen Leseprozess die
Sinnentstehung festmacht. „Affektiv" nennt Fish diese Stilistik
nicht, weil es sich bei den Texten um Gefühlsausbrüche handelte,
sondern weil der Einfluss des Textes auf den Leser im Mittelpunkt

steht. Zunächst hielt Fish noch an der Trennung von objektivem Text und subjektiver Lektüre fest. Das Konzept des *informierten Lesers* sollte (ähnlich wie der *Archileser* bei Riffaterre) für eine gewisse Allgemeingültigkeit der Interpretation sorgen. Ab Mitte der 1970er-Jahre verabschiedete der Literaturtheoretiker die Vorstellung eines objektiv vorhandenen Textes: Es existierten lediglich Interpretationsstrategien. Auch die Struktur, nicht nur die Bedeutung eines Textes werde erst vom Leser an ihn herangetragen. Die normbildenden Interpretationskreise (*interpretive communities*) sind die maßgebliche Autorität für die richtige Aufnahme von Texten. Auf die Stilistik hat diese radikale Auffassung radikale Auswirkungen. Genau genommen besteht sie gar nicht mehr, denn auch die Aufmerksamkeit auf Formen, Figuren, Stilhöhen sind nur von der Situation der Rezeption bestimmt. Dass man mit einer solchen Theorie in stilanalytischer Hinsicht wenig anfangen kann, ist offensichtlich.

Schließlich geriet vor etwa einem Jahrzehnt die Materialität der Kommunikation in den Fokus der Forschung. Damit überschreitet das stilistische Erkenntnisinteresse Form und Inhalt der Texte und nimmt auch ihre ‚körperliche' Verfassung mit in den Blick: also Schrift, Druck und Trägermaterial. Die sprachwissenschaftliche Stilistik hatte sich kaum für diesen Aspekt interessiert. Dass die äußere Erscheinung, vor allem Layout und Schriftart, aber auch der Griffel (*stilus*) selbst und seine Abwandlungen zur Schreib- oder Textverarbeitungsmaschine, gleichfalls zum Stil gehören, darf wohl als neueste Entwicklung der literaturwissenschaftlichen Stilistik bezeichnet werden. Das Schreibzeug, heißt es schon in einem oft zitierten Brief Nietzsches, arbeite an unseren Gedanken mit. Rüdiger Campe hat dafür in den 1990er-Jahren den Begriff der *Schreibszene* geprägt. Besonders nach der Auflösung des Verbunds von Stilistik und Rhetorik im 18. Jahrhundert wurde dieser Bereich, bedingt nicht zuletzt durch neue Schreib- und Drucktechniken, sehr komplex. Es ist nicht abwegig, hierin eine zumindest teilweise Übernahme der zuvor rein sprachlichen Stilmerkmale durch die Optik des Textes zu sehen. Die mündliche Redesituation spielt seit dem 18. Jahrhundert keine allzu wichtige Rolle mehr, das ‚Original' ist seit der Zeit der Romane der Text selbst und nicht seine Aufführung. Mit diesem Siegeszug einer einzelnen Rezeptionsform von Literatur, dem stillen Lesen, veränderten sich auch die stilistischen Parameter: Die Ausgestaltung des schriftlichen Textes, die der Leser schließlich in der Hand und im Bücherregal haben wird, findet seither in einer weiteren Dimension statt, denn das Erscheinungsbild von Literatur ist nun in erster Linie das Druckbild. Natürlich sind auch vorneuzeitliche Handschriften schon reich geschmückt worden, doch handelte es sich dabei eben um Individualisierungsstrategien, während das Layout später als Teil des Textes gelten muss. Während also die normative Stilistik sich im Sprachlichen, in der Mikrostilistik, Stück für Stück verabschiedete, bildeten sich neue Normen auf der materialen Seite der Literatur heraus, der Makrostilistik, die in die Interpretation durchaus einbezogen werden dürfen.

1.4 Literaturhinweise

Anderegg, Johannes: Literaturwissenschaftliche Stiltheorie. Göttingen 1977.

Dittgen, Andrea Maria: Regeln für Abweichungen. Ffm/Berlin/Bern 1989.

Campe, Rüdiger: Die Schreibszene. Schreiben. In: Gumbrecht, Hans Ulrich; Pfeiffer, Karl Ludwig (Hrsg.): Paradoxien, Dissonanzen, Zusammenbrüche. Situationen offener Epistemologie. Ffm 1991, 759-772.

Eco, Umberto: Über Stil. In: Ders.: Die Bücher und das Paradies. München/Wien 2003, 170-188.

Fix, Ulla: 'Simply two peas in the philological pod'? Der Text als das Gemeinsame von Literatur- und Sprachwissenschaft. In: Hoffmann, Michael; Keßler, Christine (Hrsg.): Berührungsbeziehungen zwischen Linguistik und Literaturwissenschaft. Ffm/Berlin/Bern 2003, 41-57.

Fix, Ulla (Hrsg.): Beiträge zur Stiltheorie. Leipzig 1990.

Fleischer, Wolfgang; Michel, Georg; Starke, Günter: Stilistik der deutschen Gegenwartssprache. 1996.

Fucks, Wilhelm: Mathematische Analyse des literarischen Stils. In: Studium Generale. 6 (1953) 9, 506-523.

Gumbrecht, Hans Ulrich; Pfeiffer, Karl Ludwig (Hrsg.): Stil. Geschichten und Funktionen eines kulturwissenschaftlichen Diskurselements. Ffm 1986.

Jakobson, Roman: Linguistik und Poetik. In: Ihwe, Jens (Hrsg.): Literaturwissenschaft und Linguistik. Bd. II/I. Ffm 1971, 142-178.

Püschel, Ulrich: Das Stilmuster ‚Abweichen'. Sprachpragmatische Überlegungen zur Abweichungsstilistik. In: Sprache und Literatur in Wissenschaft und Unterricht 16 (1985) 55, 9-24.

Riffaterre, Michael: Strukturale Stilistik. München 1973.

Sanders, Willy: Linguistische Stiltheorie. Probleme, Prinzipien und moderne Perspektiven des Sprachstils. Göttingen 1973.

Sandig, Barbara: Stilistik der deutschen Sprache. Berlin/New York 1986.

Seidler, Herbert: Allgemeine Stilistik. Göttingen 1963.

Sowinski, Bernhard: Stilistik. Stiltheorien und Stilanalysen. Stuttgart 1999.

Spillner, Bernd (Hrsg.): Methoden der Stilanalyse. Tübingen 1984.

Stickel, Gerhard (Hrsg.): Stilfragen. Berlin/New York 1995.

2 Geschichte der Stilistik

Stil als Codierung des Ausdrucks im Sprachlichen wie im Gestischen, in Briefen ebenso wie in Kleidung, Begrüßung oder Gesang, das gibt es, seit es Kommunikation gibt bzw. Menschen aufeinander treffen. Stil fungiert gleichermaßen als Identitäts- wie als Ausschlusskriterium, gemeinschaftsbildend und grenzüberschreitend. Bis heute unterscheiden sich verschiedene Gesellschaftsschichten nicht zuletzt stilistisch voneinander. Tatsächlich deckten sich die Grenzen zwischen den Stilebenen oft mit den ständischen und sozialen Untergliederungen: eine stratifikatorisch differenzierte Stilistik, auch wenn uns das heute, wo es allenfalls noch funktional differenzierte Stile gibt, einigermaßen folkloristisch erscheint. Systematischer gesagt: Stil ist durch seine lange Geschichte hindurch doppelt angelegt, als individuelles Erkennungszeichen (so etwa der je eigene Briefstil) und als normatives Programm (die Stillehren). Es stehen sich demnach Einzel- und Gruppenstile gegenüber. Bei den frühen Stilkonzepten dominierte das normative Verständnis, auch wenn es in der Antike durchaus die Vorstellung individueller Stile gab, etwa den *stilus Homericus* (Macrobius), welche allerdings ihrerseits wieder exemplarischen Charakter hatten.

So wurden der sprachliche Stil, der spezifische und reiche Metapherngebrauch, den die homerischen Epen, die *Ilias* wie die syntaktisch modernere *Odyssee*, im 7. Jahrhundert v. Chr. vorführten, bereits in der Antike als Bestandteile einer nicht nur vorbildlichen, sondern geradezu verbindlichen (poetischen) Ausdrucksweise anerkannt. Es war offensichtlich, dass im Alltag anders gesprochen wurde, keineswegs jener aristokratisch-literarischen Vorstellung entsprechend. Aber auch im Alltag ließ sich zwischen hohem und niedrigem, gutem und schlechtem Stil unterscheiden. Woher die homerische Sprache mit ihren metrischen Dehnungen und der *Hiat*-Vermeidung genau stammte, ob sie die Erfindung eines einzelnen Autors war oder auf eine Übertragung vom Äolischen ins Ionische zurückgeht, ist eine der großen Fragen der Homerforschung bis heute. Bei der Untersuchung der Stilpraxis gerät man so unversehens in (alt)philologisches Fahrwasser.

Wichtig ist hier nur, dass trotz der Herausbildung eines dominanten Stils bis zur klassischen Antike keine eigenständige Stilistik, keine wissenschaftliche Lehre vom Stil entwickelt worden war.

Dies lag nicht zuletzt daran, dass eine solche Disziplin eine rationale Durchdringung, also gewissermaßen eine Entsakralisierung der Sprache voraussetzte. Den ersten Schritt vom Mythos zum Logos machten im abendländischen Kontext die Sophisten. Aristoteles begründete dann eine rhetorisch-normative Stilistik, die für Jahrhunderte zur Grundlage der Sprachverwendung wurde. Erst in der Moderne, als der Stil in den Menschen hinein verlegt wurde und damit als erlernbare Disziplin ausschied, gerieten diese Lehren vom Stil in die Krise.

Die früheste Glanzepoche der Rhetorik beginnt mit der griechischen Antike. Was die Griechen entdeckt hatten, war sicherlich nicht die kunstfertige Rede an sich, aber doch ihr Potential, als kommunikatives Fundament der Politik und damit als Grundlage der Polis zu fungieren. Dazu allerdings war ihre handlungsorientierte Zuspitzung vonnöten, eine aufwändige, aber erlernbare Durcharbeitung auf eine in sich schlüssige Argumentation und auf eine überzeugende Präsentation hin. Besonders auf den letzten Aspekt konzentrierten sich viele Überlegungen. Die besten Argumente kamen schließlich oftmals nicht gegen einen stilistisch versierten Gegner an.

Die Entstehung der Rhetorik hing zweifellos eng mit den politischen Entwicklungen zusammen. Indem mit der griechischen Polis im 5. und 4. Jahrhundert v. Chr. erstmals eine Demokratie errichtet wurde, taten sich neue Möglichkeiten der politischen Karriere auf. Nicht allein Geburt oder Reichtum sicherte mehr die Zugehörigkeit zum Kreis der ersten Bürger, auch die Kunst der Rede und der Überredung mussten beherrscht werden, wurden doch die wichtigsten Entscheidungen in Ratsversammlungen getroffen. Nicht zufällig charakterisiert auch die Philosophie, genauer: Aristoteles, in diesen Tagen den Menschen in bis heute gültiger Weise als das mit Sprache begabte Wesen, *zoon logon echon*.

Rhetorik, zunächst noch im Ruch einer sophistisch-esoterischen Lehre stehend, wurde bald zum unverzichtbaren Bestandteil der Ausbildung zum Staatsbürger. Unverblümt hat sie unter Einsatz aller sprachlichen Mittel die Überredung des Gegenübers zum Ziel. Es war vor allem der in der klassischen Rhetorik zentrale Bereich der sprachlichen Darstellung der Gedanken (*elocutio*), der seit jeher die umfassendste Ausarbeitung erfuhr. Die Behandlung der sprachlichen Darstellung aber bedeutet nichts anderes als die Behandlung stilistischer Probleme. Gleichsam im Zentrum der

Rhetorik befindet sich damit als der am schwersten zu erlernende Bestandteil der ganzen Disziplin die Lehre vom Stil. In der Antike versteht man darunter: Vorgaben für den korrekten Sprachgebrauch wie für die Komposition (den Satzbau), die systematische Auflistung und Erklärung von sprachlichem Schmuck und die Erörterung von Stilebenen. Auf dem Weg in die Neuzeit wurden immer weitere Bereiche der Sprachanwendung einbezogen bis hin zu Fragen der Metrik und des Layouts.

2.1 Der Stil in der antiken Rhetorik

2.1.1 Sophistischer Startschuss

Den Beginn der abendländischen Stilgeschichte markiert die frühe griechische Schule der Sophisten (Weisheitslehrer). Lange Zeit allerdings wurde die Bewegung der Sophistik durch die Brille Platons (427-347) betrachtet, der gemeinsam mit seinem Schüler Aristoteles (384-322) eine wohl einmalige Monopolstellung in der Philosophiegeschichte einnimmt. In dieser Perspektive erscheint die Sophistik als rhetorisch-artistische Verführungskunst ohne jeden Wahrheitsanspruch. Erst mit Georg Wilhelm Friedrich Hegel änderte sich diese Blickrichtung allmählich, die Sophisten erschienen nun mehr und mehr als Aufklärer *avant la lettre*, die den Logos an die Stelle des Mythos gesetzt hatten. Der Postmoderne schließlich galten die Sophisten gerade wegen ihrer jenseits von Wahrheit und Lüge auf die abstrakte Systematik der Sprache abhebenden Lehren als frühe Dekonstruktivisten (also als Vorläufer ihrer selbst), die allerdings dem platonisch-metaphysischen Sperrfeuer nicht standzuhalten vermochten. Dennoch beruhte auch die sokratische Dialektik maßgeblich auf den sophistischen Lehren, ganz besonders auf den nur fragmentarisch erhaltenen Schriften des Protagoras von Abdera (ca. 480-410).

Tatsächlich waren die Sophisten, die unterrichtend von Ort zu Ort zogen und sich allenfalls nach eigenem Verständnis von den Philosophen unterschieden, maßgeblich für den hohen Bildungsstandard in der griechischen Antike verantwortlich. Den Höhepunkt der individuellen Bildung erblickten sie dabei in der Fähigkeit, gut und überzeugend zu sprechen, was wiederum bestens mit den politischen Erfordernissen zusammentraf. Nicht zufällig also entstammen die ersten bekannten und wenigstens zum Teil erhaltenen Rhetoriken diesem Umfeld. Schon mehr ein Zufall ist es dagegen, dass diese Schriften keineswegs im Macht- und Bildungszentrum Athen entstanden waren, sondern im griechischen Kolonialgebiet, genauer: in Sizilien, das sich zur Zeit der Perserkriege und in sicherem Abstand von diesen einer kulturellen Hochblüte erfreute.

Von hier, aus Syrakus, stammen sowohl die bezeugten, aber nicht erhaltenen rhetorischen Lehrbücher von Teisias und Korax als auch die Schriften des Gorgias aus Leontinoi (ca. 480-380), der als äußerst erfolgreicher Redelehrer dieses Wissen nach Athen exportierte. In der Einteilung des Korax, über die wir immerhin informiert sind, taucht die Stilistik (griech.: *léxis* oder *phrásis*) noch nicht auf, wie das bald darauf bei Gorgias der Fall war. Dieser Denker brachte es zudem als Redner und Sophist zu solcher Bekanntheit, dass Platon, der in seinen Schriften den eigenen Lehrer Sokrates gerne als Sophistenaustreiber auftreten läßt, ihn als Prototyp seines (nicht wenig verzerrten) Standes inszeniert.

Bei Gorgias finden sich bereits die Grundlagen der rhetorisch-stilistischen Tradition vorgebildet: unter anderem die Einteilung der Rede in drei Gattungen, die unter etwas veränderten Bezeichnungen später von Aristoteles aufgenommen und kanonisiert wurde. Neben der Staats- bzw. Volksrede kennt Gorgias die Gerichts- und die Festrede. Seine nicht erhaltene, aber bezeugte Rhetorik enthielt des Weiteren Anweisungen hinsichtlich des Inhalts und des Aufbaus der Rede, vor allem aber machte er als versierter Stilist praxisnahe Angaben zur sprachlichen Form. Die vielleicht wichtigste Erfindung des Gorgias auf diesem Gebiet ist die rhetorische Periode, die einen Weg zwischen Vers und Prosa sucht. Daneben kennzeichnet ihn ein auf den Rhythmus abzielendes syntaktisches Stakkato. Dieser (schon früh so genannte) „gorgianische Stil" läßt sich an zwei vollständig erhaltenen Muster-Essays studieren, in denen er die Anwendungsmöglichkeiten solcher sprachlicher Mittel demonstriert. Im berühmten *Lob der Helena* etwa setzt er prätentiös alle stilistischen Kniffe ein, um die als untreu geltende Tochter des Zeus (sie hatte Paris, ihren Entführer nach Troja, geheiratet) zu verteidigen.

Manchen Zeitgenossen erschien der gorgianische Stil allerdings zu modern. Sein Schüler Isokrates (436-338 v. Chr.) orientierte sich daher wieder deutlicher an der gehobenen Umgangssprache.

Über viele Jahrzehnte leitete Isokrates seine eigene Rhetorikschule, in der er dem Selbstverständnis nach nicht nur tüchtige Redner heranzog, sondern seine Schüler umfassend lebenspraktisch ausbildete. Über 20 Reden des Isokrates sind erhalten, allerdings keine dezidierte Rhetorik, geschweige denn eine Stilistik. Aus seinen Programmschriften, vor allem aus der gegen konkurrierende Erzieher gerichteten Abhandlung *Gegen die Sophisten*, sind uns jedoch die wichtigsten Grundzüge seiner Lehre bekannt. Eine skeptische Einstellung, die er mit Gorgias teilt, verbindet sich nun mit einem eher schlichten Stil, die Argumente und ihr Arrangement erscheinen wichtiger als Klang und Rhythmus der Rede.

Eine ganz andere stilistische Ausrichtung zeigen die Schriften des Rhetors Antiphon von Ramnus (ca. 480-411), den Platon als Redelehrer kennt und der im Jahre 411 hingerichtet wurde, nachdem er sich im Vorfeld der Revolution von 404 v. Chr. am oligarchischen Putsch gegen die Demokratie beteiligt hatte. Auch seine Rhetorik steht in enger Verbindung mit der politischen Wirklichkeit. In erster Linie verfasste Antiphon Prozessreden – drei der erhaltenen 15 Reden stammen aus echten Prozessen in Mordsachen. Die übrigen zwölf sind als Musterreden in fiktiven Mordprozessen für den Unterricht angelegt und gemäß dem attischen Gerichtsprotokoll in drei Gruppen (Tetralogien) von jeweils zwei Anklage- und zwei Verteidigungsreden angeordnet. Von entscheidender Bedeutung ist hier die kurz zuvor entwickelte Argumentationstechnik des *Pro* und *Contra*, des ständigen Perspektivwechsels also, was sich als disputatives Grundschema erhalten hat. Dieses Einlassen auf die Gegenargumente und zumal ihre Vorwegnahme erlaubte es, die Rede zunehmend unangreifbar zu machen. Es ließen sich sogar äußere Beweismittel entkräften, wenn es dem Redner gelang, eine konkurrierende innere Wahrscheinlichkeit stark zu machen.

Mit Sicherheit existierten im 5. und 4. vorchristlichen Jahrhundert weitere Redehandbücher, die uns aber inhaltlich nicht mehr fassbar sind. Bezeugt sind etwa Lehrbücher von Thrasymachos, Theodoros, Polos oder Theramenes. Aristoteles fertigte als Vorarbeit zu seiner eigenen Rhetorik eine Übersicht über die bekanntesten Handbücher an, die uns hier sehr weiterhelfen würde, doch diese ist ebenfalls verloren.

Das erste vollständig erhaltene Handbuch der Rhetorik, entstanden um 370 v. Chr., entstammt ebenfalls dem sophistischen

Umfeld und kann wohl mit kleinen Einschränkungen als repräsentativ für deren Auffassungen gelten. Dennoch wurde es lange Zeit zum Korpus der aristotelischen Schriften gezählt, da ein Widmungsschreiben an Alexander den Großen den Auftakt macht, worin Aristoteles dem Herrscher „viel Gutes" wünscht. Aristoteles aber verfasste nur wenig später seine eigene Rhetorik. Gerade die allzu schnelle Zuschreibung hat allerdings dafür gesorgt, dass das Handbuch erhalten blieb. Meist firmiert es unter der neutralen Bezeichnung *Alexander-Rhetorik* und als sein Autor gilt heute Anaximenes von Lampsakos (2. Hälfte des 4. Jh.). Dieser hatte, wie wir von Quintilian wissen, sieben Reden-Arten unterschieden, die sich in der Tat mit der Einteilung in der *Alexander-Rhetorik* decken. Den klassischen sechs Redegattungen (Gerichtsrede, Beratungsrede und Lob-/Tadelrede jeweils in Pro- und Contra-Version) wird dabei charakteristischerweise eine siebte, die prüfende Rede, hinzugefügt. Frappierend ist vor allem die wertrelativistische Offenheit dieser Rhetorik, die den Sieg im Rededuell zum alleinigen Maßstab erklärt. Alles, was zum Erfolg führt, ist auch geboten: einen moralisch verwerflichen Stil kennt sie demgemäß nicht. Zum Zweck der Meinungsführerschaft sei auch einmal die üble Nachrede oder die Unwahrheit zu bemühen – eine zwar oft beherzigte, aber selten offen formulierte Maxime.

In sieben Abschnitten handelt die *Alexander-Rhetorik* auch vom Stil. Dabei wird zunächst wenig Erstaunliches geboten, eine größere Länge der Rede erhält man durch geschickte Unterteilung des Themas, Kürze durch gezielt ausgewählte, selbstredende Begriffe. Wichtig ist dem Autor die Klarheit, womit in erster Linie das Vermeiden von Mehrdeutigkeit gemeint ist. Ebenso ist Sprachrichtigkeit (oder besser: Sprachüblichkeit) ein zentraler Punkt. Schließlich folgen zwei Figuren-Empfehlungen, die das dualistische Denken der Zeit widerspiegeln: die Antithese und der Parallelismus, also Gegen- und Nebenordnung. Sie umfassen sowohl strukturelle (Un-)Gleichartigkeiten auf der Wortebene als auch klangliche auf der Lautebene. Insgesamt spielt in dieser frühen Rhetorik der Stil noch keine sehr herausragende Rolle, er ist neben dem betörenden Aufbau der Rede oder den Argumenten im Einzelnen nur eines der Mittel, den Hörer auf die eigene Seite zu ziehen. Nach dieser realistischen Ouvertüre gerät jedoch die Rhetorik und mit ihr die Stilistik bald unter die Fittiche der Wahrheitssucher. Platon, sicherlich einer der besten Stilisten seiner Zeit, erfand nicht nur ein Ideenreich jenseits der Dinge, sondern zugleich eine Wahrheit jenseits der Sprache. Beides wurde schließlich von Aristoteles formalisiert.

2.1.2 Der philosophische Gegenschlag

Platon hat bei aller rhetorischen Beschlagenheit selbst keine Rhetorik verfasst. Er geriert sich im Gegenteil als schärfster Gegner alles Sophistischen, was im 4. Jahrhundert v. Chr. in erster Linie bedeutet: alles Rhetorischen. Im Dialog *Gorgias* bestreitet er nicht nur den Wissenschaftscharakter der Rhetorik, er will sie nicht einmal als Kunst gelten lassen, sondern lediglich als technische Routine, ohne freilich etwas für solche operationalen Prozeduren übrig zu haben. Genau diese Trennung von Technik und Charakter aber ermöglicht erst eine Stilistik im eigentlichen Sinne. Im *Phaidros* schwächt Platon seine Ablehnung ab, indem er sich nicht mehr generell von der Rhetorik, sondern nur noch von ihrer sophistischen Variante abgrenzt, und formuliert daraufhin einige grundlegende Bedingungen für eine kunstgerechte Rede, die von Aristoteles zum Teil umgesetzt wurden. Ausgehend von der Theorie, die Rede sei Seelenleitung, fordert Platon die genaue Kenntnis des Zuhörers, zu dessen Seele man schließlich spreche. Statt auf Wahrscheinlichkeit soll die Rhetorik sich auf die Wahrheit gründen. Methodisch bedeutet das die Zuhilfenahme der platonischen Dialektik sowie einen organischen Aufbau. Die Ansicht, „dass jede Rede wie ein lebendes Wesen organisch zusammengefügt sein, und dass sie gewissermaßen ihren Leib haben müsse, so dass sie weder kopflos ist noch ohne Füße, sondern Mitten und Enden hat, so verfasst, dass die Teile unter sich und mit dem ganzen in rechtem Verhältnis stehen", ist mehr als nur ein Bild für eine gut geordnete Rede. Lebendigkeit gilt neben der Verständlichkeit bis heute als Hauptanforderung jeder Rede, womit aber bei Platon und vielen seiner Nachfolger nicht allein Lebhaftigkeit, also Abwechslung, gemeint ist, sondern Animation – den Worten soll eine Seele, der Rede ein Körper verliehen werden. Eine dermaßen ungebrochene Begeisterung für das Wahre und das Wesenhafte forderte beinahe automatisch eine Wendung zum Gegenteil, also zum Formalismus heraus: Aus der Weisheitsliebe wird Wissenschaft.

Platons Schüler Aristoteles entwickelt in seiner *Rhetorik* (*Techne Rhetorike*, ca. 347 v. Chr.) in solcher Weise eine Psychologie der Rede, indem er Affekte und Charaktere analysiert, die nun für die Argumentation von ebenso großer Bedeutung sind wie der logische Aufbau. Für ihn – ähnlich wie für die Sophisten und anders als bei Platon – ist die Rhetorik eine formale Disziplin jenseits moralischer Belange, weshalb erneut das Wahrscheinliche in den Blick rückt, allerdings dadurch von den Redepraktikern unterschieden, dass Aristoteles keine Anweisung zur überzeugenden Darstellung gibt, sondern auf einer höheren Reflexionsstufe ansetzt. Er untersucht den Überzeugungsprozess selbst. So genanntes Meinungswissen (*doxa*) wird dabei zwar weiterhin klar von wirklichem Wissen (*episteme*) und der zugehörigen Analytik geschieden, es taugt laut Aristoteles aber durchaus als Instanz im alltäglichen Verhalten. Dieser *doxa* ordnet er die Disziplinen Dialektik und Rhetorik zu, die dadurch zwar nicht vollkommen rehabilitiert, aber doch ihrer praktischen Bedeutung gemäß betrachtet werden. Mit Aristoteles' *Rhetorik* (und endgültig im Hellenismus) setzt sich auch die bis ins 18. Jahrhundert leitende Vorstellung durch, die Verfertigung einer Rede lasse sich in die erwähnten fünf Stadien einteilen.

Aristoteles' für den eigenen Gebrauch im Lehrbetrieb verfasste *Rhetorik* besteht aus drei Teilen. In einem ersten Teil führt sie in die Redegattungen ein und widmet sich der Beweisführung, indem sie zahlreiche Argumente katalogisiert. Im zweiten Teil beschäftigt sich die Schrift mit den genuin aristotelischen Neuerungen hinsichtlich der Argumentation: die Untersuchung von *Ethos* (des Redners), *Pathos* (der Zuhörer) und *Logik* (der Rede). An dieser Stelle – bezogen auf die innere Logik der Rede – integriert Aristoteles mit der *Topik* eine weitere Disziplin in die Rhetorik.

Abgeleitet vom griechischen Wort *topos*, dem Ort, stellt die Topik eine „Lehre von den Örtern" dar, wobei im Deutschen die Bezeichnung „Lehre von den Gemeinplätzen" sinnvoller scheint. Es handelt sich bei den Topoi schließlich um sprachlich-inhaltliche Gesetzmäßigkeiten. Aristoteles verfasste zum einen eine eigene Topik-Schrift, die *Topica*, kommt aber auch in seiner Rhetorik auf diese zurück. Die *Topica* stellt wie alle Schriften des Aristoteles eine Art Notizheft für die mündliche Unterweisung der Schüler dar. Sie zielt aber auch inhaltlich auf eine bestimmte Form der Mündlichkeit: das durch Frage und Antwort strukturierte dialektische Übungsgespräch. Anhand von 300 Beispielen zeigt Aristoteles, wie man unter den Bedingungen der Wahrscheinlichkeit dennoch deduktive (abgeleitete) Schlüsse möglich sind, wie sonst nur bei wahren Sätzen. Die Rhetorik hat für Aristoteles schließlich in erster Linie die Aufgabe, zu überzeugen, und das tut sie, indem sie das unvermittelte Wissen, von dem sie überzeugen möchte, auf bereits bekanntes Wissen bezieht. Insofern handelt es sich nach seiner Auffassung um etwas dem Schematismus des Schlussfolgerns, dem Syllogismus, sehr Ähnliches.

In zwei Schritten sollen Dialektiker und Rhetoriker dabei vorgehen: Zunächst ermitteln sie, ausgehend von ihrem Argumentationsziel, mithilfe der aufgelisteten Topoi geeignete Argumente. Von der *Konklusion* geht es also gedanklich zu den *Prämissen* zurück. In einem zweiten Schritt gilt es, die fertige Argumentation samt der Topoi in umgekehrter Reihenfolge vorzutragen, diesmal also von der Voraussetzung zur Schlussfolgerung. Die in der *Topica* aufgeführten, noch recht unterschiedlichen Beispiele systematisiert Aristoteles in der *Rhetorik*, indem er 28 verschiedene Fälle unterscheidet. Des weiteren reduziert er dort die Schlussfolgerung selbst von der Dreigliedrigkeit (Ober-, Mittel- und Unterbegriff) zur zweigliedrigen Kurzform, dem *Enthymem*. Diese Enthymeme (Indizienschlüsse) stellen als universell einsetzbare, fertige Beweise das Rüstzeug des Redners dar, mit dem er sich einem Fall nähern kann. So gilt etwa nach dem „Enthymem des Gegensatzes", dass das Gegenteil einer sinnvollen Sache oft nicht sinnvoll ist. Für eine Rede, die eine sinnvolle Sache herausstreichen soll, ist es danach durchaus angebracht, umgekehrt vorzugehen und den Unsinn des Gegenteils wortreich darzustellen. Ähnlich funktionieren auch die übrigen Enthymeme, die an sich noch nichts beweisen, aber Muster des geschickten Redeaufbaus an die Hand geben. Es lassen sich dabei allgemeine Topoi, die in allen Disziplinen gelten, von besonderen Topoi unterscheiden, die einen fachlichen Ursprung haben und an einen bestimmten Gegenstandsbereich gebunden sind, auch wenn sie ebenfalls einen Teil des kollektiven Wissens darstellen. Mit dieser Technik der Herstellung von Schlüssigkeit jenseits wissenschaftlicher Exaktheit rückt die *Argumentation* in das Zentrum der Rhetorik, nie aber getrennt von ihrer sprachlichen Ausgestaltung, da auch das Wie der Aussage – besonders wegen der „Verderbtheit des Zuhörers" – über alle Topik hinaus zur Überzeugung beitrage. Die Topik selbst ist nicht nur eine logische, sondern ebenso eine stilistische Angelegenheit, zumal in ihrer Fortwirkung. Vom Mittelalter an zählen die Topoi (Beschreibung der schönen Frau etc.) zum ,Schmuck'.

Schließlich fügt Aristoteles nach der Problematisierung der Argumentation seiner *Rhetorik* einen gewichtigen dritten Teil hinzu, der nun über weite Strecken (Kapitel 1-12) eine ausgearbeitete Stilistik darstellt und uns hier am meisten interessiert. Diese ursprünglich wohl eigenständige Abhandlung *Über den Stil* (*Peri lexeos*) wurde vermutlich erst im ersten Jahrhundert v. Chr. vom Herausgeber der aristotelischen Schriften, Andronikos aus Rhodos, mit Buch 1 und 2 vereint. Erstmals wird hier *léxis* und *phrásis* ein systematischer Ort zugewiesen. Den Auftakt macht nicht nur eine allgemeine Aufwertung der Formulierkunst, worin festgehalten wird, dass sie ebenso wichtig sei wie der Inhalt selbst, sondern auch die wirkmächtige Abgrenzung des prosaischen vom poetischen Stil (etwa bei Gorgias): „die sprachliche Formulierung der Rede und die Poesie sind voneinander verschieden" (III, 1). Die aristotelische Matrix des sprachlichen Ausdrucks wird aufgespannt von den beiden Kriterien Deutlichkeit und Angemessenheit (III, 2), zwei Bestimmungen von weitreichender Bedeutung. Das wirkungsvollste Stilmittel der Prosarede besteht für Aristoteles im Gleichnis (III, 4), bei dem es sich um eine Metapher handelt, die jedoch als solche gekennzeichnet ist durch ein mitgeliefertes „wie". Während die Poesie sich in Metaphern und Allegorien stürzen darf, behält die Rede nach Aristoteles eine gewisse Distanz, befindet sich damit auf einer höheren Reflexionsstufe. Für den fatalsten Stilfehler überhaupt hält Aristoteles die Bezeichnung „das Frostige" (III, 3) parat, die kaum mit der heutigen Vorstellung eines frostigen Stils zusammengeht, sondern in Zusammenhang mit der aristotelischen Elementenlehre verstanden werden muss. Was damit gemeint ist, zeigt die Aufzählung der vier ,frostigen Stilbrüche': Zusammengesetzte Wörter stehen danach dem Redner ebenso wenig an wie weithin unverständliche Provinzialismen, zu ausgreifende Epitheta (vor allem die tautologischen: der weiße Schimmel) oder unpassende Metaphern, die entweder zu lächerlich oder zu erhaben wirken.

Daraufhin geht es hinsichtlich der sprachlichen Komposition ins Detail. Sprachrichtigkeit wird gefordert (III, 5), was vor allem den Ausschluss von Doppeldeutigkeiten und die Beachtung grammatischer Kongruenzen bedeutet. Ebenso gibt es Angaben zur Würde des Stils (III, 6), die durch Einfachheit eher denn durch Detailreichtum erreicht werde, sowie zur Angemessenheit (III, 7), die als *aptum* oder *decorum* von nun an die gesamte Stilgeschichte begleitet. Über erhabene Gegenstände lasse sich demnach nicht ohne Sorgfalt sprechen, über Geringfügiges nicht erhaben. Das ist schon der Kern der später ausgearbeiteten Dreistillehre. Als idealen Prosarhythmus schlägt Aristoteles den Päan vor (III, 8), den Rhythmus eines zu dieser Zeit weit verbreiteten feierlichen Chorlieds, wobei die Begründung sehr aussagekräftig ist: „Den Päan dagegen muss man anwenden; denn von all den genannten Rhythmen entsteht aus ihm allein kein Metrum. Folglich bleibt er am ehesten unentdeckt". Stil steht hier eben noch als Geheimwaffe im Dienste der Überredung. Vorzuziehen sei zudem gegenüber einer einschläfernden Parataxe – der endlosen Nebeneinanderordnung der Sätze, wie man sie bei Herodot finde – die hypotaktische Periode, also die Nebensatz-Verschachtelung. Das Argument entsteht in der Hypotaxe nicht geradlinig, sondern kreisförmig, indem sich eine zu Beginn des Satzes aufgebaute Spannung bis zur finalen Auflösung durchhält. Die Satzglieder dürfen dazu freilich weder zu kurz noch zu lang sein (III, 9). Auch in der Binnenperiode zeigen sich Strukturen der parallelen oder antithetischen Wiederholung, der Redeaufbau wird also formal komplexer. Esprit (*urbanitas*), heißt es weiter, erziele man durch Begabung oder Übung (III, 10). Der Esprit wiederum sichert die Wirksamkeit der Rede. Sehr eindrücklich sei auch das Vor-Augen-Führen (III, 11), also die Metaphorik oder Verbildlichung einer Sache. Mit einer Mahnung, die jeweiligen Eigentümlichkeiten der einzelnen Redegattungen zu beachten, eine Staatsrede beispielsweise wie ein Kulissenmaler zu verfertigen und viele Details bunt aufzutragen, dagegen eine Gerichtsrede sorgfältig und präzise anzulegen (III, 12), endet diese erste Stilistik von Weltrang.

Die unmittelbare Wirkung der Schrift war jedoch, abgesehen von den rhetorischen Studien des Schülers und Schwiegersohns von Aristoteles, Theophrast (372-287), überraschend schwach. Zu fremd schien vielen Redelehrern die detaillierte Analyse ihrer Kunst jenseits der reinen Anwendbarkeit. Theophrast wiederum erweiterte in seiner verlorenen Schrift *Über den Stil* – die erste Monographie über die *léxis* – die beiden aristotelischen Stilqualitäten der Angemessenheit (*aptum/ decorum*) und Deutlichkeit (*perspicuitas*) zur Vierzahl: Sprachrichtigkeit, Klarheit, Figurenschmuck und

Angemessenheit. Diese Vierzahl der Stiltugenden (*virtutes dicendi*), von den Stoikern zwischenzeitlich um die der Kürze ergänzt, wurde so von den Römern übernommen und ans Mittelalter weitergereicht. Unabhängig von diesen Kriterien thematisiert Theophrast die Stilarten: den hohen, den mittleren und den niedrigen Stil. Vorangegangen waren den Stilqualitäten und den Stilarten offenbar Kapitel über die Auswahl der Wörter, Anweisungen zur Redekomposition und eine Figurenlehre. Trotz aller Erweiterungen im Einzelnen lag der Schulrhetorik immer noch der Entwurf des Aristoteles zugrunde, der damit als wichtigste Grundlage der abendländischen Rhetorik und Stilistik gelten darf.

Im Hellenismus, der Zeit nach Alexander dem Großen (356-323, Herrschaftsantritt 336), als in den griechischen Staaten der östlichen Länder eine einheitliche Kultur und griechische Verkehrssprache (*koine*) entstand, nahm die Bedeutung der öffentlichen Rede merklich ab, hatte doch schon seit dem Sieg von Alexanders Vater über Athen im Jahre 338 die Volksversammlung ihre alte Funktion eingebüßt. Die Rhetorik selbst entwickelte sich jedoch weiter und breitete sich nun im Zuge der griechischen Expansion über die neu eroberten Länder aus. Dabei übernahm sie eine wichtige neue Rolle im Bildungssystem: Statt zur zielgerichteten Benutzung der Sprache im Sinne der Überredung leitete sie im 3. und 2. Jahrhundert v. Chr. zur richtigen Sprachverwendung überhaupt an. Dies galt bei Aristoteles noch als eine ihrer Voraussetzungen. Die stilistischen Parameter aber rücken bei der pädagogischen Ausrichtung der Rhetorik ins Zentrum der Aufmerksamkeit: Stilübungen und Klassikerrezeption sicherten das allgemeine Sprachniveau.

Bereits im 3. Jahrhundert v. Chr. wandte sich die Stoa der Rhetorik zu. In dieser ersten Phase der nach ihrem Ort (*Stoa Poikile* in Athen) benannten Philosophenschule prägten Zenon, Chrysipp und Kleanthes ihre Lehre. Die von ihnen adaptierte Rhetorik zeichnete sich allerdings durch eine rigide Stilaskese aus. Unter der Prämisse des Strebens nach Wahrhaftigkeit verwarf man bewusst allen Ornat der Rede, der nur dazu diene, Ohr und Geist zu betrügen. Etwa hundert Jahre später öffnete sich auch die zweite große Philosophenschule, die Akademie, der Rhetorik. Platons Nachfolger legten jedoch das Hauptaugenmerk auf die Argumentation und die dialektische Behandlungsweise. Von beiden Schulen gingen wichtige Einflüsse auf die Rhetorikvorstellungen des aufsteigenden Römischen Weltreiches aus.

Überliefert ist aus der Zeit des Hellenismus freilich wenig. Dafür ist ein erster Stilbruch gewaltigen Ausmaßes verantwortlich: Der spezifisch hellenistische Stil samt seiner Rhetorik wurde von den Römern, die seit Augustus (63 v. Chr.-14 n. Chr., Alleinherrscher seit 31 v. Chr.) klassizistisch orientiert waren, rundweg abgelehnt. Zu erwähnen ist allenfalls die erhaltene, aber schwer zu datierende Abhandlung *Über den Stil*, die vermutlich aus der 2. Hälfte des ersten vorchristlichen Jahrhunderts stammt. Verfasst hat sie ein nicht näher bekannter Peripatetiker namens Demetrios, den man früher fälschlich mit dem Rhetor Demetrios von Phaleron identifizierte. Sie enthält zwar keine formale Definition des Stils, setzt aber das aristotelische Konzept des guten Stils deutlich voraus. Inhaltlich nur wenig Neues bietend, schlägt diese Rhetorik, die lange Zeit als wichtiges Lehrbuch galt, beispielsweise die üppige Verwendung von Sprichwörtern im Brief vor. An einer Stelle aber findet sich ein auffälliger Unterschied gegenüber der gesamten Tradition: Demetrios unterteilt den Stil in vier Typen. Die Klassifizierung des Stils nach verschiedenen Arten kommt überhaupt erst in römischer Zeit auf (vgl. Kap. 3.7). Üblich – und prototypisch bei Cicero – sind dabei drei Stilgattungen: der hohe/ erhabene Stil (*genus grande/sublime*), der mittlere Stil (*genus medium*) und der schlichte Stil (*genus subtile*). Demetrios, der die Stilarten nach Inhalt, Wortwahl und Syntax unterteilt, ordnet diese den drei Bereichen Alltag, Unterhaltung, Haupt- und Staatsaktionen zu, fügt aber eigenwillig einen vierten Typus hinzu, das *deinón*: den heftigen oder auch zwingenden Stil der beeindruckenden Leidenschaftlichkeit.

2.1.3 Die frühe römische Stilistik

Die Römer übernahmen – wie sehr vieles andere – auch die Errungenschaften der Rhetorik von den Griechen, trafen aber die wichtige Unterscheidung zwischen Theorie und Praxis, was in der griechischen *techne rhetorike* noch zusammengefallen war. *Rhetorica* war von nun an die Bezeichnung für die Theorie der Beredsamkeit, *eloquentia* bzw. *oratoria* ihre praktische Anwendung. Griechische Redelehrer und Philosophen exportierten ihre Kunst oft persönlich, wobei ihnen zugute kam, dass die Lateiner meist passabel Griechisch sprachen. Es bestand ein großes Interesse an den Überredungskünsten, wenn auch weniger an der stoischen Wahrhaftigkeitsvariante. In Rom stellten schließlich öffentliche Debatten wie in Griechenland eine wichtige politische Anforderung dar. Zwar gab es auch solche Römer (wie den älteren Cato), die der griechischen Bildung ablehnend gegenüberstanden. Insgesamt aber fand ein beinahe kompletter Kulturtransfer statt.

Die ältesten erhaltenen Rhetorik-Lehrbücher in lateinischer Sprache sind in etwa zeitgleich entstanden, um ca. 85 v. Chr.: Ciceros frühe und unvollendete Schrift *Von der Erfindungskunst* (*De inventione*), auch wenn nur die ersten beiden Bücher realisiert wurden, welche sich mit der Auffindung des Stoffes beschäftigen – daher auch der Titel –, und die so genannte *Rhetorik an Herennius* (*Rhetorica ad Herennium*), die bis zur Renaissance ebenfalls als ein Werk Ciceros galt. Beide Schriften scheinen tatsächlich auf eine gemeinsame Quelle zurückzugehen und weisen einige Parallelen auf. Beide Lehrbücher bildeten nun auch für lange Zeit gemeinsam das Fundament der römischen Schulrhetorik. Während allerdings Cicero in seiner Schrift bis zur Statuslehre, zum Redeaufbau und zu den Redegattungen vordringt und sich zudem um eine philosophische Fundierung bemüht, aber die Stilistik nicht mehr bearbeitet, widmet sich die *Herennius-Rhetorik* diesem Bereich besonders intensiv. In äußerst formalistischer Weise unterscheidet sie im vierten Buch prototypisch eine Vielzahl von Wort- und Sinnfiguren sowie zehn Tropen. Figürlichkeit dient dabei in erster Linie der reinen Ausschmückung der Rede. Die Figuren mussten dazu auswendig gelernt werden. Der anonyme Autor dieser Rhetorik legte für sehr lange Zeit fest, welche drei (bzw. vier) Eigenschaften eine gute Rede ausmachen: Zunächst einmal die Eleganz (*elegantia*), mit der zwei Untereigenschaften zusammengefasst wurden, nämlich Sprachrichtigkeit (*latinitas*) und Verständlichkeit (*explanatio*). Daneben komme es auf die Komposition (*compositio*) und die Würde (*dignitas*) an. Genau diese Gliederung (und nicht die der späteren Klassiker Cicero und Quintilian) nahm man im Mittelalter auf. Bis zum 1. Jahrhundert v. Chr. war also noch keine entscheidende Veränderung gegenüber der griechischen Rhetorik eingetreten, sie brach um so heftiger mit Ciceros zweiter und ungleich bedeutenderen Rhetorik, *Vom Redner*, über die Redekunst herein. Charakteristisch ist, dass sich diese Kontroverse am Stil entzündete.

2.2 Das Problem des Asianismus in der spätantiken Rhetorik

2.2.1 Ciceros *De oratore*

Mit seiner Schrift *Vom Redner* (*De oratore*, 55. v. Chr.) verschafft Cicero, selbst ein Redner von größtem Format (58 Reden sind vollständig erhalten), der bis dahin eher technisch-schulischen Redekunst einen philosophischen Überbau. In Dialogform angelegt, widmet sich der Traktat nicht nur der Technologie der Rede, sondern auch jenen Voraussetzungen, die der Redner als geschickter Menschenführer zu erfüllen habe. In erster Linie handelt es sich dabei um philosophische Bildung und Universalwissen. Als wirkliche Begebenheit dargestellt, spielt die Handlung im Jahre 91 v. Chr., während der römische Staat bereits vom heraufziehenden Bürgerkrieg bedroht wird. In idyllischer Atmosphäre diskutieren L. Licinius Crassus und M. Antonius, die Cicero für die bedeutendsten Rhetoren ihrer Zeit hielt, über Aufgaben und Verantwortung der Redekunst. Da es sich um eine dialektische Darstellung in Wechselrede handelt, ist es nicht immer einfach, dem eigentlichen Argument zu folgen. Es mag weiterhelfen, sich klarzumachen, dass die Rhetorik hier unter einer ganz neuen Perspektive betrachtet wird, eben derjenigen des Redners, wie schon der Titel nahe legt.

Im ersten Buch werden zunächst Ziel und Umfang der Rednerausbildung erörtert. Erst im zweiten und dritten Buch widmen sich Crassus und Antonius der rhetorischen Technik selbst, und zwar gegliedert nach den fünf *officia oratoris*, den inzwischen geläufigen Bearbeitungsphasen der Rede. Nachdem im zweiten Buch Auffindung, Gliederung und Memorieren des Stoffes behandelt wurden, wendet sich schließlich das dritte Buch – mit Unterbrechung, in der noch einmal das Programm des idealen Redners dargelegt wird (§§ 54-143) – dem Stil (§§ 19-212) und dem Vortrag (§§ 213-230) zu. Unter dem hier interessierenden Blickwinkel der Stilistik fällt auf, dass Cicero die vier Stilqualitäten des Theophrast übernimmt, also letztlich eine Erweiterung der aristotelischen Lehre darstellt. Die geforderten Qualitäten lauten demnach Sprachkorrektheit, Klarheit, Schmuck und Angemessenheit.

Obwohl bahnbrechende Ankündigungen in der Einleitung zum Stilkapitel gemacht werden – Crassus plädiert äußerst modern für eine Einheit von *res* und *verba*, Sache und Formulierung, wonach die Stillehre sich nicht mehr gesondert abhandeln ließe –, bleibt die Stillehre Ciceros traditionell. Allerdings überrascht doch eine Prämisse des Crassus sehr, die mit der These einer durchweg normativen Stilistik der Antike unvereinbar zu sein scheint: „Wie viele Redner, so viele Stilarten". Dass Stil etwas Individuelles sein könne, dass er vielleicht sogar vom Charakter des jeweiligen Redners abhänge, war bis dahin noch nie ausgesprochen worden. Hier ergibt sich diese Annahme einigermaßen zwanglos durch die gewählte Perspektive, wird aber dennoch gleich eingeschränkt: Natürlich gebe es eine allgemeine Stillehre, heißt es, und die bestehe ganz traditionell in einer maßvollen Anwendung von Schmuckmitteln. Vor allem die Amplifikation mittels gewisser Topoi (*loci communes*), also die ausgestaltende Erweiterung des Gedankens, spielt dabei eine zentrale Rolle. Im Kern handelt es sich bei diesem Ausgestaltungs- oder Verbreiterungsprogramm um die Wiederaufnahme der vorsokratisch-sophistischen Auffassung der Rede. Aristoteles hatte diesen Aspekt auf die Lobrede beschränkt, die bei Cicero als eigenständige Rede-Gattung denn auch redundant geworden ist. Weiterhin finden sich bei Cicero die konventionellen Schmuckmittel, Tropen und Figuren. Allerdings sind sie weniger systematisch ausgearbeitet als gewohnt und damit eher nachrangig.

Was bei Cicero spezifisch neu erscheint, ist vor allem die spekulativ anmutende Theorie, dass Sprache und Stoff eng zusammengehören, dass die Sprache von der hervorgebrachten Wahrheit nicht zu trennen ist. Damit überschreitet er den Rahmen einer nur schulmäßigen Rhetorik, die Sprache und Rede als isolierbares und erlernbares Phänomen betrachtet. Cicero wollte seine Theorie denn auch als spezifisch philosophische Rhetorik verstanden wissen, bevor er sich in den folgenden Jahren deutlicher der sprachlichen Darstellung zuwendete. Im Vorgriff auf die Jahrhunderte später zur Auflösung der Stilistik führende Theorie des intrinsischen Zusammenhangs von Stil und Charakter entwirft Cicero in seiner wichtigsten Schrift zugleich das Ideal eines politisch-philosophischen Redners. Die römische Kaiserzeit verband später tatsächlich Rhetorik und Stilistik mit einer philosophischen und literarischen Ausbildung, dies aber, anders als der Nestor einer semantisch befrachteten Stilistik das wollte, in explizit unpolitischer Weise.

2.2.2 Asianismus versus Attizismus

Eine der frühesten für uns fassbaren Stilauseinandersetzungen entstand im Zuge der Rezeption der griechischen Rhetorik durch die römischen Intellektuellen und entzündete sich ausgerechnet am Stil Ciceros. Vom ersten Jahrhundert v. Chr. an entwickelte sich der pejorativ gebrauchte Begriff „Asianismus" für den von 300 bis 50 v. Chr. in den griechischen Rednerschulen Kleinasiens gepflegten Stil. Abgegrenzt wurde diese allgemein als blumig empfundene Ausdrucksweise vom vermeintlich prägnanteren, vorausliegenden „attischen Stil".

Die Ablehnung des kleinasiatischen Stilideals ging, wie oft, mit einer gegenläufigen Klassikbewegung einher. Die bewusst als „Attiker" auftretenden Redner – um sie von den echten Attikern zu unterscheiden, nennt man sie besser „Attizisten" – nahmen sich die klassische Rhetorik des 4. Jahrhunderts v. Chr. zum Vorbild. Archaismen, die etwa auf Lysias oder Thukydides zurückgingen, wurden nun nicht mehr als Stilblüten gewertet, im Gegenteil: eben daran erkannte man den versierten Redner. Die unablässig fortschreitende Sprachentwicklung sollte also gewaltsam zurückgedreht werden. Obwohl zu dieser Zeit alle gebildeten Römer zweisprachig waren, fand die Attizismus-Bewegung bezeichnenderweise zunächst in den lateinischen Texten ihren Niederschlag. Überhaupt gelangte die Bewegung erst über Rom nach Griechenland zurück, wenn sich auch schon im 2. Jahrhundert v. Chr. in Griechenland selbst erste Anzeichen einer klassizistischen Orientierung an der vorhellenistischen Zeit gezeigt hatten. Ein vorherrschender Attizismus wird damit in idealtypischer Einteilung für Rom für die Jahre 50 v. Chr. bis 50. n. Chr. konstatiert, für Griechenland entsprechend später von 50 n. Chr. bis 250 n. Chr.

Dem erfolgreichen Redner Cicero wurde nun von seinen etwa eine Generation jüngeren Gegnern, unter anderem von Iunius Brutus, ein zu üppiger, maßloser Stil nachgesagt. Cicero setzte sich gegen solche Vorwürfe wiederum rhetorisch versiert zu Wehr, indem er zunächst einmal die Bedeutungsverkürzung der Bezeichnung „attisch" torpedierte: Damit könne nicht nur Schlichtheit gemeint sein, sondern, wie schon der überragende Redner De-

mosthenes gezeigt habe, eine bestimmte begriffliche Schärfe. Das
aber heiße, man könne durchaus in den drei verschiedenen Stilarten attisch reden. Seinen Gegenschlag führt Cicero mit zwei
Schriften aus: dem Dialog *Brutus* (46 v. Chr.), der eine Geschichte
der Beredsamkeit enthält, und dem systematisch vor allem Stilfragen behandelnden *Redner* (*Orator*, 46 v. Chr.). Sich selbst zählt
Cicero dabei zu den Attizisten, allerdings zu den subtileren. Es
ging bei diesem Streit also nicht um die Rehabilitation eines ver-
femten Stils. Cicero erkennt im *Brutus* zwar die „rasche und reiche
Ausdrucksweise" der asianischen Rhetorik an, hält diese aber insgesamt für „allzu weitschweifig", ja sogar für „feist und ausla-
dend". Dagegen verteidigt er – in fragwürdiger Bildhaftigkeit – die
„frische attische Ausdrucksweise" und besonders „ihre Gesund-
heit". In Ciceros beiden späten rhetorischen Schriften wird die
stilistische Brillanz denn auch – weit radikaler als noch in *Vom
Redner* – jenseits von Tropen und Figuren angesiedelt, und zwar
im Bereich des Wohlklangs. Rhythmus, Vermeidung von Kako-
phonie, die Flexibilität des Redners, der auf die stilistischen Erwartungen der Hörer zu reagieren habe, statt starr einem dem
Gegenstand angemessenen Stil zu folgen, werden zu den neuen
stilistischen Maßgaben. Es muss vor dem Hintergrund der traditionellen Rhetorik erstaunen, in welchem Ausmaß hier dem
Rhythmischen Raum gegeben wird. Der Grund liegt im Konstrukt
einer Empfänglichkeit der Seele für die ‚Zahl', womit der Rhetorik
beinahe tiefenpsychologische Kräfte zugesprochen werden.

2.2.3 Die Rhetorik des Kaiserzeit

Erneut sank mit dem Ende der Bürgerkriege und der Ausbildung
der monarchischen Staatsform in Rom – 27 v. Chr. verleiht der
Senat Prinzeps Octavian das Cognomen *Augustus* – die unter Cicero gerade erst zu einem neuen Höhepunkt gelangte politische
Rhetorik zur Bedeutungslosigkeit herab. Was zunächst übrig blieb,
war die *Panegyrik*, der Herrschaftspreis: von Cicero ausdrücklich
geringgeschätzt. Unter den Gebildeten gehörte in diesen Tagen
das Lamento über den Verfall der Redekunst zur gängigen Kulturkritik, so etwa bei Pseudo-Longinus. Aber doch überlebte die
Rhetorik, ähnlich wie schon Jahrhunderte zuvor in Griechenland,
im abgezirkelten Bereich der Schule. Nach dem Grammatikunter-
richt besuchten Angehörige der gebildeten Schichten in der Regel

für mehrere Jahre eine Rhetorikschule, um sich für einen der zahlreichen Verwaltungsposten zu qualifizieren. Dabei handelte es sich um eine sehr formalisierte Ausbildung, wie an den Lehrbüchern dieser Zeit zu erkennen ist. Die praktische Stilistik – im Gegensatz zu den früheren Ansätzen theoretischer Durchdringung – stieg im Wert und sicherte nicht nur einen hohen Bildungsstandard, sondern auch eine imperiumsweite Universalität des Ausdrucks. Im Einzelnen fertigten die Schüler dabei Übungsreden zu gegebenen Themen an, Deklamationen, von denen einige überkommene Sammlungen zeugen: etwa die zu beträchtlichen Teilen erhaltenen *Controversiae et suasoriae* (*Streit- und Beratungsreden*) von Seneca dem Älteren (ca. 55 v. Chr.-40 n. Chr.) oder die anonymen, lange Zeit Quintilian zugeschriebenen *Declamationes maiores* bzw. *Declamationes minores*.

Den ersten, gut dotierten Rhetoriklehrstuhl in Rom hatte unter Kaiser Vespasian für etwa 20 Jahre der Rhetor Quintilian (ca. 40-ca. 96) inne, dem wir auch die formal am weitesten ausgearbeitete Rhetorik der gesamten Antike verdanken: die *Ausbildung des Redners* (*Institutio oratoria*, ca. 95 n. Chr.). Es sollte durch sie nicht allein ein Meister der Beredsamkeit ausgebildet werden, sondern ein *vir bonus*, ein Gentleman im umfassenden Sinne, denn nur diesem eigne eine durchschlagende Überzeugungskraft. Bei einer solchen sittlichen Fundierung der Rhetorik stand der ältere Cato Pate, dessen Aussage, ein *vir bonus* wisse auch gut zu reden, von Quintilian mehrfach zitiert wird. Die *Ausbildung des Redners* leitete nun zu Beginn des 2. Jahrhunderts n. Chr. eine erneute stilistische Rückbesinnung auf die Klassik ein, in diesem Fall allerdings auf die römische Klassik mit dem Leitbild Cicero. Obwohl das Lehrbuch dem pädagogischen Umfeld entstammt, richtet es sich an den Lehrer, nicht an den Schüler. Auch das mag zu seiner Wirkung beigetragen haben, insofern die Redelehrer als Multiplikatoren Quintilians klassizistische Lehren weiterverbreiteten.

Großen Raum, vier der zwölf Bücher, nimmt innerhalb der quintilianschen Rhetorik die Stilistik ein. Es finden sich darin die schon bekannten Stilnormen von Sprachrichtigkeit und Klarheit bis zur korrekten Anwendung von sprachlichen Figuren zusammengestellt. Gerade hinsichtlich der Figuren – von Quintilian gemäß der Deviationstheorie als Abweichung von der Alltagssprache verstanden – gibt es hier ein festes, aber von der gängigen Einteilung in Tropen, Ausdrucks- und Inhaltsfiguren leicht ver-

schiedenes Schema: Quintilian trennt grammatische und rhetorische Figuren, also vorsätzliche Verstöße gegen grammatische
Regeln und die Arbeit an der sprachlichen Oberfläche. Neu ist
weiterhin die Ausgestaltung der Rhetorik zu einer allgemeinen
Theorie der Prosa. Ein ausgreifender Überblick über die griechische und lateinische Literatur dient zunächst der Demonstration
verschiedener Stile. Das wichtigste stilistische Vorbild bleibt für
Quintilian jedoch Cicero, bei dem er alle Finessen der anderen
Redner vereinigt sieht.

Auch wenn Quintilian noch einmal den idealen Redner be-
schwört, ist mit dem Ende des Forums als politische Zentralin-
stanz die Zeit unumschränkten Vertrauens in die Rhetorik endgültig vorüber. Der Eingangsstreit von Tacitus' *Dialog über die Redner*
(*Dialogus de oratoribus*, entstanden nach 102) über den Verfall der
Beredsamkeit macht dies deutlich. Während hier Aper, einer der
rhetorischen Lehrmeister des Tacitus, die neue Redekunst zu verteidigen sucht, sind sich der Historiker Messalla und der
Tragödiendichter Maternus – dieser als *alter ego* des Tacitus – über
deren Verfall einig. Die politischen Hintergründe werden
ausführlich thematisiert, die Schrift gipfelt geradezu in der
Antithese von kluger Staatslenkung (ein Mann an der Spitze) und
blühender Rhetorik (in der politisch chaotischen Endzeit der
Republik). Messalla möchte nun zur Rhetorik Ciceros
zurückkehren, Maternus, früher einmal Gerichtsredner, stellt
dagegen die These der Ablösung durch eine andere Disziplin auf:
Unter den Bedingungen dieser Zeit gebühre der Dichtkunst der
Vorrang. Noch sind sich beide Bereiche aber sehr nahe, Tacitus
verwendet für Beredsamkeit und Poesie gleichermaßen den
Begriff *eloquentia*.

Nach der quintilianschen Höhe- und Endpunkt schwang sich
die Rhetorik in der Spätantike allerdings noch einmal auf, wenn
auch unter einer sehr speziellen Perspektive: als Hilfsmittel im
Dienste der Verbreitung des Christentums. Zu nennen ist hier an
erster Stelle Augustinus' Schrift *Über die christliche Lehre* (*De doctrina
christiana*, 397 n. Chr.). Das in stilistischer Hinsicht entscheidende
vierte Buch wurde allerdings erst im Jahre 426 hinzugefügt. Augustinus kannte die Rhetoriktradition bestens, war er doch selbst
bis zu seiner Konversion (386) als Rhetoriklehrer in verschiedenen
Städten tätig. Bei der christlichen Adaption von Ciceros Lehre
verlagert sich allerdings der Schwerpunkt. Die rhetorischen
Kenntnisse dienen nun zum einen der Predigtlehre, darin noch am

ehesten der Tradition verpflichtet, und zum anderen der richtigen Auslegung des Wortes Gottes. Damit wird die Disziplin nicht nur zu einer Rhetorik der Schrift, sondern stellt vielmehr eine Hermeneutik dar. In jedem Fall ist sie nicht mehr ausschließlich auf die praktische Anwendung ausgerichtet. Ein wichtiger Unterschied zeigt sich aber auch innerhalb des Predigtkontextes: Zwar verlangt der hohe Gegenstand der Verkündigung des Wortes Gottes formal gesehen durchweg hohen Stil. Da dies jedoch zur Ermüdung führen würde, plädiert Augustinus für Abwechslung, ja wertet ausdrücklich den schlichten Stil (*stilus humilis*) auf. Hinzu kommt die Begeisterung Augustinus' für die Klarheit, die ihm als höchste Kategorie gilt; die stilistische Eleganz hat dagegen im Konfliktfall zurückzustehen. Eine gewisse Schmuckarmut ist also das Kennzeichen der christlichen Rede, auch dürfen, ganz im Gegensatz zu Cicero, Worte der Ungebildeten übernommen werden, wenn sie der Deutlichkeit dienen. Dennoch soll die christlich-stilistisch wirkungsvolle Rede selbstverständlich nicht würdelos werden, aber diese Gefahr hält Augustinus für gering. Auch wenn die Rede das Kleid des Schmucks abgelegt habe und gewissermaßen nackt auftrete, so bedeute dies schließlich nicht, dass sie nun schmutzige Kleider trüge.

Damit spitzt der Kirchenvater die ciceronianische Stil- und Rhetorikauffassung in nicht ganz unproblematischer Weise auf die missionarischen Bedürfnisse zu. Andererseits wurde nur hierdurch das Erbe der Rhetorik überhaupt bewahrt. Davon wiederum sollte die Poetik des Mittelalters profitieren.

2.3 Der Nebenschauplatz: Stilistik und Poetik

2.3.1 Reden und Dichten

In der abendländischen Kulturgeschichte geht das Epos der Rede voraus: Die Werke Homers gehören zu den ältesten uns greifbaren Textzeugnissen und entstanden lange vor den großen philosophischen Auseinandersetzungen in Griechenland. Die homerische Tradition führte zu einer Dichtungsauffassung der göttlichen Inspiration, die sich erstmals bei Platon (im *Ion*, *Phaidros* und *Symposion*) als Theorie zu erkennen gibt. Demnach hat der Dichter teil am eigentlichen Sein der Ideen, der göttlichen Wahrheit, und dichtet in einem Zustand heiliger Ekstase. Trotz solcher Götternähe gerät die Dichtungslehre zunächst einmal ins Hintertreffen. Schuld daran ist wiederum Platon, der neben der Theorie der göttlichen Begeisterung auch eine viel pessimistischere Auffassung vertrat, die in seinen politisch-philosophischen Schriften letztlich überwog. Hier verwarf Platon unter einer erkenntnistheoretischen Perspektive die Poesie insgesamt, die sich – keineswegs göttlich – auf einer noch weiter von der Wahrheit entfernteren Stufe befinde als die Wirklichkeit, welche ihrerseits bereits ein mehr oder weniger deutliches Abbild der Ideen darstelle. Die Poesie, indem sie nur Abbilder von Abbildern schaffe, sei geradezu gefährlich und müsse durch Zensur im Zaum gehalten werden. Diese Auffassung wiederholt Platon noch in den *Gesetzen* (*Nomoi*), einer ansonsten gemäßigteren Schrift im Vergleich mit dem stärker regulierenden *Staat* (*Politeia*). Eine Aversion solchen Ausmaßes verhinderte verständlicherweise die Ausarbeitung einer Poetik.

Diese ließ jedoch nicht lange auf sich warten, Platons Schüler Aristoteles wirkte dabei wieder einmal als Korrektiv. Er rehabilitierte vor allem die Tragödie mittels einer innovativen Rechtfertigung, nach der sie zu einer unschädlichen Abreaktion (*Katharsis*) der Affekte führe. Da Dichtung zum Allgemeinen und Wahrscheinlichen tendiere, sei sie letztlich sogar philosophischer als die Geschichtsschreibung, denn Philosophie behandele schließlich das Allgemeingültige. Die Wahrscheinlichkeit stellte, wie gesehen, bereits ein wichtiges Kriterium der aristotelischen *Rhetorik* dar. Weitere Überschneidungen liegen auf der Hand: Dichtung wie Redekunst haben gleichermaßen ein sprachliches Kunstwerk zum Gegenstand, auch folgt die Rede idealerweise einer bestimmten Dramaturgie und das Dichtwerk besitzt durchaus rhetorische Qualitäten. Aber schon Aristoteles scheidet die beiden Disziplinen strikt voneinander, verfasst neben der behandelten Rhetorik eine Poetik (*Peri Poietikes*, ca. 335 v. Chr.), die zur dichtungstheoretischen Grundlage der abendländischen Literatur avancierte. Die Stilistik findet sich jedoch als wichtiges Ingredienz in beiden Untersuchungen, und zwar in genau entsprechender Weise: jeweils als Klarheit des Ausdrucks, als Garantie für die überzeugende Mitteilung ohne Hinterhalt. Obwohl Aristoteles in der vermutlich etwas späteren Rhetorik dem überreichen Schmuck misstraut, gilt stilistisch dieselbe Grundregel der Deutlichkeit und Angemessenheit wie im Epischen oder Dramatischen. Das formale Unterscheidungskriterium für Poetik und Rhetorik scheint fast banal zu sein: Ist die Dichtung in Versen verfasst, so die Rede in Prosa. Die Literatur aber hielt sich nicht lange an diese Vorschrift und trat bald auch im Prosagewand auf. Doch so sehr Aristoteles sich Dichtung nur metrisch gebunden vorstellen konnte, wollte er darin keine Definition der Poesie sehen. Auch das Geschichtswerk des Herodot ließe sich ja in Verse umschmieden, ohne damit Dichtung zu werden. Das Kennzeichen der Poesie ist vielmehr, dass sie beschreibt, was geschehen (sein) könnte. Hieran schloss die alexandrinische Grammatikschule (im Gegensatz zu den Allegorikern im seinerzeit zweiten geistigen Zentrum Griechenlands: Pergamons) an.

Die Stilistik als gemeinsame Grundlage von Rhetorik und Poetik macht eine literaturästhetische Schrift der frühen griechischen Kaiserzeit deutlich: die anonyme, fälschlich Longinus (3. Jh. n. Chr.) zugeschriebene Abhandlung *Vom Erhabenen* (*Peri hypsus*, 1. Jh. n. Chr.). Als rhetorischer Traktat angelegt, behandelt sie inhaltlich doch Teile der Poetik und gibt sich als Produktionsanleitung zu verstehen. Sie berichtet über die Verfertigung des hohen, den Leser bannenden Stils. Zu den Quellen des Erhabenen zählt der Verfasser neben einem Potential für große Gedanken vor allem stilistische Fähigkeiten, genauer: großes Pathos, den richtigen Einsatz von Figuren, eine in Wortwahl und Tropen (hier: Metapher und Hyperbel) noble Ausdrucksweise sowie die würdevolle Satzfügung. Der Rhetorik entnommen, galten diese Anforderungen in immer größerem Ausmaß auch für die Dichter.

In den frühen Jahren der griechischen Antike spielte allerdings die Poetik, wenn auch nicht die Poesie, eine eher untergeordnete Rolle. Dies änderte sich proportional zum Bedeutungsverlust der Rhetorik. Mehr und mehr benutzte die Lehre von der Dichtkunst die Lehre von der Redekunst wie einen Steinbruch, zuletzt übernahm sie komplette Partien, vor allem eben große Teile der Stilistik. Das änderte auch wiederum die Vorstellung von der Dichtung. Hinzu kam, dass auch in der Dichtung das Wahrscheinliche allmählich das Mythische verdrängte und sich auch von hier her mit der Rhetorik traf. Die Grundlagen der mehr oder minder bis zur Renaissance gültigen Poetikvorstellungen sind bereits in der Spätantike ausgearbeitet worden, und zwar durch drei grundlegende Werke: Aristoteles' *Peri Poietikes*, Horaz' *Ars Poetica* (23-8 v. Chr.) sowie – zeitlich und qualitativ mit einigem Abstand – Plotins

Enneaden (253-270 n. Chr.). In diesen Schriften über die Dichtung setzt sich, gelöst vom anwendungsbezogenen und zweckrationalen Ballast (etwa das Eingehen auf die Stimmung der Zuhörer), die Theorie des richtigen Ausdrucks fort. Während die Rhetorik in ihrer christlichen Version Stil nur noch als Kennzeichnung der Aussageweise (hoch, mittel oder niedrig) kennt, steigen Stil und Stilhöhe, zumal bei Horaz, zum zentralen poetologischen Kriterium auf.

2.3.2 Die Poetik des Aristoteles

Aristoteles' *Poetik*, die wohl erste eigenständige Schrift über die Dichtung, wurde von ihm selbst nicht veröffentlicht, sondern war für den internen Gebrauch in seiner Schule gedacht. Auch wurde sie nur unvollständig überliefert. Aus einem Verzeichnis der aristotelischen Schriften aus hellenistischer Zeit geht hervor, dass die *Poetik* ursprünglich aus zwei Büchern bestand. Im erhaltenen ersten Buch werden die Poetik im Allgemeinen, Tragödie und Epos im Besonderen behandelt, während sich das verlorene zweite Buch mit der Analyse der Komödie befasste, was schon aus der Ankündigung des Aristoteles zu Beginn des 6. Kapitels hervorgeht. Die Datierung birgt einige Probleme, da es keine sicher zuzuordnende Außenreferenz in der Schrift gibt. Aus den Lebens- und Lehrumständen geschlossen, dürfte sie aber zu Beginn der eigenen Meisterzeit des Aristoteles, also um 335 v. Chr., entstanden sein.

Hinsichtlich des ontologischen Status (der Seinsweise), des Inhalts und der Wirkung von Dichtung widerspricht Aristoteles seinem Lehrer Platon fundamental. Kunst ist schon deshalb eine Nachahmung erster Ordnung, weil das platonische Konzept der getrennt existierenden Ideen gar nicht übernommen wird, das für Aristoteles nur zu einer überflüssigen Verdoppelung der Wirklichkeit führt. Inhaltlich sei es der Dichtung darüber hinaus nicht um Götter und Heroen zu tun, sondern um allgemein menschliche Handlungen, die lediglich im Götterkostüm vorgeführt würden. Und zuletzt bestimmt Aristoteles mit seiner kathartischen ‚Mit-Leid'-Theorie auch die Wirkung von Literatur neu, von der Platon noch glaubte, sie führe zu einer die Vernunft zerstörenden Leidenschaftlichkeit. Das zuschauende Ventilieren der Affekte ist weniger fremdartig gedacht, als es zunächst klingt, wird eine solche Funktion der Musik doch bis heute unterstellt.

Insgesamt zielte die aristotelische Poetik auf eine Nachahmung (*Mimesis*) der Wirklichkeit als Grundlage der Dichtung, wobei jedoch (kleinere) Abweichungen erlaubt sind, besonders, wenn sie im Dienste der Wahrscheinlichkeit geschehen. Der Stilistik kommt in dieser Poetik noch nicht die Schlüsselstellung zu, die sie bald darauf einnehmen sollte. Im 19. Kapitel der *Poetik* handelt Aristoteles – hier im Hinblick auf die Tragödie – im Schnelldurchgang von der Gedankenführung, worunter er Beweisen, Widerlegen oder Hervorrufen von Erregungszuständen versteht, sowie von der sprachlichen Form, der Stilistik im eigentlichen Sinn. Bezeichnenderweise beruft er sich in beiden Fällen unverhüllt auf die bereits ausgearbeiteten Konzepte der Rhetorik: „was nun mit der Gedankenführung zusammenhängt, so sei hierfür vorausgesetzt, was sich darüber in den Schriften zur Rhetorik findet". Hinsichtlich der „Arten der Aussage" bezieht er sich auf Rhetoriker wie Schauspieler: „diese zu kennen, ist jedoch Aufgabe der Vortragskunst und dessen, der diese Kunst beherrscht".

Im nächsten Abschnitt (Kap. 20) werden grammatische Grundlagen erklärt: Buchstabe, Silbe, Konjunktion, Artikel, Nomen, Verb, Kasus und Satz. Nachdem Aristoteles dann die verschiedenen Wortformen und Wortbildungen erklärt hat (Kap. 21) – so etwa den üblichen Ausdruck, die Glosse, die Metapher, die Analogie, Neubildungen, Erweiterungen oder Abwandlungen – kommt er auf die richtige Anwendung derselben zu sprechen (Kap. 22). Durchaus aufgeschlossen für den Reiz der neuen und ungewöhnlichen Wortformen, plädiert er für eine adäquate Mischung. Zwar sei die sprachliche Form am klarsten, wenn nur übliche Ausdrücke gebraucht würden, dann aber sei sie zugleich banal und mithin wenig wirkungsvoll. Für eine solche Dominanz der Klarheit hatte sich kurz zuvor noch die *Alexander-Rhetorik* ausgesprochen. Die ausschließliche Verwendung unüblicher Ausdrücke wie Metaphern, Glossen oder Erweiterungen führten andererseits zu einer gewissen Dunkelheit: Im Extremfall entstehe ein Rätsel oder gar ein Barbarismus. Das Ungewöhnliche und die Klarheit in einem ausgewogenen Verhältnis zu Wort kommen zu lassen, ist also die stilistische Kunst des Dichters. Dass dies keineswegs einfach ist, betont Aristoteles immer wieder: „gute Metaphern zu bilden bedeutet, dass man Ähnlichkeiten zu erkennen vermag".

Vom stilistischen Verfahren in der aristotelischen Rhetorik unterscheidet sich die poetische Stilistik zuletzt also doch. Drehte sich dort schließlich alles um die beiden Pole Deutlichkeit und Angemessenheit, so hat allenfalls die Deutlichkeit in der Dichtung noch ihr Recht, allerdings zurückgestuft durch eine größere Offenheit für Neuartiges und Verstörendes. Die Angemessenheit dagegen spielt offenbar keine große Rolle. Eben diese aber hält in der nächsten großen Poetik der Antike ihren Einzug und entwickelt sich bald zum stilistischen Monopolkriterium.

2.3.3 Sieg der Angemessenheit: Horaz und Plotin

Mit Quintus Horatius Flaccus, kurz: Horaz (65-8 v. Chr.), tritt ein neuer Typus des Intellektuellen auf: der Dichter-Kritiker. In sein Werk sind bedeutsame Reflexionen über die Dichtung im Allgemeinen sowie über sein eigenes dichterisches Verfahren integriert. Horaz hatte bereits ein umfangreiches Œvre vorzuweisen, als er sich der Dichtungstheorie annahm: Zahlreiche Satiren, Epoden, Oden und Episteln waren zwischen 35 und 20 v. Chr. erschienen. Auch die Werke Vergils und Tibulls, Höhepunkte der Augusteischen Klassik, waren zu diesem Zeitpunkt schon im Umlauf. Seine Poetik, den berühmten *Brief an die Pisonen. Über die Dichtkunst (Epistola ad Pisones. De Arte Poetica)*, verfasste Horaz zwischen 23 und 8 v. Chr., die genaue Datierung ist umstritten. Dieser Traktat stellt allerdings nicht, wie es bis dahin üblich war, Regeln für bestimmte literarische Gattungen auf, sondern beschäftigt sich mit dem Wesen der Dichtung und des Dichters selbst.

Anders als der Titel vermuten lässt, handelt es sich um eine an die Öffentlichkeit gerichtete Schrift, ein Manifest, das eine systematische Ordnung jedoch weitgehend vermissen lässt. Formal scheint es sich also eher um Dichtung oder eben um einen Brief zu handeln als um eine ausgearbeitete Programmatik. Dennoch wurde die Schrift als solche verstanden. Unter der Leitfrage, wie der Künstler ein vollkommenes Kunstwerk schaffen könne, propagiert Horaz ein am Angemessenen (*decorum*) orientiertes Ideal der Literatur. Dabei ist Angemessenheit – und das eben ist neu – in jeder Hinsicht gemeint, nicht nur als Personal-Stilhöhen-Verhältnis. Inhaltlich soll sich die Dichtung am Wahrscheinlichen ausrichten, nicht an Märchen und Mythen, das Kunstideal muss der Tradition und der Gegenstand dem gesellschaftlich Verbindlichen angemessen sein. Wieder allerdings sind die einzelnen Lehren selbst nicht sonderlich innovativ, sondern entstammen mehrheitlich der Rhetoriktheorie sowie zeitgenössischen, aristotelisch geprägten Überlegungen zur Dichtung. Die Gewichtung dieser Komponenten ist dagegen spezifisch horazisch.

Die beiden Teile des *Briefes* behandeln die Anforderungen an das Werk einerseits, das heißt den Stil, und an das Ethos des Dichters andererseits, also seine Einstellung zur Kunst einschließlich seiner Fähigkeit zur Selbstkritik. Anders als die aristotelische Gattungspoetik handelt es sich damit um die Verbindung einer Werkästhetik (im ersten Teil) mit einer Produktions- bzw. Wirkungsästhetik (im zweiten Teil). Das bedingt eine andere Perspektive auf die Dichtung, die auch Ziel und Zweck derselben in den Blick nimmt. Diese Betrachtung führt ohne lange Umschweife zu einer der einflussreichsten Sentenzen in der gesamten Dichtungstheorie: „Entweder nützen oder erfreuen wollen die Dichter oder zugleich, was erfreut und was nützlich ist fürs Leben, sagen". Die Maxime der Verbindung von Unterhaltung und Belehrung weist ihrerseits bereits eine lange Geschichte auf, schon bei Neoptolemos von Parion (3. Jh. v. Chr.) ist sie zu finden, bei Horaz aber erhält sie eine ganz andere Dringlichkeit, mit ihm wird sie dauerhaft assoziiert werden.

Der Schriftsteller Horaz, Sohn eines Freigelassenen und aufgewachsen in Rom, hatte sein Studium in Athen absolviert und mit seinem dichterischen Werk nicht zuletzt Vergil auf sich aufmerksam gemacht, der ihn wiederum im Jahre 38 mit Maecenas (von dem Wort und Begriff des Mäzens abgeleitet sind) zusammenbrachte. Trotz der hohen Protektion durch Maecenas wie Augustus bewahrte Horaz seine Eigenständigkeit. Er lässt sich nicht einmal eindeutig einer der verschiedenen Philosophenschulen zuordnen. Im Bereich des Künstlerischen gilt das ebenso. Einerseits befürwortet er nach klassizistischer Auffassung die Nachahmung der großen Vorbilder, zugleich aber betont er die Bedeutung der künstlerischen Perfektion ganz im Sinne des Alexandriners Kallimachos, der die homerische Großepik ablehnte und eine neue, unklassische Kunst rechtfertigte. Die Angemessenheit erweist sich hier als wichtigste Grundlage. Gegen die genialische Kreation künstlerischer Werke wird die in jeglicher Hinsicht angemessene Nachahmung klassischer Dichtung gesetzt, die zum allgemeinen Bildungsgut der Römer gehörte. Das antike Programm der getreuen Nachahmung von Musterautoren wird damit zwar nicht außer Kraft gesetzt, doch Horaz etabliert das Konzept der ‚richtigen Nachahmung'.

Mit der Stilistik im engeren Sinne beschäftigt er sich in zwei Abschnitten seiner Poetik, die beide zum ersten Teil, also zur Werkästhetik, gehören. Zunächst mahnt Horaz zur Vorsicht bei Wortverknüpfungen. Weiterhin stellt er eine für einen Klassizisten erstaunliche Stilregel auf (wenn auch mit aristotelischer Rückendeckung): Neue Gegenstände verlangten neue Begriffe. Es sei immer erlaubt gewesen, konstatiert er äußerst fortschrittlich, „Wörter, vom Stempel der Gegenwart geprägt, in Umlauf zu setzen". Hatte bereits Aristoteles die richtige Wortwahl als Mittelwert zwischen Ungewöhnlichem und der Klarheit bestimmt, so steigt bei Horaz das Neue entschieden auf, vor dessen Gefahren Aristoteles noch warnen zu müssen glaubte. Wie eine Schelte der sich meist ihrerseits auf die Tradition berufenden Sprachkonservativen aller Epochen klingt es, wenn Horaz nach einer Reihe von Bildern, die ebenfalls die Vergänglichkeit im Sprachlichen herausstreichen, betont: „So werden viele längst schon untergegangene Wörter von neuem geboren, es werden vergehen, die heute geschätzt sind, wenn es der Sprachgebrauch will; dieser entscheidet und ist der Garant und die Richtschnur des Sprechens". Angemessenheit also auch hier: Gemäß der jeweiligen von Zeit und Raum bestimmten Sprachnorm war zu schreiben. Eine Besonderheit freilich galt es zu beachten: Die neuen Wörter mussten sorgfältig aus dem Griechischen abgeleitet sein. Das engagierte Plädoyer war keine Lizenz zur Bildung verrückter Neologismen.

Im nächsten Abschnitt zur Stilhöhe wird wieder die Faustregel des *aptum* bemüht, was an dieser Stelle aristotelisch anmutet. Bei Aristoteles aber stellte das Angemessene nur eine von mehreren Anforderungen an das Tragische dar, in der Konzeption des Horaz wird es zum wichtigsten, beinahe alleinigen Kriterium der guten Dichtung und regelt nicht mehr nur das Verhältnis von Charakter und Rolle, sondern viel grundlegender das Verhältnis des Stils zu Gattung, Affekt und Situation. Die Struktur der Dichtung tritt gegenüber dieser Faszination für das Passende und die Wahrscheinlichkeit des Charakters zurück – die Stilistik regiert die Poesie. Spätestens hier also bildet sich jenes bis heute gültige Verständnis von Stil heraus, sich jeder Sache vollkommen angemessen verhalten oder ausdrücken zu können.

Die überragende Bedeutung der horazischen Poetik wird schon daran deutlich, dass sie von der Renaissance bis ins 18. Jahrhundert in ganz Europa geradezu unumschränkte Gültigkeit besaß und die späteren Poetiken bzw. Ästhetiken auf ihr aufbauten. Martin Opitz, Nicolas Boileau oder Johann Christoph Gottsched stellen sich im 17. und 18. Jahrhundert ganz bewusst in diese Tradition und sorgen damit auch für eine Reanimation der horazischen stilistischen Grundsätze.

Eine dritte ‚Poetik' der Antike, wenn sie auch weit hinter Aristoteles und Horaz zurücksteht und nicht einmal zusammenhängend formuliert wird, ist die Kunstlehre Plotins. Der vom Volk wie von Kaiser Gallienus gleichermaßen verehrte Philosoph Plotin war von Ägypten über Alexandria nach Rom gelangt und hatte dort 244 n. Chr. im Alter von vierzig Jahren seine Schule des Neuplatonismus gegründet. Vier Jahre später begann er, seine Lehre niederzuschreiben, die sein Schüler Porphyrios in sechs Gruppen zu je neun Schriften, daher *Enneades* (griech. „Neunheiten") genannt, herausgab. Der Kern seiner Philosophie besteht in der These, dass alles Bestehende eine nach bestimmten Stufen organisierte Ausstrahlung (Emanation) des Göttlichen darstellt.

Hier sind lediglich seine auf die Poetik zielenden Ideen von Interesse. In dieser Hinsicht schließt er an die bei Platon eher unterlegene Kunstbestimmung der göttlichen Begeisterung an, nicht an dessen rigorose Kunstverdammung. Im Hinblick auf die Nachahmungstheorie nimmt Plotin in der ersten und fünften Enneade damit weniger eine Reaktivierung denn vielmehr eine komplette Umwertung des platonischen Ansatzes vor. Vor allem auf die frühe Abhandlung *Über die Schönheit* (sechste Schrift der ersten Enneade) gründete sich im 18. Jahrhundert Plotins Ruhm. Die Schrift beginnt im ersten Satz mit einer Aufzählung, wo das Schöne anzutreffen sei: „im Bereich des Gesichts", „im Bereich des Gehörs" sowie – und hier von Interesse – „bei der Fügung der Wörter und in der gesamten Musik". Der Stil ist also gleich mit berücksichtigt (schließlich sei *Schönheit* die *Herrschaft der Idee über den Stoff*), und er wird sodann mit der gesamten Kunsttheorie aus dem platonischen Symmetrie-Exil herausgeholt. Schönheit müsse nicht mathematisches Regelmaß bedeuten. Obwohl der Neuplatoniker (eher platonisch) die Kunst nicht immer sehr zu schätzen scheint, ebnet er ihr (eher aristotelisch) den Weg zur ontologischen Gleich- oder gar Höherwertigkeit gegenüber der Natur. Der

Grund ist Plotins entscheidende Aufwertung des Teilhabemodells, wonach nicht nur das Naturschöne, sondern auch das Kunstschöne und besonders die Dichtung am „Schönen an sich" teilhaben. Der Künstler vermag demnach die Idee der Schönheit nachzuahmen, die Regel also, nach der auch die Natur geschaffen wurde. Dabei kann er sogar deren Mängel vermeiden. War es bis dahin ein Defizit gewesen, in der Kunst nicht die Wirklichkeit selbst fassen zu können, so eröffnete ein solches Enthobensein ihr neben der Liebe und der Philosophie jetzt die Möglichkeit, dem darüber Liegenden, dem Einen, näher zu kommen. So intensiv die Wirkung dieser Thesen (etwa auf Hegel) war, kann man hier dennoch kaum von einer wirklichen Poetik sprechen.

2.4 Mittelalterliche Stilistik

2.4.1 Die Stilistik und die Sieben Freien Künste

Im Mittelalter regelte das ausgefeilte System der *Sieben freien Künste* (*Septem Artes liberales*) die gesamte Ausbildung: die Ordnung des Lehrstoffs einerseits und den Bildungsweg andererseits. Nacheinander durchlief der Schüler zunächst den Elementarunterricht, sodann die ersten drei der Sieben Künste, das *Trivium*: Grammatik, Rhetorik, Dialektik, und anschließend das *Quadrivium*, bestehend aus Arithmetik, Geometrie, Musik, Astronomie. Zuerst erfolgte also die sprachliche, dann die mathematische Ausbildung. Insofern das Trivium grundlegenden Charakter besaß, war auch die Stilistik – als Teil der Grammatik wie der Rhetorik – für alle Gebildeten verbindlicher Lehrstoff. Nicht nur Spezialisten wie Redner oder Poeten lernten also die stilistischen Grundlagen kennen.

Die ehemals führende Stellung hat die Rhetorik im Mittelalter allerdings eingebüßt, Grammatik und Logik waren als Disziplinen wichtiger, vor allem in den angewandten Formen Lateinunterricht und Disputationskunst. Von einiger Bedeutung ist die Redekunst eigentlich nur noch in einem den Künsten vorausliegenden Bereich, dem der Schulrhetorik. Unter Berufung auf den frühen Cicero, also auf *Von der Erfindungskunst* sowie auf die vermeintlich von ihm stammende *Rhetorik an Herennius*, leitete man die Schüler zur Abfassung von zweckgerichteten Reden an. Zwar gibt es manche Versuche konzentrierter Rückbesinnung auf die antike

Tradition, so durch Alkuin (*Disputatio de rhetorica*) und seinen Schüler Hrabanus Maurus im 8. Jahrhundert sowie durch die Schule von Chartres im 12. Jahrhundert, insgesamt aber dominierte eine pragmatische Auffassung. Eigenständige Rhetoriken des Mittelalters sind kaum bekannt. Eine Ausnahme bildet die Notker von St. Gallen (gest. 1022) zugeschriebene *Rhetorica*. Ein längerer *elocutio*-Teil bringt bei der Behandlung stilistischer Probleme erstaunlicherweise deutschsprachige Beispiele. Insgesamt stützt sich Notker stark auf die *Herennius-Rhetorik* und behandelt die Eleganz, bestehend aus Sprachrichtigkeit (*latinitas*) und Deutlichkeit (*perspicuitas*), sowie die Würde des Stils (*dignitas*). Die Komposition (*compositio*) wird jedoch nur kurz angerissen. Die Stilarten ordnet Notker abweichend von der klassischen Dreistillehre nach einem Viererschema (ohne Nachfolger): griechisch-kluger, römisch-erhabener, attizistisch-eleganter und asianisch-wortreicher Stil.

Aber wenn auch die Rhetorik kaum noch ein eigenständiges fachliches Gewicht hatte, riss ihre Kenntnis nie völlig ab. Besonders Enzyklopädien und enzyklopädisch angelegte Dichtungen wie diejenigen von Martianus Capella (5. Jh.), Cassiodor (6. Jh.) oder Isidor von Sevilla (570-636) tradierten ein rudimentäres Rhetorikverständnis. Erstaunlicherweise wurde Augustinus' *De doctrina christiana* (mit dem vierten Buch über Rhetorik) kaum rezipiert. Stattdessen differenzierten sich verschiedene Spezialrhetoriken aus: die *Ars dictandi*, die *Ars arengandi*, die *Ars praedicandi* und die *Ars poetriae*. Die erste dieser „Künste" behandelt die Abfassung von Briefen, persönlichen wie institutionellen. Hunderte von solchen Anweisungs-Kompendien sind überliefert, welche mehrheitlich für verschiedene Anlässe geeignete Grußformeln und ähnliches enthalten. Auch für die Ausdrucksvariation (*commutatio*) sprechen sich die Briefstilistiken mitunter aus, so schon die vermutlich erste dieser Schriften, das *Breviarum* des Alberich von Montecassino (ca.1080). Die Lehre der *commutatio* ging in viele weitere Stilistiken ein, so in die *Rationes dictandi* des Magister Bernardus (1138-1143) oder die *Introductiones de arte dictandi* des Notars der päpstlichen Kanzlei Transmundus (vor 1188). Besonders Transmundus bietet eine weit ausgreifende Theorie samt Definitionen von *elegantia*, *compositio* und *dignitas*, wobei er sich eng an die *Herennius-Rhetorik* anlehnt.

Die *Ars praedicandi* diente der Predigerunterweisung. Predigten stellen im Mittelalter die wichtigste Schwundstufe der kunstvollen

Rede dar, man kann sagen: Sie haben die Reden des antiken Forums ersetzt. In den zugehörigen Schriften wird vor allem der Predigtaufbau behandelt. Die Bedeutung der wohlgeformten Predigt hatten schon Augustinus und sein mittelalterlicher Vermittler, Hrabanus Maurus, erkannt. Dennoch verwahrten sich viele scholastische Autoren des 12. und 13. Jahrhunderts gegen die *elocutio*. Immer wieder finden sich Plädoyers für Einfachheit, so etwa bei Alanus ab Insulis, Humbert de Romans oder Wilhelm von Auvergne. Im 15. Jahrhundert erscheinen schließlich sogar Predigtlehren, die ganz auf die Stilistik verzichten. Noch der Humanist Johannes Reuchlin steht in dieser Tradition.

Von untergeordneter Bedeutung ist die *Ars arengandi*, auch wenn deren Bezeichnung vom italienischen Wort *arenga*, der öffentlichen Rede, abgeleitet ist. Der Hintergrund ist eine Sonderentwicklung italienischer Städte des 13. Jahrhunderts. Hier lebte die Redepraxis für einige Zeit auf kommunaler Ebene wieder auf. Die entsprechenden Lehrschriften sind jedoch in erster Linie Sammlungen von Musterreden.

Der im Mittelalter theoretisch-stilistisch anspruchsvollste Bereich ist jener der *Ars poetriae*: eine auf die Formulierkunst zielende Textrhetorik oder kurz: Poetik. Dass die Stilistik als Disziplin im Mittelalter nicht ganz verloren ging, verdankt sie zu einem guten Teil dieser ersten Entkoppelung von der Rhetorik. Seit der spätantiken Einbeziehung der Poetik in die *Artes*, also ihrer Auffassung als einer erlernbaren Kunst bzw. Technik, zählte diese innerhalb des Wissenschaftssystems meist zur Grammatik. Im mittelalterlichen Stilverständnis wertete man die Stil-Beherrschung als Unterform der Sprachrichtigkeit. Die hier zu erlernenden Regeln waren daher vor allem die der ansonsten nur mehr peripher bedeutsamen Rhetorik, die auf diese Weise – aber ohne ihre Zielrichtung – in die Grammatik reimportiert wurde. So verlangten die Poetiken etwa die angemessene Verwendung sprachlicher Bilder, die maßvolle Neubildung von Ausdrücken oder die Beachtung des Sprachrhythmus. Natürlich handelte es sich im Mittelalter mehrheitlich noch um eine lateinische Stilistik, was den Transfer von der Rhetorik erleichterte, aber Probleme bei der Anwendung in der Volkssprache aufwarf (vgl. Kap. 4.1.1). Zugleich sorgte eben die in ganz Europa verbreitete Universal- und Gelehrtensprache Latein dafür, dass sich die Wissenschaften – und damit auch die

Poetik – im europäischen Maßstab ohne Übersetzungsschwierigkeiten entwickeln konnten.

Doch selbst poetologische Theorien standen nicht gerade im Zenit des Interesses, da hier nicht nur wenig Neues zu erwarten, sondern auch wenig Neues gefordert war. Man trifft sie meist an eher versteckter Stelle an, beispielsweise in den Vorreden (*accesus*) der Herausgeber-Kommentare zu lateinischen Schulautoren. Erst im 12. Jahrhundert änderte sich dies mit der Entwicklung einer neuen Poetik im überbietenden Anschluss an Horaz, die man bereits zeitgenössisch *Neue Poetik* nannte. Von Paris aus, wenn auch die Autoren meist Engländer waren, strahlten diese Vorstellungen nach Europa aus.

Matthäus von Vendôme schrieb vor 1175 eine *Dichtkunst* (*Ars versificatoria*), die in traditionell auktorialer Perspektive – also von der Autorität des Autors her gedacht – Fragen der Poetik behandelte. Dazu gehörten sowohl Probleme der *inventio* wie der *elocutio*, also Erfindung und Ausschmückung. Bei der *inventio* geht es um topische Möglichkeiten der Stoffbearbeitung. Unter Heranziehung vieler Einzelbeispiele handelt er von der richtigen Beschreibung von Personen, Orten und Gegenständen, wobei auch von Wortformen und vom Einsatz der Attribute die Rede ist. Bei der *elocutio* geht er auf die Figurenlehre ein und betont besonders die Bedeutung der Metapher. Nach langer Ruhephase also ein Plädoyer für den richtigen Glanz der Gedanken durch geeignete Wortwahl und gute Beschreibung. Matthäus, ein Schüler des Bernardus Silvestris, dessen poetische *Summa* als verloren gilt, sah sich selbst als Revolutionär. Er zog gegen den leoninischen Vers (Hexameter und Pentameter mit Zäsurreim) zu Felde, den die Mittellateiner pflegten und setzte der antiken Langatmigkeit brillante Kürze entgegen. Dennoch stellt die *Dichtkunst* kein Pamphlet dar, sondern eine eher schulmäßige Behandlung des Themas. Der Wiederaufstieg des Stils (und der Stilistik) aber hatte begonnen. Entfaltete Matthäus' Poetik auch noch keine sonderlich breite Wirkung, so änderte sich dies mit seinem Nachfolger, Geoffrey von Vinsauf.

2.4.2 Die neue Poetik im 12. Jahrhundert

Um 1210 widmete Geoffrey von Vinsauf Papst Innocenz III. eine Poetik, die sich unter dem programmatischen Titel *Poetria nova* (*Neue Poetik*) schnell verbreitete und als repräsentativ gelten darf

für die sich um 1200 wandelnden Stilvorstellungen. Zu dieser Zeit
des Hohen Mittelalters, in dem die Fürstenhöfe sich zum wichtigsten Ort der Literatur entwickelten (etwa von 1170 bis 1300), waren bereits die Volkssprachen von einiger Bedeutung für die Literatur. Es handelt sich bei Geoffreys Poetik – die im Grunde eine
Einführung in die Rhetorik darstellt – allerdings um ein lateinisch
verfasstes Lehrgedicht in 2116 Hexametern. Das Hauptaugenmerk
richtet sich darin auf die rhetorischen Schritte der *inventio* und
dispositio einerseits und der *elocutio* andererseits. Eingehend widmet
sich Geoffrey der *descriptio*, also der Beschreibung, wobei er viele,
oft von ihm erfundene Beispiele anfügt. Seine exemplarische Beschreibung der weiblichen Schönheit erlangte vorbildhaften Charakter. Geoffrey stellt insgesamt die Würde des Ausdrucks (*gravi-
tas*) heraus und plädiert für den *ornatus difficilis*, den schweren Redeschmuck mit vielen Tropen und Figuren.

Der Kern seiner Poetik besteht in einer Aufwertung der *elocutio*,
wobei Geoffrey nicht einfach eine Gegenstands-Entsprechung
einfordert, sondern dem Stil die Aufgabe zuweist, alte Gedanken
zu verjüngtem Ausdruck zu bringen. Eindeutig wird der Stil damit
auf die Seite der Modernen gegenüber den Klassikern lokalisiert,
ein innovatives Konzept, das sich zwar hinsichtlich der Spracher-
neuerung auf Horaz berufen konnte, aber mit der gängigen Auffassung seiner Zeit brach. Geoffrey unterstreicht die Bedeutung
der Stilkunst mit einer so traditionsreichen wie aussagekräftigen
Metapher: Ein abgetragenes Gewand werde auf diese Weise durch
ein neues ersetzt. Die alte Redeweise vom Kleid der Gedanken
wird also gegen die ursprüngliche Intention ausgespielt, indem
Geoffrey den entblößten Gedanken sozusagen in die Umkleide
schickt und mit der neuesten Kreation ausstaffiert. Was eher
schlicht   daherkommt,   ist   Ausdruck   eines   weitreichenden
Perspektivwandels: Wenn das Wertvolle an den Klassikern die
Idee und nicht die Form ist, wenn es also gilt, diese Idee durch die
Modernisierung der Form zu tradieren, dann macht man die
eigene Zeit und ihre Kunst zum Maßstab und befreit sich vom
Bann des klassischen Ideals. Praktisch stilistisch insistiert Geoffrey
dabei vor allem auf der *Amplifikation*, der Erweiterung und
Verbreiterung eines Themas mittels verschiedener Techniken.

Fortgeführt hat das Projekt einer neuen Poetik Gervais von
Melkley in seiner *Ars poetica* (ca. 1208-1216), die eine ausgearbeitete Figurenlehre enthält. Der Autor löst sich von der Herennius-

Vorgabe und ordnet die Figuren nach ihrer verschieden starken Entsprechung mit der Sache (deckungsgleich, ähnlich, gegensätzlich). In rhetorisch-systematischer Hinsicht weitergehend als Melkleys und Geoffreys Schriften war die nach 1229 entstandene *Pariser Poetik* (*Parisiana Poetria*) von Johannes von Garlandia. Dieser, wiederum ein Engländer, hatte in Oxford studiert und war vor 1220 als Lehrer nach Paris gekommen. Dort verfasste er als eine seiner zahlreichen in Versen angelegten Lehrschriften seine Poetik, die eine komplette Rhetorik mit allen aus der Antike bekannten Bereichen darstellt. Stiltheoretisch steht sie jedoch deutlich unter dem Einfluss der *Ars dictandi*, der Schriftrhetorik also, die sich auf eine angemessene Brief-Kommunikation konzentriert.

Eine spätmittelalterliche Stil-Novellierung, die schon zeitgenössisch so genannt wurde, betraf weniger den Stil als Ausdrucksnormierung, sondern bezeichnete eine poetologische Umorientierung. Gemeint ist der *Dolce stil nuovo* (Lieblicher neuer Stil), der sich im 13. Jahrhundert in Oberitalien verbreitete, wobei der Begriff selbst zurückgeht auf Dante Alighieris *Göttliche Komödie* (entstanden ca. 1307-1321). Die sizilianische Dichtung wie die Trobadordichtung sollte demnach zur toskanischen Liebeslyrik gesteigert werden. Ihr Kennzeichen war eine quasi sakrale Verehrung der Geliebten, wobei die poetische Darstellung als Veredelung im Dienste höchster Tugend begriffen wurde. Auf den ersten Blick scheint hier das Konzept der rhetorisch und topisch formalisierten Normstilistik durchbrochen zugunsten eines Ausdrucksstils. Und so bemerkt der von Dante ins Fegefeuer versetzte Dichter Bonagiunta aus Lucca über den neuen, quasi patentierten Stil, er schmiege sich seinem Gegenstand an:

> „O Bruder", sprach er, „nun seh ich die Schlinge
> Abhaltend den Notar, Guitton und mich,
> Daß uns der neue, süße Stil (*dolce stil nuovo!*) gelinge.
>
> Ich sehe wohl, wie eurer Federn Strich,
> sich eng an den, der vorspricht, weiß zu schmiegen:
> Nie taten das die unsern sicherlich."

Trotzdem ist noch ein gutes Stück Wegs zurückzulegen bis zum Individualstil. Die Gruppenbewegung des *Dolce stil nuovo*, an der neben Dante auch die Dichter Guinizelli, Cavalcanti, Frescobaldi und Cino da Pistoia beteiligt waren, richtete sich vielmehr an philosophischen Konzepten aus: in der Hauptsache orientiert am

Platonismus mit seiner Überhöhung des Eros zur dämonischen (halb-göttlichen) Macht, ergänzt aber auch durch Elemente der Scholastik und der Mystik. Das apostrophierte Individuelle war noch durchweg metaphorisch aufgeladen.

2.4.3 Mittelalterliche Stillehre(n)

Für lange Zeit bestehen eine Dreistillehre und eine Zweistillehre nebeneinander. Erstere beruht dabei auf der antiken Rhetorik, die (wenn auch in uneinheitlicher Terminologie) schon zwischen *oratio humilis*, *oratio mediocris* und *oratio gravis* bzw. *grandiloqua* unterschied, also dem niedrigen, mittleren und erhabenen Stil. In der Antike wurden diese Stilarten mit den verschiedenen Zwecken des Redens verbunden, Belehren (*docere*) kann man am besten mit dem niedrigen Stil, Unterhalten (*delectare*) mit dem mittleren und Erschüttern (*movere*) mit dem gravitätisch hohen Stil. Das Besondere im Mittelalter ist nun die Umdeutung oder auch Anwendung dieser Lehre im Hinblick auf die verschiedenen gesellschaftlichen Gruppen: Von hohen Personen sollte im hohen Stil, von Angehörigen des niedrigen Standes im niedrigen Stil gesprochen werden. Diese Regelung bezog sich explizit auch auf die volkssprachlichen Dichtungen. Gerne, wenn auch nicht ganz korrekt, berief man sich auf Vergil, der im 1. Jahrhundert v. Chr. die drei verschiedenen Stände – Ritter, Bauern und Hirten – im hohen, mittleren und niedrigen Stil bedichtet haben soll. Johannes von Garlandia (1195-1272) veranschaulichte diese Auffassung an einem Rad, der *rota Virgilii*: Die Speichen desselben bestehen aus den drei Stilgattungen, die sich an den vergilschen Dichtungen *Bucolica* (Hirtengedichten), *Georgica* (Schilderung des Landlebens) und *Aeneis* (Heldengedicht) orientieren. Bis ins 18. Jahrhundert hatte dies als so genannte „Ständeklausel" in der Dramentheorie Bestand.

Die Zuordnung bestimmter Gegenstände zu den einzelnen Stillagen verwandelt die bisher vor allem mit der korrekten Bilderverwendung oder mit der einer Sache angemessenen Ausdrucksweise betraute Stilistik vom abstrakten Regelsystem zunehmend in einen detaillierten Vorschriftenkatalog. Zum erhabenen Stil gehören beispielsweise alle ‚ritterlichen Gegenstände': Pferd, Schwert, Burg und Kampf, aber auch der Lorbeerbaum. Dem mittleren Stil werden der Bauer und sein Pflug, das Rind, der Acker und der (bewirtschaftete) Apfelbaum zugeordnet. Zum niedrigen Stil gehören zuletzt der Hirte, das Schaf, der Stock, die Weide und die Buche. Da sich die Stilkategorien hier in erster Linie auf den Stoff, die Materie, beziehen, spricht man von der materiellen Stiltheorie im Gegensatz zur elokutionellen, die auf der *elocutio*, also der sprachlichen Darstellung vor allem mittels Figuren, beruht. Obwohl eine solche Einteilung nach hoch und niedrig deutlich einer Hierarchisierung entspricht, ist damit noch nichts über das Ansehen oder gar die Beliebtheit der entsprechenden Dichtungen gesagt.

Neben der Dreistillehre taucht in den Poetiken des Mittelalters seit Geoffrey von Vinsauf zudem eine Zweistillehre auf: Dabei wird das Ausmaß der Rede-Ausschmückung zum Unterscheidungskriterium genommen. Die leicht geschmückte Rede nannte man *ornatus facilis*. Das war der Fall, wenn zum Schmuck lediglich Figuren, das heißt Wörter in ihrer wörtlichen Bedeutung, ob als Wortfiguren (wie das Wortspiel) oder sich auf den Gedanken beziehende Sinnfiguren (wie der Vergleich), verwendet wurden. Dagegen erschien der Wortschmuck durch Tropen, bei denen es sich um eine Bedeutungsübertragung handelt, als schwerere Aufgabe: Der entsprechende Stil, der Tropen (und Figuren) verwendete, hieß *ornatus difficilis*. Geoffrey hatte für diese Einteilung noch etwas andere Begriffe verwendet, die kanonisch gewordene Bezeichnung stammt erst von Johannes von Garlandia. In diesen beiden Stilarten wurde auch einmal das Erbe der alten *genera dicendi* gesehen, da die vorherigen formalen Stilarten ins Material abgeglitten waren. Es handelt sich also im Kern um die Reaktivierung einer elokutionellen Stillehre. Beide Stilarten hatten ihre Zeit, dabei fand der Umschwung vom leichten zum schweren Redeschmuck um 1200 statt, genauer: zwischen Matthäus von Vendôme und Geoffrey von Vinsauf.

Problematischer als die Stilartenunterscheidung war das Verhältnis der Stilistik zu den regional verschieden stark akzeptierten Volkssprachen. Wenn auch von den Gebildeten des Spätmittelalters noch weitgehend ignoriert, übernahmen sie nach und nach weite Bereiche der vormals lateinisch geprägten Dichtung. Gegen Ende des 13. Jahrhunderts setzt sich auch in der mittelhochdeutschen Literatur ein manierierter, schwerer Stil durch, der sehr viele Figuren und Tropen verwendet. Hier spricht man – eine hübsche florale Metaphorik – vom „geblümten Stil" oder auch von der „geblümten Rede". Insgesamt macht aber die Aufteilung *leichter*

Stil und *schwerer Stil* in der Volkssprache wenig Sinn, hier lässt sich allenfalls eine Dominanz der einen oder anderen Schmuckform erkennen. Überhaupt rücken im Deutschen Figuren und Tropen enger zusammen, als dies im Lateinischen der Fall ist, weshalb die Einteilung in manchen Fällen allzu theoretisch erscheinen muss. Mittelhochdeutsche Traktate oder gar Lehrbücher der Rhetorik sind nicht erhalten. Abgesehen von dem erwähnten althochdeutschen Rhetorik-Einschub, den Notker von St. Gallen in seine vor 1017 entstandene Übersetzung des Boethius einfügt, beginnt die deutschsprachige Theoriebildung erst im 15. Jahrhundert – gleichzeitig mit der humanistischen Rückbesinnung auf die Antike.

2.5 Neuzeitliche Stilistik

2.5.1 Das Kleid der Gedanken

Die Epoche der Renaissance, eine emphatische Rückbesinnung auf die antiken Ideale, rezipierte auch die rhetorischen Werke neu, zumal seit im Jahre 1416 Poggio eine vollständige Quintilian-Handschrift wiederentdeckte. Ihren literarischen Niederschlag fand diese Beschäftigung mit den antiken Vorfahren im Humanismus. Eine Leitidee machte dabei den größten Eindruck auf die Gelehrten: Zu Beginn von *De inventione* entwirft Cicero die Vorstellung einer Einheit von Redegewandtheit (*eloquentia*) und Weisheit (*sapientia*), mithin die Idealsymbiose aus Redner und Philosoph. Aus dieser Verbindung, so sah es die Renaissance wie der nachfolgende Barock, gehe der wahrhaft human(istisch)e Mensch (*homo vere humanus*) hervor. Der breite Strom der humanistischen Redekunst speist sich tatsächlich aus beiden Quellen: Auf der alten Rhetorik basierend entstehen zahlreiche Handbücher – allein zwischen 1500 und 1700 sind es über 1000 –, werden Sprachakademien und Wörterbuchunternehmen gegründet; aus der Philosophie dagegen stammt das ethisch fundierte Ideal des redegewandten Gentlemans (*vir bonus dicendi peritus*).

Es ist die bewusste Abwendung von der scholastischen Stilistik des Mittelalters, die zum Initiationsmoment für eine eigene Renaissance-Stilistik wird: Hatte die Scholastik sich auf Aristoteles berufen, wollte man nun bis zu Platon zurück. Darin drückte sich eine grundsätzliche Neuausrichtung aus. Platon hatte schließlich eine Trennlinie zwischen dem abstrakten Begriff (der Idee) und seiner sprachlichen Präsentation gezogen, die bei Aristoteles fortgefallen war. Daher war Aristoteles' Logik (und letztlich die Logik des gesamten europäischen Mittelalters) eng an die Sprache angelehnt. Aristoteles hatte für die allgemeinen Seinsverhältnisse in der Tat einen Terminus gewählt, der in der Grammatik die Gattungen bezeichnete: „Kategorien". Am deutlichsten wird diese Parallelität von Sprach- und Logikaufbau bei der Kategorie der Substanz, in der noch das grammatische Subjekt zu erkennen ist. Die Renaissancephilosophen machten eben dies zu ihrem Hauptkritikpunkt. Ernst Cassirer brachte es in seiner Philosophie der symbolischen Formen auf den Punkt: „Was die Scholastik an der Sprache erfaßt hat, das sind, wie jetzt eingewandt wird, nur ihre äußerlich grammatischen Verhältnisse, während ihr eigentlicher Kern, der statt in der Grammatik vielmehr in der Stilistik zu suchen ist, ihr verborgen blieb". Was jedoch zunächst ein Plädoyer für eine umfassende Stilistik zu sein schien, indem man sich bei der platonischen Zweiteilung auf die Seite der *Wörter* stellte, schlug schließlich um in eine Mathematisierung der Sprachsystematik, wobei man die Perspektive der *Sachen* einnahm. Die Zeit der Identität von Denk- und Sprachgebäude aber war vorüber.

Den Humanismus kennzeichnet vor allem seine neue Auffassung vom Menschen, genauer: von der Stellung des Menschen im Kosmos, wobei er von der Peripherie ins Zentrum der Überlegungen rückt. Diese Grundtendenz schlug auf alle Bereiche durch, selbst auf die Stilistik. So wurde die Dreistillehre modifiziert und aus der mittelalterlichen Verklammerung mit der Ständelehre befreit. Der französische Rhetoriker Petrus Ramus (1515-1593) erklärte, man könne in allen Ausdrucksweisen über jeden Gegenstand schreiben. Hoch im Kurs stand im Humanismus besonders das *elegantia*-Ideal: ein kunstbewusster Stil, der jedoch ungezwungen wirken musste. Das sollte erreicht werden durch ein kluges Haushalten der Mittel. Zumindest als theoretisches Desiderat behält diese Ökonomie des Stils von nun an durchgängig ihre Gültigkeit. Die Sprache des Barock tendierte in der Praxis aber oftmals ins Opulente, Manieristische und provozierte damit im 17. und vor allem im 18. Jahrhundert erneut Reformen, die, weit über die Theorie einer künstlichen Natürlichkeit hinaus, tatsächliche Natürlichkeit oder sogar Nacktheit des Ausdrucks einforderten.

Dem *elegantia*-Ideal gemäß entstanden im Humanismus so genannte Elegantien, die nichts anderes waren als Stilistiken mit
einer bestimmten Zielrichtung. Gefordert wurde die *elegantia* neben der *compositio* und der *dignitas* schließlich bereits in der *Herennius-Rhetorik*, die aber bei der Erörterung des richtigen Sprachgebrauchs *dignitas* und Figurenlehre in den Mittelpunkt stellte. Die
Humanisten ergänzten Überlegungen zu den beiden übrigen Bereichen. An erster Stelle zu erwähnen sind hier Lorenzo Vallas
Sechs Bücher von den Schönheiten der lateinischen Sprache (*Elegantiarum
linguae latinae libri sex*, 1448). Bewusst wendet sich die Schrift gegen
das mittelalterliche Latein und legt den Lesern altehrwürdige Kon-
struktionen ans Herz. In dieser sehr beliebten und weit verbreiteten Abhandlung geht es jedoch nicht um blinde Nachahmung der
klassischen (vor allem juristischen) Ausdrucksweise, sondern bereits um die kritische Durchdringung derselben. Noch deutlicher
als Valla besinnt sich ein anderer Autor auf die Antike, genauer:
auf Cicero, zurück. In Agostino Datis *Elegantiolae* (1470) wird ohne Umschweife die Cicero-Lektüre zur Grundlage einer stilistischen Versiertheit gemacht. Zur Kompositionslehre – dem korrekten und wohlklingenden Satzbau – verfassten die Humanisten
eigene Schriften. Gasparino Barizza legte eine solche um 1420 vor
und Albrecht von Eyb hat, darauf aufbauend, um 1457 sein 50-
Vorschriften-Konzept entwickelt: *Artis rhetoricae praecepta*.

Ein wichtiges Schlagwort innerhalb der rhetorischen Tradition
ist das der Wirksamkeit. Nach der Ausdifferenzierung von Poetik
und Rhetorik führte die Renaissance beide unter der Wirkungs-
perspektive wieder zusammen: Rede wie Literatur wollen und
sollen wirken bzw. nutzen. Dazu bedienen sie sich bestimmter
sprachlicher Verfahren. In ganz anderem Ausmaß als im Mittelalter ist nun eine rhetorische Ausbildung des Schriftstellers gefordert. Als direkte Folge erhalten die literarischen Texte eine unge-
kannte rhetorische Dimension. Beliebte Hilfsmittel wie die seit
dem 16. Jahrhundert weit verbreiteten Sammlungen (Thesauri)
von Klassikerexzerpten bedingen eine gewisse Standardisierung
der Exempla.

Die erste vollständige Rhetorik des Humanismus wertet die
Stillehre entscheidend auf: Georgios Trapezuntios unternimmt es
in seinen 1433/34 erschienenen *Fünf Büchern der Rhetorik*, einer
Zusammenführung von griechischem und lateinischem Rhetorik-
wissen, alle Stilmittel neu und deutlich zu erklären. Stilqualitäten

kennt er (mit Hermogenes) sieben statt der verbreiteten drei oder vier. An erster Stelle steht nun die Klarheit, welche Deutlichkeit und Eleganz umfasst. In Deutschland aber finden sich zu dieser Zeit vor allem Rhetoriken, die gemäß der *Herennius-Rhetorik* eine Dreistillehre propagieren und nach den Kategorien *elegantia, compositio* und *dignitas* aufgebaut sind. Das ist der Fall bei den Rhetoriken von Jacobus Publicius (1482), Conradus Celtis (1486) und Friedrich Riederer (1493). Zum Teil sind in mittelalterlicher Weise Brief-Stilistiken angehängt.

An der Wende zum 16. Jahrhundert erschütterte die Reformation das Zeitalter. Auch die mediale Revolution durch den Buchdruck geriet schnell in den Bann dieser politisch-religiösen Auseinandersetzung. Man spricht füglich von der frühen Neuzeit, dem 16. und 17. Jahrhundert, als „konfessionellem Zeitalter". Der Gegensatz von mehrheitlich protestantischen Fürsten und katholischem Kaiser, der schließlich in den Dreißigjährigen Krieg führte, polarisierte nicht nur die Gesellschaft, sondern auch die Gelehrtenrepublik. Es entstanden zum Verwechseln ähnliche Rhetoriken auf beiden Seiten – und dies jeweils in Anknüpfung an die Verbindung von Rhetorik und Frömmigkeit, die Erasmus von Rotterdam dem puren stilistischen Brillieren (mit Cicero-Zitaten) entgegengesetzt hatte. Philipp Melanchthon – im Übrigen ein Bewunderer Trapezunts – rückt auf protestantischer Seite zunehmend von der Stilistik ab, in seinen *Elementen der Rhetorik* (1542) noch deutlicher als in *Drei Bücher über Rhetorik* (1519). Vor allem die fortschrittliche jesuitische Gegenreformation entwickelte auf der anderen Seite die Rhetorik weiter, die in ihrem Bildungsprogramm eine zentrale Rolle spielte. Sowohl Cyprian Soarez, *Drei Bücher über Redekunst* (1560), wie Gerhard Johannes Vossius, *Sechs Bücher rhetorische oder oratorische Kommentare* (1606), schließen affirmativ an die Rhetorik und die Stilistik des Erasmus an.

Eine starke Wirkung ging am Ende des 16. Jahrhunderts zudem vom so genannten *Ramismus* aus. Petrus Ramus hatte sich 1577 in seinen *Zwanzig Büchern der rhetorischen Wissenschaften* für die Dialektik als Basisdisziplin ausgesprochen. Die Rhetorik beschränkt er auf lediglich zwei der ehemals fünf Bereiche: die sprachliche Darstellung (*elocutio*) und den Vortrag (*actio*). In seiner späteren Rhetorik bekräftigt er auch praktisch seine Auffassung, die Rhetorik habe es ausschließlich mit der Stilistik und hier im Wesentlichen mit der Figurenlehre zu tun.

In der Renaissance erfreute sich das Bild, der Stil bekleide den ansonsten schutzlosen Gedanken, großer Beliebtheit. Die funktionelle Kleidermetapher war bereits in der Antike gebräuchlich (Cicero hatte den Vergleich der niedrigen Stilebene mit einer einfach gekleideten Frau gebracht) und im Mittelalter aufgenommen worden. Jetzt jedoch erreichte sie ihren Zenit und stellte eindrücklich die Bedeutung des Elokutionellen heraus. Der Stil ist *decorum*, schmuckvolle Außenseite eines umhüllten Inhalts. Man verband – vor allem im klassizistischen Zeitalter (16.-18. Jahrhundert) – diese Vorstellung mit jener der reich gekleideten „Dame Rhetorik", wie sie sich in den Bildersammlungen der Zeit findet (z.B. bei Christophoro Giardia, 1628). So eingängig war diese Metaphorik, dass sich auch die Gegenseite ihrer bemächtigte: Die Kleidung erschien ihr jedoch nicht als Überhöhung des Gedankens, sondern als dessen *Ver*-kleidung, weshalb ein natürlicher, nackter Stil entgegenzusetzen war.

Es ist damit wieder einmal die Stilistik, die in der frühen Neuzeit zum Ort der Auseinandersetzung wird, an ihr scheiden sich die beiden großen Rhetorikauffassungen: eine affirmativ-rhetorisierende, die ins rhetorische Zeitalter des Barock führt, und eine eher abdämpfende, welche die sprachliche Darstellung dem Gedanken nachordnet.

2.5.2 Erste Löcher im Kleid

Seit der Antike bewegen sich die Stil-Konzepte in einem zweipoligen Kräftefeld: Zwischen den Extremen perfekter Nachahmung und einem eher individuellen *ingenium* wird die jeweils dominante Stilauffassung immer wieder neu bestimmt. Hatte lange die Nachahmung (von altehrwürdigen Autoritäten) überwogen, werden in der Renaissance punktuell individualstilistische Positionen entwickelt, so etwa bei Francesco Petrarca (1304-1374). Es waren vor allem die Anhänger der *Anticiceronianischen Schule*, die eine Individualstil-Auffassung vertraten, darunter so bedeutende Denker wie Erasmus von Rotterdam (1469-1526), Michel de Montaigne (1532-1592) oder Robert Burton (1577-1640). Sie stellten – zumindest in gewissem Umfang – den Selbstausdruck (freilich auch nur der Spitzen-Intellektuellen) über die Nachahmung Ciceros und über die strikte Befolgung rhetorischer Regeln. In der Renaissance-Periode bestehen somit die beiden grundlegenden Stil-

Konzepte als Inkarnation (*incarnatio*) oder Einkleidung (*exornatio*) des Gedankens nebeneinander – mitunter tauchen beide Vorstellungen bei ein- und demselben Theoretiker auf, so etwa bei George Puttenham (ca. 1529-1591) in *The Arte of Poesie* (1589).

Abgesehen von diesen bemerkenswerten Ausnahmen herrschte bis dahin jedoch die rhetorisch-elokutionelle Vorstellung vom Stil vor. Erst im 17. Jahrhundert erstarkte die Gegenfront, auch wenn sie sich immer noch nicht durchzusetzen vermochte. Die sprunghafte Entwicklung der Wissenschaften, mit der innerhalb der philosophischen Weltanschauung eine Wendung zum Rationalen einherging, begünstigte allerdings die Forderung nach einem einfachen und klaren Stil. Besonders in England, wo der Puritanismus wie der Rationalismus besonders stark waren, wendete man sich programmatisch vom elokutionellen Rhetorikideal ab: Ben Jonson (1572-1637) etwa kämpfte hier früh für die Schlichtheit des Ausdrucks, den *plain style*. Der Puritaner William Pemble (1591-1623) forderte in *A Plea for Grace* (1629) ganz ähnlich einen „nackten", nüchternen Predigtstil und fand viele Gleichgesinnte wie den ebenfalls puritanischen Prediger Richard Baxter (1615-1691). Auch die führende Wissenschaftsakademie der Zeit, die Londoner Royal Society, propagierte einen neuen Wissenschaftsstil im Zeichen der *plainness*: einen möglichst ‚unrhetorischen' Stil. In diesem Fall mögen allerdings nicht allein wissenschaftliche Argumente ausschlaggebend gewesen sein, denn die Akademie war durchsetzt mit Geistlichen, die zugleich mit der Reform des Predigtstils zu tun hatten.

Trotz solcher Aufbruchsstimmung dominierte jedoch auch im 17. Jahrhundert aufs Ganze gesehen die Theorie von der angemessenen Einkleidung der Gedanken. Selbst in England, das an der Spitze der Antirhetorik-Bewegung stand, wagte man sich entgegen den Forderungen nur selten ‚nackt' aufs Parkett. Zudem schlug hier das Pendel im 18. Jahrhundert wieder um, während sich auf dem Festland die Rhetorikablehnung allmählich durchsetzte. So repräsentierte der Dichter Robert Fergusson (1750-1774), von dem einige sehr populäre Gedichte im schottischen Dialekt stammten, wieder die traditionelle Richtung. Die zuvor propagierte Nacktheit erscheint ihm „stumpf" und „wirkungslos", wohingegen er auf die Notwendigkeit des wenn auch maßvoll anzuwendenden rhetorischen Schmucks hinweist. Und der bedeutende klassizistische Dichter Alexander Pope (1688-1744) verwendet schließlich die Einkleidungsmetaphorik wieder in aller Deutlichkeit, wenn es im *Essay on Criticism* (1711/13) heißt: „Expression is the dress of thought". Warum diese Hartnäckigkeit der Verhüllungsvorstellung? Es ist nicht zuletzt der *decorum*-Begriff der höfischen Gesellschaft, der hier auf die Rhetorik übertragen wird. Erst als diese Gesellschaftsordnung in Bewegung gerät, gerät auch ihr Stilideal aus den Fugen. Zuvor aber erreichte der Schmuckreichtum noch einmal einen Höhepunkt: im Barock.

2.5.3 Gelehrte Opulenz der Rede

Keine Epoche weist so klar eine rhetorische Grundierung auf wie der Barock. Erst in den letzten Jahrzehnten ist die Rhetorik des Barock nach langer Vernachlässigung auf breiter Front erforscht worden. Eine Vorwegnahme dieses Interesses findet sich bereits bei Friedrich Nietzsche, der schon 1879, als man dem ‚schwülstigen' Barock noch weitgehend ablehnend gegenüberstand, seine Schrift *Vom Barockstile* publizierte. Er sieht in der rhetorischen Verfasstheit des Zeitalters keinerlei Makel, sondern hält diese Ausrichtung für eine überzeitliche Bestimmung: Die Kunst durchlaufe eine ständige Abfolge von Klassik- und Barockperioden. Bei allem Respekt für die Regelhaftigkeit der Klassik gehört Nietzsches Sympathie der überbordenden Opulenz der Rede und Poesie im 17. Jahrhundert. Dass durch diese Einteilung der Kulturgeschichte nach dem Reiz-Reaktions-Schema ein zwar wirkmächtiges, aber doch allzu simples Modell etabliert wurde, soll hier nur erwähnt werden. Tatsächlich jedenfalls spielt die Rhetorik in der Kultur und Literatur des Barock eine zentrale Rolle, nicht zuletzt die Politik wird von ihr durchdrungen. Besonders in Frankreich konsolidiert sich in dieser Zeit der Absolutismus und bringt eine auf ganz Europa ausstrahlende Regulierung der Verkehrsformen hervor. Im deutschsprachigen Raum war die Rhetorik – in der Regel eine humanistische Lateinrhetorik – nach wie vor im Bildungssystem verankert. Die Universitäten und die jesuitischen Gymnasien pflegten die rhetorische Tradition in Reinform. Protestantische Schulen und Adelsakademien lehrten ebenfalls die erfolgversprechende rhetorische Präsentation, zeigten sich aber dabei offener für Neuerungen.

Die Rhetorik hatte sich in zwei Richtungen weiterentwickelt: in die elokutionell-literarische einerseits und – besonders seit Descartes – in die argumentativ-logische andererseits. Die Stillehre ist in jenen Rhetoriken, die zur ersten Variante zählen, weit wichtiger als bei den philosophisch-dialektischen. Geht man von den fünf traditionellen Bereichen der Rhetorik aus, war es vor allem die alte *elocutio*, die in der literarischen Rhetorik ausgestaltet wurde. *Inventio* und *dispositio* dagegen verschmolzen zunehmend miteinander und wurden – in extremer Weise bei Petrus Ramus – der Dialektik zugeschlagen, eben jenem logisch strukturierten Stiefbruder der Rhetorik, der sich für die sprachliche Darstellung wenig interessierte. Die *memoria* verselbständigte sich bald zu mnemotechnischen Kompendien, während schließlich die *actio*, zunächst noch zur Rhetorik gerechnet, bald in der Schauspiellehre aufging. Wirklich aus dem Rhetorikverbund gelöst hat sich die Stilistik aber erst im 18. Jahrhundert.

Es war nun die neben der Rhetorik herlaufende Poetik, von der entscheidende Impulse für eine Regulierung der Volkssprache ausgingen. In Deutschland erreichte die Dichtungstheorie im 17. Jahrhundert einen neuen Höhepunkt, was im europäischen Vergleich reichlich spät anmutet. Hier ist es vor allem eine kleine Schrift von 1624, die die Diskussion anregt: Martin Opitz' *Buch von der Deutschen Poeterey*. Auf dem deutschsprachigen Humanismus basierend, wertet Opitz die Poesie entscheidend auf. Poetologisch bringt er dabei kaum Neuerungen, allerdings wendet er nun die Poetik explizit auf die Dichtung in der Volkssprache an und gibt reichlich Beispiele für die deutschsprachige Barockdichtung, die teilweise seiner eigenen Feder entspringen. Schon sieben Jahre zuvor hatte Opitz den Mangel einer deutschen Dichtersprache und die Vorherrschaft des Lateinischen beklagt. Nun sollte dieser ungestüme Vorstoß durch ein Regelwerk unterfüttert werden. Strukturell orientiert sich Opitz dabei an der Rhetorik. So behandelt er *inventio*, *dispositio* und elokutionellen Ornat, zudem findet sich eine Reimlehre. Er parallelisiert im Anschluss an die *Sieben Bücher über die Dichtkunst* (1561) Julius Caesar Scaligers die literarischen Gattungen mit der alten Dreistillehre: Epos und Drama seien im hohen, Satire, Elegie und andere lyrische Kleinformen im mittleren sowie die Komödie im niederen Stil abzufassen. Opitz' Gattungsfavoriten sind allerdings eindeutig die Vertreter des hohen Stils, das Epos und die Tragödie.

In stilistischer Hinsicht stellt der Traktat einen Aufruf für die Sprachreinheit des Deutschen dar, wettert gegen lateinische Flos-

keln und Mundart gleichermaßen. Auf drei Feldern kämpft die
Stilistik: „Die Worte bestehen in dreyerley; inn der elegantz oder
ziehrligkeit/ in der composition oder zusammensetzung/ vnd in
der dignitet vnd ansehen". Der erste Teil dieser Definition führt
Opitz zu der Forderung nach sauberem „Hochdeutsch" und einer
Warnung vor (französischen) Fremdworten. Bei der Wortverbin-
dung – der zweite Bereich – soll der Klang beachtet werden und
die Dignität schließlich besteht vor allem in der inhaltlichen Angemessenheit und formalen Ausgewogenheit (z.B. keine Adjektiv-
reihungen) der Tropen und Figuren. Schließlich behandelt Opitz
noch metrisch-rhythmische Fragestellungen. Die Forderungen
nach Reinheit der Reime und nach alternierender Betonung sind
hier hervorzuheben. Als dichtungsgeschichtlich zentral erwies sich
jedoch die in diesem Zusammenhang eher beiläufige Vorgabe, die
Metrik habe sich im Deutschen nach dem natürlichen Wortakzent
zu richten und nicht, wie es bis dahin vom Lateinischen her galt,
nach der Silbenlänge. So wenig revolutionär diese Vorstöße im
Stilistischen auch sein mögen und so schnell der Traktat zusammengestellt wurde, die Wirkung auf den literarischen Stil des 17.
Jahrhunderts war phänomenal.

In Frankreich breitete sich zu dieser Zeit die Hochklassik aus,
deren Beginn allgemein mit dem Pyrenäenfrieden von 1659 ange-
setzt wird, der den Abstieg der alten Weltmacht Spanien und den
gleichzeitigen Aufstieg Frankreichs einleitete. Unter scharfen Angriffen auf die Literatur des beginnenden 17. Jahrhunderts erhob
diese die Antike zum alleinigen Ideal – die *Querelle des anciens et des
modernes* nahm hier ihren Anfang. In diesem Zusammenhang entstand 1674 ein theoretisches Werk von Weltruhm: Nicolas Boi-
leau-Despréaux' *Art poétique*. Boileaus Lehrgedicht in vier Gesän-
gen, der Versuch einer großen Synthese aller damaligen Kunstauf-
fassungen, etabliert die Kategorie des „guten Geschmacks" (*bon
goût*). Wenn auch die Aufgabe der Poesie eine gewissenhafte
Nachahmung der Natur ist, so handelt es sich dabei doch nicht
um einen schlichten Naturalismus, insofern Moral (*moralité*) und
gesunder Menschenverstand (*bon sens*) der Darstellung vorgeordnet werden. Dichtung zeichnet sich demnach dadurch aus, dass sie
erhaben und galant ist. Dieses Galanterie-Ideal hatte entscheidende Auswirkungen auf den Stil, welcher zwar nicht natürlich *sein*,
aber um jeden Preis natürlich *wirken* musste. Anders als die deutsche Rezeption (etwa durch Christian Weise) zielte Boileau noch

nicht auf die ‚ehrenwerte Nacktheit' des Stils. Auch seine eigenen Reime wurden häufig als überanstrengt kritisiert.

Das Barockzeitalter erlebte diesseits wie jenseits des Rheins eine Blüte des Stils. Die Sprachmittel waren weitgehend die der Antike. Klar zu erkennen ist eine Vorliebe für den hohen und reich geschmückten Stil. Der niedrige Stil, wenn auch bei Scaliger oder Opitz für die Komödie gefordert, wurde in der Praxis kaum beachtet. Erst nach Opitz' Eintreten für eine deutsche Poetik öffnet sich schließlich auch die Rhetorik der Volkssprache: Johann Matthäus Meyfarts *Teutsche Rhetorica* (1634) ist eine groß angelegte Stillehre in ramistischer Tradition (also weitgehende Beschränkung auf Stil und Vortrag). Auch sie ist für Eingeweihte verfasst, bezieht sich aber nun auf das Deutsche. Symptomatisch ist, dass Meyfart noch nicht von „Stil" spricht, sondern von „Elocution": „Die Elocution (wiewol es schwer zu verteutschen)/ ist nichts anderes als eine Außstaffierung der Rede/ von artigen und geschickten Worten". Viele Tropen und Figuren sind im Einzelnen aufgeführt, die im hohen Stil alle miteinander kombinierbar seien – doch Meyfart warnt bereits vor dem Übermaß.

Parallel zum Aufschwung der Rhetorik in der Renaissance und im Barockzeitalter erstarkt auf der philosophischen Seite die Begeisterung für die Logik, die bald zur neuen Leitwissenschaft gekürt wird. Von dieser Grundlage aus greifen Denker wie René Descartes (1596-1650) die Redekunst ob ihrer Wahrscheinlichkeitsausrichtung an. Eine wirkungsvolle Verteidigung der Rhetorik war nun nur noch von einem vollkommen anderen Standpunkt aus möglich, den in Frankreich prototypisch Bernard Lamy (1640-1715) einnahm. Seine Schrift *De l'art de parler* (*Von der Kunst zu reden*, 1675), eine groß angelegte Rhetorik in vier Büchern, ist einer Analyse der Redekräfte gewidmet und leitet den Umschwung zu den ‚vernünftigen Rhetoriken' der Aufklärungszeit ein. Von der Rede gehe keine Gefahr für die Wahrheit oder Logik aus, vielmehr sei die Eloquenz selbst natürlich und lasse eine Untersuchung zu wie alle anderen natürlichen Phänomene auch. Da die ‚unbehandelte' Sprache alleine dem Gedanken nicht in jedem Fall zum Ausdruck verhelfen könne, seien die Hilfsmittel der Tropen und Figuren vonnöten. Der Stil dient bei Lamy somit zwar der Verschönerung der Rede, jedoch zum Zwecke ihrer Wirksamkeit, die wiederum auf die Vernunft zielt. Das ist zwar ein Zugeständnis an die Rhetorikkritik, zugleich aber ein Rettungsversuch, indem alles

Kritisierte einem höheren Zweck unterstellt wird. Auch der Stil und die Stilistik sind demgemäß in das System integriert. Historisch scheint die Eindämmung der Prunkfunktion des Stils zudem bestens legitimiert, war doch der Beginn von Stilistik und Rhetorik zu großen Teilen utilitaristisch.

Das vierte Buch seiner Rhetorik widmet Lamy der Stilistik. Hier wird seine Position zwischen Tradition und Aufbruch besonders deutlich. Er beginnt mit der Feststellung, der Stil müsse sich zur Materie schicken, es gebe jedoch durchaus sehr unterschiedliche Stile, „wie die Gesichter unterschieden seien". Er meint noch nicht einen an die Person gebundenen Individualstil, aber doch einen je von Einbildungskraft, Gedächtnis und Seele abhängigen Stil. Um einen idealen Stil zu gewährleisten, müssen diese Bedingungen optimal entwickelt sein. Insofern handelt es sich nicht um einen Freibrief für den individuellen Ausdruck, aber doch um eine Historisierung des Stils: „jedes Klima, jedes Jahrhundert hat seinen Stil". Diese Auffassung zeigt sich auch in der Bestimmung der drei *genera dicendi*, die der jeweiligen Materie angemessen zu sein haben, sowie in der weitsichtigen Unterscheidung von speziellen Stilformen. Oratorischer, historiographischer, dogmatischer und poetischer Stil weisen demnach charakteristische Besonderheiten auf. Eine schöne Rede komme nur durch genaue Regelbeachtung zustande, und als Grundregel stellt Lamy auf: Der verwendete Zierrat muss vernünftig sein. Erst komme das Nützliche, dann das Angenehme. Die letzte und wichtigste Forderung lautet so einfach wie zukunftsweisend: Maß halten.

Noch ein weiteres Detail macht die Zwischenstellung Lamys deutlich. Angehängt an das vierte Buch (und in späteren Auflagen als fünftes Buch gekennzeichnet) ist ein *discours*, in dem das traditionelle Lehrgebäude der *elocutio* im Schnelldurchlauf erläutert wird, obwohl die Rhetorik eigentlich schon beendet ist. Der Grund ist eine nicht unbedingt sinnvolle, aber aussagekräftige Unterscheidung der *Redekunst* (*art de parler*), von der das Buch bisher handelte, und einer *Überredungskunst* (*art de persuader*). Bisher hätten die Gelehrten beides unredlich vermischt. Die versierte Überredung borge ihre Waffe von allen umliegenden Künsten, eine rein zweckgerichtete Angelegenheit. Die Redekunst dagegen steht für Lamy im Dienst der Vernunft, also nicht der Wirksamkeit an sich. Diese Aufteilung von Überredung und Redekunst, hier noch innerhalb einer Rhetorik, treibt im 18. Jahrhundert einen Keil in die Disziplin der standardisierten Brillanz der Kommunikation, spaltet einen Teil von ihr ab – eben genau die Stilistik –, während der Rest samt dem übergeordneten Konversationsideal in Misskredit gerät und der Verlogenheit geziehen wird.

Zwischenzeitlich sah es zumindest in Deutschland jedoch so aus, als ginge gerade die *elocutio* verloren. In Christian Weises *Neu-Erleutertem Politischen Redner* (1684) war die Stillehre ausgeklammert (und einer Spezialschrift überlassen). Weise interessierten vor allem Fragen der *inventio*. Ähnlich stellt es sich im *Expediten Redner* (1718) von Johann Christoph Männling dar. Zu finden ist eine verknappte *elocutio*-Lehre aber noch in Johannes Riemers *Lustiger Rhetorica oder Kurtzweiligem Redner* (1681).

2.6 Stilistik im 18. Jahrhundert

2.6.1 Aufbegehren im Namen des Stils

Den hohen Stil, auf den man sich im 17. Jahrhundert verlegt hatte, identifizierte das 18. Jahrhundert mit „Schwulst". Der neue Leitbegriff des Natürlichen orientierte sich dagegen am mittleren Stil. Im Anschluss an Vorgänger wie Leibniz oder Thomasius, die schon für drei moderate Hauptkategorien eines guten Stils: Sprachrichtigkeit, Sachlichkeit und Deutlichkeit plädiert hatten, grenzen sich Autoren wie Friedrich Andreas Hallbauer (1692-1750) von der Vorgängerepoche ab. Bei Hallbauer schlägt das Pendel freilich weit in die Gegenrichtung aus. In seinen rhetorischen Schriften von 1725 und 1736 verwirft er gleich die gesamte Figurenlehre als obsolete Normierung.

Der wohl einflussreichste Einzelkämpfer gegen den Schwulst war der Kunstkritiker und Theoretiker Johann Christoph Gottsched (1700-1766). Von 1724 an wirkte er in Leipzig und wurde zu einer der prägenden Persönlichkeiten im dortigen akademischen Betrieb. Gleich in mehreren von Lamy beeinflussten Rhetoriken, die alle der Leipziger Zeit entstammen, propagierte der Dichtungstheoretiker, Dramatiker und Übersetzer ein neues Ideal: schmucklose Deutlichkeit, natürliche Leichtigkeit, eindeutige Syntax und vernünftige Verknüpfung von Redeteilen. Zunächst erschien Gottscheds *Grundriß zu einer Vernunfftmäßigen Redekunst* (1729), sodann der *Versuch einer Critischen Dichtkunst* (1730) und die summierende *Ausführliche Redekunst, Nach Anleitung der alten Griechen und Römer* (1736), als fachliches Seitenstück kam später die *Akademische Redekunst* (1759) hinzu. Gottsched übernahm die rationalistische Philosophie Christian Wolffs, eine nahezu mathematische Durchgestaltung und Ordnung des Wissens, und übertrug sie auf den Bereich des Ästhetischen. Obwohl er in der Redekunst in klassizistischer Weise an den antiken Autoritäten – Cicero, Quintilian, Aristoteles – festhält, steht Gottsched doch für einen Paradigmenwechsel. Es geht ihm um die Untermauerung der Rhetorik mit einem festen Theorie-Fundament, die Rückführung der Rede auf die Vernunft, und zwar in letzter Instanz auf die Logik.

Die beiden Aspekte *Wahrheit der Rede* und *Wirksamkeit der Rede* werden bei Gottsched nicht ohne Aporien ausbalanciert. Zwar gesteht er dem stilistisch versierten Ausdruck eine wichtige Funktion hinsichtlich der Wirksamkeit zu, letztlich überwiegt aber der logische Anspruch, dem sich der Schmuck unterzuordnen habe. Nachdem zuvor die klassische Dreistillehre von einigen Stilisten aufgekündigt und eine unüberschaubare Anzahl von Einzelstilen propagiert worden war, kehrt Gottsched schon aufgrund seines Hangs zur Formalisierung zur traditionellen Dreizahl zurück, indem er die natürliche, die sinnreiche und die bewegende Rede unterscheidet. Es fällt aber auf, dass sich für Gottsched die Stilarten weder elokutionell (durch bestimmte Figurenverwendung) noch materiell (in Bezug auf den Stoff) unterscheiden, sondern in erster Linie am Sprachgebrauch orientiert sind.

In den Stilistik-Kapiteln seiner *Ausführlichen Redekunst* behandelt der Dichtungstheoretiker Tropen, Figuren und Komposition, Prinzipien des Sprachgebrauchs sowie – einen breiten Raum einnehmend – die Lehre von den Schreibarten. Hier werden die gute wie die schlechte Schreibart in verschiedene Klassen und Unterklassen sortiert. So wenig eine solche Feingliederung auch bewirken mag, sie zeigt deutlich, dass der Akzent sich von der Normierung auf die Analyse verschoben hat. Die gesamte Diskussion findet bei Gottsched allerdings unter einer impliziten Prämisse statt: In letzter Instanz steht die Wirksamkeit mit ihrem Appell an die Leidenschaft (und damit auch die Stilistik) nämlich doch im Dienste der Wahrheit. Ähnlich das eingeschränkte, aber verbreitete Verständnis der horazischen Formel, dass die Dichter entweder nutzen oder erfreuen sollen: *aut – aut*, heißt es im Original, entweder – oder. Bei Gottsched und vielen anderen wurde daraus die verkürzte Formel: Nutzen *durch* Erfreuen. Trotzdem stellte das (auch durch die Vorgabe der Naturnachbildung nicht ganz zu bändigende) Sinnliche eine Gefahr dar, dessen Verselbständigung permanent drohte und schließlich auch erfolgte.

Johann Georg Sulzer (1720-1779) legte kurze Zeit nach Gottsched mit seinem Hauptwerk, an dem er fast 20 Jahre gearbeitet hat, der *Allgemeinen Theorie der Schönen Künste* (1771-1774), ein noch klareres, wenn auch von der Poetik kommendes Plädoyer für den individuellen Ausdruck vor. Obwohl ebenfalls noch am Klassizismus mit seinen Formalismen orientiert, geht Sulzer bereits davon aus, dass sich der Dichter im Stil selbst darstelle. Das oft ekstatisch sich äußernde Kunstschaffen resultiere also nicht aus einem Nachahmungstrieb des Menschen, konstatiert er in Abkehr von der Mimesis-Tradition, sondern wurzele in seinem grundlegenden Ausdrucksverlangen. Das Schöne kann für ihn daher nicht erkannt, sondern nur empfunden werden, wobei kein funktionales Interesse am Gegenstand hineinspielt. Den Sturm-und-Drang-Dichtern ging sein Konzept nicht weit genug. Dagegen sollte an die Interesselosigkeit des Wohlgefallens bald Immanuel Kants Bestimmung in der *Kritik der Urteilskraft* (1790) anschließen. Ein Wohlgefallen am Schönen kommt für Kant nur zustande, wenn das Wahrgenommene mit den Bedingungen von Erkenntnis überhaupt zusammenstimmt. Insofern das Ästhetische mit *Beurteilung* und dem entsprechenden Vermögen zu tun hat, nennt Kant seine Ästhetik eine Kritik der *Urteilskraft*. Das Geschmacksurteil (ein Subjekt urteilt: Etwas ist schön) ist ein allen anschauenden Subjekten gemeinsames, da die Erkenntnisbedingungen für alle dieselben sind. Es kann sich daher jedoch nicht auf die individuell wahrnehmbare Materie, sondern allein auf die Form des Gegenstands beziehen. Dem Wohlgefallen am Schönen geht deshalb auch kein Interesse voraus, es handelt sich um eine „Zweckmäßigkeit ohne Zweck". Diese Bestimmung (und ihre Folgerungen) revolutionierte die gesamte Kunsttheorie, so wie die beiden anderen Kantischen Kritiken die Erkenntnistheorie und die Ethik revolutionierten. Kants System hatte auch Auswirkungen auf die Stilauffassung, vor allem aber bekam die Rhetorik es in aller Unerbittlichkeit zu spüren.

Im berühmten § 53 seiner dritten Kritik befindet Kant die Rhetorik aufgrund ihrer trügerischen Natur „gar keiner Achtung würdig". Damit unterschreibt der höchstrichterliche Ästhetiker das

Todesurteil für die Jahrtausende alte Disziplin. Für Kant steht die Wahrheit eindeutig über der Wirksamkeit. Wahrheit aber heißt von nun an ebenfalls etwas anderes, nämlich ein erst im Wahrnehmungsprozess Hergestelltes. Kant nimmt also eine kritisch distanzierte Position ein und betrachtet von einer hohen Warte aus die Erkenntnisprozesse: Wie kommen diese zustande, welches sind die Voraussetzungen? Hatte die Rhetorik noch an Objektivität geglaubt, daran also, dass den Worten eine Realität mehr oder weniger genau entspricht, so gerät diese ganze Konzeption mit der Kantischen Wende in die Krise: Über die Subjektivität hinaus können wir nicht gelangen. Trotz der vehementen Ablehnung der Rhetorik insgesamt hat der Stil bei Kant allerdings sein gutes Recht. Schönheit nämlich soll in der Kunst zugleich als Natur erscheinen und eben dafür muss nun der Stil sorgen. Diesen besitzt in Kants Theorie nur das Genie, in welchem die Natur der Kunst die Regeln gibt. Es wird in dieser etwas kompliziert gedachten Situation also nicht mehr einfach eine möglichst identische Kopie der Natur angefertigt, sondern die Natur ist es selbst, die sich durch das Genie ausdrückt. Weiter lässt sich der Stil nicht von der Erlernbarkeit abrücken. Eine eigene Stilistik hat Kant allerdings nicht skizziert, für ihn gehörte das zu den Niederungen der Empirie.

2.6.2 Stil und Mensch

Wenn man sich auch im 17. Jahrhundert bereits punktuell gegen das übermächtige Rhetorikideal einer dekorativen Einkleidung des Gedankens ausgesprochen hatte, behielt das alte Stilverständnis doch bis ins 18. Jahrhundert hinein seine Gültigkeit. Es war denn auch kein Engländer, sondern ein französischer Graf und Naturforscher, der zur Zeit der Aufklärung die bis heute ausgiebigst zitierte und immer wieder abgewandelte Formel des neuen Stilideals prägte: Georges Louis Leclerc Graf von Buffon (1707-1788). In seiner Antrittsrede in der Pariser Académie Francaise – dem *Discours sur le style* – formulierte er am 25. August 1753 das berühmte Diktum *Le style est l'homme même*: Der Stil ist der Mensch (selbst). Auch wenn dabei die Betonung auf dem Wort „Stil" lag und Buffon lediglich hervorheben wollte, dass auch ein wissenschaftlicher Schriftsteller nicht aufgrund seiner Entdeckungen, sondern aufgrund der Darstellungen weiterlebte, die er diesen

Entdeckungen gab: Die Zeit des objektiven Stils, der unabhängig vom Sprechenden oder Schreibenden existierte, war vorüber.

Der Gedanke selbst war dabei keineswegs neu und ebenso wenig kann Buffon als Revolutionär der Rhetoriktheorie gelten, vielmehr hielt er am klassizistischen Stilideal – der Würde und Rationalität der Ausdrucksweise Boileaus oder Fénelons – fest und hatte den *honnête homme* des 17. Jahrhunderts im Blick. Er versteht Stil explizit im geläufigen Sinn als „Ordnung und Bewegung, die man in seine Gedanken bringt". Ein guter Stil besteht in einer klaren Ordnung. Nur mittels dieser strengen Architektur sind die Gedanken den nach einem ewigen Plan errichteten Naturdingen anzunähern, wobei Buffon bewusst Stil- und Naturgeschichte parallelisiert. Da die Inhalte der Rede als ewige Wahrheiten jenseits des Menschen liegen, bleibt diesem nur der Stil, um sich individuell auszuzeichnen. Mit der Stil-Mensch-Gleichung bei Seneca – *Ut vir, sic oratio* (Wie der Mann, so die Rede) bzw. *Sermo animi imago est* (Die Rede ist das Bild der Seele) – hat dies so wenig zu tun wie mit einer modernen Expressionstheorie. Trotzdem verhalf Buffons eingängiges Schlagwort einer radikalen Auffassung vom Individualstil zum Durchbruch. Dazu trug sicher auch bei, dass die Akademierede mit ihren klaren Perioden selbst ein Musterbeispiel an erhabener Rhetorik darstellte, so dass Schüler sie bis ins 19. Jahrhundert auswendig lernten.

Die wichtigsten Literaten und Philosophen übernahmen im 18. Jahrhundert – oft in verkürztem Verständnis Buffons – den Gedanken, dass der Stil an den Sprecher gekoppelt sei und keineswegs das Kleid des Gedankens darstelle. In Deutschland gehörten Goethe und Hegel zu den emphatischsten Parteigängern Buffons, nachdem Johann Georg Hamann (1739-1788) dessen Akademie-Rede 1776 in deutscher Übersetzung bekannt gemacht hatte. So entwickelt etwa Georg Wilhelm Friedrich Hegel (1770-1831) in seinen *Vorlesungen über die Ästhetik* (veröffentlicht 1835-38) die These, der Stil sei eine Eigentümlichkeit des Subjekts. Und Johann Wolfgang von Goethe (1749-1832), geadelt seit 1782, stattet mit seinem kurzen Essay über *Einfache Nachahmung der Natur, Manier, Stil* aus dem Revolutionsjahr 1789 die neue Stilbegeisterung mit einem gewichtigen theoretischen Unterbau aus. Während seiner Italienreise war der Weimarer Dichterfürst mit Karl Philipp Moritz (1756-1793) zusammengetroffen. Auf die gemeinsamen Gespräche geht die kurz nach der Rückkehr formulierte Abhandlung zurück. Während die detailgenaue Kopie der Natur nie in die Tiefe reiche, wenn sie auch durchaus technisch brillant sein könne, und Manier, die zwar statt der Einzelheiten bereits das große, abstrakte Ganze im Blick habe, auch nur ein Übergangsphänomen zum Eigentlichen darstelle, sei jedoch der Stil der höchste Grad, „welchen die Kunst je erreicht hat und je erreichen kann". Stil hat es nun mit Erkenntnis zu tun: Er kommt zustande, indem der Künstler, der selbstredend ein Stilist zu sein hat, das Wesen der Dinge in sichtbare Gestalt übersetzt. Im Stil verbindet sich also die Wertschätzung des Einzelnen, das in der Naturnachahmung zum Ausdruck kommt, mit der Abstraktion der Manier, denn mittels des Einzelnen sei das Ganze darzustellen. Bei dieser Sicht stand nicht zuletzt der goethesche Symbolbegriff Pate. In jedem Fall überschreitet der Stil hier sein traditionelles Wirkungsfeld. Es geht nicht mehr um einzelne Stilmittel, sondern um die Stil-Gesamtheit, die darüber hinaus nun ausschließlich auf die Kunst beschränkt ist. Alle künstlerischen Entscheidungen zusammengenommen ergeben für Goethe also genau dann einen Stil, wenn das sorgfältig Dargestellte noch eine zweite Aussageebene hat, die sich auf das Weltganze bezieht.

Neben dieser Überhöhung der Stilistik im Zuge einer nach vielen Andeutungen sich durchsetzenden Theorie des individuellen Stils besteht im 18. Jahrhundert aber auch die traditionelle Stillehre fort. Vom Rationalismus geprägt ist etwa das lange Zeit grundlegende Werk von Johann Christoph Adelung *Ueber den deutschen Styl* (1785). Darin erscheint Stil nach wie vor als objektive und messbare (mehr oder weniger zweckdienliche) Größe, wenn auch die Normen schon zeitlich und räumlich eingeschränkt werden: Ein Stil könne nur begrenzt als allgemeines Ideal gesetzt werden. Das war durchaus konservativ gedacht im Vergleich zu einigen Individualstil-Verfechtern. Zwar erkennt Adelung gemäß der neuen Auffassung das Genie an, welches die Rede erfindet, die Einkleidung aber sei Sache des Geschmacks und dieser nicht immer mit der nötigen Feinheit gesegnet. In solchen Fällen müssten eben Regeln greifen. Auch gesteht Adelung ein, der Gedanke solle dem Ausdruck vorausgehen, warnt aber davor, darauf zu vertrauen, dass der Ausdruck, gleichsam angeboren, von alleine folge. So stellt der Leipziger Sprachforscher zunächst zwölf allgemeine Stiltugenden zusammen, die von einiger Verbindlichkeit sind. Noch vor der Sprachrichtigkeit verlangt er dabei die Verwendung des Hochdeutschen, Dialekte sind für ihn per se stillos – Adelungs Hauptwerk ist nicht von ungefähr ein *Wörterbuch der Hochdeutschen Mundart*, was für ihn hieß: des Meißnischen Deutschs Obersachsens. Es folgen die klassischen Tugenden und einige mehr: Reinheit, Klarheit, Angemessenheit, Präzision, Würde, Wohlklang, Lebhaftigkeit (von nun an ein wichtiger Wert), Mannigfaltigkeit, Neuheit sowie Einheit des Stils.

In der sich anschließenden „besonderen" Stilistik teilt Adelung die einzelnen Stilarten nach verschiedenen Gesichtspunkten ein, bleibt aber insgesamt der alten *genus*-Lehre verhaftet, da sich die wichtigste Gliederung nach „Würde"-Abstufungen richtet. Damit ist nichts anderes gemeint als verschiedene Stilhöhen: vertraulicher, mittlerer und höherer Stil. Ebenso lassen sich die Stile nach der Intention (Mitteilung, Belehrung etc.) oder nach der äußeren Form (Brief, Rede etc.) systematisieren, wodurch sich, in Kombination mit dem ‚Würde-Koeffizienten' zahllose Stilarten ergeben. Adelungs von der Romantik beeinflusste Nachfolger, beispielsweise Johann Andreas Wendel, haben sich teilweise von der Orientierung an der Stilhöhe befreit und für eine Systematik neutrale inhaltliche Kategorien vorgeschlagen: Geschäftsstil, Lehrstil etc.

Deutlich ist die *elocutio* nun aus dem Rhetorikverbund gelöst und als Grammatik und Stilistik verselbständigt; der Rhetorik wie der Logik erkennt Adelung nur noch eine Restverantwortung hinsichtlich *inventio* und *dispositio* zu. Adelungs Konzeption hatte großen Einfluss auf die Etablierung einer eigenständigen Stilistik. Vergleichbare normative Schulstilistiken entstanden bis ins 19. Jahrhundert hinein, oft explizit als Lehrbücher verfasst. Es seien hier nur einige der wichtigsten Verfasser aufgezählt: Karl Reinhard (1796), Theodor Heinsius (1801), Johann Andreas Wendel (1816), Christian Friedrich Falkmann (1836), Simon Heinrich Adolf Herling (1837) und Wilhelm Wackernagel (1873).

Zusammenfassen lassen sich die Bestrebungen des 18. Jahrhunderts als die Suche nach einer ‚Vernunftstilistik'. Der Konsens einer Abwendung vom Barockideal führte auch zu einer Renaissance des Gegenstücks der erhabenen Ausdrucksweise, des vernachlässigten *genus humile*. Besonders in der Forderung nach einem schmucklosen und authentischen Briefstil zeichnet sich diese Rehabilitation ab. Im Brief soll nach der berühmten Reform des Briefstils durch Christian Fürchtegott Gellert (1715-1769) das natürliche Gespräch nachgeahmt werden, was sich allerdings als recht künstlicher Oralitätsimport in die Schrift-Rhetorik erwies. Sehr natürlich – und das heißt: abenteuerlich – geht es denn auch in Gellerts (einzigem) Briefroman *Das Leben der schwedischen Gräfin von G**** (1747-1748) zu. Sein Briefsteller *Briefe, nebst einer Praktischen Abhandlung* (1751), in dem er sich deutlich für den Individualstil ausspricht, rückte gleichwohl in der zweiten Hälfte des 18. Jahrhunderts zum kanonischen Text auf.

Kaum eine deutsche Stilistik aber spricht sich in so radikaler Weise für die Natur und gegen alle Regelhaftigkeit aus, freilich ohne dieser ganz zu entkommen, wie die 1808 im Druck erschienenen, aber schon 1793-94 gehaltenen *Vorlesungen über deutschen Styl* von Karl Philipp Moritz (1756-1793). Der Autor, der als Schriftsteller durchaus bekannt war – auch wenn heute nur noch der komplex autobiographische und unvollendete Roman *Anton Reiser* (1785-1790) im kollektiven Gedächtnis anzutreffen ist –, lehrte zugleich als Gymnasialprofessor und war Mitglied in der Berliner Akademie. Hier hielt er seine Stil-Vorlesungen, in denen er vehement dafür plädiert, den Ausdruck natürlich und ohne schmückendes Zutun dem Gedanken folgen zu lassen. In der zweiten Vorlesung werden in dieser Weise anhand eines Zitats von Goethe, der in optimaler (kongenialer) Weise den Gedanken, dass das Leben des Menschen möglicherweise nur ein Traum ist, ausgedrückt habe, die Figuren als etwas erklärt, das sich von alleine einstellt. Goethe habe einfach „aus der Tiefe seiner Empfindung" geschrieben. Der kreative Gestaltungsspielraum beschränkt sich also auf den Einfall selbst, alles, was dann folgt, ist gewissermaßen ein Automatismus, wobei es genau eine adäquate Versprachlichung jedes Gedankens gibt, alles Übrige sind Näherungen.

Im Vorbericht zu den Vorlesungen gibt Moritz einen entsprechenden „Hauptgrundsatz" an, mit dem sich alle Stilregeln bilden lassen sollen und zu dessen Veranschaulichung die gesamte Vorlesung diene: „Was wirklich schön gesagt sein soll, muß auch vorher schön gedacht sein; sonst ist es leerer Bombast und Wortgeklingel, das uns täuscht". Und auch in den wohl für die Unterrichtspraxis zusammengestellten *Grundlinien zu meinen Vorlesungen über den Styl* lautet die „erste allgemeine praktische Regel in Ansehung der guten Schreibart":

...seine Aufmerksamkeit, so viel wie möglich, vom Ausdruck ab, und auf den Gedanken hinzulenken, damit dieser erst recht helle werde und, weil sich alsdann der Ausdruck, ohne unser absichtliches Zutun, von selber bildet.

Die ebenfalls zu findende Feststellung, dass sich das „Karakteristische und Unterscheidende des Styls [...] natürlicher Weise nicht lehren sondern nur beobachten" läßt, verwundert nicht. Moritz, bei dem aller Stil vom Subjekt ausgeht, zieht so die stilistischen Konsequenzen aus Kants Steilvorlage, was zunächst auf großes Unverständnis stieß.

Dabei tut auch Moritz zuletzt nichts anderes, als Stil zu lehren, oder besser: ein bestimmtes Stilbewusstsein. Zwar erklärt er ein festes Figurenensemble für überflüssig, aber das heißt bei weitem nicht völlige Regellosigkeit, nicht einmal im Falle des wirren Genies. Was Moritz vorlegt, ist in der Praxis doch wieder ein Bekenntnis zur Kunst, auch wenn er permanent das Gegenteil behauptet. So elegant sich seine Regel der Natürlichkeit und der Vorgängigkeit des Gedankens ausnimmt, erteilt eben sie dem Stil zudem den nicht ganz einfachen Auftrag, Stil als technische Größe bewusst zu verbergen. Mit dieser auch psychologisch aufgeladenen Theorie – seit langem beschäftigte sich Moritz wissenschaftlich mit den Seelenkräften – beginnt bereits die radikale Stilauffassung des 19. Jahrhunderts.

2.6.3 Die Emanzipation der Stilistik

Worauf alle die Entwicklungen und Neuansätze im 18. Jahrhundert hinausliefen, war eine Verabsolutierung des Stils – als integraler Part der Rhetorik – neben oder gar anstelle der alten Redelehre, die spätestens seit Kant in ihrer naiven Ding-Wort-Relation als überlebte Disziplin galt. Der deutsche Begriff „Stilistik" wird in dieser Zeit überhaupt erstmals verwendet, laut *Deutschem Wörterbuch* stammt die früheste Nennung von Novalis. Die Losung der Zeit lautete: „Individualstil". Der Akzent der Stilistik verschob sich in der Folge von der normierenden Stilvorgabe – die einzige Norm war nun eine dem Inneren angemessene Natürlichkeit – auf die Stil-Analyse. Wenn der Stil tatsächlich ein Abbild des Geistes darstellte, dann waren Rückschlüsse auf den Autor möglich.

Zum Höhepunkt gelangte der Individualstil in der Romantik, mithin im 19. Jahrhundert. Die wichtigsten Wegbereiter dieser Entwicklung aber gehören noch ins 18. Jahrhundert. Neben den genannten, Gottsched, Sulzer, Gellert und Moritz, ist in der Kant-Nachfolge auch Johann Gottfried Herder (1744-1803) zu erwähnen, der die enge Verbindung von Person und Sprache bzw. Stil in seiner Sprachtheorie untersuchte, wobei er – die sprachkritische Wende präludierend – annahm, dass es jenseits der Sprache keine Gedanken gebe. Aus einem Buch spricht nun aber nicht die jeweilige stilistische Konvention, es gilt Herder vielmehr als „Abdruck einer lebenden Menschenseele".

Es sind dann vor allem die Wissenschaften, die der Rhetorik den Garaus machen, besonders die Sprachwissenschaft ignoriert sie von Anfang an. Auch in der Philosophie Hegels nimmt sie einen sehr untergeordneten Rang ein und sieht sich mitunter heftigen Angriffen ausgesetzt. Die Redefiguren nämlich zerstörten „die individuelle Lebendigkeit", während Hegel sich als Anhänger des „eigenthümlichen Ergusses der Empfindung und der Leidenschaft" gibt. Schließlich übernehmen im 19. Jahrhundert andere Disziplinen den Bereich der Rhetorik, vor allem eine zur Ästhetik gewandelte Poetik sowie die auf die jeweiligen Sprachen bezogenen Philologien. Einzig die Stillehre hat diesen Kahlschlag einigermaßen unbeschadet überstanden und existierte noch über hundert Jahre weiter. Heute ist sie als eigenständige universitäre Disziplin nicht mehr vertreten, an vielen Stellen innerhalb der verschiedenen Fächer taucht sie gleichwohl immer wieder und mit gutem Recht auf. Die literaturwissenschaftliche Stilanalyse stellt gegenwärtig wohl den prominentesten Anwendungsfall der Stilistik dar.

2.7 Stilistik im 19. und 20. Jahrhundert

2.7.1 Stillehre im Zeitalter der Romantik

Stil, es ist nun schon mehrfach angedeutet worden, bedeutet nach der Abkapselung von der Rhetorik im 18. Jahrhundert etwas vollkommen anderes als zuvor. Das liegt nicht zuletzt am wissensgeschichtlichen Kontext. Neben der Erstarkung der exakten Wissenschaften zeichnet sich das 19. Jahrhundert auch durch einen Perspektivwechsel in den Humanwissenschaften aus, jenen Wissenschaften also, die den Menschen zum Gegenstand haben (die Soziologie so gut wie die Biologie). Der Blick richtete sich nun nicht mehr so sehr auf das Außen, den konventionalisierten Umgang der Menschen miteinander, sondern drang gewissermaßen in den einzelnen Menschen ein. Psychologisch, aber auch physiologisch und medizinisch wollte man zu jener schwarzen Box vorstoßen, in der die Schaltzentrale des Menschen vermutet wurde: zu seinem inneren Selbst. Die begehrte Vernunft war nun einmal nicht rein zu haben, sondern immer nur eingebettet in eine Psyche, verwoben mit einem Individuum. Genau dieses Individuelle aber war es, das nun die Neugierde der Wissenschaften, der Literatur, der Philosophie weckte. Kam in der Romantik der Kunst und ihrer Verbindung zum Inneren und zur Natur insgesamt ein neuer Stellenwert zu – sie wurde beinahe zu einem Religionsersatz –, so schien vor allem der Stil der Königsweg zur Individualität zu sein, sofern er nicht ,gekünstelt', also verfälscht war. Es galt als höchstes und weithin einziges Stilideal, der Persönlichkeit zum Ausdruck zu verhelfen.

Emphatisch schloss die Stiltheorie um 1800 des weiteren an Senecas Ausspruch an, dass das *genus humile*, die schlichteste der drei Stilarten, am besten geeignet sei, das Innerste der Persönlichkeit offen zu legen. Das ,Innerste der Persönlichkeit' bedeutete jedoch im 19. Jahrhundert nicht die jeweilige Stimmung oder psychische Verfassung, sondern in erster Linie: der persönliche Gedanke. Stil konnte bald als eine einzige Inkarnation des Gedankens gelten, war untrennbar mit ihm verbunden, wie es der bedeutende englische Romantiker Thomas de Quincey (1785-1859) formulierte. Deutlich unterschied sich eine solche Position von der langen Tradition bis zum 18. Jahrhundert, in der man den Stil mit dem Kleid des Gedankens identifiziert hatte: Die Hülle nämlich ließ sich wechseln.

Im frühen 19. Jahrhundert waren so verschiedene Intellektuelle wie Friedrich Schleiermacher (1768-1834), Madame de Staël (1766-1817) oder Victor Hugo (1802-1885) von jener realen Beziehung überzeugt, die zwischen dem individuellen Gedanken und seinem Ausdruck herrsche. Der Stil war damit jedem normierenden Zugriff entzogen. Nicht nur *Roman* und *Leben* wurden in der Romantik also programmatisch verschaltet, sondern ebenso *Stil* und *Mensch* – die mit Buffon begonnene Revolution im Reich der Stilistik erreichte ihren Höhepunkt und leitete, wie die meisten Revolutionen zuletzt ihre Kinder zu fressen pflegen, den Niedergang der Bedeutung der Stilistik ein. Parallel zum Aufstieg der

Physiognomie, die von äußeren Kennzeichen auf den Charakter zu schließen versuchte, wurde aber zunächst der Stil zu einer Art charakterologischem Personalausweis erhoben.

Der Gegenentwurf des Germanisten Wilhelm Wackernagel, der ebenfalls von der Emanzipation der Stilistik ausging, aber die Stil-Mensch-Identifikation ablehnte, blieb ohne große Wirkung auf die Zeitgenossen. Wackernagel hielt in seinen *Academischen Vorlesungen* von 1836 an der Rhetorik fest, indem er ihr einen neuen Wirkungsbereich zuordnete. Rhetorik erscheint hier – durchaus historisch nicht ganz unrichtig – als „Theorie der Prosa", während der Stil sich allein auf die sprachliche Form bezieht. Die meisten Autoren der Zeit verstanden Stil aber in einem weiteren Sinne und vermischten ohne weiteres Sprach-, Denk- und Lebensstil.

Bereits zu erkennen ist zu dieser Zeit die zukunftsweisende Neuausrichtung der Stilistik von der normativen Regelvorgabe zur systematischen Stilbeobachtung. Es sind Wilhelm von Humboldt (*Über die Verschiedenheit des menschlichen Sprachbaues*, 1836), Karl Wilhelm Ludwig Heyse (*System der Sprachwissenschaft*, 1856) und besonders Theodor Benfey (*Geschichte der Sprachwissenschaft und orientalischen Philologie in Deutschland*, 1869), die eine neuartige Methodik der Stilistik im Sinne einer systematischen Stilvergleichung fordern und ansatzweise auch entwickeln. Trotz dieses theoretisch weitsichtigen Vorstoßes findet sich in der ersten Hälfte des 19. Jahrhunderts keine bedeutende Stilistik, welche diese Forderung tatsächlich erfüllt hätte. Neben dem programmatisch geforderten *Individualstil* tauchen bald Stilkonzepte auf, die sich auf größere Einheiten beziehen: der *Gattungsstil*, worin noch die alte Dreistillehre nachklingt, aber auch – und gefährlicher – imaginäre Gebilde wie der *Nationalstil*. Beispielsweise August Boeckh (1785-1867), Begründer einer philologischen Hermeneutik, vertrat die Meinung, dass sich der Gattungs- wie der Nationalstil einerseits und der Individualstil andererseits wechselseitig bedingten.

In der zweiten Hälfte des Jahrhunderts äußerst erfolgreich war die Schrift *Der deutsche Stil* (1848) von Karl Ferdinand Becker. Sie hat entscheidenden Anteil an der Solidierung der neuen Disziplin jenseits der Rhetorik. Als höchster stilistischer Wert gilt Becker – beeindruckt vom damaligen Organismus-Diskurs – eine „organische Vollkommenheit der Darstellung". Damit meint er jedoch nur, ähnlich wie seine Vorgänger, eine dem Gedanken vollkommen adäquate Darstellung. Hierzu soll die Stilistik anleiten, allerdings nicht in mechanischer Weise. Es handele sich bei der Formulierkunst ganz im Sinne der Geniebegeisterung um eine Gabe, die man lediglich unterstützen könne. Zwei Charakteristika in der Vorgehensweise Beckers machen die Bedeutung dieser Stilistik aus: Zum einen wendet der Autor (erneut) die Logik auf die Stilistik an, zum anderen setzt er auf Vorbildhaftigkeit durch Anschauung. Durch die Trennung von logischer Form und Inhalt erhält die Stilistik ein wissenschaftlicheres Äußeres, auch wenn die Aufteilung manchmal etwas gekünstelt wirkt. So ordnet er den Schmuck nach den Inhaltsfiguren (wie Metapher etc.) und logischen Figuren (Kontrast, Ironie etc.), ohne die Zuordnung immer nachvollziehbar begründen zu können. Es ist damit vor allem die Aufnahme der Stilbeschreibung, die an der Beckerschen Stilistik festzuhalten ist, im Mittelpunkt steht aber hier noch die Belehrung.

2.7.2 Frontalangriff der Wissenschaft

In der zweiten Hälfte des 19. Jahrhunderts setzte sich in den Geisteswissenschaften das Wissenschaftsideal des Positivismus durch. So sollten in Anlehnung an die Naturwissenschaften auch in der Geschichtsschreibung, Theologie, Sozialwissenschaft, Pädagogik, Psychologie und Rechtswissenschaft ausschließlich wissenschaftlich abgesicherte Fakten (positives Wissen) zählen. Dieses um 1850 von dem französischen Philosophen Auguste Comte (1798-1857) formulierte Ideal wurde zwar schon früher vertreten – manche Sophisten waren Positivisten, ebenso der schottische Philosoph David Hume (1711-1776) –, nie aber in solcher Ausschließlichkeit.

Auch die philologischen Wissenschaften standen im Bann dieser Vorstellungen eines exakten Wissens, die ihnen sogar sehr gelegen kamen. Gerade bei der Analyse der Sprache ließ sich immerhin vorzüglich zählen und experimentieren. Die Texte zerlegte man in Sätze, die Sätze in Glieder, die Worte in Laut-, Sinn- oder Zeicheneinheiten und setzte daraufhin die Systeme nach bestimmten Gesetzen wieder zusammen. Das in dieser Hinsicht unbestritten wichtigste Werk ist der *Grundriß der germanischen Philologie* (1891ff.) von Hermann Paul. Darin geht Paul auch auf die Aufgaben der Stilistik ein, die nun ebenfalls als historische Wissenschaft reüssiert: Sammeln der stilistischen Eigentümlichkeiten, das Gruppieren derselben sowie die Untersuchung von zeit- und raumbedingten Einflüssen. Die Aufgabe der Stilistik ist eine Erkenntnis fördernde: Welche Stilmerkmale sind individuell, welche „national" oder zeitabhängig? Ähnlich verstanden Ernst Elster, John Ries und andere positivistisch eingestellte Philologen die Rolle der Stilistik.

Von anderer Seite näherte sich Wilhelm Scherer der Rede und dem Stil an. Sein Stilbegriff, den er vor allem in seinem postum erschienenen Hauptwerk, der *Poetik* (1888), ausgearbeitet hat, ähnelt äußerlich demjenigen Humboldts und Benfeys. Auch bei Scherer wird Stil als je spezielle Eigenart eines Autors verstanden, die sich in der individuellen Auswahl von Gestaltungselementen zeigt. Entscheidend ist aber der Anspruch, die sich ausdifferenzierenden Disziplinen Rhetorik, Poetik und Stilistik unter systematischen Gesichtspunkten wieder zusammenzubringen. Eine umfassende Wissenschaft von der Rede sollte hierdurch entstehen, wobei Scherer davon ausging, dass alle drei Lehrgebäude ihre normative Ausrichtung verloren hatten:

> Es ergiebt sich nun aus allen diesen Betrachtungen sofort, daß eine umfassende und rein abzugrenzende Wissenschaft möglich ist, welche die Kunst der Rede systematisch behandelt. Diese gesammte Kunst der Rede ist in dem traditionellen Titel „Rhetorik Poetik Stilistik" enthalten. Aber dieser deutet hin auf ein Fachwerk, welches auf Vereinzelung der Disciplinen beruht. Wir constatirten dagegen, daß sich die Forderung gerade nach einer umfassenden Kunst der Rede ergibt.

Vom „poetischen Produkt" spricht Scherer in liberalistischer (wenn auch nicht marxistischer) Manier als einer „Ware". Das alles sind Anzeichen eines gewandelten Zugangs zu Sprache, Literatur und Stil: Der Wissenschaftler versucht, in möglichst großer Neutralität die Phänomene zu erfassen, zu ordnen und zu beschreiben. Man hat dem Positivismus nicht ganz zu Unrecht eine grenzenlose Sammelwut unterstellt. Tatsächlich ist es Scherers Ziel, „eine Übersicht der gesammten Erscheinungen zu bekommen". Mit der Begeisterung für solche Taxonomien war allerdings die normative Stilistik unbemerkt zu ihrem Ende gekommen und es blieben nur noch einige Gefechte zwischen Sprachanalytikern und Sprachverbesserern, zumal die Schulstilistik ihre Stellung weiterhin behauptete.

In der Folgezeit entstehen auch Hybridtheorien: Vom Positivismus stark beeinflusst und doch mit langen normativen Passagen versehen ist Richard Moritz Meyers schon ins 20. Jahrhundert datierende *Deutsche Stilistik* (1906). Ähnlich wie die Positivisten systematisiert Meyer Stil nach verschiedenen Merkmalen, die auf die Individualität, das Zeitalter, die Nation oder die jeweilige Textsorte zurückgeführt werden. Auch plädiert er für die großräumige Erfassung aller Stilmittel, wobei die Stilistik hier an die Grammatik angeschlossen bleibt. Die Figurenlehre selbst aber ist schließlich ganz nach dem rhetorischen Muster angelegt. Die Stilfiguren werden nicht nach modernen Kriterien systematisiert und auch die Fehlerauflistung wirkt normativ im Vergleich zur analysierenden Haltung einiger Vorläufer Meyers. Noch gab es also eine Verbundenheit mit der Tradition, wie sich in etwas anderer Form auch bei Meyers Lehrer Scherer zeigte.

Und doch war die Wende nicht mehr aufzuhalten. Der *linguistic turn* kündigte sich an, ein grundlegender Perspektivwechsel in allen sprachbezogenen Wissenschaften, wobei die sprachlich-linguistische Grundlage allmählich selbst in den Blick geriet. Von großer Bedeutung in dieser Hinsicht war Gustav Gerbers Schrift *Die Sprache als Kunst* (1871-1873), deren Einfluss auf Friedrich Nietzsche und Wilhelm Scherer unverkennbar ist. Gerber wagte aber noch nicht den Schritt zur Selektionstheorie, sondern hielt in der Praxis am Gedanken des Kontrastes von Besonderem und Allgemeinem fest. Die individuellen Figuren der gewöhnlichen Sprache heben sich danach vom kollektiven Gemeingut ab, die Figuren der Sprachkunst von der literarischen, gebildeten Sprache. Stil ist bei Gerber also wiederum genau das, was nicht zum Sprachsystem gehört.

Erst von Friedrich Nietzsche wurde die Deviationstheorie nachdrücklich infrage gestellt. Begreift man die Sprache als ein von den Dingen gelöstes, künstliches und arbiträres System von Zeichen, die verschiedenste Verbindungen eingehen, dann ergibt sich rein mathematisch eine bestimmte Anzahl von Kombinationsmöglichkeiten. Von diesen werden nur einige wirklich realisiert. Sprachliche Figuren sind also Selektionen aus einem Set von Möglichkeiten. Alle Kombinationsmöglichkeiten hält Nietzsche allerdings prinzipiell für gleichwertig, allein die Häufigkeit einer gewissen Figur macht sie zur Norm oder zum Fehler. Zwar ist auch hier der Kontrast eine wichtige Größe, aber man kann nicht länger davon ausgehen, dass es überzeitliche, dauerhafte Stilnormen gibt. Die Kehrseite einer solchen Befreiung von allen Regulativen besteht in einer rückhaltlosen Innerlichkeit, die jede Erlernbarkeit der Formbeherrschung von vornherein unmöglich macht und damit auch alle stilistischen Anstrengungen unterminiert. Andererseits ist Nietzsche nicht nur ein glänzender Stilist, sondern auch ein wütender Stilwächter, der den seiner Meinung nach stilistisch nachlässigen Schriftsteller David Friedrich Strauss in Grund und Boden polemisiert. Nietzsche findet in seinem bereits zitierten Aperçu überdies die radikalste Formulierung der Verbindung von Denken und Ausdruck: „Den Stil verbessern – das heißt den Gedanken verbessern, und gar nichts weiter!" Der Stil ist nicht mehr der Mensch, aber ebenso wenig die alte Formulierkunst, sondern eine Fähigkeit, die nun abhängig ist von der intellektuellen Eignung: ein äußerst elitäres Konzept. Was Nietzsche damit festgeschrieben hat, ist die Abhängigkeit des Stils vom Inhalt des Ausgedrückten, aber nicht in der früheren Version einer Übereinstimmung mit der sozialen Höhe des Materials, sondern mit der intellektuellen Brillanz des individuellen Gedankens.

Sprachlicher Stil, das heißt für Nietzsche bereits im heute gängigen Verständnis: Schriftstil. In einer kurzen, aber bedeutenden *Lehre vom Stil* (1882), die an die umworbene Freundin Lou von Salomé gerichtet ist, entfaltet er in zehn Punkten die Vorstellung, der schriftliche Stil müsse zum Leben erwachen. Das aber bedeutet für Nietzsche die Orientierung an der Mündlichkeit. Nietzsche will nicht von der Schrift zurück zum Redner, aber innerhalb der Schriftsprache sollen die Merkmale des Oratorischen und des Rhetorischen zurückkehren. Dem Schreibenden müsse daher im Moment des Abfassens seines Textes der ausdrucksvolle Vortrag vorschweben, alle stilistischen Einzelheiten (Wortwahl, Länge, Pausen etc.) seien als Gebärden zu verstehen. In einer solchen Nähe zum Sprechen – integriert in das Konzept der Lebensphilosophie – besteht für Nietzsche und viele seiner Nachfolger bis weit ins 20. Jahrhundert die Zielvorgabe des guten (Nietzsche schreibt auch „großen") Stils. Diese kurze Stillehre Nietzsches stellt eine Art Vermächtnis der normativen Stilistik in Zeiten der Krise dar:

Friedrich Nietzsche: Zur Lehre vom Stil (1882)

1. Das Erste, was noth tut, ist Leben: der Stil soll *leben*.

2. Der Stil soll dir angemessen sein in Hinsicht auf eine ganz bestimmte Person, der du dich mitteilen willst. (Gesetz der *doppelten Relation*.)

3. Man muß erst genau wissen: „so und so würde ich dies aussprechen und *vortragen*" – bevor man schreiben darf. Schreiben muß eine Nachahmung sein.

4. Weil dem Schreibenden viele *Mittel* des Vortragenden *fehlen*, so muß er im Allgemeinen eine *sehr ausdrucksvolle* Art von Vortrage zum Vorbild haben: das Abbild davon, daß Geschriebene, wird schon nothwendig viel blässer ausfallen.

5. Der Reichthum an Leben verräth sich durch *Reichthum an Gebärden*. Man muß Alles, Länge und Kürze der Sätze, die Interpunktionen, die Wahl der Worte, die Pausen, die Reihenfolge der Argumente – als Gebärden empfinden *lernen*.

6. Vorsicht vor der Periode! Zur Periode haben nur die Menschen ein Recht, die einen langen Athem auch im Sprechen haben. Bei den Meisten ist die Periode eine Affektation.

7. Der Stil soll beweisen, daß man seine Gedanken *glaubt*, und sie nicht nur denkt, sondern *empfindet*.

8. Je abstrakter die Wahrheit ist, die man lehren will, um so mehr muß man die *Sinne* zu ihr verführen.

9. Der Takt des guten Prosaikers in der Wahl seiner Mittel besteht darin, *dicht* an die Poesie heranzutreten, aber *niemals* zu ihr überzutreten.

10. Es ist nicht artig und klug, seinem Leser die leichteren Einwände vorwegzunehmen. Es ist sehr artig und *sehr klug*, seinem Leser zu überlassen, die letzte Quintessenz unsrer Weisheit *selber auszusprechen*.

2.7.3 Das Ende der normativen Stilistik

Es war der Positivismus des 19. und frühen 20. Jahrhunderts, der die Konsequenzen zog aus der im 18. Jahrhundert virulent gewordenen Frage, wie eine Stilistik auszusehen habe, die sich nicht mehr im Verbund mit der alten Rhetorik befindet. Der mehr im Verbund mit der alten Rhetorik befindet. Der Wechsel zu Stilbeobachtung und Stilvergleichung führte zu einer neuen Entscheidungsfrage: Gehört die Stilistik eher zur Literaturwissenschaft oder zur Sprachwissenschaft?

Die Sprachwissenschaft selbst äußerte sich nicht eindeutig. Historisch-vergleichend ausgerichtete Linguisten etwa interessierten sich wenig für die Stilistik, worunter man zu dieser Zeit vor allem eine Individualstilistik verstand. Sie untersuchten dagegen die kollektive Seite der Sprache, verglichen gemeinsame und trennende Aspekte der verschiedenen Einzelsprachen. Von ihnen wurde die Stilistik also eher der Philologie zugeschlagen, also den einzelnen Literaturwissenschaften. Das war auch die Stoßrichtung mancher Positivisten wie Wilhelm Scherer und Hermann Paul, die zwar den sprachwissenschaftlichen Anteil der Stilistik betonten, dies aber nicht weiter ausführten. Dagegen zogen die systematisch orientierten Sprachwissenschaftler wie Theodor Benfey oder Hermann Steinthal die Stilistik explizit heran. Die Analyse des Individualstils sollte ihrer Meinung nach auch die Sprachwissenschaft voranbringen. Karl Ferdinand Becker und mehr noch Richard Moritz Meyer rechneten die Stilistik methodisch ebenfalls den Sprachwissenschaften zu, inhaltlich aber sahen sie sie auf eine Analyse von Literatur beschränkt. Damit etablierte sich die (analysierende) Stilistik als mittlere und geradezu verbindende Disziplin der „Sprach- und Literaturwissenschaften" (in der heute gängigen Doppelbezeichnung), als die entscheidende „Brücke von der Sprachwissenschaft zur Literaturwissenschaft", wie es Leo Spitzer ausdrückte. Spitzer selbst war ein ausgesprochener Verfechter der literarischen Stilanalyse.

Das alles aber waren Folgeerscheinungen des eigentlichen Umbruchs, der in der Ablösung der normativen Stilistik bestand. Bis heute werden zwar normative Stilistiken publiziert, dabei aber handelt es sich um mehr oder weniger spezielle Ratgeber – nicht immer ohne jeden Nutzen. So finden sich Stilschulen für Studenten, Journalisten oder Manager neben Briefstellern und anderen laienlinguistischen Hilfestellungen. Das aber hat nichts mehr mit der normativen Stilistik zu tun, wie sie bis zum 18., und in mancher Abwandlung bis ins 20. Jahrhundert bestanden hat. Der Unterschied ist, dass heute niemand mehr davon ausgeht, es gebe den einen richtigen Stil (oder gar den einen Nationalstil). Eine zu Beginn erwähnte zweifache Einschränkung wird allgemein – auch von den Stilratgebern – akzeptiert: *Historisch* und *lokal* muss der Stil präzisiert werden, wobei lokal hier nicht allein im geographischen Sinne zu verstehen ist, sondern auch die verschiedenen Sprech- oder Schreibumgebungen erfasst. Stile existieren nur im Plural. Ausschließlich für spezielle Bereiche lassen sich Stilvorgaben überhaupt rechtfertigen.

Die Stilistik beschränkt sich heute also auf eine wissenschaftliche Stilanalyse, wie sie im ersten Kapitel theoretisch durchmustert wurde und in den beiden folgenden Kapiteln praktische Anwendung findet. Statt minutiöser Vorgaben handelt es sich um eine historisch-kritische Merkmalszusammenstellung. Stil wird dabei meist als bewusste formale Entscheidung aufgefasst, die eine bestimmte Bedeutung trägt und eine Interpretation zulässt. Aber auch, wenn man von unbewussten Stilmerkmalen ausgeht, behält man die übergeordnete Blickrichtung bei und beobachtet Kommunikation, statt sie lenken oder gar normieren zu wollen. Dass sich diese im weitesten Sinne sprachwissenschaftliche Beschäftigung mit Stil an die Stelle der alten Elokutionslehre gesetzt hat, zeigt sich am deutlichsten daran, dass sie auch offiziell den Begriff *Stilistik* übernommen hat.

Die vielleicht letzte deutsche normative Stilistik von Rang und gesamtsprachlichem Anspruch – auch wenn sie bereits einige Zeit nach dem Untergang des naiven Glaubens an „das gute Deutsch" entstanden ist – dürfte Ludwig Reiners' *Stilkunst* (1943) sein. Der Untertitel, *Ein Lehrbuch deutscher Prosa*, zeigt den Anschluss an die Rhetorik und in der Tat handelt es sich um eine leicht modifizierte klassische Lehre der *elocutio*. Obwohl das Datum der Erstveröffentlichung misstrauisch machen müsste, ist „der Reiners" die heute wohl populärste Stilistik. Auf Anhieb finden sich im Internet unzählige Empfehlungen von Professoren, Juristen, Wirtschaftswissenschaftlern und anderen, die nach eigener Aussage dem umfangreichen Buch viel verdanken. Immer wieder bringt Reiners' Verlag Neubearbeitungen auf den Markt, die dankbar aufgenommen werden. Offensichtlich besteht ein Bedürfnis nach leitender Normativik auch nach dem Ende des Zeitalters der stilistischen Unmündigkeit. Helmut Seiffert, der in den späten 1970er Jahren (für denselben Verlag) wieder eine wenn auch gemäßigt normative Stilistik mit dem vielversprechenden Titel *Stil heute* verfasste („Sie will sagen, wie man es richtig machen sollte"), tat sich denn auch schwer, sich von Reiners' Vorgaben zu lösen.

Lässt man sich einmal auf die Normativik ein, kommt man an diesen Fragen nicht vorbei. Man wird Reiners allerdings darum beneiden, wie klar ihm das eine richtige Deutsch – nämlich Goethes Deutsch bzw. das, was er dafür hielt – vor Augen schwebte. Der ‚klassische Sprachstand' gilt bis heute oft als Maßstab gediegenen, korrekten Ausdrucks, wobei die schlichte Tatsache, dass inzwischen zwei äußerst erfinderische und folgenreiche Jahrhunderte vergangen sind, einfach übersehen wird.

Was aber bietet dieses *Lehrbuch* im Einzelnen? Reiners' Stilistik steht – wie die ebenfalls immer wieder nachgedruckten *Allerhand Sprachdummheiten* von Gustav Wustmann (1891) – in der Tradition der Kulturkritik und geht von dem (nachgoethezeitlichen) Verfall der deutschen Kultur im Allgemeinen, der deutschen Sprach- und Stilkultur im Besonderen aus. Kaum zu erwähnen, dass er die Gründe dafür (1943!) in einer kulturellen Überfremdung ausmacht. Andererseits erscheint ihm die deutsche Sprache als die allen anderen Sprachen überlegene Ausdrucksform, sei es dank ihres überragenden Wortschatzes, sei es durch ein Reinheitsgespinst mit der haarsträubenden Bezeichnung „Wurzelechtheit". Beruhe nämlich das Englische oft auf romanischen Wurzeln, das Französische fast immer auf lateinischen, so wurzele das Deutsche in sich selbst: eine abenteuerliche Argumentation. Doch soll es hier nicht um den Nachweis nationalistischer Spuren in Reiners' Stilkunst gehen, das hat eine fachwissenschaftliche Diskussion längst ans Licht gebracht. Vielmehr wollen wir am letzten bedeutsamen Exemplar jener engagierten Stilistiken, die „den guten Ton" durch harsche Vorgaben und Verbote anzuerziehen trachteten, noch einmal deren grundlegende Charakteristika zusammenfassen. Zunächst die nun sattsam bekannte Gleichung von Stil und Gedanke: Reiners stellt sich ganz in die Tradition Nietzsches, macht dessen Stil-Gedanken-Aphorismus sogar zum Motto. Darüber hinaus wirkt der Ausdruck bei Reiners sogar auf den Charakter zurück: „Wer so mit dem Ausdruck ringt, der schult zugleich Geist und Charakter".

Das Verdienst Reiners' im stilistischen Sinn wird heute vielfach in Zweifel gezogen. Sein treffsicherer und durchaus amüsanter Stil selbst ist dagegen unstreitig brillant – und vorbildlich rhetorisch. Was weiterhin zu dem Erfolg des Buches beigetragen hat und immer noch beiträgt, ist seine Allgemeinverständlichkeit. Eingängige Beispiele und ein leidenschaftliches Plädoyer für (vermeintliche) Einfachheit nehmen den Leser schnell ein:

> Woraus entspringt die Hauptwörterei? Aus Schwäche! Wer einen Gedanken entscheidend aussprechen will, legt ihn in ein unzweideutiges Verb.

Auch werden abweichende Stilvorstellungen mit aufgenommen, da Reiners des öfteren auf die dialogische Vermittlung setzt, so etwa im Dialog *Sprachmenschen und Sachmenschen*, in dem Argumente für und wider den guten Stil aufgeführt werden. Schnell wird deutlich, dass hier der *Sachmensch*, der bewusst unelegante Gelehrte, dem *Sprachmenschen*, hinter dem sich Reiners selbst verbirgt, weit unterlegen ist. Indem man das Gegenteil bewitzelt, hat man zwar noch nicht die eigene Position bewiesen, allerdings in gut rhetorischer Manier doch um einiges begünstigt. Ebenso bei der Frage, was guter Stil denn nun sei. Das Problem ästhetischer Werturteile wird eingeräumt, um dann der alles niederwalzenden ,gängigen Meinung' Platz zu machen: Subjektivität hin oder her, die Sixtinische Kapelle sei nun einmal unbestreitbar schön. In dieser Weise gebe es auch unbestreitbar schöne Sprache, die man zum Vorbild zu nehmen habe.

Was Reiners im Einzelnen auflistet, ist allerdings durchweg defensiv. Nach einigen Bemerkungen zu Wortwahl (Vermeidung des allgemeinen Ausdrucks) und Satzbau (Keine Bandwurmsätze) folgt ein umfangreiches Kapitel „Stilkrankheiten". Zunächst bläst Reiners zum „Kampf" gegen Haupt- und Beiwort, wobei der Sprachmeister auf der Seite des Verbs steht, was nicht zuletzt mit seiner lebensphilosophischen Grundeinstellung zusammenhängt. Die zweite Angriffswelle richtet sich gegen schablonenhaftes „Formeldeutsch" bzw. den juristischen „Papierstil". Ähnlich geht es weiter: Dem Bekenntnis zu Nietzsches mündlichem Schriftstil folgt eine große Abwehrschlacht gegen Fremdworte. Einige „Gastwörter" seien durchaus notwendig, aber insgesamt gefährdeten sie Denken, Sprache und „Volkseinheit".

Die Popularität solcher Thesen und sein schriftstellerisches Talent brachte Reiners allen fraglichen Reinheitsphantasien zum Trotz (oder gar wegen diesen?) zwischenzeitlich in den DUDEN: In der vierten Auflage des *Stilwörterbuchs* (1956) findet sich sein Aufsatz *Vom deutschen Stil*, der in der nächsten Bearbeitung aber schon nicht mehr auftaucht. „Wie müssen wir es nun anfangen, unseren Gedanken das richtige Kleid zu geben?", fragt Reiners dort und stellt sechs Regeln auf, die seiner Stilkunst würdig sind: Keine übermäßig langen Sätze, Handlungen in Verben ausdrücken, kein Kanzleideutsch, Klarheit, Knappheit, Verwenden der richtigen Tonart und des treffenden Worts. Das ist allerdings keine echte Normativik mehr, sondern lediglich die Festschreibung des ‚natürlichen Stilgefühls'.

Noch einmal also: Die Zeit der normativen Stilistiken ist unwiederbringlich vorüber. Das aber heißt weder völlige stilistische Willkür, die als Individualstil gerechtfertigt würde, noch das Ende der Stilistik an sich. Sich in einen Textsortenstil einzufinden, ist nach wie vor ein zentrales Moment gelingender Kommunikation. Dafür dürfen auch einmal Ratgeber wie das *Stilwörterbuch* des DUDEN herangezogen werden. Die Stilformung geschieht allerdings eher im Austausch: Mediziner, die miteinander kommunizieren, entwickeln einen eigenen fachlichen Stil, ohne dass dieser normativ vorgegeben wäre.

Hin und wieder wünscht man sich aber auch eine normative Autorität. So verdankt sich diese Stilistik-Einführung letztlich dem Wunsch des geistigen Führers des Wilhelm Fink-Verlags, ein für alle Mal das unter Studenten radikal beliebte Wort *nichtsdestotrotz* zu verbieten. Entweder nämlich folgt nach diesem Trompetenstoß etwas Nebensächliches, das man dann auch getrost weglassen darf, oder die eigentliche Aussage versteckt sich erst hinter diesem aufgemotzten Begriff, dann wäre wiederum sein Vorspann überflüssig. Also weg damit? Solche sprachkosmetischen Operationen wären eher eine Aufgabe für Ludwig Reiners. Aber sei es drum, denn nichtsdestotrotz verbieten wir hiermit ein für alle Mal das Wort (und die Argumentation) *nichtsdestotrotz*.

2.8 Ausweitung zu Typographie und Layout

Die klassische Stilistik ist als Stilistik der Rede entstanden: der mündlichen Rede. Die Übertragung auf schriftliche Äußerungen lag nahe und wird im Laufe der Neuzeit zur Selbstverständlichkeit. Spätestens seit der Humanistenrhetorik des 16. Jahrhunderts liegen den Überlegungen zum Stil stets Texte zugrunde. An eines aber hat die Stilistik dabei nicht gedacht: an die Schrift. Mit der Erfindung des Buchdrucks (mit gegossenen beweglichen Lettern) durch Johannes Gensfleisch zur Laden, genannt Gutenberg, stellte sich um 1450 jedoch sofort das Problem der Wahl. Damit aber sollte sich ebenfalls der Gedanke verbinden, welche Schrift den gedruckten Texten am angemessensten war. Mit anderen Worten wiederholt sich gleichsam das Grundproblem der Stilistik auf einer neuen Ebene: das Problem der ‚Einkleidung' von Gedanken. Während alle Bemühungen um Stilmittel und Stilebenen dem sprachlichen Ausdruck galten, ist es nun darum zu tun, auch diesem sprachlichen Ausdruck wiederum ein angemessenes ‚Kleid' zu geben. Ja, man kann sagen: Es entsteht das Bewusstsein des Mitbedeutens der Schrift bis in die Entdeckung des „Zaubers" der Buchstaben hinein. Gedanken müssen nicht nur stilsicher geformt, sie müssen auch stilsicher gedruckt werden. Freilich wurde diese Diskussion nicht in der Stilistik geführt, sondern von den Druckern vorangetrieben, wobei in eher seltenen Fällen die Autoren Forderungen stellen und die Drucker selbst ihre Ideen in Buchform präsentieren.

Bekanntlich hatte Gutenberg seinen Drucken die *gotische Buchschrift* zugrunde gelegt: eine gebrochene Schrift, die sich später zur *Fraktur* weiterentwickeln sollte. Sie wurde überall aufgenommen, bekam aber sehr rasch Konkurrenz vom älteren Schrifttyp der lateinischen Rundschrift, die im Zeitalter des Humanismus als *Antiqua* auftrat. Noch im 16. Jahrhundert entschied sich der Streit. Fast ganz Europa ging zur Antiqua über, nur in Deutschland setzte sich eine Zweischriftigkeit durch: deutsche Drucke in Fraktur, Latein und die europäischen Sprachen in Antiqua. Damit aber wurde Programmatik verbunden. Schon die frühen Drucke für Kaiser Maximilian – das *Gebetbuch* (1513) und der *Theuerdank* (1517) – stellen die Fraktur in den Zusammenhang höfischer Repräsentation: Die ‚gotische' Letter sollte „höfischer Besonderheit und Eleganz Ausdruck (geben)" (Horst Heiderhoff). Auch Luther verlangte für seine Bibeldrucke mit größtem Nachdruck Fraktur: „Denn die lateinischen Buchstaben hindern uns über die Maßen sehr, gut deutsch zu reden".

Genauso wie die Fraktur als Ausdrucksträger verteidigt wurde, wird die Antiqua ideologisch beansprucht. Erasmus von Rotterdam ordnet sie für seine Schriften an. Und so wie Kaiser Maximilian eine repräsentative Fraktur entwickeln ließ, beauftragt Ludwig XIV. im Jahre 1692 eine Kommission mit der Entwicklung einer Antiqua eigens für die Imprimerie Royale. Alexis de Toqueville – darauf hat schon Marshall McLuhan aufmerksam gemacht – führte die Französische Revolution geradezu auf die Uniformität und

Kontinuität zurück, die die Typographie geschaffen hatte – wahrscheinlich die höchste Ehre, die dem Buchdruck je zugekommen ist. Erst am Ende des 18. Jahrhunderts nimmt auch Deutschland als schriftgeteiltes Land an dieser Entwicklung teil. Johann Gottlob Immanuel Breitkopf versucht den europäischen Klassizismus auf die Fraktur zu übertragen und rechtfertigt die Angemessenheit seiner Schrift als Ausdruckskörper in der *Nachricht von der Stempelschneiderey und Schriftgießerey* (1776-77). Während Martin Wieland zwischen 1794 und 1802 seine *Sämmtlichen Werke* in Antiqua drucken ließ, verlangen Kant, Goethe und Friedrich Schlegel Fraktur, Goethe bezeichnete sie gar als „Offenbarung deutschen Gemütes". Justus Erich Walbaum, der in Weimar sowohl eine Antiqua wie eine Fraktur entwarf, prägt mit seiner Fraktur die klassisch-romantische Buchproduktion zu Beginn des 19. Jahrhunderts – man hat geradezu vom „typographischen Betriebsgeheimnis deutscher Spekulation" (Heiderhoff) gesprochen.

Es nimmt nicht wunder, dass der Kampf um die Schrift die Ideologisierung anheizte. Nach der Reichsgründung kam es sogar zur Eskalation. Der Schreibfederhersteller Friedrich Soennecken legte 1881 eine Analyse vor, die das deutsche Schriftwesen hart attackierte. Man suche bei der Fraktur das „Grundprinzip des Schönen [...] unter den verbogenen, verdrehten und verkrüppelten Buchstaben vergebens", hieß es. Gegen die These von der „Repräsentation der deutschen Eigenart" in der Fraktur beschwor Soennecken die grundsätzliche Arbitrarität der Schrift, die lediglich durch ihre „Schönheit" wirke – damit allerdings mehr „als alle Kunstsammlungen und Museen". Im Übrigen suchte Soennecken die Probleme rein technisch zu fassen, beispielsweise als Frage der besseren Lesbarkeit bis hin zur These, die Fraktur fördere die Kurzsichtigkeit und beeinträchtige damit die Tauglichkeit des deutschen Soldaten im Kriege. Diese Thesen riefen die Gegner auf den Plan und führten letztlich zum Scheitern des Vorstoßes in der Abstimmungsniederlage der Antiqua-Befürworter im Deutschen Reichstag im Jahre 1911. Aber die Aufladung mit ‚nationalen' Konnotationen war nur eine Möglichkeit, die Schrift als Ausdrucksträger zu würdigen. In England entwarf William Morris gegen Aufklärung und Industrialisierung eine historisierende Type, die in Deutschland vom Jugendstil aufgegriffen und weiterentwickelt wurde. Für Rudolf Koch, der als der ‚deutsche Morris' gefeiert wurde, war „dieses scheinbar dürftige Gefäß" der Schrift ein

Ausdrucksmittel, das sogar „Empfindungen" transportieren konnte (nach Karl Klingspor). Konsequenterweise hat Eugen Diederichs um die gleiche Zeit die Idee popagiert, jedes Buch mit einer eigenen Schrift auszustatten, um Gehalt und Gestalt in Übereinstimmung zu bringen. Die *Times* war die erste große Zeitung, die sich mit der *Modern New Roman* im Jahre 1932 eine eigene Schrift schneiden ließ. Sie sollte das Nonplusultra seriöser Nachrichtensprache darstellen.

An diesem Punkt kann ein Fazit gezogen werden. Auch wenn die Stilistiken aus ihrer Fixierung auf alte Denkschemata das Problem ignorierten, hat das gedruckte Wort in der ganzen Welt seine Anerkennung als „Gewand des Geistes" gefunden. Seit der Renaissance haben Drucker wie etwa Claude Garamond in Frankreich, John Baskerville in England oder Giambattista Bodoni in Italien den Buchstaben als Ausdrucksträger entwickelt. Noch in den 30er Jahren des 20. Jahrhunderts wird für die Moderne das angeblich passende Kleid in Form der serifenlosen (auf die feinen Haarstriche verzichtenden) Grotesk-Schriften geschaffen. Zu dieser Zeit geht das Angebot bereits in die Tausende. Mehr als die bloße Zahl bezeugt der Widerstand gegen jeden Ordnungsversuch wie den der DIN-Norm 16518 aus dem Jahre 1964 eine Sensibilität gegenüber der Schrift, die derjenigen gegenüber den sprachlichen Mitteln in nichts nachsteht.

2.9 Literaturhinweise

2.9.1 Literatur zur Geschichte der Stilistik

Barner, Wilfried: Barockrhetorik. Untersuchung zu ihren geschichtlichen Grundlagen. Tübingen 1970.

Fix, Ulla; Lerchner, Gotthard (Hrsg.): Stil und Stilwandel. Ffm/Berlin/Bern. 1996.

Gardt, Andreas (Hrsg.): Nation und Sprache. Die Diskussion ihres Verhältnisses in Geschichte und Gegenwart. Berlin/New York 2000.

Gauger, Hans-Martin: Über Sprache und Stil. München 1995.

Göttert, Karl-Heinz: Einführung in die Rhetorik. Grundbegriffe – Geschichte – Rezeption. München 1998.

Knape, Joachim: Elocutio. In: Historisches Wörterbuch der Rhetorik. Bd. 2. Hrsg. v. Gerd Ueding. Tübingen 1994, Sp. 1022-1083.

Marie-Luise Linn: Zur Stellung der Rhetorik und Stilistik in der deutschen Sprachlehre und Sprachwissenschaft des 19. Jahrhunderts. Marburg 1963.

Peter Schwind: Schwulst-Stil. Historische Grundlagen von Produktion und Rezeption manieristischer Sprachformen in Deutschland 1624-1738. Bonn 1977.

Seiffert, Helmut: Stil heute. Eine Einführung in die Stilistik. München 1987.

Spitzer, Leo: Stilstudien. 2 Bde. München (ND) 1961.

2.9.2 Literatur zu Typographie und Layout

Heiderhoff, Horst: Antiqua oder Fraktur? Zur Problemgeschichte eines Streits. Ffm 1971.

Ruprecht, Gustav: Das Kleid der deutschen Sprache. Göttingen 1912.

Schauer, Georg Kurt: Internationale Buchkunst im 19. und 20. Jahrhundert. Ravensburg 1969.

Soenneken, Friedrich: Das deutsche Schriftwesen und die Notwendigkeit einer Reform. Bonn/Leipzig 1881.

Hartmann, Silvia: Fraktur oder Antiqua? Der Schriftstreit von 1881 bis 1941. Ffm 1991.

Klingspor, Karl: Über Schönheit von Schrift und Druck. Ffm 1949.

Kapr, Walter; Schiller, Walter: Gestalt und Funktion der Typographie. Leipzig 1980.

3 System der Stilistik

Wer das Kapitel zur Geschichte der Stilistik durchgearbeitet hat, weiß: *Das* System gibt es nicht. Die Stilistik war immer in Bewegung, hat immer neue Einteilungen, Gesichtspunkte, Definitionen hervorgebracht. Von einem *System* zu sprechen, verdeckt also etwas Wesentliches, hat etwas Künstliches, entscheidet sich immer auch gegen Anderes, dem gleiches Recht zusteht. Wenn fast jede Stilistik trotzdem ein solches System behandelt, hat dies in erster Linie didaktische Gründe. Für einen Einstieg ist es schlicht zu anstrengend, mit der historischen Fülle im Ganzen zu jonglieren (was übrigens auch Fachleute überfordern dürfte). Ein System soll die Leitlinien aufzeigen, das Gerüst hervortreten lassen, einen ersten Durchblick vermitteln. Dabei werden diejenigen Gesichtspunkte angesprochen, die sich im historischen Fluss als besonders stabil erwiesen haben.

Und man kann es ruhig auch einmal anders herum betrachten: Die Stilistik ist bei allen Abwandlungen auch ein erstaunlich festes Gebilde. Über die Metapher hat schon Aristoteles geschrieben, Umberto Eco behandelt die Definition ausführlich in seinem Roman *Die Insel des vorigen Tages* (wovon noch die Rede ist). Und wenn moderne Metapherntheorien (zu Recht) Aristoteles kritisieren, kann doch keine Rede davon sein, dass man den Begriff der Metapher fallen lassen müsste. Ähnliches gilt für die Haupteinteilungsgesichtspunkte, die im Folgenden zugrunde gelegt werden. Sprachrichtigkeit, Klarheit, Schmuck, Angemessenheit, Stilgattungen bzw. Stilhöhen sind und bleiben die Grundlagen jeder stilistischen Beobachtung. Wer ohne jede historische Kenntnis den Versuch machen würde, sich stilistische Gesichtspunkte auszudenken, würde (wenn er sehr gut ist) auf die traditionellen kommen.

3.1 Sprachrichtigkeit

Sprachrichtigkeit meint Korrektheit im sprachlichen Ausdruck. Dafür ist eigentlich nicht die Stilistik zuständig, sondern die Grammatik. Die Sprachrichtigkeit bildet so gesehen den Übergang von der Grammatik zur Stilistik. Wer grammatisch perfekt ist, kann sich in der Stilistik um ‚Höheres' kümmern.

Aber es zeigt sich, dass die Perfektion im Sprachgebrauch nicht so einfach ist. Auch gute oder gebildete Sprecher und Schreiber machen noch Fehler bzw. stehen vor Problemen. Deshalb ist es sinnvoll, in der Stilistik gewissermaßen noch einmal auf die Grammatik zurückzukommen. Schlechte Grammatik verdirbt den besten Stil. Man muss wissen, was auch geübte Sprecher und Schreiber noch falsch machen. Und ‚falsch' ist dabei nicht immer das richtige Wort. Auch in der Antike gab es schon Probleme, wie sie noch heute der DUDEN hat. Man stand vor Alternativen. Die einen sagen bzw. schreiben dies, die andern das. Was ist richtig? Wenn jemand das Wort *Schneider* mit *y* schreibt (also *Schneyder*), gilt dies als falsch. Wenn jemand das Wort *Gemse* mit *ä* schreibt (also *Gämse*), folgt er der neuen Rechtschreibung. Und äußert eine Person: *in seinen Augen glomm Feuer*, während ein Anderer vernehmen lässt: *in seinen Augen glimmte Feuer* – dann geht es nicht um *falsch* oder *richtig*, sondern um *modern* versus *altmodisch* oder um *umgangssprachlich* versus *poetisch*. Jedenfalls sind Maßstäbe der Bewertung gefragt und leider gibt es mindestens vier davon, die je für sich durchaus einleuchtend klingen, sich jedoch leicht in die Quere kommen und die Entscheidung schwer machen.

Der erste Maßstab ist die sprachliche Gesetzmäßigkeit, die sich besonders gut anhört, aber letztlich am enttäuschendsten ist. Ich spreche/schreibe so, wie es auch sonst geschieht. Verben wie *nehmen, stehlen* lauten im Präteritum *nahm, stahl*, also nicht *nehmte* oder *stehlte*. *Nehmen* und *stehlen* sind so genannte starke Verben, die den Tempusunterschied mit einem Vokalwechsel markieren, nicht wie die schwachen mit einem t-Suffix. Dies ist Sache des ‚Systems' der Sprache und nicht wandelbar. Dass man demgegenüber heute *Gämse* statt wie früher *Gemse* schreibt, hängt mit der Etymologie zusammen, mit der Verwandtschaft eines Wortes. Die männliche Variante der Gämse ist der Gamsbock. Das *ä* soll diese Verwandtschaft im Gegensatz zum *e* klarer ausdrücken. Auch das neue *behände* (statt *behende*) soll an die Verwandtschaft mit *Hand/Hände* erinnern. Aber jeder weiß, dass man diesen Maßstab nicht durchhalten kann. Schon der Unterscheidung von gewissen Wörtern wegen schreiben wir nach anderen als etymologischen Gesichtspunkten. So sind wir froh, dass wir den *Mohr* von dem *Moor* unterscheiden können, das *Meer* von *mehr* usf. Gesetzmäßigkeit wäre wirklich schön. Wenn wir jedoch einigermaßen praktisch denken, kommen wir in der Sprache auf keinen Fall ohne Gesetzesbrüche aus. Gesetzmäßigkeit wäre zu anstrengend, zu verwirrend, als einziges Prinzip schlicht eine einzige Überforderung.

Das zweite Prinzip ist das Alter. Bei der Rechtschreibreform hat niemand die *Eltern* in *Ältern* umgetauft, nur weil es etymologisch (die Eltern sind nun einmal die ‚Älteren') erforderlich gewesen wäre. Wir sind zu lange an gewisse unetymologische Schreibweisen gewöhnt, ein Wechsel wäre unzumutbar. Was für das Schreiben gilt, gilt auch für das Sprechen. Bei der schon angesprochenen Alternative *glomm/glimmte* stellt *glomm* die ältere Form (für Grammatikkenner: die starke Bildungsweise) dar, *glimmte* die jüngere (die schwache Bildungsweise). Nur benutzen wir heute nicht *glomm*, weil es älter ist, sondern bewahren die ältere Form in poetischen Zusammenhängen. Deshalb empfiehlt der DUDEN auch die Formulierung *das Feuer glomm* (nicht: *glimmte*) *in seinen Augen*, während man bei einer Zündschnur besser sagen soll: *sie glimmte*. Manchmal benutzen wir ältere Ausdrücke auch, wenn wir uns ironisch ausdrücken wollen, so dass die grammatische Abweichung eine echte Stilqualität hat.

Das dritte Prinzip ist die Autorität herausragender Sprecher/Schreiber. Allerdings spielt dies heute im Gegensatz zur Antike und zu den Zeiten der Nachfolge der Antike (wie etwa im Humanismus des 16. Jahrhunderts) die geringste Rolle. Cicero suchte noch in alten Schriften, um herauszufinden, wie es einmal hieß. Und im Humanismus schrieb man so sklavisch Latein nach Cicero, dass Übertreiber des Guten es nicht wagten, einen Ausdruck zu benutzen, der bei Cicero nicht belegt war. Seit Konrad Duden, also seit dem Beginn des 20. Jahrhunderts, gibt es in Deutschland (unsere europäischen Nachbarn haben überwiegend früher mit solchen Reglementierungen angefangen) keine andere Autorität mehr als *eine* Institution, eben den DUDEN.

Nur kämpft dieser DUDEN mit dem vierten und heute auf jeden Fall wichtigsten Prinzip, dem allgemeinen Gebrauch. Nicht mehr einzelne Persönlichkeiten, wohl aber die Masse wird als normsetzend anerkannt. Die DUDEN-Redaktion sammelt entsprechend Belege aus Büchern, Zeitungen, Zeitschriften und beobachtet, was sich hinsichtlich des Sprachgebrauchs tut. Ab einer gewissen Quantität (sie ist zahlenmäßig nicht genau festgelegt) kippt eine alte Norm oder werden zwei Schreib- bzw. Formulierungsweisen nebeneinander anerkannt. Friedrich Nietzsche regte sich noch darüber auf, dass geschrieben wurde: *Zwei Menschen liebten sich.* Er verlangte: *Sie liebten einander* (um eine Verwechslung damit auszuschließen, dass sie jeweils sich selbst liebten). Heute ist der Genitiv bei *wegen* in Auflösung. *Wegen des Unglücks* ist so sehr von *wegen dem Unglück* überrollt, dass der DUDEN die Gegenwehr (mit dem Kriterium des Alten) aufgibt.

3.2 Klarheit

Mit der Klarheit der sprachlichen Darstellung ist die Grammatik endgültig verlassen. Grammatisch korrekte Sätze sind schon einmal eine gute Grundlage, aber sie müssen keine ‚guten' Sätze, sie können höchst unklar sein. Bevor Sätze also brillant oder sonst wie ‚schön' formuliert sind, müssen sie außer grammatisch korrekt noch klar sein. Was ist damit gemeint? Zunächst einmal scheint es keine Probleme zu geben: Klar bedeutet so viel wie verständlich. Sofort fallen einem komplizierte Sätze ein, die man zwei oder dreimal lesen muss, ehe man sie versteht. Sie sind korrekt, aber man kapiert nicht, was der Sprecher/Schreiber will. Gute Kandidaten für unklare Sätze sind lange Sätze. Bedeutet Klarheit also Kürze? Hat die BILD-Zeitung doch Recht?

In gewissem Sinne schon. Tests haben ergeben, dass die Verständlichkeit mit der Länge von Sätzen im Allgemeinen abnimmt. Für Nachrichtensendungen gelten vierzehn Wörter pro Satz als Obergrenze. Wer Radio hört und gleichzeitig seine Hemden bügelt, bekommt eine Information nicht mit, wenn sie zu kompliziert ausgedrückt ist. Und wer in der Straßenbahn sitzt und drei Gespräche gleichzeitig hört, dazu den Lärm von der Straße usf., der ist gut bedient mit Sätzen unter vierzehn Wörtern.

Aber Länge ist kein absolutes Kriterium. Kein Test hat erwiesen, dass Sätze mit zwanzig Wörtern unverständlicher sein müssen als Sätze mit zehn. Es kommt außer der Länge mindestens noch auf die Konstruktion der Sätze an. Und es gibt noch ganz andere Kriterien für Klarheit. Eine anschauliche Schilderung kann trotz ihrer Länge wesentlich verständlicher sein als eine unanschauliche kurze. Auch an kompliziertere Satzkonstruktionen kann man sich gewöhnen, sogar Thomas Mann ‚schön' finden, wenn er einmal für einen Satz eine ganze Seite braucht. Lange, selbst komplizierte, Sätze können anregend sein. In der Wissenschaft sind bestimmte Fachsprachen, die kein normaler Mensch versteht, für einen Insider höchst verständlich, weil sie nicht nur kompliziert, sondern auch so sind, wie man es in dieser Wissenschaft gewohnt ist. Wer die Geschichte der Philosophie kennt, weiß auch, wie sehr man sich gegenseitig Unverständlichkeit (und damit war fast immer mitgemeint: Unsinn) vorgeworfen hat. Der Humanist Erasmus von Rotterdam verteidigte einmal seine Ausdrucksweise als ,gelehrte' Klarheit (*erudita perspicuitas*) und mokierte sich über Langweiler, die man auf Anhieb versteht.

Aber man sollte auch gewisse Regeln gelten lassen, die weder Kürze um jeden Preis verlangen noch jede Kompliziertheit bloß deshalb tolerieren, weil es sich um Wissenschaft oder sonst etwas ,Höheres' handelt. Es stimmt schon, dass es ganz unnötige Barrieren der Verständlichkeit gibt, die den Stil entsprechend verderben. Als Stilistiker halten wir Verständlichkeit durchaus auch heute noch für eine Tugend und sind interessiert an Verbesserung. Gehen wir einige Fälle von Unverständlichkeit durch, die auf jeden Fall unnötig, kontraproduktiv, schlecht sind. Und beginnen wir durchaus mit den langen Sätzen.

Unter den langen Sätzen gibt es einen Typus, der besonders nervt: den Kettensatz. Ketten bilden sich, wenn an jedem Knotenpunkt eines Satzes ein neuer Satz angeschlossen wird. In Adalbert Stifters Roman *Der Nachsommer* heißt es:

> Wenn man vom Rosenhause über den Hügel, auf dem der große Kirschbaum steht, nordwärts geht, so kommt man in die Wiese, durch welche der Bach fließt, an dem mein Gastfreund jene Erlengewächse zieht, welche ihm das schöne Holz liefern, das er neben den anderen Hölzern zu seinen Schreinerarbeiten verwendet.

Ab dem Stichwort Wiese setzt die Kette ein: *durch die Wiese fließt ein Bach/ am Bach zieht der Gastfreund Erlen/ die Erlen liefern Holz/ das Holz wird in der Schreinerei verwendet.* Man kann nicht sagen, dass dies logisch undurchsichtig oder gar grammatisch falsch wäre, es entsteht eher ein seltsames Gefühl des Einerlei. Kettensätze sind also nicht unbedingt schwer verständlich, aber auf jeden Fall ermüdend (was ebenfalls die Verständlichkeit erheblich beeinträchtigt).

Anders der Schachtelsatz, der immer für Anspannung sorgt und den Leser rasch überfordert. Er ist das Lieblingskind der deutschen Stilistik, weil speziell die deutsche Sprache Satzkonstruktionen dieser Art nahe legt, und zwar aufgrund der Tatsache, dass unsere Präfixverben unter bestimmten Voraussetzungen (bei den zusammengesetzten Zeiten) in ihre Bestandteile zerfallen. Noch harmlos, wenn es heißt:

Er reiste nach einigen Vorbereitungen endlich ab.

Untragbar jedoch, wenn die Klammer zwischen Präfix und Verb als eine Müllhalde für Informationen dient. Von Mark Twain, der auch einen Aufsatz über die deutsche Sprache geschrieben hat, stammt das folgende – in satirischer Absicht formulierte – Monsterbeispiel:

> Er reiste, als die Koffer fertig waren und nachdem er Mutter und Schwester geküßt und nochmals sein angebetetes, einfach in weißen Musselin gekleidetes, mit einer frischen Rose in den sanften Wellen ihres reichen braunen Haares geschmücktes Gretchen, das mit bebenden Gliedern die Treppe herabgeschwankt war, um noch einmal sein armes gequältes Haupt an die Brust desjenigen zu legen, den es mehr liebte als das Leben selber, ans Herz gedrückt hatte, ab.

Der Kommentar Twains dazu lautet: „Wenn der deutsche Schriftsteller in einen Satz taucht, dann hat man ihn die längste Zeit gesehen, bis er auf der anderen Seite seines Ozeans wieder auftaucht mit seinem Verbum im Mund." Es ist also nicht die Länge allein, die die Klarheit beeinträchtigt. Sätze können auch schlicht ‚unmöglich' konstruiert sein.

Was für den Bereich des Satzbaus (der Syntax) gezeigt wurde, gilt aber auch für den Vortrag/Text im Ganzen. Auch hier gibt es die Forderung nach Klarheit, die Verstöße gegen diese Forderung oder besonders gelungene Fälle. Klar wird ein Vortrag/Text, wenn der Hörer/Leser die These versteht, wenn er den Fortschritt der Argumentation verfolgen kann, wenn ihm ein Ergebnis vorgeführt wird. Klarheit verdankt sich weiterhin einer Terminologie, die gut eingeführt ist, bei der die einzelnen Termini in ihrer Bedeutung festgelegt sind und untereinander zusammenhängen bzw. aufeinander aufbauen. Auf diese Weise kann man sogar Kant verstehen, wenn man wirklich weiß, was er etwa mit ‚transzendental' oder ‚kategorisch' meint. Und heute ist es genauso (wenn nicht schlimmer) mit Autoren, die sich ihr eigenes Begriffsinstrumentarium erarbeitet haben, um auf diese Weise zu kontrollierten Ergebnissen zu kommen. Die Soziologie ist eine solche Wissenschaft, die viel Wert darauf legt, ihren beobachteten Gegenstand, die Gesellschaft, nicht mit Alltagsbegriffen zu beschreiben, die sich ja der Gesellschaft verdanken, sondern mit Abstraktionen, die in ihrer Fremdheit verbürgen sollen, dass man wirklich etwas ‚sieht'. Das kann sehr anstrengend sein, wie etwa im Falle von

Niklas Luhmann und seiner Systemtheorie (darauf kommen wir noch zurück). Was für einen unvorbereiteten Leser garantiert unverständlich ist, kann für einen vorbereiteten Leser erstens völlig verständlich und zweitens Erkenntnis erweiternd sein.

Fassen wir zusammen: Nicht nur grammatische Korrektheit ist notwendig, um einen Vortrag/Text zu verstehen, es gibt darüber hinaus Kriterien größerer oder geringerer Klarheit. Mit der Verständlichkeit befinden wir uns gewissermaßen an der Tür zur Stilistik, mit der Klarheit betreten wir das Gebäude selbst, befinden uns aber noch im Vorhof. Die heiligen Hallen tun sich dahinter auf. Sie beherbergen die Kenntnisse, wie man einen Vortrag/Text brillant machen kann. In der Antike sprach man von ‚Schmuck‘, womit irgendwie die Vorstellung verbunden ist, dass sich ein Mann oder eine Frau zuerst einmal die Blößen bedeckt und dann ‚richtig‘ anzieht. Wie kann man glänzen? Was ist alles im Angebot, um Wirkung zu erzielen? Davon hat die Stilistik immer viel ausführlicher gehandelt als von Verständlichkeit und von Klarheit.

3.3 Redeschmuck in einzelnen Wörtern

Es gehört zu den interessantesten Zügen der Stilistik, dass sie fast immer von Systematisierungsbemühungen begleitet wurde. Nur für Schulzwecke begnügte man sich mit Aufzählungen, die man die armen Zöglinge auswendig lernen ließ. Bereits in der Antike bekämpften sich allerdings konkurrierende Modelle, so dass ein Fachmann heute immerhin rasch feststellen kann, welcher Tradition eine bestimmte Vorlage zuzuschlagen ist. Aristoteles kam noch mit einer einzigen Trope aus, die er Metapher nannte, und ließ die Figuren fast ganz weg, während in der *Rhetorik an Herennius* die Liste der Tropen zehn Fälle umfasst, die unter vierundsechzig Figuren subsumiert sind. Quintilian berichtet vom Ehrgeiz, die Fülle zu bändigen, ja von der Systematisierungswut, die auf keinem Gebiet der Rhetorik größere Möglichkeiten biete.

Allerdings liegt solchen unterschiedlichen Darstellungen nicht unbedingt ein tieferes oder oberflächlicheres Interesse zugrunde, vielmehr muss das Maß an Differenzierung vom gewählten Blickpunkt her beurteilt werden. Aristoteles ging von einer einfachen Beobachtung aus: Wir können einen ‚Gegenstand‘ nicht nur mit einem ‚Begriff‘ benennen, sondern auch mit einem ‚Bild‘. Kriterium der Erkennbarkeit des Gegenstands im Bild ist die Ähnlichkeit. Diese kommt in unterschiedlichen Formen vor, wobei Aristoteles am meisten die Analogie schätzte, und zwar deshalb, weil sie etwas vor Augen stellt, gewissermaßen die sprachliche Leistung durch eine ‚höhere‘ (nämlich direkt sinnliche) Art der Vergegenwärtigung ersetzt. Eine andere Form der Ähnlichkeit beruht darauf, dass statt eines Gegenstands nur einer seiner Teile benannt ist. Hier liegt keine Analogie vor, wohl aber eine Abwechslung in der Benennung, die jedoch genauso ‚Vergnügen hervorruft‘. Analogie und Abwechslung bilden also für Aristoteles gewisse Steigerungsmöglichkeiten rationaler Erkenntnis – und dafür genügten ihm wenige Unterscheidungen. Ganz anders gingen etwa die Stoiker vor, die hauptsächlich an Moral interessiert waren, sich aber auch mit den Fragen der Sprachentstehung befassten und die ‚bildliche‘ Rede als Möglichkeit der Welterschließung würdigten. Dabei nahmen sie die Analogiebildung unter die Lupe und unterschieden drei Formen: Stammt die analogische Übertragung aus ontologisch unterschiedlichen Bereichen (wenn z.B. ein alter Mann, d.h. ein Mensch, mit einem dünnen Schilfrohr, d.h. einer Pflanze, verglichen wird), erhält man eine Metapher. Kommt es zum Austausch innerhalb der Grenzen eines ontologischen Zusammenhangs (wenn z.B. ein Dach, d.h. der Teil, für ein Haus, d.h. das Ganze, steht), handelt es sich um eine Synekdoche. Widerspricht sich schließlich die eigentliche und die übertragene Bedeutung, wobei nun der ontologische Zusammenhang keine Rolle spielt, entsteht ein Phänomen wie die Ironie (wenn z.B. jemand ‚Freund‘ genannt wird, der genau das Gegenteil ist).

Zusammen mit einigen (Sonder)fällen unterschieden die Stoiker auf diese Weise insgesamt acht Tropen. Man kann nicht sagen, dass damit alle Systematisierungsmöglichkeiten erschlossen waren, wohl aber diejenigen, die dem beschriebenen Interesse an Sprachschöpfung zugrunde lagen. Quintilian, der bereits die Summe aus der Entwicklung zog, betonte, dass Lückenlosigkeit allein aufgrund der Überschneidungen nicht erreichbar sei und beschränkte sich darauf, das stoische ‚System‘ der Tropen mit den andern Formen des Schmucks in einen gewissen Zusammenhang zu bringen. Dazu bediente er sich eines recht eindrucksvollen formalen Grundrisses. Und zwar sonderte er den Schmuck, der in einzelnen Wörtern vorkommt (als Tropen), von solchem ab, der sich auf Wortverbindungen bezieht (als Figuren). Die Tropen also arbeiten nach dem Prinzip der *Qualität* (indem ein ‚eigentlicher‘ Begriff durch einen ‚uneigentlichen' ersetzt wird), die Figuren nach dem der *Quantität*, und zwar in dreifacher Hinsicht, sofern einem Ausdruck etwas hinzugefügt, etwas weggelassen oder eine Vertauschung vorgenommen wird.

Stilmittel (nach Quintilian)

Tropen	Figuren		
Prinzip der Qualität	Prinzip der Quantität		
Uneigentlichkeit	Hinzufügung	Weglassung	Umstellung
z.B. Metapher	z.B. Anapher	z.B. Ellipse	z.B. Antithese

Quintilian hat damit zweifellos die ‚systematischste' Darstellung der Antike gegeben (im Mittelalter griff man trotzdem wieder lieber auf die bloße Aufzählung zurück, wie sie die *Rhetorik an Herennius* bietet). Aber man muss es betonen: Quintilian war nicht nur der Meinung, die Möglichkeiten keineswegs erschöpft zu haben, sondern hielt Überschneidungen für unvermeidbar, ja für produktiv. Etwas grundsätzlich anderes bedeutet es, wenn Autoren von modernen Positionen aus das quintiliansche ‚System' als eine Art logischen Kalkül betrachten bzw. in diesem Sinne zu ‚vervollständigen' suchen. Es geht dann um die Aufdeckung universeller und im Prinzip sinnferner Mechanismen, die Sinn erzeugen, um die Produktivität der Sprache selbst (nicht um die Interpretation eines bestimmten Anwendungsfalles). Vollständigkeit ist unter solchen Voraussetzungen ein sinnvolles und unabdingbares Ziel, weil nur so die Möglichkeiten und Grenzen dieser Produktivität abschätzbar werden.

Im Folgenden wird weder eine antike noch eine moderne Systematik geboten. Es soll vielmehr einerseits etwas von der ‚Phänomenologie' der Figürlichkeit herauskommen, also von den in der Sprache angelegten Möglichkeiten des Schmucks. Andererseits soll ein Bezug zur Praxis hergestellt werden, also auf Verwendung der Stilmittel in Vorträgen/Texten. Der Anschaulichkeit wegen sind die Beispiele dabei vielfach der Werbesprache entnommen.

3.3.1 Metapher

Schon für Aristoteles war es keine Frage: Zum Denken gehört das
Vorstellen, und zwar im durchaus wörtlichen Sinne – man 'stellt'
dem Leser/Hörer etwas 'vor' die Augen. Denken ist schwer, Sehen ist leichter, also präparieren wir das Denken mit Elementen
der Sichtbarkeit! Aristoteles hat dazu ein hübsches Beispiel gegeben. Er prüft den kleinen Satz:

> Die Wiese blüht.

Das kann jeder sagen, es ist irgendwie abstrakt, unbestimmt, un-
anschaulich – und niemand hört zu. Besser, ich irritiere den Le-
ser/Hörer etwas und zwinge ihn zur Anschauung, etwa so:

> Die Wiese lacht.

Das ist unpräziser, aber man hört (vor allem beim ersten Mal)
hin. Natürlich, die Wiese ist herrlich in dieser Gegend, sie ist wie
ein Mensch, der uns nicht griesgrämig anschaut, sondern anlacht.
Jawohl, die Wiese lacht - wir haben verstanden.

Der erste Satz gibt den Sachverhalt ‚direkt' wieder, der zweite
metaphorisch. Metaphern dieser Art lassen sich immer wieder neu
erfinden, man hat sogar den Versuch gemacht, ‚Metaphernma-
schinen' zu konstruieren – und genau damit beschäftigt sich Pater
Emanuele in Umberto Ecos Roman *Die Insel des vorigen Tages*. Es
ist wohl kein Zufall, dass Eco dabei an das Beispiel des Aristoteles
anknüpft:

> „Was siehst du, mein Sohn?" fragte Pater Emanuele. Und Roberto, noch we-
> nig eloquent: „Die Wiesen."
> „Gewiß, ein jeder kann dort Wiesen sehen. Aber du weißt sehr gut, daß sie dir
> je nach dem Stand der Sonne, der Farbe des Himmels, der Stunde des Tages
> & der Jahreszeit in verschiedenen Formen erscheinen können, die dir ver-
> schiedene Gefühle eingeben. Dem Bauern, der müde von der Arbeit ist, er-
> scheinen sie als Wiesen & sonst gar nichts. Dasselbe geschieht mit dem unge-
> bildeten Fischer, der entsetzt eines jener Nächtlichen Feuerbilder erblickt, die
> manchmal am Himmel erscheinen & Schrecken verbreiten, doch sobald die
> Kometenforscher, die auch Poeten sind, sich erkühnen, sie Schweifsterne,
> Gemähnte & Geschwänzte Irrsterne zu nennen oder Rammböcke, Schilde,
> Fackeln & Pfeile, so lassen dich diese Redefiguren erkennen, durch welche
> Sinnreichen Symbole die Natur sprechen wollte, die sich dieser Bilder wie
> Hieroglyphen bedient, welche zum einen auf den Tierkreis verweisen & zum
> andern auf vergangene oder zukünftige Ereignisse. […] Und ebendieses ist
> Zweck & Aufgabe der höchsten aller Figuren, der Metapher. Wenn das Inge-
> nium – also der Witz und somit das Wissen – darin besteht, Entferntes zu

verbinden und Ähnlichkeit im Unähnlichen zu entdecken, dann ist die Metapher unter den Redefiguren die scharfsinnigste, geistvollste & erlesenste, die als einzige jenes Erstaunen hervorzurufen vermag, aus welchem das Wohlgefallen erwächst, wie beim Wechsel der Szenen auf dem Theater. Und wenn das Wohlgefallen, das uns die Figuren verschaffen, jenes ist, mühelos Neues zu lernen und Vieles auf kleinem Raume – wohlan, so läßt die Metapher, indem sie unseren Geist im Fluge von einer Gattung zur anderen trägt, in einem Worte mehr als eine Sache erblicken."

Metaphern wollen also erfunden sein, andererseits muss man zugeben, dass man gute Erfindungen gern wiederholt. Tatsächlich bewegen wir uns sprachlich in einem Meer von Metaphern, ohne es zu bemerken (das *Meer* war gerade eine von ihnen). Wer vom *Ozonloch* redet, denkt kaum an Verbildlichung, im Gegenteil: Man muss eher befürchten, dass die reale Gefahr im hübschen Bild geradezu verschwindet. Für viele Gegenstände gilt sogar: Es existiert überhaupt keine direkte Benennung, es gibt allein die Metapher, wofür man den Terminus *Katachrese* benutzt. Was stünde schon hinter einem *Stuhlbein* oder dem *elektrischen Strom*? Metaphern sinken also ab, werden lexikalisiert (also in den normalen Wortschatz aufgenommen) wie jedes andere Wort auch und verlieren entsprechend ihre Anregekraft. Dies hat zu allen Zeiten dazu geführt, die Metaphern gewissermaßen aufzufrischen. Auch in unserer Gegenwart ist dies der Fall. Ja, man kann sagen, dass wir in einer ausgesprochen metaphernverliebten Zeit leben – wenn man einen kleinen Trick berücksichtigt, der die Metapher 'modernisiert'.

Ein Beispiel: Ein Schuhfabrikant wirbt für sein Produkt mit dem Satz (neben dem Bild eines Schuhs):

Und plötzlich läuft alles viel besser.

Was ist passiert? Was rüttelt uns auf? Zunächst das Bild: Es 'läuft' besser. Man könnte auch (unmetaphorisch) sagen:

Und plötzlich wird alles besser.

Aber der Witz entsteht dadurch, dass das Bild des 'Laufens' gewissermaßen kombiniert wird mit der Realität des Laufens. Der Satz ist also schlicht doppeldeutig. Man kann ihn metaphorisch und unmetaphorisch verstehen. Das ist natürlich ein Witz. Würde ein Waschmittelhersteller dasselbe sagen, hätte man es nur mit der Metapher zu tun:

Kauft Wuschelweiß und plötzlich läuft alles viel besser.

Das ‚Laufen' passt eben nur zu den Schuhen auch wörtlich. Ist man einmal auf den Trick aufmerksam geworden, merkt man rasch, wie sehr er in der modernen Werbung wuchert. Längst aber ist das Prinzip auch für andere Formen der Information nutzbar gemacht worden: für die Überschrift oder den Aufmacher von Zeitungen zum Beispiel. Hier ein Beispiel:

Das letzte Wort auf Erden gehört den Grabrednern – die sich allerdings lieber als "freigeistliche Sprecher" bezeichnen. Ihr tiefgründiges Gewerbe hat Konjunktur.

Schließlich kann man die modernen Metaphern auch in ‚normale' Texte einbauen:

Für jedermann ist das Präparat (für Haarwuchs) nicht geeignet. Aussicht auf wachsenden Erfolg haben nur jüngere Männer, bei denen die Haarwurzeln noch intakt sind.

Wenn ein Bild zu einem Bildfeld erweitert wird und ganze Texte oder zumindest Textpassagen prägt, spricht man von *fortgesetzter Metapher* oder *Allegorie*. Sie erzeugt ein Höchstmaß an Brillanz, tendiert allerdings auch zum ‚Überdrehen'. Peter Sloterdijk hat in seinem Buch *Eurotaoismus* einmal die fatalen Folgen der modernen ‚Beschleunigung' am Beispiel des Zusammenbruchs dieser Beschleunigung in Form des Verkehrsstaus beschrieben. Dabei stammen die Bilder aus der Bibel:

Unter automobilistischer Sicht lebten wir eine Weile in der messianischen, in der erfüllten Zeit, wo die Zweitakter friedlich neben den Zwölfzylindern parkten – schadstoffarm herrschte der Messias in seinem Reich; mit elektronischer Einspritzung, Antiblockiersystem, mit geregeltem Katalysator und Turbolader brachte er die Seinen in himmlische Fahrt. Aber nicht alle Zeitgenossen ließen sich davon überzeugen, daß dieses automobile Endreich auch schon das Paradies auf Erden sei. Der Widersacher hatte seine Hand im Spiel und sorgte dafür, daß aus der allgemeinen Selbstbewegung gelegentlich die allgemeine Unbeweglichkeit wurde. In solchen Augenblicken wird uns klar, daß wir – auch wenn es keiner wahrhaben will – längst wieder aus dem Paradies der Moderne Vertriebene sind und künftig im Schweiße unseres Angesichts das postmoderne Stop-and-Go werden lernen müssen. Deswegen sind... die großen Staus auf den sommerlichen Autobahnen Mitteleuropas Phänomene von geschichtsphilosophischem Stellenwert, ja sogar von religionshistorischer Bedeutung. Durch sie kommt ein Stück falscher Moderne zum Scheitern, in ihnen begegnet uns das Ende einer Illusion – sie sind der kinetische Karfreitag, an dem die Hoffnung auf Erlösung durch Beschleunigung zugrunde geht.

3.3.2 Metonymie

In der Stilistik hat man immer neben der Metapher die Metonymie als Paradebeispiel 'kunstvoller' Wortersetzung behandelt. Nur die Metapher ist freilich tief in das Bewusstsein eingedrungen, die Metonymie dagegen nicht. Dabei umgeben uns auch Metonymien ständig. Nehmen wir zunächst den am besten bekannten Fall:

> Hier sitzen nur kluge Köpfe.

Eigentlich sitzen diese Köpfe nicht, sondern gehören zu Körpern, die sitzen. Aber jetzt ist kein Vergleich im Spiel, sondern eine reale Beziehung: Die Köpfe gehören zu Körpern. Nur erlaube ich mir die Freiheit, statt *Körper* eben *Köpfe* zu sagen.

Teil für das Ganze (*pars pro toto*) ist eine Möglichkeit der Metonymie (sie wird in der klassischen Rhetorik als *Synekdoche* bezeichnet). Wenn ich sage:

> Hast du den letzten Grass gelesen?

steht *Grass* für ein Werk von Günther Grass. Dies ist wieder kein Vergleich, sondern es handelt sich auch hier um eine reale Beziehung. Das Werk stammt vom Autor. Nach diesem Modell kann man eine ganze Reihe von Beziehungsmöglichkeiten nutzen. Beliebt sind etwa:

Gefäß für den Inhalt:	Kommst du mit nach oben auf ein Glas?
Wirkung für Ursache:	Schenken Sie Selbstvertrauen: Mega-Toys.
Gebäude für Bewohner:	Im Weißen Haus herrschte Aufregung.
Material für Gegenstand:	Das ist ein feiner Zwirn, den du da anhast.

Natürlich ist es in all diesen Fällen genauso wie bei der Metapher: Auch Metonymien verblassen. Kann man sie aufpäppeln? Nicht ganz so wie die Metaphern, aber man kann: Neu muss es klingen, entsprechend ungewohnt, ja manchmal weit hergeholt (natürlich nicht zu weit). Wenn ich einen Pflegedienst im Krankenhaus beobachte und sagen will, dass das Unangenehmste im Umgang mit der ‚Unsauberkeit' liegt, kann ich zur Beschreibung diejenigen Gegenstände heranziehen, die dabei die entscheidende Rolle spielen:

> Erstaunlich, wie die jungen Leute mit Enten und Pfannen umgehen.

Metonymien sind auch anschaulich, auch bildlich, aber es wird nichts verglichen. Noch anders: Metaphern beruhen auf Ähnlichkeit, Metonymien auf Nachbarschaft. Blühende Wiesen sind so ähnlich wie lachende Menschen, die geschnürten Schuhe stehen mit dem Fußballspiel in (nachbarschaftlichem) Kontakt.

3.3.3 Emphase und Hyperbel

Im allgemeinen Bewusstsein häufig nicht korrekt verankert ist die Emphase. Sie beruht auf einer Untertreibung gegenüber dem Gemeinten, die dann faktisch als Verstärkung verstanden wird.

> Er ist ein Mensch.

Natürlich ist der Betroffene ein Mensch, aber die Wendung will mehr besagen: Er ist nur ein (schwacher) Mensch. Genauso kann etwa:

> Man lebt so.

emphatisch (untertreibend) verstanden sein als: Man lebt in einer aufgrund der Umstände identifizierbaren Weise entweder besonders gut oder besonders schlecht. Emphase bedeutet also gerade nicht, wie häufig angenommen, eine Übertreibung des ‚Eigentlichen'.

Dies ist vielmehr die Aufgabe der Hyperbel, die oft eine Metapher darstellt, allerdings eine extreme, zumindest wörtlich nicht nachvollziehbare:

> Sie hat ein Herz aus Stein.

Immer aber liegt in der Hyperbel eine (maßlose) Übertreibung, die meist wohl nicht ernst gemeint ist, jedenfalls nicht, wenn es etwa in der Werbung heißt:

> Das blaueste Blau in Europa. (Werbung für Portugal-Tourismus)

In diesen Fällen zielt die Übertreibung übrigens nicht wie in der klassischen Hyperbel auf Pathos, sondern eher auf Ironie – wer glaubt schon dem Werbenden die Übertreibung? Mit der Ironie müssen wir uns gesondert befassen.

3.3.4 Ironie

Ob Metapher oder Metonymie, ob Emphase oder Hyperbel – in jedem Fall handelt es sich um ein kleines sprachliches Kunststückchen: Etwas ,eigentlich' Gemeintes wird durch etwas anderes (durch etwas Bildliches oder Benachbartes, durch Untertreibung oder Übertreibung) ersetzt. Die erstaunlichste Form dieser Ersetzung stellt die Ironie dar. In diesem Fall sagt man das Gegenteil von dem, was man meint:

> Mein Schätzchen (gemeint: der größte Flegel der Klasse) hat wieder zugeschlagen.

Es ist wirklich verwunderlich, dass dies verstanden wird. Und tatsächlich bedarf es auch besonderer Vorsicht. In den Medien gilt Ironie als Tabu. Immer wieder bekommen es die Moderatoren oder Korrespondenten eingeschärft, weil sonst regelmäßig in der Redaktion der Briefkasten verstopft ist. Auch in der Werbung muss man nach dieser Anwendung länger suchen als in jedem anderen Fall:

> Ikea – das unmögliche Möbelhaus aus Schweden.

In Texten, bei denen man es mit einem eingeschränkten und gut bekannten Leser- bzw. Hörerkreis zu tun hat, ist das anders.

3.4 Redeschmuck in ganzen Sätzen

3.4.1 Anapher

Mit der *Anapher* eröffnen wir die Reihe der Stilmittel, die nicht mehr als Ersetzung von Wörtern (von ,eigentlich' gemeinten durch kunstvolle) funktionieren, sondern die mit dem ganzen Satz zusammenhängen. Dabei gibt es theoretisch (wie von Quintilian formalisiert) die drei Möglichkeiten der Hinzufügung, der Auslassung und der Umstellung. Statt den Satz ,normal' zu gestalten, füge ich gezielt etwas hinzu, lasse etwas eigentlich Erwartetes aus oder stelle die Glieder des Satzes auf eigenwillige Art um.

Die bekannteste Form der Hinzufügung besteht in der Wiederholung eines Wortes. Wortwiederholungen sind normalerweise zu vermeiden, sie haben etwas Ermüdendes. Aber es gibt eben auch die gezielte Wiederholung am Satzbeginn mit Signaleffekt, die Anapher (das Gegenteil ist die Wortwiederholung am Ende von Sätzen, die Epipher). Als Beispiel diene das Versgedicht von Robert Gernhardt *Ein Septembernachmittag in der Heide*:

> Immer wieder zieht der alte
> Schäfer an der Weidenflöte
> Immer wieder
>
> Immer wieder hofft er sehnlichst
> Endlich einen Ton zu hören
> Immer wieder
>
> Immer wieder sagt sein Weib ihm
> Blasen müsse er, nicht ziehen
> Immer wieder
>
> Immer wieder winkt der Alte
> Kreischend ab und zieht aufs neue
> Immer wieder

Ein ähnlicher Fall der Wortwiederholung ist die so genannte *Stellung auf Kontakt*. Auch hier hat die Wiederholung die Funktion der Hervorhebung:

> Die Prioritätenordnung der Regierung ist *fraglich*, *noch fraglicher* jener burschikose Ton, der alles auf dieselbe Ebene herunterzieht.

3.4.2 Wortspiel (Paronomasie)

Um eine Hinzufügung handelt es sich auch, wenn ich ein Wort in leichter Abwandlung noch einmal aufnehme, es mit dem ersten Wort gewissermaßen spielen lasse. Jeder kennt dies vom (End)Reim her. Den umgekehrten Fall (also Reim bzw. gleicher Laut am Anfang) stellt die Alliteration dar: Sie spielte in der Dichtung der Germanen eine Rolle (genannt: Stabreim) und ist von Richard Wagner wiederbelebt worden (als Karikatur: „Schabst du das Cello, schäbiger Schuft?"). Auch in der Prosa wird der Reiz der Klangähnlichkeit bzw. der minimalen lautlichen Abweichung zweier Wörter genutzt, zum Beispiel in den Wortspielen der Werbung oder in Überschriften:

> Frankreich brennt – Deutschland pennt (anlässlich von Demonstrationen gegen Arbeitslosigkeit in Frankreich)

Man kann wahrscheinlich sagen, dass heute das Wortspiel die Metaphorik überflügelt. Wie zur alten Welt die schöpferische Kraft einer bildlichen Sprache gehörte, so zur modernen die Demonstration des Verstandes gegenüber dem allgegenwärtigen Sinnverlust.

3.4.3 Ellipse und Zeugma

Statt auf Hinzufügung beruhen zwei weitere Figuren auf Auslassung, von denen die erste wohl allgemein bekannt ist: die *Ellipse*. In der Literatur dient sie meist dazu, Spannung zu erzeugen oder Erregung darzustellen. Sie tritt umgangssprachlich auf wie im Falle

> Vielleicht, dass er noch eintrifft (für: Vielleicht geschieht es, dass er noch eintrifft).

Zu bedeutend subtilerer Kunst gibt das *Zeugma* Anlass, bei dem gezielt und elegant ein Satzteil ausgelassen wird. Seine harmloseste Stufe liegt vor, wenn beispielsweise ein Verb, das zu mehreren Satzgliedern gleichermaßen gehört, nur ein einziges Mal benutzt (in den andern Fällen also ausgespart) ist:

> Er hat die Arbeit erledigt, aber deren Zweck verfehlt. (für: aber er hat deren Zweck verfehlt.)

Interessant wird es jedoch, wenn sich mit dieser Aussparung ein sei es syntaktischer oder (noch besser) semantischer ‚Fehler' verbindet. Syntaktischer ‚Fehler' liegt vor bei:

> Ich bin kein weiser Mann und außerdem ein Sterblicher.

Semantischer ‚Fehler' bei:

> Der Fall selbst hebt sehr alltäglich oder auch allnächtlich an.

Dass sich die auf Effekte bedachte Werbesprache dieser Figur besonders gern bedient, ist verständlich. Ein Beispiel aus der Auto-Reklame, zu der man sich das Bild eines Kleintransporters hinzudenken muss:

> Schafft die Last und nicht den Fahrer.

3.4.4 Parallelismus, Antithese, Chiasmus

Nach Wiederholung und Auslassung folgt als letzte Möglichkeit
(der Durchbrechung der ‚normalen' Wortstellung) die Umstellung.
Man sollte Sätze abwechslungsreich gestalten, also nicht immer
die gleiche Wortstellung wiederholen. Umso ‚auffälliger' wirkt es
entsprechend, wenn die gleiche oder eine erkennbar abgewandelte
Wortstellung gezielt verwendet wird. Am einfachsten ist der Fall
des *Parallelismus*. Hier folgen zwei wirklich gleich gebaute Sätze
aufeinander, die am besten wirken, wenn es sich inhaltlich um eine
Antithese handelt:

> Der Tag geht – Johnnie Walker kommt.

Antithesen sind wie Parallelismen parallel gebaut. Man kann die
Aussagen aber auch kreuzförmig einander entgegenstellen, was als
Chiasmus bezeichnet wird:

> Bevor Ihre Sekretärin kündigt, kündigen Sie lieber Ihrem Kopierer.

Statt zwei Glieder kann man auch noch mehr zur gezielten Umstellung (des Normalen) benutzen. Auf eigenartige Weise wirken
Dreierketten (Triaden) besonders gut:

> Rempeln, boxen, Haxen stellen (Überschrift zum Track-Sport)

Man findet Triaden keineswegs nur in der Werbung oder in Ü-
berschriften. Auch normale Texte gewinnen dadurch an Spannung:

> Franz S. sammelt und sammelt. Wegschmeißen kann er nichts. Statt dessen
> versinkt er im Chaos.

Ein Streiflicht aus der *Süddeutschen Zeitung* hat es einmal auf vier
Triaden in einem einzigen kurzen Text gebracht:

> Es gibt Tage, an denen man eigentlich gar nicht aus der Wohnung gehen
> möchte. Vom Himmel nieselt es leicht, in der Straßenbahn redet einer mit
> seinem Hund, als wäre es ein Mensch, und im Büro lachen die am lautesten,
> die am wenigsten arbeiten [...] Da schauen sie dich an, jeden Tag: der bartum-
> randete Abteilungsleiter, die hell lachende Sekretärin, der weltläufige Bürovor-
> steher – hämische Fratzen, die ihre Pirouetten drehen über deinem Unglück.
> Die Jugend erlischt, schon bist du zu dick für eine Jeans, und deine Helden
> werden alte Männer [...] Das Angenehme an Lukes Wildem Westen liegt dar-
> in, daß er sich in den letzten fünfzig Jahren nicht verändert hat. Die Mexika-

ner sind noch immer faul und verschlagen, die Indianer stolz und moderat
blutdürstig, die Neger dicklippig und kraushaarig.

3.4.5 Rhetorische Frage

Neben der Ersetzung von Wörtern (Tropen) und dem Eingriff in
die Syntax (Wortfiguren) hat man auch noch weitere Phänomene
sprachlicher Gestaltung in die Behandlung des Schmucks einbezogen. Gemeint sind damit *typische Gedanken*, die entsprechend als
Gedankenfiguren (auch: *Sinnfiguren*) aufgezählt wurden. Was damit
gemeint ist, versteht man vielleicht am besten am bekanntesten
Beispiel, der *rhetorischen Frage*. Auf diese Art der Frage wird keine
Antwort erwartet. Sie soll dem Hörer/Leser lediglich demonstrieren, wie selbstverständlich etwas ist und ihn so emotional an Rede
oder Text beteiligen. Politiker bedienen sich daher besonders
gerne dieses Stilmittels. Selbstverständlichkeiten in die Rede ein-
zubauen, ist schließlich zugleich ein geschickter Schachzug, um
Übereinstimmung (trotz eventuell prinzipieller Gegnerschaft) zu
suggerieren. Auch im politischen – hier kulturpolitischen – Kommentar treffen wir oft auf rhetorische Fragen:

> Ist das noch Kulturpolitik? In Hamburg sagt ein Intendant, es ist genug – und
> schon wackeln in Berlin und München die Stühle.

3.4.6 Anspielung, Lizenz, Apostrophe

Es gibt noch weitere Gedankenfiguren dieser Art, etwa die Anspielung. Als Anspielung auf die Literatur oder bekannte Slogans
macht sie Texte ‚interessant‘:

> Baumbauer trifft keine andere Schuld als die, in Basel und Hamburg höchst
> erfolgreich gewesen zu sein. Der Rest ist Markt. (vgl.: Der Rest ist Schwei-
> gen.)

Auch die Möglichkeit des Redners, sich (überraschend) direkt
ans Publikum zu wenden, gehört in diesen Bereich: die *Lizenz*
(*licentia*). Als Konfrontation mit einer unangenehmen Wahrheit,
für die es also der Entschuldigung (der Lizenz) bedarf, erhöht sie
ebenso die Reputation des Redners (der sich die Wahrheit zu sagen traut), wie sie eine subtile Schmeichelei gegenüber dem Publikum bedeutet (dem eine solche Konfrontation zuzumuten ist).

Eine ähnliche Funktion kommt der *Apostrophe* zu. Der Autor/Redner wendet sich von seinem Publikum überraschend ab und ruft ein anderes an, z.B. die Götter, wie es in der antiken Epik vorkommt. Im Drama ist die Abwendung von den Mitspielern und Hinwendung zum Publikum ein beliebter Fall. Es gibt aber auch dort die Hinwendung zu Figuren außerhalb des Stücks, so wie es Franz von Moor in Schillers *Räubern* tut:

> Und wie ich nun werde zu Werk gehen müssen, diese süße, friedliche Eintracht der Seele mit ihrem Leibe zu stören? Welche Gattung von Empfindnissen ich werde wählen müssen? Welche wohl den Flor des Lebens am grimmigsten anfeinden? Zorn? – dieser heißhungrige Wolf frißt sich zu schnell satt – Sorge? – dieser Wurm nagt mir zu langsam – Gram? diese Natter schleicht mir zu träge – Furcht? die Hoffnung läßt sie nicht umgreifen? – was? sind das all die Henker des Menschen? – Ist das Arsenal des Todes so bald erschöpft? – (Tiefsinnend) Wie? – Nun? – Was? Nein! – Ha! (Auffahrend) Schreck! – Was kann der Schreck nicht? – Was kann Vernunft, Religion wider dieses Giganten eiskalte Umarmung? – Und doch? – Wenn er auch diesem Sturm stünde? – Wenn er? – O so komme zu mir zu Hülfe Jammer, und du Reue, höllische Eumenide, grabende Schlange, die ihren Fraß wiederkäut und ihren eigenen Kot wiederfrißt [...]

3.4.7 Kurzdefinitionen der Tropen und Figuren

Die folgende Liste bietet eine Kurzdefinition der Tropen und Figuren, wie sie das umfassendste derzeitige Lehrbuch aufführt (Heinrich Lausbergs *Handbuch der literarischen Rhetorik*). Nachdem zuvor einige besonders wichtige Tropen und Figuren ausführlich und an Beispielen erläutert wurden, soll der Überblick zeigen, was alles erfasst wurde. Natürlich dient die Liste auch dem Nachschlagen (bei den Stiluntersuchungen im Kapitel 4 wird gelegentlich von diesen Termini Gebrauch gemacht). In einigen Fällen wurden die lateinischen oder griechischen Termini durch gebräuchlichere ersetzt.

Tropen

Metapher:	Ähnlichkeitsbeziehung (Beseeltes für Unbeseeltes usf.)
Metonymie:	Reale Beziehung (qualitativ: Autor für Werk)
Synekdoche:	Reale Beziehung (quantitativ: Teil für Ganzes)
Emphase:	Hervorhebung durch Andeutung
Hyperbel:	Übertreibung
Antonomasie:	Umschreibung eines Namens
Ironie:	Bezeichnung durch das Gegenteil
Litotes:	Untertreibung
Periphrase:	Umschreibung (z.B. für Anstößiges)

Figuren

Figuren der Hinzufügung

Wiederholung

Geminatio:	Wiederholung des gleichen Wortes
Reduplicatio:	Wiederaufnahme des letzten Wortes eines Satzes als erstes Wort im nächsten Satz
Redditio:	Wiederholung des ersten Wortes als letztes Wort
Anapher:	Wiederholung eines Wortes am jeweiligen Satzanfang
Epipher:	Wiederholung eines Wortes am jeweiligen Satzende
Complexio:	Kombination von Anapher und Epipher
Paronomasie:	Wiederholung eines Wortes mit geringfügiger lautlicher Veränderung (Wortspiel)
Polyptoton:	Wiederholung mit grammatischer Änderung (Kasus usf.)
Synonym:	Wiederholung der Bedeutung mit anderem Wort
Traductio:	gleicher Klang, anderer Inhalt
Distinctio:	zuerst normale, dann emphatische Bedeutung
Reflexio:	Distinctio in Dialogform
Enumeratio:	Aufzählung hintereinander
Distributio:	Aufzählung auf Abstand (mit jeweiligem Satzbeginn)
Epitheton:	Zusatz eines Adjektivs, einer Apposition usf.
Polysyndeton:	Häufung von Epitheta (mit *und*/*oder* verbunden)

Auslassung

Ellipse:	Auslassung (z.B. des Prädikats)
Zeugma:	Auslassung (z.B. des Prädikats beim durch *und* angeschlossenen Satz)
Asyndeton:	Häufung von Epitheta (ohne *und*/*oder* verbunden)

Umstellung

Anastrophe:	Umstellung der normalen Abfolge zweier Wörter
Hyperbaton:	Trennung zweier zusammengehöriger Wörter durch Zwischenschaltung eines Satzgliedes
Isocolon:	koordinierte Nebeneinanderstellung mehrerer Teilsätze (antithetisch oder in Überkreuzstellung als Chiasmus. Bei gleichtönendem Ausklang: Homoeoteleuton, bei Abschluss mit gleicher Kasusform: Homoeoptoton, bei Kombination von Homoeoteleuton und Homoeoptoton: Paromoeosis)

Sinnfiguren

Obsecratio:	mit ‚um... willen' eingeleitete flehentliche Bitte
Lizenz:	freimütiger brüskierender Vorwurf ans Publikum
Apostrophe:	Wendung an ein nicht anwesendes Publikum
Rhetorische Frage:	Frage ohne Erwartung einer Antwort
Subiectio:	in die Rede hineingenommener fingierter Dialog
Dubitatio:	Bitte um Rat hinsichtlich der Fortführung der Rede
Communicatio:	Bitte um Rat hinsichtlich der Handlungsweise
Finitio:	Begriffsbestimmung
Conciliatio:	Verwendung eines Arguments der Gegenpartei
Correctio:	Verbesserung der eigenen Äußerung
Antithese:	sachliche Gegenüberstellung zweier Aussageinhalte (bei sich widersprechenden Begriffen: Oxymoron)
Exclamatio:	Ausruf
Evidenz:	Schilderung eines Gegenstands durch Aufzählung von Einzelheiten
Sermocinatio:	Charakterisierung von Personen durch deren Aussprüche usf.
Fictio personae:	Einführung nichtpersonhafter Dinge als sprechende Personen
Expolitio:	Ausmalung eines Gedankens (sprachlich oder gedanklich)
Similitudo:	Parallele (von Mensch und Natur usf.)
Aversio:	Abwendung von der behandelten Sache
Conciliatio:	Ausnutzung eines gegnerischen Arguments für die eigene Sache
Praeparatio:	Vorwegnahme eines Gedankengangs
Concessio:	Eingeständnis eines gegnerischen Arguments
Permissio:	Anheimstellung eines Handelns (auch gegen andersartigen Rat)

3.5 Satzbau, Sprachrhythmus

Die klassische (antike) Rhetorik hat als letzten Punkt des Sprach-
schmucks die Wortfügung (*compositio*) behandelt. Damit ist die
Gestaltung des Satzes gemeint. Das erste Problem bezieht sich auf
den Verarbeitungsgrad: Sind die einzelnen Glieder locker oder gar
willkürlich aneinander gereiht? Gibt es eine koordinierende Nebeneinanderstellung der einzelnen Glieder (die Parataxe)? Oder
gibt es eine auf Differenzierung angelegte gegliederte Abfolge (die
Hypotaxe)? Das zweite Problem bezieht sich auf die Aufeinanderfolge der Wörter im Einzelnen. Wieder unterschied man drei
Probleme: Wie steht es mit der Wortstellung? Wieweit ist auf
Wohlklang geachtet? Wieweit ist der Satz rhythmisch gestaltet?
Man sieht wohl sofort, dass mit diesen Gesichtspunkten etwas
angesprochen ist, was bis heute unter dem Terminus *Kunstprosa*
diskutiert wird. Selbst die lockere Gestaltung eines Satzes kann ja
gewollt, also Kunst sein, und ist es historisch immer dann gewesen, wenn man sich gegen zu viel Kunst absetzen wollte. Als Ideal
galt in der Antike beim ersten Problem der dritte Punkt: die wohl-
gegliederte Satzgestaltung, für die der Name *Periode* stand. Mit
dieser Periode war etwas Abgerundetes, ja in sich Zurückkehren-
des gemeint, die Vorstellung, dass ein Gedanke mit (allen) seinen
(natürlichen) Teilen entfaltet ist. Dazu gehören normalerweise
Nebensätze und Parenthesen: ein Geflecht von ,Teilen', die zum
Ganzen verschlungen sind. Die Periode war entsprechend unterteilt in Teilsätze, die *Kola*, das *Kolon* wieder in *Kommata* (Singular:
Komma, woher noch unser Begriff in der Zeichensetzung stammt).
Der berühmte Beginn von Ciceros erster *Catilinarischen Rede* ist
eine Periode, die aus mehreren Kola besteht, die jeweils selbstän-
dige (Frage)sätze darstellen, aber zu einem ,Bogen' (eben der Periode) gehören:

> Quo usque tandem abutere, Catilina, patientia nostra? Quam diu etiam furor
> iste tuus nos eludet? Quem ad finem sese effrenata iactabit audacia?
> (Übers. von Manfred Fuhrmann: Wie lange noch, Catilina, willst du unsere
> Geduld missbrauchen? Bis wann soll deine Tollheit uns noch verhöhnen? Wie
> weit wird zügellose Dreistigkeit sich noch vermessen?)

Und in der nächsten Frage eine andere Form der Kola, die auch
in der Übersetzung allein deutlich wird:

Erschütterte dich nicht der nächtliche Posten auf dem Palatin, nicht die Wachen in der Stadt, nicht die Furcht des Volkes, nicht die Zusammenkunft aller Rechtschaffenen, nicht diese fest verwahrte Stätte der Senatssitzung, nicht die Mienen und Blicke der Anwesenden?

Zu allen diesen Teilgliedern gab es Lehren, die die Einzelheiten der Gestaltung betrafen. Sie waren nicht nur kompliziert, sondern auch umstritten, vor allem bei der Übertragung vom klassischen Latein in die späteren Nationalsprachen, also auch ins Deutsche. Geblieben ist am ehesten der Begriff der *Periode*.

Ciceros Perioden waren oft ‚Satzungetüme', also verflochtene Gebilde (die man als Lateinschüler fürchtete), aber eben mit dem Anspruch formuliert, den Gedanken damit auch auszuformen, ja auszumessen, auszubalancieren. Für die Formulierung wichtiger Gedanken war die Periode geradezu zwingend vorgeschrieben, zum Beispiel bei einer Sentenz oder einer Schlussfolgerung; jedes andere Vorgehen galt für einen solchen Inhalt als zu schwach. Alle Humanisten haben an diese Kunst angeschlossen, z.B. diejenigen des 16. Jahrhunderts, aber auch den humanistischen Idealen verpflichtete ‚Gelehrte' des 18. Jahrhunderts. Ein Humanist ist so gesehen am (kunstvollen) Periodenbau erkennbar. Umgekehrt wurde immer wieder Front gemacht gegen diese nun als Künstlichkeit empfundene ‚Geschraubtheit'. Nicht zufällig lautet in solchen Zeiten die Devise: „Schreibe, wie du sprichst!" Die wenigsten Vertreter dieser Devise waren sich bewusst, dass sie damit nur eine andere Form rhetorischer Kunst vertraten. Wir werden davon noch Näheres hören.

Unter dem Problemkomplex der Wortfolge ist zunächst die Frage des Wohlklangs von besonderer Bedeutung. Zum Beispiel vermied man schon früh den *Hiat*, das Aufeinandertreffen eines Wortes, das mit Vokal endet, auf ein solches, das mit einem Vokal beginnt. Beim Sprechen entsteht dabei eine Art ‚Knack', der den Fluss der Rede stört. Noch Heinrich Heine hat bei der Bearbeitung seiner Gedichte noch auf Derartiges geachtet. In der Antike sind die Feinheiten fast unüberschaubar. Sogar das Zusammenstoßen ‚rauer' Konsonanten wie *s* und *x* war verpönt. Weiterhin sollte die Abfolge von gleichlangen Silben vermieden werden, besonders auch die Wiederholung von Silben.

Noch viel bedeutsamer aber war der Rhythmus, der durch die Abfolge von langen und kurzen Silben entsteht. Schon die pure Aufeinanderfolge von gleichlangen Wörtern galt als unschön, weil die Eintönigkeit unfreiwillig komisch wirkt. Umso nötiger der ‚Fluss' der Rede insgesamt, das ‚Strömen', das durch eine abwechslungsreiche Gestaltung zustande kommt. Cicero hielt dies für wichtiger als den Inhalt der Rede, weil er glaubte, dass ein ‚guter' Rhythmus die Rede gut ‚macht'. Wie man davon überzeugt war, dass in einem schönen Körper ein guter Charakter ‚stecke', so eben auch hier der Glaube an eine Übereinstimmung von Innen und Außen. Cicero nahm an, dass unsere Ohren dafür regelrecht ‚programmiert' sind – wir ‚hören' den guten Rhythmus, verarbeiten das ‚Gehörte' entsprechend und reagieren letztlich mit Zustimmung oder Ablehnung. Wir können heute die Beispiele kaum noch nachvollziehen, an denen Cicero diese Lehre demonstriert:

Ich selbst stand in der Versammlung, als der Volkstribun Gaius Carbo, der Sohn des Gaius, zum Volke die Worte sprach: „O Marce Druse, patrem appello", zwei Abschnitte also, jeder mit zwei Füßen; dann als Kola: „Tu dicere solebas sacram esse rem publicam", wieder zwei Abschnitte, jeder mit drei Füßen. Danach als Periode: „Quicumque eam violavissent, ab omnibus esse ei poenas persolutas" – ein Dichoreus als Kadenz, denn es tut nichts zur Sache, ob die letzte Silbe lang ist oder kurz. Sodann: „Patris dictum sapiens filii temeritas comprobavit" – wunderbar, in welchen Beifall das Volk bei diesem Dichoreus ausbrach. Ich frage: hat der Rhythmus das bewirkt? Ändere nur die Wortfolge, etwa so: „comprobavit filii temeritas" und schon bleibt nichts mehr, obschon temeritas aus drei kurzen und einer langen Silbe besteht, was Aristoteles für den besten Versfuß ansieht – ich selbst bin da anderer Ansicht.

Dabei spielte immer die Behandlung des Satzendes die wichtigste Rolle. Ja, man kann sagen: Mit speziellen Rhythmen wurde das Satzende regelrecht signalisiert. Dafür hatte die Antike so genannte Klauseltypen entwickelt, so dass ein Hörer wusste, dass Cicero am Ende eines Abschnitts angelangt war, wenn er *esse videatur* sagt, weil diese Wörter mit ihrer Abfolge von Längen und Kürzen genau dieses Ende markierten.

Wenn man einwenden wollte, dass der Sprachrhythmus auf die Rede bzw. den Vortrag beschränkt sei, irrt man. Auch im schriftlichen Bereich, bei Texten, spielt der Rhythmus eine Rolle, schon deshalb, weil man sich lange Zeit die Texte vorlas. Zwar gibt es im 19. Jahrhundert, nach dem berühmten ‚Ende' der Rhetorik, Kritik, wie sie unübertrefflich Jean Paul in seiner *Vorschule der Ästhetik* gegen den berühmten Naturwissenschaftler Buffon äußerte:

So hören die Franzosen, an denen wir weniger ihre Sprache als ihre Liebe für ihre Sprache zu lieben haben, ihre Schriftsteller so sehr mit zarten strengen Richter-Ohren, daß Madame Necker sogar behauptet, Rousseau habe den römischen Senat unrichtig bloß ‚cette assemblée de *deux* cents rois' genannt, anstatt des richtigen *trois*, um den Reimklang zu meiden; und so habe auch Buffon in seiner Lobrede auf Condamine, den Akademiker, diesen einen confrère de trente ans, anstatt vingt-sept ans, was weniger geklungen hätte, genannt. Daß aber Rousseau *hundert* wegnimmt und Buffon *drei* herschenkt, nur um wohlzulauten, will mir und der Wahrheit nicht gefallen; aussprechen wäre besser als ausklingeln.

Aber man darf sich nicht täuschen lassen: Flüssiger, sprach-rhythmisch gestalteter Stil blieb weiterhin ein angestrebtes Ziel. Und dies nicht nur in der Literatur, sondern auch in der Wissenschaft. Von Sigmund Freud wissen wir, dass er keine seiner Arbeiten mehr schätzte als den großen Aufsatz *Totem und Tabu* – wegen der sprachlich-sprachrhythmischen Brillanz. Im modernen Feuilleton kann man heute kaum bestehen ohne Qualitäten dieser Art. Darauf ist noch zurückzukommen.

3.6 Angemessenheit

Zu den Tugenden sprachlicher Darstellung, anders gesagt: zu den großen Leitlinien der Stilistik, gehört als vierter und letzter Punkt die *Angemessenheit*, das *aptum* (*decorum*). In dieser Kategorie sollte zum Ausdruck kommen, dass alle Lehren bezüglich *Richtigkeit*, *Klarheit* und *Schmuck* nicht ‚abstrakt' gelten, sondern anwendungsbezogen. Zur Angemessenheit gehört, dass die einzelnen Mittel sprachlicher Darstellung aufeinander abgestimmt sein müssen – das so genannte *innere aptum*. Viel Schmuck bedingt z.B. eine andere Vorstellung von Klarheit als wenig Schmuck. Dazu gehört weiter, dass die einzelnen Mittel sprachlicher Darstellung zur Situation passen – das so genannte *äußere aptum*. Unter Freunden gelten andere Anforderungen als in einer öffentlichen Versammlung. In Zeiten, in denen die Gesellschaft stark hierarchisch aufgebaut war (wie etwa in der höfischen Gesellschaft des 17., 18. Jahrhunderts), bildet sich ein *soziales aptum* heraus, wonach jeder Stand anders angesprochen sein will. Angemessenheit ist also bezogen auf anerkannte Normen und damit lernbar.

All dies verliert seine Gültigkeit in dem Augenblick, in dem sich die Kultur auf Gleichheit einstellt und statt auf feste Normen auf Individualität bzw. individuellen Ausdruck setzt. Damit musste sich die Kategorie der Angemessenheit wandeln und hat dies, wie gesehen, auch getan. Genauer gesagt, wandelte sich der Begriff der Urteilskraft, der der Angemessenheit zugrunde lag, das *iudicium*.

Aus dem normativen *iudicium* wird im 18. Jahrhundert (mit Vorläufern im 17. Jahrhundert) der individuelle Geschmack. Damit war das Schicksal der ‚klassischen' Rhetorik besiegelt, sofern ihr wichtigster Glaube unterminiert wurde: der Glaube an ihren Charakter als einer *ars*, einer lernbaren Kunst. Es ist interessant zu sehen, dass sich aber auch beim neuen Geschmacksbegriff sofort eine Debatte ergibt, wieweit dessen Urteil ‚objektivierbar' ist. Die frühen Aufklärer wie etwa Gottsched dachten noch an eine Orientierung an der Antike als ‚ewig' gültigem Muster und begründeten damit einen Klassizismus. Kant, wie gesehen, versuchte den Geschmack innerhalb seiner *Kritik der Urteilskraft* an das Kriterium der Übereinstimmung der Urteilenden zu binden. In der Moderne dominiert letztlich die Vorstellung von der Unbegründbarkeit des Geschmacksurteils.

Muss man deshalb die Kategorie der Angemessenheit abschreiben? Die Antwort ergibt sich wie bei allen Rückgriffen auf rhetorisches Gedankengut aus einer gewandelten Vorstellung davon, was Rhetorik leisten soll: nicht Rezeptwissen, sondern Analyse der Formulierungsprobleme. Dabei zeigt die Praxis, dass Überlegungen hinsichtlich der Einheitlichkeit eines Textes ebenso wenig obsolet sind wie Überlegungen zur Situationsbezogenheit. Man muss auch heute noch so reden/schreiben, wie es ‚erwartet' wird, zumal die Deviationshypothese heute weniger greift als noch zur Zeit der Genies. Schon verschiedene Teile einer Zeitung belegen es: Ein politischer Kommentar sieht anders aus als eine Berichterstattung über ein Unglück, eine Theaterrezension im Feuilleton anders als ein Beitrag über Essen und Trinken unter der Kategorie Lifestyle. Das eher Schwierige liegt heute darin, dass zwar keinerlei Normen mehr ‚ausgerufen' werden, dass sie aber genauso gelten wie eh und je – und das Lernen damit weitgehend dem Zufall überlassen wird.

3.7 Stilgattungen

Vielleicht kein anderer Teil der Stilistik hat so sehr an Reputation eingebüßt wie die Lehre von den Stilgattungen: dem hohen, mittleren und niederen Stil. Schon in der Antike war klar, dass mit dieser Dreistillehre eine Schematisierung verbunden war, die in der Realität nur in Mischungsverhältnissen vorkommt. Außerdem schwankte die Orientierung zwischen dem Kriterium des Schmucks (der elokutionellen Stillehre) und dem der behandelten

Materie (der materialen Stillehre). Im historischen Teil war davon bereits die Rede. Unter Aspekten einer individuellen Handhabung der sprachlichen Darstellung, wie sie im vorigen Kapitel behandelt wurde, kann man eine Fortsetzung der traditionellen Lehre von den Stilgattungen nicht mehr erwarten. An ihre Stelle treten heute Beobachtungen zum Personalstil von Autoren, zu wissenschaftlichem oder journalistischem Stil, zum Stil einer Zeitung oder eines Rundfunkprogramms usf. Das Interessante ist nun, dass zwar die Orientierung an viel oder wenig Schmuck, an ,hoher' oder ,niedriger' Materie aufgegeben ist, nicht aber die Orientierung an einer gewissen ,Einheitlichkeit', die man zum Beispiel an der Wiedererkennbarkeit festmachen kann. Zeitungen, Sender, Autoren bemühen sich um ihren Stil, der wie ein Markenartikel auf Fortsetzung des Konsums angelegt ist. Ich höre/lese dies oder das, weil es mir vertraut ist. Schon 1956 hat Hans Magnus Enzensberger in seinem berühmten Verriss des *Spiegel* bzw. der *Spiegel-Sprache* die problematische Seite eines solchen ,Stils' hervorgehoben. Im Falle des *Spiegel* behauptete er, dass es statt um Kritik um Pointen gehe, dass an die Stelle einer (falschen oder richtigen) „Ideologie" eine „skeptische Allwissenheit" trete, „die an allem zweifelt außer an sich selbst". Der wichtigste Beleg war dabei die Parodierbarkeit. Das Charakteristische eines jeden Beitrags sei statt der ,Sache' der Sound, in der sie dargeboten werde.

Es kommt hier nicht darauf an, dieser Kritik beizupflichten oder sie zu widerlegen, sondern auf die Tatsache, dass auch unter Voraussetzungen einer nicht mehr normativen Stilvorstellung Gattungshaftes fortbesteht. Der Gedanke einer gewissen ,Höhe', sei es auf den Schmuck, sei es auf das ,Material' bezogen, hat sich tatsächlich überlebt. Nicht aber die Vorstellung von einer Einheit über die Einzelpunkte wie Richtigkeit, Klarheit, Schmuck hinaus. Und letztlich geht es weiter um Lernbarkeit. Zwar spielen dabei Handbücher eine eher geringe Rolle, Nachahmung aber wird umso wichtiger.

3.8 Zusammenfassung: Das System der Stilistik

Richtig ist: Es hat nie ein abgeschlossenes System der Stilistik gegeben. Aber richtig ist auch: Man hat sich über zwei Jahrtausende hinweg in erstaunlichem Maße an eine gleichartige Terminologie und auch an eine gleichartige Systematisierung des Problems gehalten – selbst neueste Theorien knüpfen daran an. Der Grund ist klar, er liegt darin, dass die Stilistik zur Rhetorik gehört, die sich einmal – neben allen ‚ideologischen' Überlegungen – zum Ziel gesetzt hatte, das ‚System' Kommunikation zu durchforsten. Dies geschah letztlich in einer ‚Zerlegung' des Problems. So wie man bei der logischen (*inventio*) und strategischen Seite (*dispositio*) des Kommunizierens Argumentations- und Gliederungsmöglichkeiten ersann, orientierte man sich im Falle der Stilistik an ‚Tugenden' der sprachlichen Darstellung, der Kehrseite von Lastern, die man vielleicht sogar eher entdeckt hatte. ‚Gut' ist eine Rede oder ein Text beispielsweise, wenn sie bzw. er korrekt ist. Grammatische Fehler stören und auf reibungsloses Verstehen kommt es an. Noch ‚besser' als Sprachrichtigkeit ist Klarheit – nicht nur glatt sollen wir verstehen, sondern auch viel. Die weitere Steigerung ist der Anreiz, der im Schmuck liegt: Zur Klarheit kommt die Unterhaltung. Der letzte Punkt bringt eigentlich nichts Neues, sondern formuliert nur ein übergreifendes Prinzip. Was auch immer man redet/schreibt: Es muss sich nach Sache, Person, Situation richten. Auf diese Weise kann sogar einmal ein Fehler erlaubt, Klarheit eingeschränkt oder Unterhaltung fehl am Platze sein.

Diese Beobachtungen – darauf kam es immer an – haben ihren Zweck nicht in sich selbst, sondern sollten die Praxis unterstützen. Sie sind also auf Lernen angelegt. Wer ‚weiß', wie man richtig, klar, schmuckvoll, angemessen redet/schreibt, tut dies erfolgreich. Bis zum 18. Jahrhundert hat das niemand bestritten. Dann kamen Forderungen nach Natürlichkeit, die das ‚Wissen' wegfegten. Im Ergebnis endete jedoch nur die Zeit der normativen Stilistik, die Analyse wurde fortgesetzt und das Lernen nahm nur eine andere Gestalt an. In welcher Gestalt auch immer man heute Stilistik studiert: Das historisch gewachsene System bildet dazu einen unverzichtbaren Ausgangspunkt.

4 Stilanalysen

Im Folgenden sollen exemplarische Stilanalysen einen Überblick über die Geschichte des Stils vermitteln. Im Vordergrund steht dabei der literarische Stil: der Stil in den großen Gattungen der Lyrik, Epik (heute: Romankunst) und Dramatik. Über diese klassischen Gattungen hinaus wird im Falle Luthers die Übersetzungskunst, im Falle Lessings die kritische Essayistik einbezogen. Neben der Literatur soll auch ein Blick auf die Wissenschaft und den (gehobenen) Journalismus geworfen werden. Auch wenn damit keine umfassende deutsche Stilgeschichte vorliegt, sind die Beispielanalysen doch chronologisch geordnet und historisch verortet. Manches hier Verhandelte wurde bereits im Kapitel *Stilistikgeschichte* angedeutet und umgekehrt wird dort Angedeutetes hier in seiner konkreten Erscheinungsform behandelt. Dieser Wechselbezug ist bewusst angestrebt: Stilpraxis und Stilistik/Poetik stehen schließlich in Zusammenhang.

Zur Methode schließlich sei das Folgende gesagt: Es handelt sich nicht um (vollständige) Interpretationen, sondern um eine Vorstufe derselben, man könnte sagen: um technische Stilanalysen. Vor dem Hintergrund der Selektionstheorie wird Stil als mehr oder weniger individuelle Realisation von bestimmten Alternativen verstanden. Da es hier allerdings nicht um Aussagen über das Sprachsystem bzw. die Rolle des Stils innerhalb dieses Sprachsystems geht, sondern allein um die Annäherung an die stilistische Struktur einzelner Texte, spielen die linguistischen Erwägungen zur strukturalistischen oder pragmatischen Stilistik keine wesentliche Rolle. Auf sprachwissenschaftlicher Ebene ähneln die Analysen der Textlinguistik, jedoch ohne den Anspruch auf Erfassung des Systems. Auf literaturwissenschaftlicher Ebene ähneln sie dem Formalismus der werkimmanten Methode, jedoch ohne den Anspruch auf Interpretation. Dazu bedarf es vielmehr der Einbeziehung von literaturkritischen, soziologischen, mentalitätsgeschichtlichen und vielen anderen Aspekten.

4.1 Literarischer Stil

4.1.1 Formkunst in der höfischen Epik: Der *Tristan* Gottfrieds von Straßburg

Die wichtigsten deutschsprachigen Dichtungen des Mittelalters sind in einem vergleichsweise kurzen Zeitraum entstanden: in der letzten Phase des Staufischen Kaisertums (von den 80er-Jahren des 12. Jahrhunderts bis in die 20er-Jahre des 13. Jahrhunderts). Mit dem *Eneas* Heinrichs von Veldeke beginnt die Epik, gefolgt von den großen Artusromanen Hartmanns von Aue (dem *Erec* und dem *Iwein*), dem *Parzival* Wolframs von Eschenbach und dem *Tristan* Gottfrieds von Straßburg. Dazu kommt die Heldenepik, an erster Stelle das anonyme *Nibelungenlied*. Mit dem rheinischen Minnesang, zu dem wieder Heinrich von Veldeke gehört, beginnt die Lyrik, die ihren Höhepunkt im Werk von Walther von der Vogelweide erreicht. Dabei waren die sprachlichen Voraussetzungen denkbar schwierig: Das Deutsche existierte nur in landschaftlich gebundenen Mundarten, das mit dem Ober- und Niederdeutschen eine Spannweite aufwies, die die Verständigung schwierig machte. Um den Verkehr an den sich soeben herausbildenden Höfen der Landesherren zu ermöglichen – das Königtum ist immer noch ein Reisekönigtum –, zeichnen sich Tendenzen einer Vereinheitlichung ab, die jedoch lange Zeit überschätzt wurden. Weil Veldekes *Eneas*, in limburgischer, also niederdeutscher, Fassung entstanden, in Thüringen in Oberdeutsch vollendet wurde, ging man von einer ‚mittelhochdeutschen Dichtersprache' aus, die der große Herausgeber Karl Lachmann dadurch stützte, dass er die Texte in seinen Ausgaben (gegen das Zeugnis der Handschriften) ‚normalisierte'.

Unter diesen Voraussetzungen von einem gemeinsamen Stil der höfischen Dichtung zu sprechen, ist schwierig. Aber es gibt einen Punkt, der in einem hohen Maße für Einheit gesorgt hat: die Rhetorik. Es ist seit langem erwiesen, dass die höfischen Dichter die lateinischen Poetiken kannten oder doch den in ihnen verarbeiteten Stoff auf entsprechenden Schulen erlernt hatten. Zumindest war dies bei den Vorbildern der Fall, die fast alle aus Frankreich stammten: sowohl die *matière de Rome*, also etwa der Äneas-Stoff, aber auch die *matière de Bretagne*, der Artus-Stoff im Falle der Epik, die Troubadourlyrik (in der zusätzlich direkter antiker Einfluss, nämlich Ovid, eine Rolle spielt) im Falle des Minnesangs. Es kann kein Zufall sein, dass die Autoren in ihren Werken die geläufigen Tropen und Figuren verwenden oder sich in ihren Prologen in Einzelheiten an die Vorgaben halten, die in den lateinischen Poetiken formuliert sind. Auch wenn man daraus nicht ableiten sollte, dass die deutschsprachige höfische Literatur des Mittelalters zum „Abklatsch" der antiken Vorbilder wird (wovor Walter Haug warnt): Die ‚neue' Formung des Stoffs mit den ‚alten' Mitteln der Kunst (*ars*) ist nichts, was die Leistung der Autoren beeinträchtigen könnte. Wir wollen dies im Folgenden nicht in der gesamten Spannbreite der höfischen Literatur, sondern an einem Beispiel demonstrieren: am unvollendeten *Tristan* Gottfrieds von Straßburg (abgebrochen um 1210). Vom Autor kennen wir nur Namen und Herkunft – der Roman ist im elsässischen Raum, also auf Oberdeutsch abgefasst. Seine Vorlage, von der noch die Rede sein wird, ist eine französische Fassung des Stoffs, von der heute nur noch Bruchstücke existieren. Aber soviel wird aus dem Vergleich klar: Es handelt sich um eine Aneignung mit viel Respekt bei gleichzeitigem Vertrauen in die eigene Könnerschaft. In der stilistischen Gestaltung hat ein selbst mit der rhetorischen Tradition Vertrauter in rhetorischer Tradition Konzipiertes weitergeführt.

Folgen wir bei der Analyse dem Schema der stilistischen Tugenden, wie es die mittelalterlichen Poetiken (in Anlehnung an die antike *Rhetorik an Herennius*, also nicht an die ‚klassischen' Cicero-Texte) vorgeben, so stellt sich zunächst die Frage nach der *elegantia*, der Reinheit und Durchsichtigkeit des Stils. Dass Gottfried genau wusste, worum es dabei ging, verdanken wir dem für die höfische Epik einmaligen Exkurs zu seinen Vorgängern, den er vor der Schilderung von Tristans Schwertleite in sein Werk eingefügt hat. Dort rühmt er Hartmann von Aue:

> Hartman der Ouwaere,
> âhî, wie der diu maere
> beide ûzen unde innen
> mit worten und mit sinnen
> durchverwet und durchzieret!
> wie er mit rede figieret
> der âventiure meine!
> wie lûter und wie reine
> sîniu cristallînen wortelîn
> beidiu sind und iemer müezen sîn!

(Hartmann von Aue, ja, wie der seine Geschichten sowohl formal wie inhaltlich mit Worten und Gedanken völlig ausschmückt und verziert! Wie er mit
seiner Sprache den Sinn der Erzählung ausformt! Wie klar und wie durchsichtig rein seine kristallenen Worte sind und immer sein werden!)

Auf das Ausstaffieren des Inhalts mit (schönen) Worten kommen wir noch zu sprechen – die Lauterkeit und Reinheit übersetzt
genau die lateinischen Termini der *latinitas* und *perspicuitas* (als
Inhalte der *elegantia*). Wenige Verse weiter ist die Rede davon, dass
diese Worte auch *ebene unde sleht* sind, einfach und klar, womit die
dritte stilistische Tugend, die *compositio* (Wortfügung), gemeint ist.
Denn zwischen diesen beiden Charakterisierungen wird das Gegenstück solcher Wortfügung verdammt, Wolframs *Parzival* mit
den *hochsprüngen* und den *bickelworten* (zusammengewürfelten Worten) auf seiner *wortweide*. Wenn der (namentlich nicht genannte)
Konkurrent und Intimfeind schließlich als *vindaere wilder maere/ der
maere wildenaere* (als Erfinder unwahrer Geschichten, Verfälscher
der Geschichten) hingestellt ist, wird das stilistische Ideal Gottfrieds deutlich: Klarheit versus Dunkelheit.

Beim sprachlichen Schmuck sind die Beziehungen zu den lateinischen Poetiken so deutlich, dass wir die wichtigsten Empfehlungen der Reihe nach durchgehen. Dabei beginnen wir mit der
Amplifikation, der kunstvollen ‚Erweiterung' eines Handlungsele-
ments nach fest vorgegebenen Formen (der Topik). Den wichtigsten Fall stellt die *descriptio* dar, die Beschreibung von Tieren, Sachen, Vorgängen, vor allem von Menschen. Die Poetiken geben
vor, dass in solchen Beschreibungen Lob und Tadel im Vordergrund stehen sollen, besonders Lob. Im *Tristan* gibt es 23 Perso-
nenbeschreibungen, darunter nur zwei tadelnde. Allerdings
durchbricht Gottfried die allzu schulmäßigen Anforderungen,
wenn er bei der durchweg lobenden Beschreibung Riwalins (Tristans Vater) dessen Übermut erwähnt. Ansonsten ist das Schema
gewahrt: Zur Beschreibung gehören typische Züge, nichts (oder
kaum etwas) in unserem Sinne Individualistisches. Weiter soll ein
Hauptzug am Charakter hervorgehoben werden. Bei Tristan ist
dies die höfische Bildung, bei Isolde die Schönheit, bei deren
gleichnamiger Mutter die Kunstfertigkeit, bei König Marke die
Unentschlossenheit. Diese Charakterzüge sollen die spätere Handlung erklären: Tristans Erziehung z.B. den Erfolg bei Hofe, seine
Namensdeutung (Tristan nach lat. *tristitia* = Trauer) das spätere
Unglück usf. Bei Isoldes Schönheit wird die Wirkung auf die Mit-

menschen ‚motiviert', auf eine dieser Beschreibungen folgt sogleich die Reaktion Markes: sein Entzücken.

Dass sich Autoren wie Gottfried bei ihren Beschreibungen an die Poetiken gehalten haben, wird etwa an der Beschreibung Riwalins deutlich, bei der die meisten der *descriptio*-Gesichtspunkten wiederkehren, die in den Poetiken formuliert sind: Natur (Alter, Geschlecht, Heimat), Glück, Natur (Körper), Eifer, Schicksal, Umgang, Umstände, Leidenschaften. Beim Lesen der 90 Verse kommt man trotzdem kaum auf die Idee, dass sie einem ‚Schematismus' folgen, wie der Anfang der Beschreibung Riwalins mit seiner kunstvollen ‚Überspielung' der Kunst verdeutlicht:

> Ein hêrre in Parmenîe was,
> der jâre ein kint, als ich ez las.
> der was, als uns diu wârheit
> an sîner âventiure seit,
> wol an gebürte künege genôz,
> an lande vürsten ebengrôz,
> des lîbes schoene und wunneclîch,
> getriuwe, küene, milte, rîch;
> und den er vröude solte tragen,
> den was der hêrre in sînen tagen
> ein vröude berndiu sunne:
> er was der werlde ein wunne,
> der ritterschefte ein lêre,
> sîner mâge ein êre,
> sînes landes ein zuoversiht.

(In Parmenien lebte ein Herrscher, noch jung an Jahren, wie ich las. Der war, wie uns wahrheitsgemäß seine Geschichte berichtet, seiner Herkunft nach Königen ebenbürtig, an Landbesitz Fürsten vergleichbar, schön und herrlich von Gestalt, zuverlässig, tapfer, freigebig und mächtig; und allen, die er erfreuen sollte, war dieser Herr zeit seines Lebens eine freudenspendende Sonne. Er entzückte alle, war der Ritterschaft ein gutes Beispiel; seiner Verwandtschaft gereichte er zur Ehre und gab seinem Lande Hoffnung.)

Wie man diesem Ausschnitt ebenfalls entnehmen kann, gehören zur Beschreibung *Epitheta* (schmückende Beiwörter), die wiederum nach den Poetiken planvoll angewendet werden müssen. Dazu zählen solche aus der höfischen Sphäre ganz allgemein, die entsprechend jeder Person zukommen, und solche, die eine Person in besonderem Maße charakterisieren. Gottfried ist berühmt für die Vielzahl seiner Epitheta: Auf Tristan entfallen 117, auf Isolde 80, wobei sich männliche und weibliche Epitheta selbstverständlich unterscheiden.

Unter den Beschreibungen von Menschen spielt die Beschreibung der Frau eine wichtige Rolle, besonders die Schilderung ihrer Schönheit. Hier sei nur darauf verwiesen, dass dafür wiederum eine feste Topik (der *puella bella*) existiert: gelocktes Haar, leuchtende Augen, gerade Nase, Wangen wie aus Milch und Blut, Mund klein und rot, Zähne weiß usf., worauf weiter (als ,untere' Hälfte) Hals, Brust, Hände und Füße an die Reihe kommen. Weiterhin werden etwa die Pferde der Helden beschrieben, wobei Tristans Pferd eher stiefmütterlich behandelt wirkt. Dafür stellt als Vorgangsbeschreibung Tristans Zerlegung des Hirsches das Musterbeispiel für eine Detailgenauigkeit dar, die dann – ganz nach den Anweisungen der Poetiken – eine ,Begründung' für das spätere Geschehen (Tristans Anerkennung am Hof) bietet.

Zur Amplifikation gehören weitere Möglichkeiten, die auf Mittel berechnet sind, einen Text ,auszugestalten'. Alles, was die Pariser Poetiken nennen, kommt bei Gottfried vor. So die *interpretatio*, die ,interpretierende' Auslegung eines Gedankens, und die von ihr schwer zu unterscheidende *expolitio*, also ,Ausmalung' z.B. durch ein Gespräch oder durch eine Zuspitzung des Beschriebenen in einer Sentenz oder in der Anwendung auf einen ähnlichen Fall. Auch die Einführung eines Oppositums, die Darstellung des Gegenteils, gehört in diesen Bereich. Weiter werden Umschreibungen und Ähnlichkeiten aufgeführt.

Diesen Schematismen des Beschreibens, die im Mittelalter als ,Schmuck' aufgefasst wurden, stehen nun die klassischen, auf Wörter und (einzelne) Sätze bezogenen, Schmuckformen gegenüber: die Tropen und Figuren (die *colores rhetorici*). Sie sind im *Tristan* reichlich, aber bemerkenswert ,unkünstlich' verwendet. Die Metaphern entstammen nicht weit entfernten Bildbereichen, sondern sind leicht verständlich, lassen häufig Abstraktes in konkreten Bildern erscheinen: die *stricke sîner trahte* (die Stricke seiner Grübelei), *daz viur, dâ von sîn herze enbran* (das Feuer, das sein Herz entzündete). Es gibt allerdings eine Form von Künstlichkeit, die Gottfried häufig und offenbar gerne anwendet: jene in den Poetiken empfohlene besondere Metapher, die von Widersprüchlichem lebt, das Oxymoron:

Daz ist diu wernde herzeclage,
in der ich alle mîne tage
mit lebendem lîbe sterben muoz.

(Das ist der dauernde Schmerz, an dem ich zeit meines Lebens lebendig sterben muss.)

Eine ausgeweitete Form der Metaphorik liegt in der Metaphern-
häufung, der Allegorie. Ein Bild erweist sich gewissermaßen als
Quelle weiterer Bilder (im Folgenden das ,Mitnehmen' ins Herz):

> daz enzunte ouch sîne sinne,
> daz sî sâ wider vuoren
> und nâmen Blanschefluoren
> und vuorten sî mit in zehant
> in Riwalînes herzen lant
> und crônden sî dar inne
> im z'einer küniginne.
> jâ Blanscheflûr und Riwalîn,
> der künec, diu süeze künigîn,
> die teilten wol gelîche
> ir herzen künicrîche

(Das entflammte ihn so, dass er im Geiste wieder hinging, Blanscheflur mit-
nahm und sogleich in Riwalins Herzensreich führte und sie dort zu seiner
Königin krönte. Ja, Blanscheflur und Riwalin, der König und die liebliche
Königin, teilten getreulich das Königreich ihrer Herzen.)

Der bedeutendste Fall dieser Art stellt die Minnegrottenallegorie
dar, in der die Tristanminne in der Gestalt eines Gebäudes in allen
Einzelheiten vorgestellt wird. Die ,Auslegung' dieses Bildes, die
Allegorese, hat dabei das große Vorbild in der Praxis der Bibelausle-
gung. Dabei werden vier ,Ebenen' der Auslegung unterschieden –
die berühmte Lehre vom vierfachen Schriftsinn: die wörtliche
oder historische Bedeutung (*sensus litteralis*), die moralische Bedeutung für den einzelnen Menschen (*sensus tropologicus*), die heilsge-
schichtliche Bedeutung für das ganze Menschengeschlecht (*sensus
allegoricus*) und die Bedeutung für das jenseitige Leben (*sensus anago-
gicus*).

Strikt vom Bereich des Bildlichen zu unterscheiden ist die Metonymie, in der das Gesagte mit dem Gemeinten in empirischer
Verbindung steht, z.B. als *pars-pro-toto*-Beziehung (die Synekdoche). Im *Tristan* gibt es dafür viele Beispiele, wenn es etwa heißt:
ûz milter hant lônder im dô (mit mildtätiger Hand belohnte er ihn),
wobei die Hand für den Spender steht. Auch *mit weinendem herzen*
(mit weinendem Herzen) ist metonymisch, wobei das (verletzte)
Herz den ,Grund' des Weinens darstellt.

Zwei weitere Tropen spielen im *Tristan* eine eher untergeordnete Rolle: die Hyperbel und die Ironie. Die Hyperbel ist auf Übertreibung angelegt:

> daz s'ime des niht engunde,
> daz er ze keiner stunde
> unsanfte nider getraete
>
> (dass sie es nicht zuließ, dass er auch nur einmal hart aufträte)

Die Ironie beruht darauf, dass das Gegenteil des Gesagten gemeint ist. Im folgenden Beispiel ist die Rede von Blanscheflur, die unverheiratet schwanger wurde, was einen Skandal auslöste:

> wir wizzen aber alle wol,
> (diu lant sind dirre maere vol)
> in welher wîse Blanschefluor
> mit iuwerm vater von lande vuor,
> zu welhen êren ez ir kam
> wie diu vriuntschaft ende nam.
>
> (Jedoch wissen wir alle, und das Reich ist voll mit dieser Geschichte, wie Blanscheflur mit Eurem Vater davonlief, welches Ansehen sie sich erwarb und wie diese Liebschaft endete.)

Nach den lateinischen Poetiken zählt (wie in der *Rhetorik an Herennius*) zu den Tropen auch noch das Hyperbaton, das eigentlich eine Figur der Umstellung ist: *vriunt lieber, got gesegen dich* (lieber Freund, Gott segne dich), *dâ gienc ein tür êriniu vür* (davor gab es eine eherne Tür) usf. Schließlich sind die Epitheta Tropen – davon ist schon die Rede gewesen. Unter diesen Beiwörtern sticht bei Gottfried die Namensumschreibung, die Antonomasie, hervor: Isolde erscheint etwa als *diu schoene* oder *diu höfsche guote*, auch als *diu schoene, saelderîche* usf.

Von den Figuren (*colores rhetorici*) macht Gottfried so reichlichen Gebrauch, dass hier nur das Wichtigste genannt werden kann. Unter den Wortfiguren (*colores verborum*) steht bei ihm die Paronomasie an erster Stelle, das Sprachspiel (genauer: das Spiel mit lautlich ähnlichen Wörtern):

> Canêlengres der kêrte hin
> in maneger slahte trahte:
> er trahte maneger slahte [...]
>
> (Kanelengres ritt fort in tiefen Gedanken. Er bedachte immer wieder...)

Bei einer Abwandlung der Lautgestalt, die sich der Flexion verdankt, liegt Polyptoton vor:

> sus muoz ich âne vater sîn,
> zweier vetere, die ich gewunnen hân.
> Â vater unde vaterwân,
> wie sît ir mir alsus benommen!

(Also muss ich vaterlos sein, obwohl ich zwei Väter bekommen hatte. Ach Vater und Vaterglaube, wie seid ihr mir genommen!)

Auch Alliteration, also Wiederholung des Anfangslautes, kommt vor: *ir lehen, ir liut und ir lant* (ihr Lehen, ihr Volk und ihr Land). All dies sind Hinzufügungen in der Form der Wiederholung, wozu auch die Anapher gerechnet werden muss:

> ir clage wart aber dô mê dan ê:
> clage, daz Riwalîn erstarp,
> clage, daz Blanschefluor verdarp,
> clage umbe ir beider kindelîn.

(Ihre Klage wurde da wieder stärker als vorher: Klage darüber, dass Riwalin gestorben war, Klage darüber, dass Blanscheflur verloren war, Klage über das Kind dieser beiden.)

Nach der Wiederholung ist die Häufung eine weitere Form der Hinzufügung. Gottfried verwendet sie, wie gesehen, besonders bei den Epitheta: Tristan nämlich war *des lîbes schoene und wunneclîch, getriuwe, küene, milte rîch* (schön und herrlich von Gestalt, zuverlässig, tapfer, freigebig und mächtig).

Auf Auslassung beruht das Zeugma, übrigens eine besondere Empfehlung der Poetik des Matthäus von Vendôme. Gottfried verwendet diese Figur (bei der das Verb in den weiteren Teilsätzen erspart wird) gerne in Beschreibungen, z.B. gleich nach dem gerade Zitierten, wo das Verb *was* (war) dreimal ausgelassen ist:

> er was der werlde ein wunne,
> der ritterschefte ein lêre,
> sîner mâge ein êre,
> sînes landes ein zuoversiht.

(Er war der Welt eine Wonne, der Ritterschaft ein gutes Beispiel; seiner Verwandtschaft gereichte er zur Ehre und gab seinem Lande Hoffnung.)

Zu den Umstellungsfiguren zählt all das, was auf antithetischer (paralleler) oder chiastischer (kreuzweiser) Anwendung der Satzglieder beruht:

Ein senedaer unde eine senedaerîn,
ein man ein wîp, ein wîp ein man,
Tristan Isolt, Isolt Tristan.

(Ein Liebender und eine Liebende, ein Mann, eine Frau, eine Frau, ein Mann, Tristan, Isolde, Isolde, Tristan.)

Zu den Sinnfiguren (*colores sententiarum*) rechnen die Poetiken besonders die *sermocinatio*, den kurzen (stichomythischen oder stichischen) Dialog:

„nu vrouwe, waz ist iuwer nôt
und iuwer clegelîchez clagen?"
„ei trût, getar ich dir'z gesagen?"
„jâ liebiu vrouwe, sprechet an!"

(Nun, Herrin, warum seid Ihr so bekümmert und klagt so schmerzlich?" „Ach, liebe Freundin, darf ich es dir sagen?" „Ja, liebe Herrin, sagt es nur!")

Weiter gehören hinzu die Apostrophe als Wendung an ein (fremdes) Publikum, die *exclamatio* (Ausruf), die *dubitatio* (Äußerung eines Zweifels), die *pathopoia* (Bewunderung) und nicht zuletzt die rhetorische Frage:

wie dô? wie ist mir sus geschehen?
ich hân mich selben übersehen:
wâ sind nû mîne sinne?

(Wie nun? Wie ist mir geschehen? Ich habe mich vergessen: Wo sind meine Sinne?)

Gottfrieds größte rhetorische Kunstfertigkeit liegt jedoch nicht in der Beherrschung dieses ‚Färbens' seiner Dichtung, sondern in der rhetorischen Anlage des Ganzen überhaupt. Wir wollen davon zuletzt nur noch einen (allerdings überaus wichtigen) Aspekt ansprechen: die Gestaltung des Prologs.

Gerade in diesem Fall ist der Zusammenhang mit den lateinischen Poetiken überdeutlich: Gottfried folgt den Anweisungen in sämtlichen wesentlichen Punkten, genau so wie es alle anderen bedeutenden Dichter seiner Zeit tun (Wolfram von Eschenbach

zum Beispiel im *Parzival*). Im Prinzip greift auch beim Prolog das
Schema der antiken Rhetorik, die sich an der Gerichtsrede orientiert. Wie es dort um die Frage geht, auf welche Weise der Redner
(Anwalt) vorgehen soll, tritt auch in der Dichtung der Autor vor
sein Publikum und ,vertritt' sein Werk. Dazu gehört der Bezug auf
die eigene Person, die Herausstreichung ihrer Leistungen oder
auch die Bitte um Nachsicht für ihr Unvermögen (Bescheiden-
heitstopos). Weiter zu nennen ist der Bezug auf das Publikum,
dem Urteilsfähigkeit nachgesagt wird, sowie der Bezug auf die
Gegenpartei, deren Einschätzung man kennen muss. Schließlich
der Ansatz beim Gegenstand (der *causa*), der nach seiner Schwierigkeit (ist er langweilig, kompliziert oder schockierend?) einzu-
schätzen ist. Für all dies standen Strategien bereit, Alternativen der
Ausarbeitung, die niemals als bloße Schemata zu verstehen waren,
sondern gewissermaßen als Spielbälle für immer neue Spiele. Dabei gaben die Poetiken noch weitere Anregungen: z.B. den Beginn
mit einer Sentenz, die Ausarbeitung der behandelten Problematik
und ein Vorbericht auf die Geschichte. Gottfried hat daraus wohl
den virtuosesten Prolog der mittelalterlichen Literaturgeschichte
gemacht.

Zunächst liegt ihm ein Element zugrunde, das uns leider nicht
völlig durchsichtig ist. Die ersten 11 Strophen zusammen mit dem
Beginn des stichischen (fortlaufenden) Teils, eine Strophe in der
Mitte mit dem wiederum folgenden stichischen Teil und eine
Strophe kurz vor dem Ende sowie die beiden abschließenden
Strophen haben jeweils einen Anfangsbuchstaben, der sich zu
einem Akrostichon zusammenfügt:

GDIETERICHTI-IT-D-IU

Man liest sofort den Namen *Dieterich* heraus (der wohl der
Gönner war), dann das *TI* für *Tristan und Isolde*, das *IT* für *Isolde
und Tristan*. Rätselhaft ist das *G* am Anfang, bei dem man auf
Gottfried selbst geraten hat, das aber auch für *grâve*, also den A-
delstitel des (unbekannten) Dieterich stehen könnte. Noch rätsel-
hafter die drei Buchstaben am Ende, die allerdings nur von den
modernen Herausgebern für Teile des Akrostichons gehalten
werden, weil sie an Strophenanfängen stehen, während sämtliche
Handschriften keine Auszeichnung bieten. Übrigens hat man
Ansätze eines Initialenspiels gefunden, das den gesamten Text
durchzieht, wobei sich die Namen der beiden Protagonisten um-

schlingen – leider lassen die Handschriften eine Bestätigung nicht zu.

Der inhaltliche Aufbau der 244 Zeilen gehört zum Schwierigsten, was der Deutung mittelalterlicher Dichtung aufgegeben ist. Gut hebt sich zunächst der Anfang ab, das (übliche) Sprichwort:

> Gedaehte mans ze guote niht,
> von dem der werlde guot geschiht,
> sô waere ez allez alse niht,
> swaz guotes in der werlde geschiht.

> (Wollte man den nicht hochachten, von dem der Welt Gutes widerfährt, so wäre alles so viel wie nichts, was Gutes in der Welt geleistet wird.)

Dem folgt in den nächsten 10 Strophen eine Art Kommentar. Aus den äußerst beziehungsreichen Formulierungen lässt sich als entscheidender Punkt herausstellen: Es geht um das Gute in der Welt, dem die Dichtung auf dem Wege des Gedenkens zur Existenz verhelfen soll. Damit ist ebenso etwas über die große Aufgabe des Dichters gesagt wie über ein Publikum, das sich an solcher Dichtung ‚orientiert'.

Dem folgt dann die nähere Auseinandersetzung mit dem Publikum: mit den Ungebildeten und den Gebildeten. Wobei die Ungebildeten natürlich nichts verstehen werden und nur die Gebildeten ein adäquates Publikum darstellen – eine elegante *captatio benevolentiae* (Erlangung des Wohlwollens). Gottfried diskutiert ausführlich den Gedanken, wie ‚Kummergebeugte' aus fremdem ‚Kummer' lernen können. Die Geschichte von Tristan und Isolde soll auf diese Weise vornehmen Liebenden als Beispiel und Trost dienen.

Dann folgt ein Vorblick auf die Geschichte, für die Gottfried durchaus seine Vorlagen, ja die Forschung nach Vorlagen angibt – unter ihnen auch als einzig ‚gute' die Fassung von Thomas von Britanje. Und wieder kommt er auf den Nutzen einer ‚richtigen' Darstellung zu sprechen, auf das ‚Brot' für die ‚edlen Herzen', womit möglicherweise die Liebe in die Nähe der Eucharistie gerückt wird. Mit der antithetischen und chiastischen Umspielung von *brôt* und *tôt* bzw. von *leben* und *tôt* schließt der Prolog, zugleich ein Höhepunkt formaler Kunst:

> Ir leben, ir tôt sint unser brôt.
> sus lebet ir leben, sus lebet ir tôt.
> sus lebent si noch und sint doch tôt

und ist ir tôt der lebenden brôt.
Und swer nu ger, daz man im sage
ir leben, ir tôt, ir vröude, ir clage,
der biete herze und ôren her:
er vindet alle sîne ger.

(Ihr Leben und ihr Tod sind unser Brot. Also lebt ihr Leben, lebt weiter ihr Tod. Also leben auch sie noch und sind doch tot, und ihr Tod ist für die Lebenden Brot. Und wer nun will, daß man ihm erzähle von ihrem Leben, ihrem Tod, ihrer Freude, ihrem Schmerz, der öffne Herz und Ohren; hier findet er, was er sucht.)

Eine solche stilistische Kunst aber ist kein Selbstzweck, sondern steht im Dienste des angemessenen Ausdrucks einer ‚Idee'. Ein Werk, das die rechte Liebe regelrecht als ‚Heilslehre' verkünden will, bedarf auch einer angemessenen sprachlichen ‚Zier' – anders kommt die ‚Idee' niemals zur ‚Erscheinung'.

Literaturhinweise

Gottfried von Straßburg: Tristan. Hrsg. und ins Neuhochdeutsche übers., mit einem Stellenkommentar und einem Nachwort von Rüdiger Krohn. 3 Bde. Stuttgart 1980.

Brinkmann, Hennig: Der Prolog im Mittelalter als literarische Erscheinung. In: Ders.: Studien zur Geschichte der deutschen Sprache und Literatur. Bd 2. Düsseldorf 1966, 79-105.

Christ, Winfried: Rhetorik und Roman. Untersuchungen zu Gottfrieds von Straßburg ‚Tristan und Isolde'. Meisenheim am Glan 1977.

Huber, Christoph: Gottfried von Straßburg ‚Tristan und Isolde'. Eine Einführung. München/Zürich 1986.

Lutz, Eckhart Conrad: Rhetorica divina. Mittelhochdeutsche Prologgebete und die rhetorische Kultur des Mittelalters. Berlin/New York 1984.

Sawicki, Stanislaw: Gottfried von Straßburg und die Poetik des Mittelalters. Berlin 1932.

4.1.2 Auf dem Wege zu einer einheitlichen Schriftsprache: Luthers Bibelübersetzung

Die überragende Bedeutung von Luther für die Entstehung der neuhochdeutschen Schrift- und Literatursprache ist seit langem anerkannt. Im Gegensatz zu manchem früheren Überschwang hat die Forschung jedoch gezeigt, dass diese Bedeutung nicht als ‚Erfindung' verstanden werden darf. Zu allem, was Luther bietet, finden sich bereits Belege bei den Zeitgenossen. Aber es ist die Breite der Anwendung, der ungeheure Erfolg, der keine Parallele hat. Die großen Reformationsschriften, etwa *An den christlichen Adel deutscher Nation*, waren binnen Wochen vergriffen. Die Übersetzung des Neuen Testaments, das so genannte *Septembertestament* von 1522, kam bis zur Erscheinung der Vollbibel im Jahre 1534 fünfundachtzigmal heraus, die Vollbibel selbst wurde bis zu Luthers Tod im Jahre 1546 elfmal in autorisierter Fassung durch Hans Lufft gedruckt. Zu diesem Zeitpunkt sollen, die Nachdrucke eingerechnet, ca. 430 Teil- bzw. Gesamtausgaben im Umlauf gewesen sein, insgesamt eine halbe Million Bibeln, und das zu einer Zeit, als die Gesamtbevölkerung bei zwölf bis fünfzehn Millionen lag und die Lesefähigkeit noch gering entwickelt war. Daher interessiert natürlich die Frage: Welche Stilistik hat sich damit durchgesetzt? Bewegt sich Luther stilistisch in rhetorischen Bahnen?

Man hat diese Frage lange Zeit negativ beantwortet und auf eine ‚Natürlichkeit' hingewiesen, die Luther tatsächlich selbst auch geltend macht. Im *Sendbrief vom Dolmetschen* von 1530 steht:

> Man mus die mutter im hause, die kinder auff der gassen, den gemeinen mann auff dem marckt drumb fragen, vnd den selbigen auff das maul sehen, wie sie reden, vnd darnach dolmetzschen.

Doch ist hier auch der Kontext zu berücksichtigen. Luther verteidigt eine Art der Übersetzung, die sich von der lateinischen Vorlage entfernt und die Eigengesetzlichkeit der deutschen Sprache berücksichtigt. Es gab vor Luther 72 Verdeutschungen der Bibel, 18 vollständig gedruckte Ausgaben. In allen Fällen waren jedoch die Übersetzer darum bemüht, die als ‚heilig' geltende lateinische Vorlage, die *Vulgata*, so wenig wie möglich zu verändern. Die wichtigste deutsche Bibel vor Luther, die so genannte *Bibel des Mittelalters*, stammte aus dem Jahre 1466. Ihr Drucker, Johannes

Mentelin aus Straßburg, hatte unglücklicherweise einen Text zugrunde gelegt, der mindestens hundert, vielleicht sogar hundertfünfzig Jahre älter war. Der Augsburger Drucker Günther Zainer brachte 1475 eine Modernisierung heraus, die in den schlimmsten Fällen eingriff, ohne grundlegend Neues zu bieten. Ein kurzer Blick in die verschiedenen Fassungen zeigt es überdeutlich. Der Beginn des Weihnachtsevangeliums (Luk 2,1ff.) lautet bei Mentelin:

> Wann es wart gethan in den tagen, ein gebot gieng aus von dem keiser august: das aller der vmbring wurd beschriben. Diese erste beschreibung wart gethan von syri dem richter der cyrener. Vnd sy giengen all das sy begechen: ein ieglicher in sein stat.

Noch harmlos, dass der Landpfleger Cyrenus mit dem Land Syrien durcheinandergebracht ist. In jeder Formulierung hört man das Latein heraus:

> Factum est autem in diebus illis, exiit edictum a Caesare Augusto ut describeretur universus orbis. Haec descriptio prima facta est a praeside Syriae Cyrino: et ibant omnes ut profiterentur singuli in suam civitatem.

Selbst wenn man den Dialekt auflöst und die Rechtschreibung auf heutigen Stand bringt, wird es nicht viel besser:

> Wann es wurde getan in den Tagen, ein Gebot ging aus von dem Kaiser Augustus, dass aller der Umring wurde beschrieben. Diese erste Beschreibung ward getan von Syri, dem Richter der Cyrener. Und sie gingen alle, dass sie ,begingen': ein jeglicher in seine Stadt.

Es wirkt so, als habe Luther einen Gordischen Knoten durchhauen, wenn er stattdessen übersetzt:

> Es begab sich aber zu der zeytt, das eyn gepott von dem keyser Augustus aus gieng, das alle wellt geschetzt wurde, vnd diese schetzung war die aller erste, vnd geschach zur zeytt, da Kyrenios landpfleger yn Sirien war, vnnd es gieng yderman das er sich schetzen lies, eyn jglicher ynn seyne stadt.

Nicht nur, dass Luther den altmodischen *vmbring* (gemeint: ,Umring' für lateinisch *orbis*) durch die *wellt* ersetzt, was übrigens schon Zainer tat. Der deutsche Satz wirkt wie gesprochen. Gewiss, beim Lesen hat man seine Schwierigkeiten, besonders aufgrund der für uns fürchterlichen Orthographie. Aber man kann den Text noch heute im Prinzip verstehen, ja bei Angleichung an unsere moderne Rechtschreibung gibt es kaum einen Anstoß:

> Es begab sich aber zu der Zeit, dass ein Gebot von dem Kaiser Augustus ausging, dass alle Welt geschätzt würde. Und diese Schätzung war die allererste und geschah zur Zeit, da Kyrenios Landpfleger in Syrien war. Und es ging jedermann, dass er sich schätzen ließ, ein jeglicher in seine Stadt.

Sagen wir es systematischer: Luther übersetzt nach seiner eigenen Aussage nicht Wort für Wort, sondern Sinn für Sinn, wie es einer alten Forderung entsprach, die auf Horaz zurückgeht. Dafür gibt es berühmte Beispiele, in denen sich das Deutsch völlig vom lateinischen ‚Buchstaben' löst, etwa das „Wes das hertz vol ist, des gehet der mund uber" aus dem lateinischen *ex abundantia cordis os loquitur*. Wenn Luther an der zentralen Stelle im Römerbrief, wo von der Rechtfertigung aus dem Glauben die Rede ist, das „allein" hinzusetzt, lautet seine Erläuterung dazu im *Sendbrief vom Dolmetschen*:

> Das ist aber die art vnser deutschen sprache / wenn sie ein rede begibt / von zweyen dingen / der man eins bekennet / vn das ander verneinet / so braucht man des worts solum (allein) neben dem wort (nicht oder kein) Als wenn man sagt / Der Baur bringt allein korn vn kein geldt / Nein / ich hab warlich ytzt nicht geldt / sondern allein korn. Ich hab allein gessen vnd noch nicht getrunncken. Hastu allein geschrieben vnd nicht vberlesen? Vnd der gleichen vnzelige weise yn teglichen brauch.

Es geht also um Klarheit des sprachlichen Ausdrucks („Ich hab mich des geflissen ym dolmetzschen / das ich rein vnd klar teutsch geben möchte"), nach der Sprachrichtigkeit die zweite große Tugend der Stilistik. Freilich muss man beachten, dass Luther auch dem entgegenstehenden Übersetzungsprinzip folgt, auch am (griechischen bzw. hebräischen) ‚Buchstaben' festhält, um dem sakralen Charakter des Textes gerecht zu werden. So übersetzt er das *Ave Maria, gratia plena* des Engelsgrußes eben nicht mit „voll Gnaden", sondern mit „du Holdselige", wie es den Engelsgrüßen entspricht, die schon im Alten Testament vorkamen (und, nebenbei, die Assoziation an „voll Weines" vermeidet). Klarheit bedeutet also nicht immer ‚Volkstümlichkeit', wie es früher überbetont worden ist, sondern eher Eindringlichkeit.

Für die Verständlichkeit, die erste Tugend, hat sich Luther um eine Sprache bemüht, die im damals stark dialektgeprägten Deutschland zwischen dem Norden und dem Süden vermittelte.

Dabei kommt ihm sein eigenes (Ost-)Mitteldeutsch entgegen, es besaß eine Art Brückenfunktion. Wenn sich Luther bei einer Wortwahl einmal verschätzte, reagierte er entweder mit Korrektur in der nächsten Auflage oder hatte das Glück, dass 'sein' Wort durchdrang wie etwa im Falle der ursprünglich stark dialektgebundenen *Krippe* oder dem *Hügel* (oberdeutsch: *Bühel*), denen heute wohl niemand mehr die sächsische Herkunft ansieht. Auch das berühmte „wider den Stachel löcken" (mit löcken als 'springen', wie es dem Bild eines Tieres entspricht, das gegen sein Stachelhalsband springt) blieb erhalten, obwohl es jenseits der damaligen Landesgrenzen nicht mehr verstanden wurde. Natürlich ließen sich nicht alle Probleme lösen, so dass die oberdeutschen Nachdrucker Glossare beigaben, in denen Vorschläge gemacht werden, wie etwa *gleich* für Luthers „ähnlich" oder *nerrisch* für „albern". Übrigens hat sich Luther immer wieder um 'Sachgerechtigkeit' bemüht, um verständlich zu sein. So ließ er sich von einem Schlachter ein Schaf zerlegen, um die entsprechenden Ausdrücke kennen zu lernen, oder er besorgte sich vom herzoglichen Hof Edelsteine, um das von ihnen handelnde Kapitel in der Apokalypse 'richtig' wiederzugeben.

Wie aber steht es mit der dritten stilistischen Tugend, dem Schmuck? Gerade er wurde Luther oft abgesprochen, um die 'Volkstümlichkeit' zu retten. Aber allein ein Blick auf Luthers Ausbildung belegt, wie sehr er mit der Rhetorik verbunden war, sich mit den antiken Vorbildern ebenso auskannte wie mit den zeitgenössischen Humanisten, besonders Lorenzo Valla. Geht man einmal einen Text wie den *Sendbrief vom Dolmetschen* durch, so zeigt sich, dass Luther die stilistischen Glanzlichter bewusst und gekonnt benutzte.

Dies betrifft zunächst die Metaphorik. Wo Luther die Schwierigkeiten der Übersetzung schildert, ist die Rede von den „wacken vnd klötzen", die am Weg gelegen haben und die weggeräumt werden mussten, „auff das man kündte so fein daher gehen". Und weiter: „Es ist gut pflugen / wenn der acker gereinigt ist. Aber den wald vnd die stöcke aus rotten / vnd den acker zu richten / da will niemand an." Der nicht namentlich genannte Gegner (Hieronymus Emser), der Luthers Bibel abschrieb und den Verfasser trotzdem verunglimpfte, erscheint in Umschreibung des Namens (Antonomasie) als *Sudler zu Dres[d]en*. Auch der *doctor Rotzlöffel* gehört dazu, ebenfalls die wiederholten *Eselsköpff*.

Zahlreich sind die Sinnfiguren, besonders alle diejenigen, die auf der Publikumszugewandtheit beruhen. Dazu gehören (neben Apostrophe, *exclamatio*, *exhortatio*) besonders die rhetorischen Fragen. Wenn die Feinde sein Buch nur ohne den richtigen Verfassernamen lesen, heißt es: „Wie künd ich mich bas [besser] rechen?" Oder bei einer schlechten Übersetzung seiner Vorgänger: „Ist das deutsch geredt? Welcher deutscher verstehet solchs? Was ist vberflus des hertze für ein ding?" Besonders kunstvoll die folgende Passage, die sich auf die Feinde bezieht und außer den rhetorischen Fragen Parallelismen produziert:

Sie sind doctores? Ich auch. Sie sind gelert? Ich auch. Sie sind Prediger? Ich auch. Sie sind theologi? Ich auch. Sie sind Disputatores? Ich auch. Sie sind Philosophi? Ich auch. Sie sind Dialectici? Ich auch. Sie sind Legenten? Ich auch. Sie schreiben bücher? Ich auch.
Vnd will weiter rhumen / Ich kann Psalmen uvnd Prophete außlegen / Das künnen sie nicht. Ich kann dolmetzschen / Dz können sie nicht. Ich kann die heiligen schrifft lesen / Das können sie nicht. Ich kann biten / Das können sie nicht [...]

Eine besondere Eigenart Luthers liegt in den ständigen Zwillingsformeln, die stilistisch auf der Wiederholung eines Ausdrucks mithilfe eines Synonyms beruhen. Ich gebe nur einige wenige Beispiele: *plerren vnd schreien, voliger vnd deutlicher, vil und lange, kunst und erbeit, trew vnd vleiß, gnaden vn barmhertzigkeit, theure bluts vnd saüren schweißes, mit freuden vnnd von hertzen, kunst vnd vleiß, foddern vnd erzwingens, verdampt vnd verflucht, frisch vnd frey, erstunken vnd erlogen.*

Unter den Figuren der Wiederholung kommen Polyptoton und Paronomasie vor: *verachten / vnd veracht haben* (Polyptoton), *keinen papstesel noch maulesel* (Paronomasie). Auch Stellung auf Kontakt gehört in diesen Zusammenhang:

Sols gemeistert werden / so will ich's selber thun. Wo ich's selber nicht thu / da lasse man mir mein dolmetzschen mit friden [...]

Bei den Figuren der Häufung spielt die Aufzählung die wichtigste Rolle:

Es gehöret dazu ein recht / frum / trew / vleissig / forchtsam / Christlich / geleret / erfarn / geübet hertz

Ebenso werden Zwillingsformeln aufgezählt:

> Was ists denn nu / dz man so tobet vnd wütet / ketzert vnd brennet / so die
> sich ym grundt selbs klerlich da ligt vnd beweiset / das allein der glaube
> Christus tod vnd aufferstehen fasse

Bei den (Um)stellungsfiguren dominiert die Antithese:

> Es ist nit ketzerey / dz der glaube allein Christum fasset / vnd das leben gibt
> / Aber ketzerey muß es sein wer solchs sagt od' redet.

Betrachtet man Luthers Sprache hinsichtlich des Satzbaus (rhetorisch: der Wortfügung, *compositio*), so stößt man auf ein Phänomen, das Birgit Stolt aufgedeckt hat. Dazu gehört zunächst, dass
sich Luther noch ganz an der Auffassung des Satzes als Periode
mit ihren Untergliedern, dem Kolon und dem Komma, orientiert.
Und weiter, dass er bei dieser Gliederung, jedenfalls bei allen Texten, die als Evangelium oder Epistel (d.h. als Perikopentexte) vor-
gesehen waren, an den Rezitationsvortrag dachte, also an gesangli-
chen Vortrag im Stil der Gregorianik. Für die Orientierung an der
Periode gibt es einen direkten Beleg in Luthers *Deutscher Messe*, wo
die Periode mit dem Punkt am Ende bezeichnet ist, Kolon und
Komma (die nur schwer unterscheidbar sind) mit der Virgel (also
dem Querstrich, der unserem heutigen Kommazeichen vorausgeht). Doch haben diese ‚Satzzeichen' bei Luther eine durchaus
andere Funktion als heute. Für uns bezeichnen Satzzeichen
grammatische Einschnitte: Ein Punkt steht am Satzende, ein
Komma trennt im Wesentlichen Nebensätze ab. Luthers ‚Satzzei-
chen' bezeichnen rhetorische Einschnitte: Ein Punkt steht am
Ende eines Gedankens (der durchaus mehrere ‚Sätze' in unserem
Sinne umfassen kann), eine Virgel ist ein Atemzeichen (eigentlich:
Zeichen zum Atemschöpfen), trennt Untergedanken ab.
　　Machen wir uns dies an einem Beispiel klar, wiederum am
Weihnachtsevangelium, das diesmal nach Periode und Ko-
lon/Komma abgeteilt wird:

> (1) Es begab sich aber zu der zeit /
> das ein gebot von dem Keiser Augusto ausgieng /
> das alle Welt geschetzt würde.
> (2) Vnd diese schetzung war die aller erste /
> vnd geschach zur zeit /
> da Kyrenios Landpfleger jnn Syrien war /
> Vnd jderman gieng /
> das er sich schetzen liesse /
> ein jglicher jnn seine stad.
> (3) Da machet sich auff auch Joseph aus Galilea /

aus der stad Nazareth /
jnn das Jüdische land /
zur stad Dauid /
die da heisst Bethlehem /
darumb das er von dem hause vnd geschlechte Dauid war /
auff das er sich schetzen lies mit Maria seinem vertrawten weibe /
die war schwanger.

Man sieht bei dieser Aufteilung sofort, dass die Virgeln (für Kola/Kommata) ganz andere ‚Teile' abtrennen als unser heutiges Komma. Es handelt sich immer um ‚Einheiten', die man ‚versteht'. Im 1. Satz fällt die Gliederung mit unserer heutigen zusammen: Hauptsatz – Objekt des Hauptsatzes als dass-Satz – adverbielle Ergänzung des Hauptsatzes (im Sinne des Zweckes: Finalsatz) als dass-Satz. Genau da, wo die Virgeln stehen, würden wir ein Komma setzen, um die Nebensätze zu markieren.

Im 2. Satz sieht man, dass die Periode über unsere Satzgrenze hinausgeht: Heute stünde nach *jnn Syrien war* ein Punkt. Für Luther ist der ‚Gedanke' jedoch nicht zuende, sondern hört erst bei *jnn seine stad* auf. Die erste Virgel wäre bei uns kein Komma, bei Luther trennt sie einen ‚Gedanken', der für einen ‚Atemzug' zu lang wäre, in zwei Teile, die je für sich ‚verständlich' sind. Dann folgt der Relativsatz (*da Kyrenios*). Interessant ist dann der zweite Teil dieser Periode. Zwar stimmt er durchaus mit unserer Zeichensetzung überein. Doch hieße es heute eher: *Und jeder ging in seine Stadt, um sich schätzen zu lassen*. Die Betonung läge bei der grammatischen Zusammengehörigkeit von Subjekt (jeder) und Objekt (in seine Stadt), wovon sich der Nebensatz, der den Grund expliziert, absetzt. Luther orientiert sich statt an der Grammatik an der Bedeutung: Jeder ging – zur Schätzung – jeder in seine Stadt.

Dieses Prinzip der Gliederung nach ‚Bedeutungsabschnitten' zeigt sich im 3. Satz am besten. Jetzt werden ‚Informationen', die unter heutigen grammatischen Gesichtspunkten eher gebündelt würden, in einzelne Gedanken getrennt: Joseph macht sich auf – er stammt aus Nazareth – er will ins jüdische Land – in die Stadt Davids – also nach Bethlehem – weil er aus dem Geschlecht Davids stammt – um sich mit seiner Frau schätzen zu lassen – seine Frau war schwanger. Nicht nur, aber gerade bei wichtigen Ausführungen, zieht Luther das Verb in Zweitstellung: *auff das er sich schetzen lies mit Maria* (also nicht: damit er sich mit Maria schätzen ließ). Und was für uns (unter grammatischen Gesichtspunkten) gleichsam in der Luft hinge, wirkt nun wie ein Paukenschlag: *die war schwanger* (nicht mit Nebensatzkonstruktion und damit Verbendstellung: die schwanger war). Schon Werner Besch hat diese Kompositionsform eine „Hörersyntax" genannt, die Aussagen Schritt für Schritt bietet, weil ein Hörer ja nicht wie ein Leser zurückblättern kann.

Was nun Birgit Stolt diesen Beobachtungen hinzufügt, läuft darauf hinaus, dass sich Luther bei seinem Satzaufbau nicht nur an der Periode mit ihrer Gliederung in Kola und Kommata orientiert, sondern dass diese Gliederung wiederum mit dem Rezitationston bzw. den Rezitationstönen der Gregorianik zusammenstimmt. Diese Rezitationstöne zeichnen sich dadurch aus, dass sie Gliederungssignale enthalten: z.B. eine leicht aufsteigende Melodie als Beginn, dann der Vortrag des Textes auf einem stets wiederholten Ton, schließlich eine kleine melodische Wendung als Bezeichnung des Einschnitts oder Abschnitts. Im Idealfall ergibt sich eine doppelte Zweiteilung: Die Periode zerfällt in zwei Kola, das Kolon jeweils in zwei Kommata. Die Trennung der Kommata ist etwas weniger ‚kunstvoll' als die Trennung der Kola, am kunstvollsten sind Anfang (*initium*) und Ende (*finale*). Luther hat offenbar bei Evangelientexten an eine Rezitation im 8. Kirchenton (von insgesamt acht) gedacht, der zum Ausdruck des ‚Frohen' passen sollte, bei der Epistel an den 5. Kirchenton, der als Ton des ‚Weisen' galt. Auch wer den psalmodierenden Gesang der Gregorianik nicht mehr im Ohr hat, wird schon dann etwas von der Wirkung spüren, wenn er die Texte lediglich (laut) liest und die Sinneinschnitte (durch Pausen) hervorhebt. Leider ist es jedoch so, dass die zum Nachvollzug nötige Interpunktion wohl nicht immer auf Luther selbst zurückgeht, sondern in nicht genau zu bestimmendem Maße in der Hand der Drucker lag. Man kann also (und dies ohnehin nur in Faksimile- oder entsprechenden Studienausgaben – die *Weimarer Ausgabe* hat moderne Interpunktion) die luthersche Satzgliederung lediglich in dieser Brechung verfolgen.

Dennoch wird das Prinzip bei Stichproben durchaus deutlich. Die gängige Apostrophierung der Luthersprache als eine besonders ‚lebendige' Sprache erweist sich auch als Ergebnis der rhetorisch-musikalischen Periodenbildung. Nebenbei zeigt sich, wie die Figurenlehre mit dieser Syntax zusammenhängt bzw. zusammenwirkt: Antithesen, Chiasmen, Paarformen, anaphorische Wiederholungen usf. – auch darauf hat Birgit Stolt aufmerksam gemacht – werden als ‚Sinnabschnitte' viel besser deutlich als unter den

Bedingungen ‚grammatischer‘ Einteilung. Dazu nun einige Beispiele.

Zunächst der theologisch schwierige Beginn des Johannes-Evangeliums. Man merkt, wie die Einteilung in die einzelnen ‚Abschnitte‘ (nach Ausweis der Großbuchstaben drei Kola, die durch mehrere Kommata unterteilt sind) dem Hörer den Sinn der ersten Periode ‚mundgerecht‘ zuschneidet:

> Jm anfang war das wort / vnd das Wort war bey Gott – vnd Gott war das Wort / dasselbige war im anfang bey Gott / Alle ding sind durch dasselbige gemacht / vnd on dasselbige ist nichts gemacht / was gemacht ist / Inn jm war das leben / vnd das leben war das liecht der menschen / vnd das liecht scheinet jnn der finsternis / vnd die finsternis habens nicht begriffen.

Auch der direkt folgende Bericht über das Auftreten des Johannes ‚zerfällt‘ in diese ‚Einzelinformationen‘, die das Gesamtbild Stück für Stück aufbauen, wobei die letzte Information etwas ‚Abrundendes‘ hat:

> Es ward ein mensch von Gott gesand / der hies Johannes / der selbige kam zum zeugnis / das er von dem Liecht zeugete / auff das sie alle durch jn gleubten / Er war nicht das liecht / sondern das er zeugete von dem liecht / Das war das warhafftige liecht / welchs alle menschen erleuchtet / die jnn diese welt kommen / Es war jnn der welt / vnd die welt ist durch dasselbige gemacht / vnd die welt kandte es nicht.
> Er kam jnn sein eigenthum / vnd die seinen namen jn nicht auff / Wie viel jn aber auffnamen / denen gab er macht / Gottes kinder zu werden / die da an seinen namen gleuben / welche nicht von dem geblüt / noch von dem willen des fleisches / noch von dem willen eines mannes / sondern von Gott geboren sind.

Auch die Apostelbriefe mit ihren schwierigen Argumentationen macht Luther durch Gliederung verständlich. Immer da, wo der Text besonders anstrengend wird, staut er sich gleichsam, hält zur Betrachtung an. Als Beispiel sei das für Luther zentrale Kapitel 3 im Römerbrief zitiert, wo am Ende das berühmte Wort fällt, dass die Erlösung allein aus dem Glauben komme. Man beobachte einmal die Virgeln, die schon nach wenigen oder gar einem einzigen Wort für einen ‚Stau‘ sorgen:

> Denn es ist hie kein vnterscheid / sie sind alzumal sunder [Sünder] / vnd mangeln des rhumes / den sie an Gott haben sollten / vnd werden on verdienst gerecht / aus seiner gnade / durch die erlösung / so durch Christo Jhesu geschehen ist / welchen Gott hat furgestellet zu einem Gnadenstuel / durch den glauben jnn seinem blut / damit er die gerechtigkeit / die fur jm

gilt / darbiete / jnn dem / das er SUNDE VERGIBT / welche bis an her blieben war / vnter Göttlicher gedult / auff das er zu diesen zeiten darböte die gerechtigkeit / die fur jm gilt / Auff das er allein gerecht sey / vnd gerecht mache den / der da ist des glaubens an Jhesu.
Wo ist den nu dein rhum? Er ist aus / Durch welch Gesetz? Durch der werck gesetz? Nicht also / sondern durch des glaubens gesetz.
So halten wir es nu / das der Mensch gerecht werde / on des Gesetzes werck / allein durch den glauben.

Als Ergebnis ist festzuhalten: Luthers angeblich ‚volkstümliche' Sprache ist durch und durch rhetorisch gestaltet. Dabei hat er die Kunst keineswegs als starres Schema genutzt, sondern auf eine zeitgemäße Weise umgesetzt. Von seiner Leistung war er dabei durchaus überzeugt, wie sein Brief an Justus Jonas vom 6. November 1542 zeigt:

Denn ich hab es so gemacht, dass ich habe bemerkt sein wollen, und wer es liest, wem jemand meine Feder und Gedanken gesehen hat, sagen muß: Das ist der Luther.

Literaturhinweise

D. Martin Luthers Werke. Kritische Gesamtausgabe. Weimar 1883ff. III. Abteilung: Die Deutsche Bibel, Weimar 1929.
Die Luther-Bibel von 1534. Vollständiger Nachdruck. Mit einer kulturhistorischen Einführung von Stephan Füssel. Köln 2002.
1200 Jahre deutsche Sprache. Die Entfaltung der deutschen Sprachgestalt in ausgewählten Stücken der Bibelübersetzung vom Ausgang des 8. Jahrhunderts bis in die Gegenwart, hrsg. von Fritz Tschirch. Berlin 1955.

Besch, Werner: Die Rolle Luthers in der deutschen Sprachgeschichte. Heidelberg 1999.
Brecht, Martin: Martin Luther. 2 Bde. Stuttgart 1986.
Reinitzer, Heimo: Biblia deutsch. Luthers Bibelübersetzung und ihre Tradition. Wolfenbüttel/Hamburg 1983.
Stolt, Birgit: Martin Luthers Rhetorik des Herzens. Tübingen 2000.
Stolt, Birgit: Martin Luthers rhetorische Syntax. In: Ueding, Gert (Hrsg.): Rhetorik zwischen den Wissenschaften. Tübingen 1991, 207-220.
Stolt, Birgit: Rhetorische Textkohärenz – am Beispiel Martin Luthers. In: Rhetorik 10 (1991), 89-99.
Volz, Hans: Martin Luthers deutsche Bibel. Entstehung und Geschichte der Lutherbibel, eingel. von Friedrich Wilhelm Kantzenbach, hrsg. von Henning Wendland. Hamburg 1978.
Wolf, Herbert (Hrsg.): Luthers Deutsch. Sprachliche Leistung und Wirkung. Ffm u.a. 1996.

4.1.3 Grobianischer Humanismus: Johann Fischarts *Geschichtklitterung*

Im 16. Jahrhundert ist Dichtung in deutscher Sprache keine Selbstverständlichkeit. Noch bestimmt das Latein die Literatur: In der Wissenschaft herrscht es ausschließlich, aber auch Gedichte und Dramen erscheinen lateinisch. Dafür gibt es mindestens zwei Gründe. Die Dichter/Autoren sind ganz überwiegend Gelehrte (Ausnahme: Handwerkerpoeten wie Hans Sachs), die mit dem Latein wie mit ihrer Muttersprache groß geworden sind, und die Stoffe knüpfen an die antiken Vorbilder an, wie es dem Geist des Humanismus entspricht (der die *humaniora* studierte, also die antike Literatur). Mit Dichtung in deutscher Sprache ist so gesehen immer ein Experiment verbunden. Die bedeutendsten Werke der Epoche, beginnend mit dem großen Erfolg von Sebastian Brants *Narrenschiff* von 1494, waren Versuche, in irgendeiner Weise die lateinisch-humanistischen Traditionen in eine deutsche ‚Fassung' zu bringen. Gelegentlich handelt es sich direkt um Übersetzungen aus dem Latein wie im Falle von Kaspar Scheidts *Grobianus*, der das gleichnamige Werk von Friedrich Dedekind ins Deutsche übertrug. Für unsere stilistischen Interessen läuft dies immer auf die Frage hinaus: Wie bildet sich in diesen Fällen ein ‚deutscher' Stil heraus? Wieweit muss man andererseits noch von den ‚lateinischen' oder wenigstens: humanistischen, Voraussetzungen ausgehen? Dies soll im Folgenden an Fischarts *Geschichtklitterung* (1. Auflage 1575, 3. Aufl. 1590) im Einzelnen verdeutlicht werden.

Dazu zwei Vorbemerkungen. Die erste bezieht sich auf den Autor. Johann Fischart (1546-1590) war ein typischer Humanist protestantischer Prägung. Seine Ausbildung erhielt er am Straßburger Gymnasium unter dem bedeutenden Pädagogen Johann Sturm. Die Universitätslaufbahn absolvierte er in Paris, Straßburg, Siena und wiederum Straßburg, wo er Doktor in beiden Rechten (dem kirchlichen und dem weltlichen) wurde. Dann folgte die berufliche Laufbahn, die Tätigkeit als Amtmann im elsässischen Forbach, wo ihm das Gerichts- und Polizeiwesen unterstand. Die literarische Tätigkeit liegt im Wesentlichen vor der Berufsausübung. Sie war geprägt von der für einen Humanisten typischen Zusammenarbeit mit einem Verleger, für den er Aufträge erledigte – hauptsächlich Übersetzungen bzw. Bearbeitungen.

Die zweite Vorbemerkung bezieht sich auf den Stoff. Die *Geschichtklitterung* ist im Prinzip die Übersetzung einer französischen Vorlage: von François Rabelais' *Gargantua und Pantagruel*. Dabei handelt es sich um die Erzählung von der Geburt und Erziehung des Riesen Gargantua, was Anlass gibt zu einer Satire auf Zeit und Gesellschaft, darunter etwa den Wissenschaftsbetrieb, die Kriegsführung und vieles andere. Hervorstechendes Merkmal ist eine Darstellung, bei der grobes und gröbstes Verhalten im Vordergrund steht, wofür man den Begriff des ‚Grobianismus' geprägt hat. Fischarts *Geschichtklitterung* bildet einen ihrer Höhepunkte, so dass es wichtig ist, sofort ein Missverständnis abzuweisen. Grobianische Literatur stammt nicht von ungebildeten Autoren und ist auch nicht für ungebildete Leser (etwa zum Zwecke der Besserung) bestimmt. Der Grobianismus gehört vielmehr zum Humanismus, ist eine seiner kennzeichnenden Ausprägungen. Belegen lässt sich dies mit Zitaten und Anspielungen auf die antike, mittelalterliche und für Fischart zeitgenössische Literatur, die auf einen perfekten Humanisten als Leser zielen. Dieser humanistische Leser aber war auch ein Kenner der Rhetorik, zu dessen Unterhaltung Fischart trotz der rhetorikkritischen Äußerungen alle Finessen aufbot, die das Fach hergab.

Beginnen wir mit dem Wortschatz. In diesem Punkt diskutiert die klassische Rhetorik besonders die Frage der Neologismen, der Neuschöpfungen – und warnt vor übermäßigem Gebrauch. Fischart kannte die Warnung – und nutzte sie zur Übertreibung. Neuschöpfungen werden so zum Hauptmerkmal des Fischart-Stils. Auf Schritt und Tritt ist er darum bemüht, Wörter zu erfinden, indem er bekannte abwandelt. Auch spontane Neologismen kommen vor, besonders als Zusammensetzungen. Schon im Titel finden sich Beispiele:

> Affentheurlich Naupengeheurliche Geschichtklitterung. Von Thaten und Rhaten der vor kurtzen langen unnd je weilen Vollenwolbeschreiten Helden und herren Grandgoschier Gorgellantua und deß Eiteldurstlichen Durchdurstlechtigen Fürsten Pantagruel von Durstwelten, Königen in Utopien, Jederwelt Nullatenenten und Nienenreich, Soldan der Neuen Kannarien, Fäumlappen, Dipsoder, Dürstling, und OudissenInseln: auch Großfürsten im Finsterstall und Nu bel NibelNebelland, Erbvögt auff Nichilburg, und Niderherren zu Nullibingen, Nullenstein und Niergendheym.

Naupengeheurliche ist eine Zusammensetzung aus *Naupe* = Wunderlichkeit und dem bekannten *geheurlich*, bedeutet also so viel wie „wunderbar". Auch die *Geschichtklitterung*, heute sprichwörtlich

„wunderbar". Auch die *Geschichtklitterung*, heute sprichwörtlich geworden als „Geschichtsklitterung", also mit Fugen-s, war eine neue Zusammensetzung aus Geschichte und *klittern* = „klecksen", also etwa: „Zusammenklecksen einer Geschichte". *Vollenwolbeschreiten* setzt sich zusammen aus *voll*, *woll* (wohl) und *beschreit* = berühmt, also etwa: „hochwohlberühmt". *Eiteldurchstlichen* ist Zusammensetzung aus *eitel* = ganz und *durstlich* (für durstig). *Nullatenenten* ist Zusammensetzung aus lat. *nullus* = keiner und lat. *tenere* = besitzen, also etwa: „Nichtsbesitzenden". *Nienenreich* ist Zusammensetzung aus *nienen* = nirgendwo und Reich, also eine Übersetzung von griech. *utopia* als „Nirgendort". *OudissenInseln* ist Zusammensetzung aus Odysseus und Inseln. *Nichilburg* ist Zusammensetzung aus lat. *nihil* = nichts und Burg. *Nullenstein* ist Zusammensetzung aus lat. *nullus* = keiner und Stein. Aus den ersten hundert Seiten der *Geschichtklitterung* lassen sich (als knappe Auswahl) folgende Beispiele zitieren, die sich wohl von selbst erklären: *galgenreulich*, *ohrenzart* (Frauenzimmer), *hildenbrandstreichig* (aus dem Sagenhelden Hildebrand und *Streich* = Hieb), *tollgirig*, *papirsame* (Schreiber), *schneckkrichig*, *ruckenfegig*, *lindbettig*, *vilwürstig*, *grabtieffgesencktes* (Weib). Daneben gibt es auch einfache (also nichtzusammengesetzte) Erfindungen wie *winterige* (Lappenländer) oder *elephantisch*. Viel auffälliger aber sind aufgeschwellte Wortungetüme: *hinderdonnerklepfig*, *schnargargastisch*, *großprockschlindig*, *himmelerdhöllig*, *gargroßgrandgeidisch*, *tyrannodisciplinisch*, *bannodamnodemantisch*.

Die nächste stilistische Tugend stellt die Klarheit dar. Hier scheint das Urteil über Fischart unabweislich: So unklar wie er schreibt vielleicht überhaupt kein zweiter Autor der deutschen Literaturgeschichte. Ob auf Wortebene oder auf Satzebene, die wir noch näher kennen lernen werden: Nicht Klarheit, sondern Krausheit scheint die Maxime. Noch kein Kommentator der *Geschichtklitterung* hat jemals behauptet, das Werk in allen Einzelheiten verstanden zu haben, wie viel weniger muss dies erst für einen ,normalen' Leser gelten? Beziehen wir uns vor einer Antwort auf einen Autor, der Fischart zeitlich nahe stand und als guter Rhetoriker gelten darf, sofern er selbst Schriften zur Rhetorik geschrieben hat: Erasmus von Rotterdam. Hier ein Zitat aus *De conscribendis epistolis* (1522), einer Anleitung zum Briefeschreiben: „Der Großteil derer, die aufgrund des Vorranges ihres Alters oder ihres sozialen Status für sich das Recht in Anspruch nehmen, in der Literatur, die sie freilich nicht studiert haben, die Rolle eines Zensors zu spielen, fordern von uns – sogar mit massivem Tadel – Durchsichtigkeit. Laut schreien sie, es sei ein schwerwiegendes Vergehen, wenn man irgendein Wort in einen Brief einflicht, bei dem der Leser auch nur einen Augenblick innehalten muß [...] Doch ich möchte die Kritikaster gern fragen, was sie unter ‚gebräuchlich' verstehen. Etwa Wörter der Straße, der Gasse? [...] Wir müssen uns Mühe geben, verständlich sein – aber für die Gebildeten." Auch wenn Fischart diese Forderung noch einmal erheblich dehnt (und möglicherweise auch von Erasmus kein Placet bekommen hätte): Die Konfrontation der Verständlichkeit mit einem gewissen Maß an Schwerverständlichkeit gehört zu den Grundannahmen der Rhetorik. Schon Quintilian etwa sieht das Problem, dass der Schmuck die Verständlichkeit durchaus erschwert, betont aber, dass es nicht darauf ankomme zu verstehen, sondern darauf, mehr zu verstehen. Pseudo-Longinos räumt in seiner Schrift *Vom Erhabenen* dem Widerspiel der Verständlichkeit, der Dunkelheit, noch weitergehende Rechte ein, und zwar mit dem Argument, dass die Seele, die sich am Gehörten abmüht, eben auch Freude an dieser Mühe empfinde, ja, dass es sie mit Stolz erfülle, das Vernommene gewissermaßen selbst mit hervorzubringen. Dafür sind dann auch einmal die Sprache „folternde" Wortgebilde angebracht, auch Rohes und Schroffes willkommen. Man sieht also, dass Erasmus durchaus in rhetorischer Tradition stand, wenn er seine Forderungen auf den Begriff der *erudita perspicuitas* (der gelehrten Klarheit) bringt und über Kritiker entsprechend mit Verachtung spricht: Nicht am Autor, sondern an ihnen könne diese Dunkelheit liegen, heißt es nicht ohne Gereiztheit. Fischart ist noch deutlich weiter gegangen, aber eben ganz und gar in den Bahnen der Rhetorik.

Wir sehen dies an demjenigen Kapitel, das schon in der Antike die anderen überragte: am Schmuck. Jeder Kommentar zur *Geschichtklitterung* breitet in diesem Punkt die Kunst Fischarts aus. Dabei zeigt sich eine Eigentümlichkeit Fischarts, die ihn insbesondere von der späteren barocken Kunst stark absetzt: Nicht die Metapher dominiert, sondern das Wortspiel, die Paronomasie. Man kann dem sogleich eine Deutung geben. Die Metapher ‚schmückt' das Gesagte aus und steigert es damit in seiner Bedeutung, sie ‚erhellt', hat dabei durchaus etwas ‚Ideologisches' an sich, sofern dieses ‚Erhellen' den ‚Gegenstand' in ein bestimmtes Licht rückt. Wie auch immer man die Metapher versteht – die Metapher gilt als ‚weltschaffend'. Demgegenüber ist das Wortspiel wirklich ‚Spiel', Spiel mit Bedeutung(en). Auch im Wortspiel steckt ‚Philosophie': vielleicht die Überlegenheit eines Geistes, der sich über ‚Bedeutungen' hinwegsetzt, ‚Bedeutungen' gegeneinander anrennen lässt. Die Freude an der Metapher gründet sich auf die Freude über eine Steigerung von Bedeutung, die Freude am Wortspiel liegt in der geistreichen Unterhaltung.

Kein Wunder also, dass man bei der Metapher in der *Geschichtklitterung* nicht recht fündig wird. Dieter Seitz hat förmlich abgestritten, dass Fischart Metaphern im Sinne von Bildlichkeit überhaupt benutzt. Die zum Vergleich herangezogenen Dinge behielten nämlich soviel Eigengewicht, dass sie nicht nur als Erläuterung des eigentlich Gemeinten fungieren. Gegenstand und Bild stünden nicht in hierarchischer Beziehung von Über- und Unterordnung, sondern nebeneinander, ergänzten sich allenfalls wie bei den Adjektiv-Metaphern im folgenden Satz:

> Aber nach dem Mittagmahl pflegen sie an statt ihrer gewonlichen Heuschrecklichen feldübung und Graßverrammelung, Spinnen und Schneckenmäßig zu Hauß zu bleiben.

Gemeint ist: *Heuschrecklich* und *Spinnen und Schneckenmäßig* sind natürlich ‚Bilder', ‚vergleichen' eine bestimmte Art von Aktivität mit dem Springen von Heuschrecken bzw. eine bestimmte Art von Ruhe mit Spinnen und Schnecken. Nur dominiert beim Nachvollzug das Bild über das Gemeinte oder anders ausgedrückt: Das Bild ist wichtiger als das Gemeinte. Insofern kann nicht von Schmuck oder einer sonstigen bekannten Funktion der Metapher die Rede sein. Vielmehr hat die Metapher hier spielerischen Charakter, bewegt sich auf derselben Ebene wie das Sprachspiel.

In die reichen Möglichkeiten hat besonders Gerd Schank Ordnung zu bringen gesucht, indem er (mit einer gewissen Künstlichkeit) zwei Phänomenbereiche voneinander trennte: die Etymologie und das Wortspiel im engeren Sinne. Mit Etymologie ist all das gemeint, was mit Spielereien zu tun hat, bei denen Fischart Wörter manipuliert, um ihre ‚Bedeutung' herauszustellen bzw. hervortreten zu lassen. Dies bezieht sich zum Beispiel auf Namen, wenn die berüchtigte Aspasia, eine antike Hetäre, als *Arsbasia* (aus lat. *ars* = Arsch und lat. *basire* = küssen) erscheint. Es funktioniert aber ebenso etwa bei einem Begriff (Appellativum) wie „Bakkalaureus", der als *Becherlerauß* (leer den Becher aus) auftritt. Ob dies etwas mit der *physei*-Auffassung in der Sprachphilosophie zu tun hat (die Fischart vertrat), wonach in den Wörtern ein physischer Kern der Bedeutung enthalten ist (im Gegensatz zur *thesei*-Auffassung, die davon ausgeht, dass Wörter Bedeutungen aufgrund von Vereinbarung repräsentieren), sei dahingestellt. Unter den 421 Namensdeutungen sind zahlreiche jedenfalls immer wieder gedeutet (Schank rechnet mit insgesamt zwischen 800 und 900 Deutungen), was ja von einer wirklich ‚einzig wahren' wegführt. Hier einige Beispiele. Als Komposita aufgefasst: *Murner* (katholischer Theologe) als *Murrnarr* (murren + Narr), *Orpheus* als *Harffewis* (Harfe + weise). Mit veränderten Buchstaben: *Friesland* als *Frißland* (fressen), *Arznei* als *Arsnei* (lat. *ars* = Arsch) Mit hinzugefügten Buchstaben: *Alexander* als *Arslexander*, *Medici* als *Merdici* (mit frz. *merde* = Scheiße). Sogar die *Conversio*, also Rückwärtslesen, kommt vor: *Risen* (Riesen) als *Sire*, *Alastor* (Plutons Pferd) als *Rossstall*.

Beim Wortspiel unterscheidet Schank Polysemie, Homonymie und Paronomasie. Polysemie liegt vor bei *malen*, wenn statt der normalen Bedeutung (Korn mahlen) umgangssprachlich „fremdgehen" gemeint ist. Ebenso *Ofen*, das für *vulva* steht usf. Homonymie liegt vor bei *beweinet*, wenn „Wein trinken" und „weinen" in einem Wort zusammenfallen. Das gleiche gilt für das Wortpaar *Arm/arm* oder lat. *ars* als „Kunst" oder „Arsch". Fälle dieser Art sind jedoch bei Fischart eher selten. Bei weitem häufiger ist die Paronomasie, also das Spiel mit verschiedenen Buchstaben bzw. die Änderung eines Wortes in möglichst nur einem einzigen Buchstaben, was zu völlig veränderter Bedeutung führt. Gerade hier ist der Unterhaltungswert des Sprachspiels zu finden, so wie er Fischart vorschwebt: das Entdecken von Überraschendem bei kleinstmöglichem Aufwand. Hugo Sommerhalder hat darauf aufmerksam gemacht, dass das erste und letzte Wort der *Geschichtklitterung* ein Wortspiel in diesem Sinne ist: das *Affentheurlich* (das mit „Affe" und „Abenteuer" spielt) und das *Win vß* („Wein aus" und lat. *finis*). Dabei kann ein einziges Wort im Text stehen (der Leser merkt, womit es ‚spielt') oder zwei und mehr. Für ein einzelnes Wort mag als Beispiel dienen: „die untereinander gehurnauset [...] haben" (a. *Hornisse*; b. *huren*). Für zwei Wörter: „Geseßwisch – erwischt". Für mehrere Wörter: „Mein sündlein, pfündlein und Pfründlein".

Es ist klar, dass bei diesen Gegenüberstellungen und Aufzählungen auch Figuren eine Rolle spielen, die mit der Satzgestaltung zu tun haben, speziell die Antithese (*der Wasserdurst ward zum Blut-durst*) und der Chiasmus (*beyspilige spigelweiß vnd spigelweißliches beyspil*).

Zu den Figuren, die der Paronomasie nahe stehen, gehört die Figura etymologica, bei der die Variation innerhalb der Wortbildung bleibt:

> Ja des Rangenweins zu Dann (= berühmter elsässischer Wein), da steckt der Heylig Sanct Rango, der nimpt den Rang und ringt so lang, biß er einen rängt und trengt under die Bänck (Range = ungezogener Mensch; rängen = zu Boden werfen)

Auch reine Lautimitation kommt vor, etwa des Räusperns: *Hen, hen, ehen, hasch.*

Neben all diesen Wortspielereien, die auf dem Klang beruhen, gibt es bei Fischart auch das Spiel mit den Inhalten. Gemeint sind die berühmten Kataloge: Aufzählungen von Gegenständen oder Tätigkeiten, die den rhetorischen Begriff der *enumeratio* schlicht sprengen. Schon bei Rabelais ist dies angelegt. Aber wo der französische Autor 217 Spiele bietet, finden sich beim deutschen 589. Nahrungsmittel und Gewürze, natürlich Alkoholika an erster Stelle, darüber hinaus handwerkliche Tätigkeiten wie beim Bergwerk, darunter wieder die beim Bergwerk benutzten Werkzeuge, alles ist aufgelistet. Gleich mehrere Musterbeispiele bietet das 4. Kapitel, *Von des Grandgoschier vollbestallter Kuchen, Kasten, und Keller: was endweder ins Glaß gehört, oder aufff den Teller.* Würste, Käste, Weine werden in nicht enden wollender Aufzählung präsentiert, wobei Fischart offenbar Wörterbücher konsultierte und es darauf angelegt zu haben scheint, nur ja nichts auszulassen (ein Beispiel folgt noch). Darin hat man eine Betonung des Einmaligen gesehen, eine bewusste Abkehr vom Begriff. Fischart lege hier eine literarische Antwort auf die neuen Entdeckungen vor oder kritisiere das Einpauken von totem Stoff, wie es im traditionellen Schulunterricht der Fall gewesen sei. Sogar eine soziologische Interpretation ist gewagt worden: Es gehe um eine Demonstration unverbindlich gewordener Inhalte im Frühkapitalismus. In all diesen Ansätzen könnte etwas Richtiges stecken. Von noch größerer Bedeutung aber dürfte eine Entwicklung sein, die mit der Geschichte der Rhetorik zusammenhängt. Ins 16. Jahrhundert fällt eine Hochphase der Gedächtniskunst, die immer (als 4. und vorletztes) Teilgebiet der Rhetorik gegolten hat. Während die klassische *memoria* am

Einprägen eines einzelnen Textes interessiert war und dazu eine
Technik entwickelte, die auf der Verbildlichung der Rede aufbau-
te, entwickelt die Renaissance die Idee einer Erwerbung von allem
Wissen überhaupt. Es entstehen Enzyklopädien, bei denen die
Merkfähigkeit teilweise sogar mit magischen Mitteln gewährleistet
werden soll. Wenn man berücksichtigt, dass Fischart in Paris bei
Petrus Ramus studiert hat und dass auch dieser Petrus Ramus zu
den Interessenten an der damals modernen Gedächtniskunst gehörte, liegt der Gedanke eines ‚Einflusses' nahe. Wie dem auch
sei: Fischart arbeitet immer wieder mit diesen Katalogen. Darin
steckt auf jeden Fall ein Spiel, das dem Leser eine ganz spezielle
Aufmerksamkeit bzw. eine ganz spezielle Bereitschaft zum Lesen
abverlangt.

Behandeln   wir   nach   den   stilistischen   Tugenden   der
Sprachrichtigkeit, Klarheit und des Schmucks nun abschließend
die Frage der Angemessenheit und die Stilhöhe! Die Frage der
Angemessenheit kann, wie schon die Sprachrichtigkeit, *ex negativo*
beantwortet werden. Angemessen ist hier nur, was im höchsten
Maße ungewöhnlich, aus dem Rahmen fallend ist. Dafür aber
eignet sich einzig der niedere Stil. Fischart hat genau dies auch
ausgesagt, und zwar in der ersten Vorrede seines Werkes: *An alle
Klugkröpffige Nebelverkappte NebelNebuloner, Witzersauffte Gurgelhand-
thirer und ungepalirte Sinnversauerte Windmüllerische Dürstaller oder
Pantagruelisten.* Vor allem im zweiten Abschnitt ist die Rede von
der *Comedischen art*, in der er seine Lehren zu formulieren gedenkt:

> So nun beides die alte und auch heutige welt, solche beyspilige spigelweiß und
> spigelweißliches beyspiel, und Comedische (= zur Komödie gehörig, ko-
> misch) art der leut scham unnd zucht, (wo anders noch einige im hindersten
> spulwinckel (= Teil der Stube, wo Garn gespult wird) bey ihnen verborgen)
> zuerwecken und auffzumuntern, gebillichet und nutzlich befunden: wie solten
> wir uns dann derselbigen bereit (= leicht, ohne Schwierigkeit; auf der Stelle,
> schon) bewärten weiß nun hierin und zu andermalen anderswo zugebrauchen,
> und ein verwirretes ungestaltes Muster der heut verwirrten ungestalten Welt,
> sie von ihrer verwirrten ungestalt und ungestalter verwirrung abzufüren und
> abzuvexieren (vexieren = quälen, ärgern; jdn. vexieren = ihn zum Besten ha-
> ben, hinters Licht führen, betrügen), fürzuspiegeln beschamen (= sich schä-
> men, beschämt sein)?

Zu dieser *Comedischen art* aber zählt etwas, was im 16. Jahrhundert offenbar als ‚natürlicher' Stoff angesehen wurde: die Sphäre
des Obszönen und Skatologischen (aus dem Analbereich Stammenden), die grobianischen Motive. Zum Stil der *Geschichtklitterung*

gehört nicht nur das *Wie* der rhetorischen Kunst(stücke), sondern auch dieses *Was* des Derben, Kreatürlichen, Unziemlichen. Das alles überwuchernde Thema dabei ist der Durst, das Saufen – die *Truncken Litanei* stellt nicht zufällig einen Höhepunkt der Dichtung dar. In der zweiten Vorrede, dem *Ein und Vor Ritt*, spricht Fischart sein Publikum ebenfalls zuerst unter diesem Gesichtspunkt an, ehe das Fressen die zweite Stelle der ‚Leidenschaften' einnimmt:

> Ihr meine Schlampampische (schlampampen = gierig schlürfen wie ein Hund oder Schwein, prassen, schmausen) gute Schlucker, kurtzweilige Stall und Tafelbrüder (Stallbruder = Genosse, Kamerad, Saufbruder): ihr Schlaftrunckene wolbesoffene Kautzen und Schnautzhän (= prahlerischer, sich kriegerisch gebärdender Kerl), ihr Landkündige und Landschlindige (schlinden = verschlingen, hinunterschlucken) Wein Verderber unnd Banckbuben (= Trinker, Saufbruder, der auf der Weinbank sitzt und schlemmt), Ihr Schnargarkische (= gern trinkend und schlemmend) Angsterträher (= einer, der das Trinkgefäß in den Händen dreht), Kutterufstorcken (Kutter, Gutter oder Guttruf = Flasche mit weitem Bauch und engem Hals, der sich zu einem Trinkgefäß erweitert; Storcken = Storch), Birpausen (= Biertrinker), und meine Zeckvollzepfige (Zeck = kurzer, leichter Schlag, Fangspiel, euphemist. für Dreck; vielleicht auch Zech = Kurzform für Zeche; Zapfen = Trunkenbold) Domini Winholdi von Holwin: Ertzvilfraß lappscheisige (Lapp = Laffe; schwacher, törichter Mensch) Scheißhaußfüller unnd Abteckerische (abdecken = das Dach abdecken; Tieren die Haut abziehen; prügeln) Zäpfleinlüller (Zäpflein = Uvula; Lüller = einer, der saugt)

Woher stammt diese Motivik? Man hat in der älteren Forschung geglaubt, es handle sich um eine Art Negativdidaxe in einem ‚verdorbenen' Zeitalter. Wer von solchem Unflat lese, bessere sich. Unterstellt wurde dabei ein Zivilisationsmodell, das eine kontinuierliche Veränderung von Verhaltensstandards vom Groben zum Verfeinerten unterstellte. Die entsprechende soziologische Theorie lieferte Norbert Elias in seinem Buch *Über den Prozeß der Zivilisation*, das, schon 1936 im Exil fertiggestellt, 1969 seine Wirkung entfaltete und die Diskussion wie kaum eine andere Theorie mindestens zwanzig Jahre bestimmte. Gegenüber zu ‚einfachen' Vorstellungen von der Spiegelfunktion der Literatur hat Seitz, an Elias anknüpfend, die These vertreten, der ‚Städter' Fischart wende sich mit den Standards einer mittleren/unteren Schicht gegen (zu viel) höfische Verhaltensmodellierung, wie bei Dedekind/Scheidt sei der Stil auf die gröberen bürgerlichen Standards eingestellt, die *Geschichtklitterung* propagiere eine umfassende Lustbejahung in den weiten Grenzen der bürgerlichen Affektmodellation des 16.

Jahrhunderts. Schon Michael Bachtin vertrat die These von einer Karnevalisierung der Literatur als Aufstand gegen die Privilegierten.

Gerade unter stilgeschichtlichen Aspekten erscheinen soziologische Erklärungen dieser Art wenig erhellend. Mittlerweile sind im Übrigen die Schwächen des Modells aufgedeckt worden. Hans Peter Duerr hat in seinem inzwischen abgeschlossenen fünfbändigen Werk *Der Mythos vom Zivilisationsprozeß* (1. Band: *Nacktheit und Scham*, Frankfurt/M. 1988; die beste Auseinandersetzung mit Elias im 2. Band: *Intimität*, Frankfurt/M. 1990) den Nachweis erbracht, dass von dem vielbeschworenen „Vorrücken von Peinlichkeitsschwellen" keine Rede sein kann. Die Menschen des Mittelalters und der frühen Neuzeit hatten im Wesentlichen keine anderen Standards als wir: Nacktheit war immer peinlich, Obszönität immer eine Provokation. Man kann letztlich nur von einem unterschiedlichen Umgang mit diesen Themen sprechen. Dass in dieser Hinsicht das 16. Jahrhundert einen Höhepunkt darstellt, bedarf keiner Frage, auch wenn man auf Traditionen hinweisen kann: auf die Lyrik zum Beispiel (Neidhart von Reuental und Oswald von Wolkenstein) und vor allem auf die Schwankliteratur des Mittelalters. Aber wichtig ist die Tatsache, dass der Grobianismus gerade nichts zu tun hat mit dem ‚Volk'. Viel wichtiger scheint der Hinweis auf antike Quellen: auf die antike Komödie insbesondere. Der Humanist Fischart stellt sich ja selbst, wie schon ausgeführt, in diese Tradition. Das Obszöne stammt so gesehen nicht aus der Gosse und wendet sich auch nicht an untere Schichten, vielmehr stammt es aus der großen, intellektuell geprägten Literatur und wendet sich an Leser, die dem gewachsen sind. Schon immer lag ein Reiz darin, das Artistische gewissermaßen am Ordinären zu erproben. Eine Literatur, die (noch) nicht dem ‚Erlebnis' verpflichtet ist, sondern der ‚Kunst', musste in dieser ‚Schwierigkeit' einen Anreiz sehen, fand im Verhüllen eine besondere Aufgabe. Im Grobianismus des 16. Jahrhunderts kommt Sexualität vor, aber es dominiert das Saufen und Fressen – vielleicht weil Sexualität im Mittelalter ‚abgearbeitet' war. Worauf es ankommt, ist jedenfalls dies: Das Grobianische ist etwas rein Literarisches. Es wächst gewissermaßen mit den intellektuellen Ansprüchen. Nicht Bauern oder dem ‚Volk' nahestehende Dichter sind grobianisch (Hans Sachs hat viel Grobianisches abgemildert), sondern die Humanisten, die an diesem Stoff ihren Verstand wetzten.

Ein anderer Erklärungsversuch geht von der Parallele zur Kunstgeschichte aus, in der der Begriff des *Manierismus* (von ital. *maniera* = Stil) geprägt wurde. An Parallelen mangelt es tatsächlich nicht. ‚Formlosigkeit' bieten allein Fischarts Kataloge, auch die Sprachspielereien am Rande der Verständlichkeit ließen sich geltend machen. Schließlich passt Fischarts Wort in der Vorrede vom „verwirrten ungestalten Muster der heut verwirrten ungestalten Welt" bestens zu dieser Art Überlegung. Man muss allerdings feststellen, dass bei solchen Überlegungen historisch Konkretes bei der Interpretation eher an den Rand gerückt wird. Weder der Humanismus im Allgemeinen noch die Rolle der Rhetorik im Besonderen tritt dabei hervor. Wir wollen stattdessen einem Hinweis folgen, den Seitz selbst gegeben hat. Er beruft sich auf ein Wort von Fischarts Zeitgenosse Thomas Murner, wonach Schmutz ‚anziehend' sei, dem Leser entgegenkomme. Auch Fischarts eigenes Wort, dass er auf „Comedische [komödienhafte] art der leut scham unnd zucht (...) zuerwecken und affzumuntern" sich vorgenommen habe, passt dazu. Dies verweist einerseits auf die gewählte (niedrige) Stilebene, zu der dieser Inhalt passt. Man kann sich dabei aber auch auf die zeitgenössische Gedächtnistheorie berufen, auf die wir schon gestoßen sind. Nicht nur dass Bilder besser haften als theoretische Ausführungen, besonders wirkungsvoll sind obszöne Bilder. Fischarts Berufung auf die Spiegelfunktion und die Rolle des ‚Schmutzes' wären so gesehen rein literarische Thesen. Die *Geschichtklitterung* ist ‚Literatur', ihr Stil – im Wie und im Was – wendet sich an den gebildeten (humanistischen) Leser. Nur wer wirklich gebildet ist, kann in diesem ‚Schmutz' die Perlen finden, auf die es ankommt: die Virtuosität des Literarischen. Grobianische Literatur im Allgemeinen und Fischarts *Geschichtklitterung* im Besonderen sind nichts anderes als die Entfaltung dieses Stils unter den Bedingungen des Humanismus der frühen Neuzeit.

Literaturhinweise

Johann Fischart: Geschichtklitterung (Gargantua). Text der Ausgabe letzter Hand von 1590. Mit einem Glossar hrsg. von Ute Nyssen. Nachwort von Hugo Sommerhalder. Darmstadt 1963.
Johann Fischart: Affentheurlich Naupengeheurliche Geschichtklitterung. Mit einem Auszug aus dem Gargantua des Rabelais. Ffm 1997.

Bachtin, Michael: Literatur und Karneval. Zur Romantheorie und Lachkultur. München 1969.

Göttert, Karl-Heinz: Ringen um Verständlichkeit. Ein historischer Streifzug. In: DVjs 65 (1991), 1-14.

Mühlemann, Christoph: Fischarts ‚Geschichtklitterung' als manieristisches Kunstwerk. Bern/Ffm 1972.

Schank, Gerd: Etymologie und Wortspiel in Johann Fischarts „Geschichtklitterung". Kirchzarten 1978.

Seelbach, Ulrich: Ludus lectoris. Studien zum idealen Leser Johann Fischarts. Heidelberg 2000.

Seitz, Dieter: Johann Fischarts Geschichtklitterung. Untersuchungen zur Prosastruktur und zum grobianischen Motivkomplex. Ffm 1974.

Sommerhalder, Hugo: Johann Fischarts Werk. Eine Einführung. Berlin 1960.

Spengler, Walter Eckehart: Johann Fischart gen. Mentzer. Studie zur Sprache und Literatur des ausgehenden 16. Jahrhunderts. Göppingen 1969.

Zymner, Rüdiger: Manierismus. Zur poetischen Artistik bei Johann Fischart, Jean Paul und Arno Schmidt. Paderborn u.a. 1995.

4.1.4 Barocklyrik: Von Martin Opitz bis Benjamin Neukirch

Im Barockzeitalter nimmt unter den großen poetischen Gattungen die Lyrik den ersten Rang ein. In der Umgebung der höfischen Kultur bildet sie eine repräsentative Sprache aus, will Kunst sein, auf Regeln aufbauen wie alle anderen Künste zu dieser Zeit: Malerei und Architektur, aber auch Gartenbau und Feuerwerk. Die Vorbilder finden sich in ganz Europa, besonders in Frankreich, und reichen zurück bis ins 14. Jahrhundert zu Petrarca, von dem die Bewegung ihren Namen hat: Petrarkismus. Im Nachhinein hat man diese Kunst verurteilt und im Vorwurf des Schwulstes zusammengefasst. Wenn man den Standpunkt der Zeit selbst gelten lässt, tritt anderes hervor: das Bemühen darum, der Vergänglichkeit, den großen Leidenschaften, der weiblichen Schönheit in einer Sprache gerecht zu werden, die die Ordnung der Welt abbildet, dieser Ordnung zur Erscheinung zu kommen verhilft. Man darf darauf nicht mit den Augen der Genies des 18. Jahrhunderts oder der Romantiker des 19. sehen, die auf den Ausdruck des (eigenen) Gefühls oder die Darstellung der modernen Zerrissenheit zielten. In der Lyrik des Barock bekundet sich eine andere Kulturleistung: eine Kunst, die vom Topischen, vom ,Objektiven' ausgeht und sich dabei aller Finessen der Rhetorik bedient.

Schon bei den beiden ersten stilistischen Tugenden geht die barocke Lyrik ihre besonderen Wege. Das große Ideal der Zeit ist die Zierlichkeit, die *elegantia* der *Rhetorik an Herennius*. Zu dieser Zierlichkeit aber zählt Opitz in seinem wegbereitenden *Buch von der Deutschen Poeterey* (1624) die Reinheit und Deutlichkeit der Sprache, und d.h.: ein dialektfreies Hochdeutsch (jenseits der faktisch nebeneinander existierenden Mundarten), sowie den Verzicht auf Fremdwörter, wobei er das Lateinische, das Französische, das Spanische und das Italienische (Welsche) nennt. Abhandlung auf Abhandlung ist zu diesem Thema erschienen, etwa Georg Philipp Harsdörffers *Schutzschrift für die teutsche Spracharbeit* (1644) oder Johann Michael Moscheroschs satirischer *Alamode Kehraus* (1650). Die nach italienischem Vorbild gegründeten Sprachgesellschaften, als erste und wichtigste die *Fruchtbringende Gesellschaft* (gegr. 1617), haben sich diesem Thema gewidmet, wobei der Wunsch nach nationaler Identität, die Vorstellung von der sittlichen Kraft einer ,reinen' Sprache und vieles andere mehr eine Rolle spielten. Im Ergebnis ist ein typisches Barockgedicht in

dieser Hinsicht ‚rein', das Gegenteil findet man eher in satirischen
Beispielen:

> Nemt an die courtoisie, vnd die deuotion,
> Die euch ein cheualier, madonna, thut erzeigen;
>   Ein' handvol von fauor petirt er nur zue lohn /
>   Vnd bleibet ewer knecht vnd seruiteur gantz eigen.

Zur Reinheit kommt die Deutlichkeit, und wiederum lässt sich
das Gegenteil einfacher an Misslungenem dokumentieren. Opitz
verweist auf die ungrammatische Stellung des Adjektivs hinter
dem Substantiv wie bei *das mündlein roth*, dessen Volksliedton Herder wieder zurückerobern wird. Weiter erscheint es ihm als „tun-
ckel und vnverstendtlich", wenn die grammatischen Bezüge offen
sind wie in *Das weib das thier ergrieff*, wo man raten muss, wer denn
nun wen ergriff. Andererseits gibt es ein Feld für Innovation, und
zwar die Zusammensetzung. Die Musik als *arbeittrösterin* zu bezeichnen oder eine kriegerische Dame als *kriegs-blut-dürstig*, erscheint Opitz als anmutig. Die Beispiele in der Barocklyrik sind
zahllos. Gryphius' *Morgen Sonnet* beginnt mit der Zeile: „Die ewig-
helle Schaar will nun ihr Licht verschlissen [verschließen]", wobei
mit der *ewig-hellen Schaar* die ‚Sterne' gemeint sind. Im Sonett *Abend*
ist der Glanz der göttlichen Majestät mit der gleichen Adjektiv-
Zusammensetzung bedacht: „Dein ewig-heller Glantz sey vor und
neben mir". Die Vögel als *Federvolck* (*Morgen Sonnet*), das Leben als
Renne-Bahn (*Abend*) bieten Substantiv-Zusammensetzungen. Folgende Adjektiv-Zusammensetzungen können als besonders ty-
pisch gelten: *schimmerndlicht, heiligsüß, schwefellicht, donnerhart, grimmig-
graus, rasendtoll*. Johann Christian Günther bietet am Ende des
Zeitraums in der ersten Strophe seiner *Trostaria* ähnliche Beispiele:

> Endlich bleibt nicht ewig aus,
> Endlich wird der Trost erscheinen;
> Endlich grünt der Hoffnungsstrauß,
> Endlich hört man auf zu weinen.
> Endlich bricht der Tränenkrug,
> Endlich spricht der Tod: Genug!

In seinem *Abendlied* finden sich weitere Fälle, von denen auch
damals nicht alle neu waren: *Feierabend, Erdkreis, Vaterhuld, Gna-
denwort, Missetat, Abendopfer, Andachtskerzen, Brandaltar, Gnadenlicht,
Lagerstatt, Leichenstein, Danklied*.

Die Deutlichkeit ist also eine Leitlinie, die nicht absolut gilt: Bei der *ad hoc* gebildeten Zusammensetzung steht nicht die Deutlichkeit im Vordergrund, sondern der Reiz, die Finesse. Dies aber betrifft ebenso die Richtigkeit. In der klassischen Rhetorik gilt als eine der wichtigsten Ausnahmen grammatischer Korrektheit die Versetzung des Attributs, seine Platzierung an die ‚falsche' Stelle (die Enallage): ein krasser ‚Fehler', der nur dann als Schönheit gilt, wenn er ‚durchschaut' wird wie in Hofmannswaldaus Sonett *Vergänglichkeit der Schönheit*. Dort heißt es: „Der schultern warmer Schnee wird werden kalter sand." Rudolf Drux hat erläutert, wie eine solche Figur zu ‚verstehen' ist: „Die Subjektmetapher ‚schnee', die hyperbolisch auf die Farbe der Schultern [...] verweist, bildet mit dem Prädikatsnomen ‚sand', dessen semantischen Merkmale den Zustand der Verwesung anzeigen, eine Antithese, die durch die antonymischen Adjektivattribute (warm-kalt) verstärkt wird. Um die augenblickliche Verfassung der Schultern zu beschreiben, fügt Hofmannswaldau zwei Wörter zusammen (‚warm' und ‚schnee'), deren Bedeutungen sich nicht vertragen. Der Widerspruch im Beiwort (*contradictio in adiecto*) löste sich auf, wenn man eine Umstellung vornähme und vom ‚Schnee der warmen Schultern' spräche. Das Experiment verdeutlicht, dass durch die Versetzung des Attributs (eine Enallage) jene Figur erzielt wird, die den scharfsinnig überzeichnenden Stil des Konzeptismus charakterisiert: das Oxymoron, ein Syntagma aus sich ausschließenden Begriffen."

Die Domäne der Barocklyrik bildet jedoch der ‚normale' Schmuck, das Reich der Tropen und Figuren. Dabei gibt es durchaus Bevorzugungen: Unter den Tropen dominiert die Metapher, unter den Figuren die Antithese. Um mit einem Paukenschlag zu beginnen, sei ein titelloses Gedicht von Johann Hermann Schein, dem ältesten der hier vertretenen Autoren zitiert:

O Sternen Äugelein!
O Seiden Härelein!
O Rosen Wängelein!
Korallen Lippelein!
O Perlen Zähnelein!
O Honig Züngelein!
O Perlemutter Öhrelein!
O Elfenbeinen Hälselein!
O Pomeranzen Brüstelein!
Bisher an euch ist alles fein:
Abr O du steinern Herzelein!

Wie daß du tötst das Leben mein?
O grüne Wälderlein!
O Myrten Sträuchelein!
O kühle Brünnelein!
Kristallen Bächelein!
O grüne Wieselein!
O schöne Blümelein!
O Felsen, Kluft, O Berg und Tal,
O Echo, treuer Widerschall!
O Pan, O Schäfr und Schäferin!
Seht doch wie ich so elend bin!
Der grimmig Tod mich greifet an,
Ach helfet, wer da helfen kann!

O wahre Lieb und Treu!
O falsche Heuchelei!
O Hoffnung, Sicherheit!
O Furcht, Schwermütigkeit!
O süße Lust und Freud!
O Angst und Herzeleid!
O Musik, edler Freuden Schall!
O Seufzen, Heulen, Herzensknall!
O Leben lieb, O bittrer Tod!
Ach wechselt um, es ist die Not!
Wie könnet ihr doch alle sehn
Ein liebend Herz zu Trümmern gehn?

Die Metaphern begegnen hier als Substantivpaare, von denen
jeweils das eine Substantiv den Bildspender, das andere den Bildempfänger darstellt. Das *Sternen Äugelein* ist also das Äugelein, das
einem Stern gleicht oder ähnlich ist, das *Seiden Härelein* ein Haar so
fein wie Seide usf. Wichtig ist dabei die gewollte Tradition der
Metapher, die topische Verwendung also, die ihren Reiz nicht aus
der Metapher als solcher zieht, sondern aus ihrer ‚interessanten'
Einbettung: hier der Präsentation eben dieser Substantivgruppen
in fortlaufender Aufzählung (*enumeratio*) mit der ebenfalls fortlaufenden Anapher O. Darüber hinaus ist die Anordnung (*dispositio*)
‚kunstvoll'. In der ersten Strophe sprechen die Metaphern von der
Schönheit der Geliebten, in der zweiten von der Natur, die um
Hilfe gebeten wird (Apostrophe), in der dritten von Tugenden
und Untugenden der Liebe (Personifikationen), die unmöglich
dem Leiden des Liebenden tatenlos zusehen können. Die Metaphorik dominiert, aber es finden sich auch andere Schmuckele-
mente wie das schmückende Beiwort (*Epitheton ornans*) etwa beim
grimmigen Tod oder der *falschen Heuchelei*. Ganz nebenbei ergeben
sich (noch) Zumutungen an die Sprachrichtigkeit, wenn aus metri-

schen Gründen das *Abr* (für „aber") oder das *tötst* (für „tötest")
stehen bleibt.

In ganz anderer Weise begegnet die Metaphorik in Gryphius'
Morgen Sonnet:

> Die ewig-helle Schaar wil nun ihr Licht verschlissen /
> Diane steht erblaßt; die Morgenröte lacht
> Den grauen Himmel an / der sanffte Wind erwacht /
> Vnd reitzt das Federvolck / den neuen Tag zu grüssen.
> Das Leben diser Welt / eilt schon die Welt zu küssen /
> Vnd steckt sein Haupt empor / man siht der Stralen Pracht
> Nun blinckern auff der See: O dreymal höchste Macht
> Erleuchte den / der sich itzt beugt vor deinen Füssen!
> Vertreib die dicke Nacht / die meine Seel umbgibt /
> Die Schmertzen Finsternüß / die Hertz und Geist betrübt /
> Erquicke mein Gemütt / und stärcke mein Vertrauen.
> Gib / daß ich disen Tag / in deinem Dinst allein
> Zubring: und wenn mein End' und jener Tag bricht ein
> Daß ich dich / meine Sonn / mein Licht mög ewig schauen.

Das Erblassen Dianens (des Mondes), das Lachen der Morgen-
röte, das Erwachen des Windes, der die Vögel zum Grüßen des
Tages reizt, das Heraneilen der Welt, ihr Hervorstrecken des
Hauptes, die Nacht der Seele, die Finsternis der Schmerzen, das
Einbrechen des Tages, das Schauen der Sonne bzw. des ewigen
Lichtes – im Grunde ist nichts unmetaphorisch gesagt.

Wenn Gryphius in diesem Fall seine Metaphern besonders aus
Verben bezieht, arbeitet er im Sonett *Menschliches Elende* mit
Substantiven, wie die 1. Strophe zeigt:

> Was sind wir Menschen doch! Ein Wohnhaus grimmer Schmerzen,
> Ein Ball des falschen Glücks, ein Irrlicht dieser Zeit,
> Ein Schauplatz herber Angst, besetzt mit scharfem Leid,
> Ein bald verschmelzter Schnee und abgebrannte Kerzen.

Die Menschen gleichen also einem Wohnhaus, das zusätzlich
durch ein Substantiv mit schmückendem Adjektiv ‚ausgemalt'
wird (den *grimmen Schmerzen*) usf. In der 4. Zeile sind nur noch die
Bildspender für den Bildempfänger Mensch genannt: der (bald
verschmelzte) Schnee und die (abgebrannten) Kerzen.

Man kann neben dieses Gryphius-Gedicht gut Harsdörffers *Das
Leben des Menschen* stellen, wo die gleiche Metaphorik systematisch
über Relativsätze entfaltet wird:

Das Leben ist
Ein Laub, das grünt und falbt geschwind.
Ein Staub, den leicht vertreibt der Wind.
Ein Schnee, der in dem Nu vergehet.
Ein See, der niemals stille stehet.
Die Blum, so nach der Blüt verfällt.
Der Ruhm, auf kurze Zeit gestellt.
Ein Gras, das leichtlich wird verdrucket.
Ein Glas, das leichter wird zerstucket.
Ein Traum, der mit dem Schlaf aufhört.
Ein Schaum, den Flut und Wind verzehrt.
Ein Heu, das kurze Zeite bleibet.
Die Spreu, so mancher Wind vertreibet.
Ein Kauf, den man am End bereut.
Ein Lauf, der schnaufend schnell erfreut.
Ein Wasserstrom, der pfeilt geschwind.
Die Wasserblas', so bald zerrinnt.
Ein Schatten, der uns macht schabab [geh weg!].
Die Matten, so gräbt unser Grab.

Wie man sieht, fürchtet kein Autor die Abgenutztheit der Bilder, sondern lediglich die Abgenutztheit ihres Einsatzes. Das *tertium comparationis*, also das Verbindende von Bildspender und Bildempfänger, will immer neu inszeniert werden, vom Leser/Hörer aus gesehen: als solche Inszenierung entdeckt werden. Der ‚Kunst' des Autors entspricht so die ‚Findigkeit' des Rezipienten, ja dieser erfährt in dieser Findigkeit seine geistige Reife – daher das ‚Gesuchte', das weit Hergeholte dieser Metaphern. Natürlich besteht auf Dauer die Gefahr der Überdehnung (die Aufklärer haben dies kritisiert), vor allem im Falle der Kombination von Metapher und Hyperbel (hyperbolische Metapher). Das *steinerne Herz* kann noch zum Herz aus Diamant werden – dann ist keine Überbietung mehr möglich. Am Ende des Zeitalters treten prompt die Satiren auf, wenn ein anonymer Autor sein *Allegorisches Sonett* folgendermaßen beginnt:

Amanda liebstes Kind, du brustlatz kalter hertzen,
Der liebe feuerzeug, goldschachtel edler zier,
Der seuffzer blasebalg, des traurens lösch-papier,
Sandbüchse meiner pein, und baum-öl meiner schmertzen,
Du speise meiner lust, du flamme meiner kertzen,
Nachtstülchen meiner ruh, der poesie clystier,
Des mundes alecant, der augen lust-revier [...]

Aus dem Bereich der Figuren war schon die Rede von der Anapher (als Figur der Hinzufügung), der Aufzählung und des Epithetons (als Figuren der Häufung). Aus dem Bereich der Umstellung stammen die koordinierte Nebeneinanderstellung von Satzteilen, die entweder parallel oder kreuzweise (als Chiasmus) angeordnet sind. Unter der parallelen Anordnung dominiert die Antithese. Sie ist auf ganz verschiedene Weise verwendbar: auf engstem Raum als zwei gegensätzliche Begriffe oder auf das gesamte Gedicht verteilt, wenn Leben und Tod etwa das Thema bilden. Ein Musterbeispiel für den zweiten Fall ist ein titelloses Gedicht von Opitz, von dem die erste (von fünf) Strophen mitgeteilt sei:

> Ich empfinde fast ein Grauen,
> Daß ich, Plato, für und für
> Bin gesessen über dir;
> Es ist Zeit, hinauszuschauen
> Und sich bei den frischen Quellen
> In dem Grünen zu ergehn,
> Wo die schönen Blumen stehn
> Und die Fischer Netze stellen.

Bei Gryphius wird die Vergänglichkeits-Thematik häufig umkreist, und immer wieder läuft dies auf Antithesen hinaus wie in der 1. Strophe des Sonetts *Abend*:

> Der schnelle Tag ist hin / die Nacht schwingt ihre Fahn /
> Vnd führt die Sternen auff. Der Menschen müde Scharen
> Verlassen Feld und Werck / wo Thir und Vögel waren
> Traurt itzt die Einsamkeit. Wie ist die Zeit verthan!

Wenn Metapher und Antithese die Barocklyrik insgesamt prägen, so taucht schon in der Hauptphase eine Figur auf, die später eine immer größere Rolle spielen sollte: die Paronomasie, die Wiederholung eines Wortes mit geringfügiger Veränderung. Ihr unbestrittener Meister war Harsdörffer, das Muster gibt sein Gedicht *Der Sonnenaufgang* ab. Hier die erste seiner drei Strophen:

> Es fliehet die düster geflügelte Nacht
> Und weichet den bleichen safranen Strahlen,
> Beginnend die Spitzen der Berge zu malen
> Mit Rosenfarb, Purpur und guldenem Pracht:
> Es steiget die Sonne,
> Bezeuget die Wonne,
> Erwecket die Schäfer
> Und ruhenden Schläfer,
> Beglänzet die Grenzen und alles erfreut,
> Bekränzet den Lenzen und alles erneuet.

Man kann leicht die 'klingenden Paare' verfolgen: *fliehet/geflügelt,*
weichet/bleichen, beglänzet/bekränzet, Grenzen/Lenzen. Darüber hinaus
legt es Harsdörffer auf das an, was als Wohlklang bei der Wortfügung behandelt wird. In der 1. Zeile stehen die ‚hellen' Vokale [i]
in *flieht* und *die* sowie [ü:] in *düster* und *geflügelt* gehäuft nebeneinander, in den beiden abschließenden Zeilen sorgen die doppelten
Antithesen von *beglänzet die Grenzen* und *bekränzet den Lenzen* für
den Höhepunkt an ‚Kunst'. Die folgenden Strophen variieren den
Aufbau (mit anderen Vokaldominanzen) wie ein Spiegelbild.

Die Frage der Angemessenheit ist in den Rhetoriken bzw. Poetiken der Zeit behandelt und hat ein klares Ergebnis: die ‚Wörter'
müssen den ‚Sachen' entsprechen. Was in diesem Sinne ein hoher,
mittlerer und niedriger Gegenstand ist, ergibt sich aus dem Bezug
zur sozialen Ordnung der Welt. Die Sprache passt sich der Ordnung der Dinge an, die Ordnungsprinzipien der Sprache spiegeln
die Ordnungsprinzipien der Welt wider. Wenn die barocke Lyrik
mit rhetorischer Kunst glänzt, dann deshalb, weil sie Gegenstände
von größter Bedeutung behandelt. Daraus ergibt sich die Geltung
der Dreistillehre in ihrer materialen Auffassung und man kann
sicher sagen, dass der Großteil der Lyrik dieser Zeit im hohen Stil
geschrieben ist. Aber es fehlt nicht an Beispielen für den niederen.

Kennzeichnenderweise am Ende der Epoche tauchen Gedichte
auf, die Liebe, sogar Erotik, ohne den Hintergrund von Vergänglichkeit oder sonstigem Pathos thematisieren. Wie wirkt sich dies
auf den Stil aus? Zunächst ein Beispiel von Christian Hofmann
von Hofmannswaldau, *Er schauet der Lesbie durch ein Loch zu:*

Es dachte Lesbie, sie säße ganz allein,
Indem sie wohl verwahrt die Fenster und die Türen,
Doch ließ sich Sylvius den geilen Fürwitz führen
Und schaute durch ein Loch in ihr Gemach hinein.

Auf ihrem linken Knie lag ihr das rechte Bein,
Die Hand war höchst bemüht, den Schuh ihr zuzuschnüren,
Er schaute, wie der Moos Zinnober weiß zu zieren,
Und wo Cupido will mit Lust gewieget sein.

Es rufte Sylvius: wie zierlich sind die Waden
Mit warmem Schnee bedeckt, mit Elfenbein beladen!
Er sahe selbst den Ort, wo seine Hoffnung stund.

Es lachte Sylvius. Sie sprach: Du bist verloren,
Zum Schmerze bist du dir und mir zur Pein erkoren,
Denn deine Hoffnung hat ja gar zu schlechten Grund.

Zugrunde liegt eine pricklige Voyeurssituation: Sylvius beobachtet Lesbie beim Ankleiden, sieht sie noch in ihrer ganzen Nacktheit, verrät sich durch sein Lachen und wird abgestraft. Auf rhetorischen Schmuck ist weitgehend verzichtet, es gibt kaum schmückende Beiwörter. Umso stärker tritt das einzige wirklich charakterisierende hervor: beim *geilen Fürwitz*, auch wenn *geil* nicht unsere heutige Bedeutung hat (sondern schlichter ‚froh' bedeutet). Das ist keine ‚hohe' Sprache, sondern wirklich ‚niedrige'. Wo – erneut – die Rede vom *warmen Schnee* ist, der die Waden bedeckt, ist klare Ironie im Spiel: Das wirklich ‚hochgegriffene' Adjektiv, sein Gebrauch als Hypallage, wird zur Travestie, wenn es statt auf die züchtigen Schultern der Geliebten auf die reichlich unzüchtigen Waden bezogen wird. Dasselbe gilt für das Elfenbein, das sonst den Katalog des pathetischen Frauenpreises bestimmt. Zu diesen Spielereien mit rhetorischem Schmuck kommt zum Schluss die rhetorische Pointe. Schmerz und Pein sind das Ergebnis, aber nicht wie sonst aufgrund der Unerreichbarkeit der Geliebten, sondern als Strafe für eine üble Form der Annäherung. Nicht die Hoffnung als solche ist falsch, sondern ihre allzu ordinäre Grundlage.

Eine nicht-pathetische, sondern sogar direkt komische Pointe bildet auch den Abschluss des Gedichts *An Sylvien* von Benjamin Neukirch:

> Was fluchst du, Sylvia, wenn meine schwarze Hand
> Um deinen Busen spielet?
> Sie war so weiß als du, eh sie der Liebe Brand
> Und deine Macht gefühlet.
> Flößt du das Feuer nun in meine Glieder ein,
> So kann ja meine Hand nicht Schnee und Marmel sein.
> Du sprichst: sie hat hier nichts zu suchen und zu tun.
> Gar recht. Es soll auch bleiben.
> Sie suchet nichts als dich, sie wünschet bloß zu ruhn
> Und ihren Scherz zu treiben.
> Was Ursach hast du dann, daß du dich so beklagst,
> Da du doch diese Gunst den Flöhen nicht versagst?

Auch hier die Schilderung sinnlicher Liebe des Dichters zu einer Sylvie, die (nebenbei bemerkt) an die Geliebte des Catull erinnert, also des antiken Autors von hocherotischen Liebesgedichten. Und auch hier wieder das Spiel mit der Topik, mit Schnee und Marmel (Marmor) als den preziösesten Metaphern ‚hoher' Liebesdichtung, die ausdrücklich abgewiesen werden. Schon die Schwärze der

Hand als Folge des Liebesbrandes wirkt in ihrer Übertreibung reichlich komisch, der Vergleich mit den Flöhen am Ende entzieht dem Thema der Liebe den letzten Ernst. Aber man darf sich nicht täuschen lassen. Statt der ‚hohen' Kunst mit ihren typischen Schmuckelementen bieten Hofmannswaldau wie Neukirch eben ‚niedrige' Kunst mit lediglich anderen Formen sprachlicher Virtuosität: Komik (komische Pointe), Ironie vor allem. Gerade Hofmannswaldau gilt als der barockeste der Barockpoeten, gerade er wurde von den Aufklärern als Repräsentant des Schwulstes angesehen.

Und tatsächlich schöpft Hofmannswaldau alle Möglichkeiten der preziösen ‚Zier' aus, wenn er sich im ‚hohen' Genre bewegt. Ein Beispiel wäre die *Lobrede an das liebwerteste Frauenzimmer*, dessen Anfang zitiert werden soll:

> Hochwertes Jungfernvolk, ihr holden Anmutssonnen,
> Ihr auserwählter Schmuck, der Haus und Gassen ziert.
> Wer ist so steinern, der euch nicht hat lieb gewonnen?
> Und welchen habt ihr nicht mit Fesseln heimgeführt?
> Wer ist so kühn, der darf für eure Augen treten,
> Wenn ihr die Waren habt der Schönheit ausgelegt?
> Wer will euch, Liebste, nicht als einen Gott anbeten,
> Weil ihr das Bildnis seid, das Venus selbst geprägt?
> Jedoch ich will nur bloß ein Teil von dem berühren,
> Mit welchem die Natur euch herrlich hat versehn.
> Der Sinnen Schiff soll mich in solche Länder führen,
> Wo auf der See voll Milch nur Liebeswinde wehn.
> Die Brüste sind mein Zweck, die schönen Marmelballen,
> Auf welchen Amor ihm ein Lustschloß hat gebaut,
> Die durch das Atemspiel sich heben und auch fallen,
> Auf die der Sonne Gold wohlriechend Ambra taut.
> Sie sind ein Paradies, in welchem Äpfel reifen,
> Nach derer süßen Kost jedweder Adam lechzt,
> Zwei Felsen, um die stets des Zephirs Winde pfeifen,
> Ein Garten schöner Frucht, wo die Vergnügung wächst,
> Ein überirdisch Bild, dem alle opfern müssen,
> Ein ausgeputzt Altar, für dem die Welt sich beugt,
> Ein kristallinen Quell, aus welchem Ströme flüssen,
> Davon die Süßigkeit den Nektar übersteigt.

Von den weiteren 84 Zeilen seien lediglich einige Metaphern angeführt, mit denen die weibliche Brust bedacht wird: zwei Schwestern, die in einem Bett schlafen; zwei Kammern voller Liebeswaffen; zäher Leim, an dem die Sinne kleben; weiter Himmelsbrot, Honigseim, Meer, Schneegebirge, Teich, Fässer, Sonnen, Hügel, Jäger, Körbe, Türme, Blasebalg, Kompass – und mit-

ten darin auch ein runder Sarg, in dem die Liebe liegt begraben.
Natürlich kann man all dies als geschmacklos empfinden. Aber
das hieße dann, den eigenen Geschmack zugrunde zu legen. Ein
rhetorisch denkendes Zeitalter achtete auf Kunst und bewunderte
jeden Autor, der diese Kunst virtuos zur Geltung brachte.

Literaturhinweise

Das große deutsche Gedichtbuch. Hrsg. von Karl Otto Conrady. Kron-
  berg/Ts. 1977.
Poetik des Barock. Hrsg von Marian Szyrocki. Leck/Schleswig 1968.

Barner, Wilfried: Barockrhetorik. Untersuchungen zu ihren geschichtlichen
  Grundlagen. Tübingen 1970.
Drux, Rudolf: „Wie reimt sich Lieb und Tod zusammen?" Gestalten und
  Wandlungen einer Motivkombination in der barocken Lyrik. In: Der
  Deutschunterricht 37 (1985), 25-37.
Langen, August: Deutsche Sprachgeschichte vom Barock bis zur Gegen-
  wart. In: Deutsche Philologie im Aufriß. 2., überarb. Aufl, hrsg. von
  Wolfgang Stammler. Berlin 1957. Bd 1, Sp. 931-1396.
Sinemus, Volker: Poetik und Rhetorik im frühmodernen deutschen Staat.
  Göttingen 1978.

4.1.5 Literarische Feldzüge eines Aufklärers: Gotthold Ephraim Lessing

Die Aufklärung hat die Rhetorik in ihre große Krise gestürzt – davon war bereits die Rede. Wo noch Rhetoriken geschrieben wurden, basierten sie auf dem Spagat zwischen unrhetorischem Wahrheitsanspruch und rhetorischen Wirkungsnotwendigkeiten. Dies hatte Auswirkungen auch auf die Stilistik. Gottsched verlangt in seiner *Critischen Dichtkunst* Deutlichkeit als höchsten Maßstab und lässt doch viel Raum für die verblümten Redensarten (im 8. Hauptstück). In der Metapher etwa zeige sich der ‚Geist' des Aufklärers, sein ‚Witz', der beim Verknüpfen des Fernliegenden zur Geltung komme. Verpönt ist nur die barocke Verwendung: die gewollte Dunkelheit. Es ist Gottsched wohl nicht klar gewesen, wie widersprüchlich seine Argumentation war, wie schwach die Rechtfertigung für den Schmuck ausfiel, wo doch auf Wahrheit allein alles ankommen sollte. Kant hat diese Widersprüchlichkeit nicht akzeptiert und die Rhetorik entsprechend für tot erklärt. Aber es gab auch eine andere Position: Beerbung der Toten. Man konnte die ‚Ideologie' der Rhetorik preisgeben, die Schwierigkeiten mit den Aporien von Wahrheit und Wirkung auf sich beruhen lassen – und die alten ‚Mittel' weiterverwenden. Genau dies geschieht in der weiteren Entwicklung der Aufklärung, und genau dafür ist Lessing das Paradebeispiel.

Springen wir sogleich mitten ins Thema, an eine der wenigen Stellen, wo Lessing selbst das Problem des Stils behandelt. Gemeint ist seine Auseinandersetzung mit dem Hamburger Hauptpastor Johann Melchior Goeze, die uns noch näher beschäftigen wird. Hier ist nur soviel zu wissen notwendig: Lessing hatte eine Schrift – Hermann Samuel Reimarus' *Apologie oder Schutzschrift der vernüftigen Verehrer Gottes* – herausgegeben, in der der (nicht genannte) Autor scharfe Kritik an den biblischen Berichten äußert und damit letztlich dem Christentum seine Grundlagen entzieht. Der Theologe Goeze verteidigt natürlich die Bibel, greift Lessing an, und zwar besonders dessen Art der Behandlung des Problems, die Goeze als bloße Wortspielerei vorkam. Lessings Antwort ist eine Verteidigung seines ‚Stils':

Doch lieber vergeben Sie mir immer, Herr Hauptpastor, eine Schwachheit, die mir zur andern Natur geworden ist. Jeder Mensch hat seinen eignen Stil, so wie seine eigne Nase; und es ist weder artig noch christlich, einen ehrlichen Mann mit seiner Nase zum besten haben, wenn sie auch noch so sonderbar ist. Was kann ich dafür, daß ich nun einmal keinen andern Stil habe? Daß ich ihn nicht erkünstle, bin ich mir bewußt. Auch bin ich mir bewußt, daß er gerade dann die ungewöhnlichsten Kaskaden zu machen geneigt ist, wenn ich der Sache am reifsten nachgedacht habe. Er spielt mit der Materie oft um so mutwilliger, je mehr ich erst durch kaltes Nachdenken derselben mächtig zu werden gesucht habe.

Es kömmt wenig darauf an, wie wir schreiben: aber viel, wie wir denken. Und Sie wollen doch wohl nicht behaupten, daß unter verblümten, bilderreichen Worten notwendig ein schwanker, schiefer Sinn liegen muß? daß niemand richtig und bestimmt denken kann, als wer sich des eigentlichsten, gemeinsten, plattesten Ausdruckes bedienet? daß, den kalten, symbolischen Ideen auf irgend eine Art etwas von der Wärme und dem Leben natürlicher Zeichen zu geben suchen, der Wahrheit schlechterdings schade?

Wie lächerlich, die Tiefe einer Wunde nicht dem *scharfen*, sondern dem *blanken* Schwerte zuschreiben! Wie lächerlich also auch, die Überlegenheit welche die Wahrheit einem Gegner über uns gibt, einem blendenden Stile desselben zuschreiben! Ich kenne keinen blendenden Stil, der seinen Glanz nicht von der Wahrheit mehr oder weniger entlehnet. Wahrheit allein gibt echten Glanz; und muß auch bei Spötterei und Posse, wenigstens als Folie, unterliegen.

Also von *der*, von der Wahrheit lassen Sie uns sprechen, und nicht vom Stil.

Wie man sieht, ist dies alles andere als eine ‚wissenschaftliche' Verteidigung, vor allem, wenn der eigene Stil mit der eigenen Nase verglichen wird. Die Verteidigung ist auch nicht wirklich ‚logisch', sie ist eher direkt unlogisch. Lessing vertritt einmal die Meinung, dass Überzeugung allein mit ‚Denken' zu tun hat, dass es allein auf Wahrheit ankommt. Aber es wird auch erkennbar, dass er keineswegs auf die „verblümten, bilderreichen Worte" verzichten will, ja, sich auch nicht seines „blendenden" Stils schämt. Dass der ‚Glanz' allein von der Wahrheit kommen soll, ist so gesehen eine Finte, wenn nicht eine Verhöhnung des Gegners, zu der noch weitere Finten und Verhöhnungen hinzukommen wie die, dass Lessing seinen Stil als vom „Theater ein wenig verdorben" und sogar als „Erbsünde" hinstellt. Wenn es zum Schluss heißt, all das sei ‚sein' Stil und dieser Stil sei nicht ‚seine' Logik, um damit dem Vorwurf der „Theaterlogik" zu entgehen, kann man nur sagen: Lessing deckt ebenso die Vorwürfe Goezes wie das grundsätzliche Problem einfach zu. Kein einziges Wort ist ernst zu nehmen.

Was bedeutet dies? Um das Wichtigste vorwegzunehmen: Der kleine Passus sagt weniger etwas über das Problem des Stils (gerade Stilforscher haben ihn viel zu Ernst genommen), sondern *zeigt* diesen Stil. Lessing ist im Vollbesitz der stilistischen Finessen der traditionellen Rhetorik. Nur dient ihm diese Kunstfertigkeit nicht

mehr als ein ‚Schmuck' der Ausführung, die sich zur Not auch
schmucklos bieten ließe. Vielmehr steht sie im Dienst der Pole-
mik, von der Norbert W. Feinäugle gezeigt hat, dass sie im 18.
Jahrhundert eine eigene Gattung mit klaren Formvorschriften war.
Dazu gehört vor allem, dass sich die Polemik weniger an den
Gegner richtet (also an Goeze), sondern an das Publikum, das den
Streit ‚beobachtet'. In der ‚Werbung' um dieses Publikum zeigt der
Autor (also Lessing) seinen ‚Geist', um der vorgetragenen These
zur Wirkung zu verhelfen. Jeder heutige Leser kennt dies aus dem
Feuilleton: In der Aufklärung entsteht gewissermaßen eine Instanz
der Vermittlung von Wissenschaft. Während die Wissenschaft
(wie Kant) auf die Ideologie der Rhetorik ebenso verzichtet wie
auf ihre Mittel, verzichtet das Feuilleton auf die Ideologie, aber
nicht auf die Mittel (wie Lessing). Aus diesem Grund lebt von der
Rhetorik auch lediglich die Stilistik fort. Die ‚Mittel' sind gewissermaßen frei geworden, stehen jeder Hervorbringung von
‚Wahrheit' zur Verfügung. Wir wollen dies nun im Einzelnen demonstrieren.

Im Bereich der Sprachrichtigkeit geht Lessing von den strengen
Forderungen Gottscheds ab: Mundartliches, Provinzialismen,
Archaismen sind willkommen. Lausitzisches (also heimatliches)
abluxen, ausgattern steht neben Braunschweiger und Hamburger
Platt, als volkstümlich sind Zusammensetzungen wie *mutterseelenal-
lein, verhunzen, mucksen* anzusehen. In der *Hamburgischen Dramaturgie*
wird der Gegner Christian Adolph Klotz einmal als „der schnaki-
sche Mann" vorgestellt. In der Tragödie soll es lieber *platt* als
schwülstig zugehen, heißt es sogar. Unnötige Fremdwörter vermeidet Lessing, nimmt zeitgenössische Übersetzungsvorschläge
an wie *empfindsam* für „sentimental", *Gnadengeld* für „Pension".

Eine Hauptrolle spielt die Klarheit/Deutlichkeit – in den Zeiten
der Aufklärung die neue oberste Tugend der Stilistik überhaupt.
Im *Testamentum Johannis*, einer frühen theologischen Streitschrift,
steht der Satz: „Die gröste Deutlichkeit war mir immer die gröste
Schönheit" – sicherlich eine polemisch zugespitzte Formulierung
gegen die Schulrhetorik, die man nicht zu genau nehmen darf.
Gemeint ist auf keinen Fall eine bloße Schlichtheit (die Lessing
selbst als „langweilige Deutlichkeit" verspottet), auch keine bloße
Durchsichtigkeit („Dieses Alsdenn, mit seinem Schwanze von
Wenn; dieses Erst; dieses Recht; dieses Dadurch; lauter Bestimmungen, die dem Ausbruche des Herzens alle Bedenklichkeiten

der Überlegung geben, und eine warme Empfindung in eine frostige Schlussrede verwandeln.'"). Worum es geht, ist vielmehr eine Orientierung auf Nachvollziehbarkeit, auf ein Verstehen dessen, worauf es ankommt. Dazu gehört im Großen die Eigenart, den Verlauf der Argumentation zu kommentieren, etwa Winke zu geben, was das gerade Vorgebrachte im Gesamtzusammenhang bedeutet („Das wird aus folgender Erörterung näher erhellen [...]"). Im Kleinen hilft eine reiche Interpunktion beim Nachvollzug, die gewissermaßen die natürlichen Hervorhebungen der Sprechstimme ersetzt. Der folgende Satz ist tatsächlich so von Lessing gewollt: „Der mehr Zeit und guten Willen hat, mich zu unterrichten, als Sie, zu haben, mir zu meinem Leidwesen versichern..." Beim Satzbau vermeidet Lessing alles Undurchsichtige, Verwickelte, besonders sich auf verschiedenen Ebenen verzweigende Sätze. Dafür gibt es häufig Parenthesen, die verdeutlichend eingeschoben werden, ohne den Hauptgedanken allzu sehr zu stören.

Entscheidend aber ist, dass Klarheit für Lessing nicht beeinträchtigt wird von all den Formen des Schmucks der klassischen Rhetorik. Das wichtigste Beispiel ist die Antithese, die schon immer als typisch für Lessings Stil angesehen wurde. In der klassischen Rhetorik gehört sie zu den Sinnfiguren. Eine Aussage bekommt Gewicht dadurch, dass sie mit ihrer Konfrontation mit dem Gegenteil zur Geltung gebracht wird. Die Antithese macht so gesehen aufmerksam, ,würzt' eine Aussage, die als solche vielleicht übersehen zu werden droht. Bei Lessing steht die Antithese eher im Dienst des methodischen Vorgehens überhaupt. Denken beruht auf Unterscheiden, die Antithese deckt so gesehen auf, was gemeint ist, was sich sonst ,verbirgt'. Und häufig ist es die Überraschung, die dabei ,belehrend' wirkt, besonders wenn etwas Paradoxes die Wahrheit enthüllt. Ein Beispiel:

> Befriedigen mich meine Gedanken am Ende: so zerreiße ich das Papier. Befriedigen sie mich nicht: so lasse ich es drucken.

Was ist die Aussage? Ich lasse drucken, was mir diskutierenswert erscheint, worum sich ein Ringen lohnt. Natürlich kann man das ,schlicht' sagen, aber nicht nur der Effekt ist größer bei der Antithese: *zerreißen – drucken, auf der Hand Liegendes zerreißen – Spannendes drucken*! Ohne das Paradox wird nicht wirklich klar, was gemeint ist. So ist das eben: Druckenswert ist nicht das ,Schöne' oder das ‚Große', sondern das, was Diskussion verspricht – an deren Ende dann herauskommt, worum es geht: Aufklärung.

Auch ohne diese Zuspitzung zum Paradox wirkt die Antithese immer sichtend, lichtend. So wenn die Rede davon ist, dass nicht die Wahrheit, „in deren Besitz irgend ein Mensch ist, oder zu seyn vermeynet" den „Werth des Menschen" ausmacht, sondern „die aufrichtige Mühe, die er angewandt hat, hinter die Wahrheit zu kommen". Oder der folgende Fall:

> Aber was will ich denn? Es ist ja in der Aufgabe auch nicht einmal die Rede davon was Enthusiasmus und Schwärmerei wirklich ist. Es ist nur die Rede von dem, was die kaltblütigen Philosophen und Lucianischen Geister für Enthusiasmus und Schwärmerei halten.

Übrigens fährt Lessing an dieser Stelle fort: „Und was halten Sie denn dafür?", womit die Antithese mit einer Anadiplose kombiniert ist, mit der Wiederaufnahme des letzten Wortes eines Satzes als erstes (hier: als drittes) Wort im folgenden Satz. Dafür gibt es zahllose Beispiele:

> Die Partei, welche verlieret, verliert nichts als Irrtümer; und kann alle Augenblicke an dem Siege der andern Teil nehmen.

Im übrigen sind Wortwiederholungen an der Tagesordnung. Vor allem den Redewechsel in Dialogen bestimmen sie. In *Emilia Galotti* heißt es:

Odoardo:	Das unglückliche? – Madame! – Was will ich von ihr? – Doch, bey Gott, so spricht keine Wahnwitzige!
Orsina:	Wahnwitzige? Das war es also, was er Ihnen von mir vertraute? – Nun, nun; es mag leicht keine von seinen gröbsten Lügen seyn. – Ich fühle so was! – Und glauben Sie mir: wer über gewisse Dinge den Verstand nicht verlieret, der hat keinen zu verlieren.
Orsina:	So merken Sie auf! – Was wissen Sie, der Sie schon genug wissen wollen? Daß Appiani verwundet worden? Nur verwundet? – Appiani ist todt!
Odoardo:	Todt? todt? – Ha, Frau, das ist wider die Abrede. Sie wollten mich um den Verstand bringen: und Sie brechen mir das Herz.

Bei einem 56-maligen Redewechsel hat man in 20 Fällen Wortwiederholung gefunden.

Von weiteren Figuren dieser Art wird noch die Rede sein. Behandeln wir in diesem Überblick das zweite große Thema der Rhetorik-Beerbung: die Bildlichkeit, die besonders Helmut Göbel erforscht hat. Auch hier darf man sich nicht von gelegentlichen Polemiken Lessings verwirren lassen, wenn er gegen die Barockmetaphorik zu Felde zieht. Lessing fasst die Bildlichkeit als eine ‚natürliche' Seite der Sprache auf, genau wie etwa die von ihm als Ausdruck der Leidenschaften geschätzten Interjektionen (die „kleinen Wörter, mit welchen wir unsere Verwunderung, unsere Freude, unsern Schmerz, ausdrücken"):

> Da nehmlich die Kraft der natürlichen Zeichen in ihrer Aehnlichkeit mit den Dingen besteht, so führet sie anstatt dieser Aehnlichkeit, welche sie nicht hat, eine andere Aehnlichkeit ein, welche das bezeichnete Ding mit einem andern hat, dessen Begriff leichter und lebhafter erneuert werden kann.

Lessing stützt sich mit anderen Worten auf eine (historisch zu verstehende) Sprachtheorie, die erstens eine natürliche Abbildung der Wirklichkeit durch Sprache für möglich hält und zweitens in dieser Natürlichkeit eine besondere Überzeugungskraft sieht. Deshalb sind Interjektionen wichtig, deshalb auch Bilder. Die Sprache ist nicht im Ganzen natürlich, es gibt auch die Notwendigkeit der Abstraktion. Aber Bilder können die Abstraktion sinnvoll ergänzen, Begriff und Bild können sich gegenseitig bestimmen, die Anschaulichkeit kann der Begrifflichkeit zu Hilfe kommen. Wir finden die Bildlichkeit bei Lessing entsprechend in seinen Dichtungen, aber wir finden sie auch in der kritischen Prosa. Betrachten wir dies in einigen Einzelheiten.

Bildlichkeit begegnet in Lessings Texten in Form der Metapher, die sich häufig ausweitet zur fortgesetzten Metapher oder Allegorie, und in Form von Vergleichen, Gleichnissen usf. Im Prinzip ist zwischen diesen Verwendungsweisen kein Unterschied zu machen. Wichtiger ist vielmehr der Hinweis, dass Lessing kaum neue oder gesuchte Bilder verwendet, wie es noch für die Barockzeit kennzeichnend war, sondern eher bekannte Bilder aufgreift oder auf virtuose Weise in ein neues Licht taucht. Dies zeigt sich etwa in den Streitschriften. Ein besonderes Bildfeld stellt hier die Kampfmetaphorik dar. Um den Charakter der geistigen Auseinandersetzung zu betonen, macht Lessing immer wieder Anleihen bei der kriegerischen Auseinandersetzung, so in einer Polemik gegen Wieland:

> Herr W i e l a n d hielt sich beleidiget, und anstatt seinen Gegner gleichfalls von der Seite des Schriftstellers anzugreifen, fiel er mit so frommer Galle, mit einem so pietistischen Stolze auf den moralischen Charakter desselben;

brauchte so hämische Waffen; verrieth so viel Haß, einen so verabscheuungswürdigen Verfolgungsgeist, daß einen ehrlichen Mann Schauder und Entsetzen darüber befallen mußte.

Neben dem Kampf hat Lessing den Weg als Bildspender benutzt:

[…] wir Neuern haben in mehrern Stücken geglaubt, uns weit über sie weg zu setzen, wenn wir ihre kleinen Lustwege in Landstrassen verwandelten; sollten auch die kürzern und sichrern Landstrassen darüber zu Pfaden eingehen, wie sie durch Wildnisse führen.

Wie man sieht, ist hier das Bild mit einer Antithese verknüpft. In der *Erziehung des Menschengeschlechts* wird das Bild des Weges in seiner geschichtsphilosophischen Dimension voll ausgebreitet, wenn die Rede von einem Wanderer ist, der auf einem Hügel anlangt,

von welchem er etwas mehr, als den vorgeschriebenen Weg seines heutigen Tages zu übersehen glaubt.
Aber er ruft keinen eilfertigen Wanderer, der nur das Nachtlager bald zu erreichen wünscht, von seinem Pfade. Er verlangt nicht, daß die Aussicht, die ihn entzücket, auch jedes andere Auge entzücken müsse.
Und so, dächte ich, könnte man ihn ja wohl stehen und staunen lassen, wo er steht und staunt!
Wenn er aus der unermeßlichen Ferne, die ein sanftes Abendrot seinem Blicke weder ganz verhüllt noch ganz entdeckt, nun gar einen Fingerzeig mitbrächte, um den ich oft verlegen gewesen!

Naturgemäß spielt die Bildlichkeit eine bedeutende Rolle in der Dichtung. In den frühen Komödien gibt es Beispiele für den typisch ‚witzigen' (im Sinne von: geistvollen, durch Esprit geprägten) Gebrauch. Wenn Damis etwa im *Jungen Gelehrten* sagt: „Ich möchte aus der Haut fahren", so kontert die Zofe Lisette: „Thun sie das und fahren Sie in eine klügere". In den Tragödien stehen ganz andere Bilder im Vordergrund, besonders das Herz ("Zerfleischt nicht das Gegenwärtige mein Herz schon genug?"). In *Minna von Barnhelm*, in der die Metaphorik hinter der Gefühlsaussprache eher zurücksteht, ist gerade die Herzmetaphorik voll ausgebaut:

Franciska antwortet: "Das Herz, gnädiges Fräulein? Man traue doch ja seinem Herzen nicht zu viel. Das Herz redet uns gewaltig gern nach dem Maule. Wenn das Maul ebenso geneigt wäre, nach dem Herzen zu reden, so wäre die Mode längst aufgekommen, die Mäuler unterm Schlosse zu tragen."

Um wenigstens das Wichtigste zu nennen, sei noch ein Bildspender genannt, der im *Nathan* eine beherrschende Rolle spielt:
das Geld:

> – Wie ist
> Mir denn? – Was will der Sultan? was? – Ich bin
> Auf Geld gefaßt; und er will – Wahrheit. Wahrheit!
> Und will sie so, – so baar, so blank, – als ob
> Die Wahrheit Münze wäre! – Ja, wenn noch
> Uralte Münze, die gewogen ward! –
> Das ginge noch! Allein so neue Münze
> Die nur der Stempel macht, die man aufs Bret
> Nur zählen darf, das ist sie doch nun nicht!
> Wie Geld in Sack, so striche man in Kopf
> Auch Wahrheit ein? Wer ist denn hier der Jude?
> Ich oder er? –

Metapher und Allegorie im Bereich der Tropen, Antithese und
Wiederholungsfiguren im Bereich der Figürlichkeit – dies gehört
zu den hervorstechendsten Merkmalen des lessingschen Stils.
Beides ist von den Gegnern, besonders von Goeze, im Vorwurf
der Wortspielerei zusammengezogen worden. Lessing selbst hat
von „Wortgrübelei" gesprochen und diese dadurch erläutert, dass
er auf „eigensinnige Art" „von der unerheblichsten Kleinigkeit"
ausgehe, die ihn „am geschwindesten mitten in die Materie" ver-
setze. Metaphorisches, Antithetisches wächst so gesehen wie von
selbst, ein Wort, ein Gedanke findet den Weg ins Bild, in die Entgegensetzung. Auf diese Weise erscheinen rhetorische Figuren wie
neu erfunden. Sie schmücken nicht, sind kein Kleid des (auch so
vorhandenen) Gedankens, sondern gehören zur Form des Denkens – Ernst Cassirer hat folgerichtig vom „Denkstil" Lessings
gesprochen und damit gewissermaßen das ‚Rhetorische' ausge-
blendet. Genau umgekehrt hat Walter Jens behauptet, Lessing sei
der Einzige, bei dem die rhetorischen Mittel natürlich erschienen
– also ein ‚wirklicher' Rhetoriker. Wir schließen uns weder der
einen noch der anderen Auffassung an, sondern halten es für entscheidend, dass Lessing die rhetorischen Mittel jenseits rhetorischer Ideologie handhabt.

Von besonderem Interesse in diesem Zusammenhang ist zudem
ein Bereich rhetorischen Schmucks, der bislang noch nicht benannt wurde: gemeint sind die Sinnfiguren, in denen es um ein
Spiel mit der eigenen Autorrolle geht. Von der Lizenz (Vorwurf
ans Publikum) über die Apostrophe (Wendung an ein nicht anwe-

sendes Publikum), die rhetorische Frage, die Subiectio (fingierter Dialog), die Dubitatio (gespielte Hilflosigkeit), die Communicatio (Bitte um Rat), die Conciliatio (Verwendung eines Arguments der Gegenpartei), die Correctio (Verbesserung der eigenen Äußerung) bis schließlich zur Ficito personae (Einführung nicht personhafter Dinge als sprechende Personen) ist bei Lessing alles vorhanden, was jede Stilistik aufzählt. Es ist besonders der polemische Brief(wechsel), die Fiktion der dialogischen Auseinandersetzung, die den Einsatz von Sinnfiguren ermöglicht, am berühmtesten in den theologischen Streitschriften. Allen diesen Auseinandersetzungen liegt der Kunstgriff zugrunde, das Gespräch mit einem Gegner für einen unabhängigen Leser zu inszenieren – davon war bereits die Rede. Das Polemische dieser Polemiken liegt aber nicht im Angriff auf den Gegner selbst, in einer Verunglimpfung seiner Person oder der Vernichtung seiner Argumente. Das Polemische liegt vielmehr in der Karikatur, in der die gegnerische Argumentation erscheint – mit dem Ziel, sie ins Lächerliche zu ziehen. So erscheint der Gegner einmal als stümperhafter Lateinschüler, ein andermal als „guter Nachbar", der seinen Glauben beibehält, um weiterschlafen zu können. Schon bloße Anreden machen diesen Gegner lächerlich bzw. lassen ihn in den Augen des Publikums als lächerlich erscheinen, z.B. diese:

> Höre ich einen Menschen im Schlafe sprechen, oder was höre ich?... Erwachen Sie doch, Nachbar, und lassen Sie uns unsre fünf Sinne nur ein wenig zusammen nehmen! Ich schüttle Sie, und frage...

In den *Axiomata*, der Streitschrift, die dem *Anti-Goeze* unmittelbar vorausgeht, hat Lessing den Hamburger Hauptpastor dadurch lächerlich zu machen gesucht, dass er sich unter dessen Kanzel stellt und von dort seine „Zwischenrufe" vorbringt. Schon die Einführung der Idee ist voller Witz:

> Ich will des Hrn. Pastors vermeynte Widerlegung, und meine Antwort, in eine Art von Dialog bringen, welcher der Kanzeldialog heissen könnte. Nehmlich; ich unterbreche den Hrn. Pastor: aber der Hr. Pastor hält sich nicht für unterbrochen. Er redet fort, ohne sich zu bekümmern, ob unsere Wort zusammen klappen, oder nicht. Er ist aufgezogen, und muß ablaufen. Also: ein Dialog und kein Dialog.

Natürlich liegt der Sinn des Arrangements darin, den Gegner als stur, keinem Argument zugänglich hinzustellen – bevor es wirklich um die ‚Sache' geht. Wenn es zum Schluss heißt: „Doch ich bin es herzlich satt, mit einem Tauben länger zu reden," soll der Leser die ganze Auseinandersetzung im Grunde für obsolet halten.

In den elf Stücken des *Anti-Goeze* hat Lessing den Kunstgriff geradezu perfektioniert. Schon im *Anti-Goeze I* redet er den Hauptpastor auf eine Weise an, die diesem die Ernsthaftigkeit der Gegnerschaft nimmt: „Lieber Herr Pastor, poltern Sie doch nicht so in den Tag hinein: ich bitte Sie". Teils ,spricht' er mit dem Hauptpastor, teils über ihn, teils unterbricht er die Unterhaltung, indem er sich an eine andere Person wendet und diese vor Goeze warnt. Genauso ist es in den weiteren Stücken. Immer wieder verändert Lessing die Perspektive und sorgt damit für Überraschungen. So wechselt die direkte Anrede, eingeleitet durch: „Mein Herr Hauptpastor", mit kommentierenden Einwürfen wie: „Der Herr Hauptpastor verweisen mir", oder grotesken Charakterisierungen des Gegners wie der, dass seine Art, durch Verdammen selig zu werden, der einer Hure gleiche, die durch Kinderzeugen selig zu werden hoffe. Einen Höhepunkt bietet die Auseinandersetzung im *Anti-Goeze VIII*, die auf der Zusammenarbeit des Hauptpastors mit dem *Altonaer Reichspostreiter* beruht. Indem Lessing den Reichspostreiter wörtlich nimmt, ihn personifiziert, wendet er sich nun an ein Pferd, dem er sein Leid mit Goeze klagt:

> Ueberlege es doch nur selbst, lieber – Gaul. Denn was brauchst du viel, dieses zu können, ein Houyhnhnm [besonders intelligentes Pferd aus J. Swifts Gullivers Reisen] zu seyn, der du doch einmal nicht bist? Ueberlege es nur; und suche es dem Herrn Hauptpastor so gut du kannst begreiflich zu machen...

Natürlich läuft die Darstellung darauf hinaus, dass es diesem Pastor sogar am ,gesunden Pferdeverstand' mangelt.

Sowenig es Zweck hat, aus dieser Polemik eine überlegene Argumentationskunst Lessings in ,sachlicher' Hinsicht herauszulesen (die Kritik daran ist von Peter J. Brenner mit Recht formuliert worden), so wenig scheint es angebracht, sie lediglich als ,unsachlich' zu begreifen. Es handelt sich eben nicht um ,Wissenschaft', sondern um eine Form ,kritischer' Auseinandersetzung, der es auf ein Ergebnis ankommt, und zwar auf ein Ergebnis, das auf dem wissenschaftlichen Weg nicht zu erlangen ist. Man muss berücksichtigen, dass Lessing gegen eine Übermacht kämpft: gegen die Übermacht der herrschenden Orthodoxie, ganz abgesehen von der Übermacht einer Gesellschaft, die am liebsten in Ruhe gelassen werden will. Die Polemik ist die Polemik des Unterlegenen, seine Waffe die Frechheit. Wolfram Mauser hat dies herausgestellt und dabei an die Figur des antiken Diogenes erinnert: also an den Kynismus. Dabei wird deutlich: Es geht nicht mehr um Fragen der Adäquatheit von Wort und Sache, auf die einmal die rhetorische Ausstattung mit den Formen des Schmucks reagiert hat – dieses für die Rhetorik wichtige Thema ist bei Lessing zu streichen. Es geht jetzt um das Engagement des Sprechenden. Wenn Goeze Lessing „Theaterlogik" vorgeworfen hat („Er scheint die Logik und gesunde Vernunft aus diesem Streite verbannet zu haben, und will schlechterdings bloß durch Witz, durch Parabeln, Bilderchen und Gleichnisse den Sieg behaupten."), die Tatsache also, dass Lessing statt Argumenten Metaphern verwendet, so hat er Recht und Unrecht zugleich. Es handelt sich um eine ästhetische Form der Auseinandersetzung, aber man kann auch sagen, dass diese Ästhetik ihr Recht darin hat, unter den Bedingungen von Intoleranz für Toleranz zu werben. Wolfram Mauser hat den Vergleich mit dem Kabarett gezogen, wo uns diese Perspektive vertraut erscheint. Genauso ließe sich das Feuilleton anführen. Auf jeden Fall steht dieser Stil ganz und gar im Zeichen einer sprachlichen und gedanklichen Virtuosität, die sich im Dienst der Wahrheitsfindung im ,Alltag' sieht. Dort aber kommt es auf ,Präsentation' an, auf eine Ebnung des Wegs zu Erkenntnissen, die nur die Wissenschaft ,nüchtern' zu bieten sich leisten kann. Damit ist eine rhetorische ,Erkenntnistheorie' durchaus zurückgewiesen. Das ,Rhetorische' ist nur noch Hilfe bei der Vermittlung.

Literaturhinweise

Gotthold Ephraim Lessing: Werke. 8 Bde, hrsg. von Herbert G. Göpfert, München 1973.

Brenner, Peter J.: Gotthold Ephraim Lessing. Stuttgart 2000.
Cassirer, Ernst: Lessings Denkstil (1917). In: Gerhard und Sibylle Bauer (Hrsg.): Gotthold Ephraim Lessing. Darmstadt 1968, 54-73.
Feinäugle, Norbert W.: Lessings Streitschriften. Überlegungen zu Wesen und Methode der literarischen Polemik. In: Lessing Yearbook 1 (1969), 126-149.
Göbel, Helmut: Bild und Sprache bei Lessing. München 1971.
Immisch, Otto: Beiträge zur Beurteilung der stilistischen Kunst in Lessings Prosa, insonderheit der Streitschriften. In: Text und Kritik 26/27 (1970), 26-38.
Jens, Walter: Feldzüge eines Redners: Gotthold Ephraim Lessing. In: Von deutscher Rede. München/Zürich 1983, 54-78.

Mauser, Wolfram: Toleranz und Frechheit. Zur Strategie von Lessings Streitschriften. In: Lessing und die Toleranz. Sonderband zum Lessing Yearbook, hrsg. von Peter Freimark u.a. München 1986, 276-290.

Schröder, Jürgen: Gotthold Ephraim Lessing. Sprache und Drama. München 1972.

Mauser, Wolfram; Saße, Günter (Hrsg.): Streitkultur. Strategien des Überzeugens im Werk Lessings. Tübingen 1993.

4.1.6 Die Ausdruckssprache des Sturm-und-Drang:
Goethe und Schiller I

In den 70er und frühen 80er Jahren des 18. Jahrhunderts hat sich
die größte Wende vollzogen, die man in der deutschen Stilgeschichte beobachten kann. Vermutlich muss man sogar noch weiter gehen: Damals wurden die Weichen für ein modernes Deutsch
gestellt. Der Grund liegt, wie schon mehrfach angedeutet, in einer
Befreiung von den Vorgaben der Rhetorik. Von der Antike bis ins
18. Jahrhundert war man von der Vorstellung ausgegangen, Gedanken *angemessen* auszudrücken: angemessen in Bezug auf Gegenstand und Hörer. Nun aber kehrt sich die Sicht um: Nicht
etwas, sondern *sich* auszudrücken, wird die Devise. Daraus folgen
zwei für das rhetorische Denken vernichtende Ideen: Dem Ausdruck des Selbst können erstens keine Regeln zugrunde liegen,
allenfalls selbst gesetzte. Und zweitens beruht die Wirkung nicht
auf ‚Mitteln', die dem sprachlichen Ausdruck Angemessenheit
sichern. Wirkung wird vielmehr dadurch entfaltet, dass ein Le-
ser/Hörer die Empfindung ‚versteht'. Dem Ausdruck von Gefühl
antwortet Gefühl. Alles hängt ab von Echtheit, von Authentizität,
von geistiger und sittlicher Freiheit. Nichts darf zu spüren sein
von Planung, von Steuerung, von Zwecken. Ein autonomes Ich
spricht zu einem autonomen Ich, die Brücke bildet einzig die ‚Natürlichkeit', gebaut von einem Genie. Das Illusionäre des Verfah-
rens sollte sich in kürzester Zeit, ja noch innerhalb der Lebenszeit
der Hauptakteure offenbaren. Goethe und Schiller beginnen als
Stürmer-und-Dränger und gehen über zur Klassik, in der manches
Verachtete zurückkehrt. Aber der Ansatz bei der Autonomie, die
Absage an die Vorstellung, dass Kreativität auf Variation von
Vorgegebenem beruht, war nicht mehr umzukehren.

Natürlich haben die 70er und 80 Jahre ihr Vorspiel. Theoretisch
ist die Abwendung von der Rhetorik in Frankreich vorbereitet
worden, in der Auseinandersetzung mit Descartes. Aber auch
literarisch gibt es vor Goethe und Schiller einen entscheidenden
Durchbruch mit Friedrich Gottlieb Klopstock, geboren 1724 und
damit fünf Jahre jünger als Lessing. Es fällt nicht schwer, Klopstocks Werk aus dem Geist der Rhetorik zu verstehen. Das Pathos
der Oden und besonders des *Messias*, der seit 1748 entsteht, verdankt sich einem rhetorischen Wirkungsdenken und rhetorischen
Stilvorstellungen. Aber es gibt eine deutliche Verschiebung in der

Anwendung dieser Rhetorik. Während etwa bei Lessing noch die Figürlichkeit eine entscheidende Rolle spielt, dominiert bei Klopstock der Klang. Was schon Cicero in seiner Schrift *Der Redner* (*Orator*), also nicht in seinem bedeutendsten Werk mit sehr ähnlichem Titel, *Vom Redner* (*De oratore*), analysierte, tritt nun in den Vordergrund: die Wirkung von Wohlklang im einzelnen Wort, von Rhythmus in der Wortfolge. Der Ausdruck der Leidenschaften baut auf einer poetischen Sprache auf, die in höchstem Maße ,kunstvoll' ist, ja Gefühlsausdruck als Kunst hervorbringen will. In einem Brief formuliert Klopstock das Ziel so:

> Ich halte zwar den völlig wahren Ausdruck für das Schwerste in der Poesie, aber von wem kann ich ihn fordern, wenn ich ihn nicht von den Engländern fordern kann. Gleichwohl ist ihre Leidenschaft oft mehr Einbildungskraft als Leidenschaft.

Also Leidenschaften als das Zentrum dieses Dichtens, zwar Leidenschaften, die (noch) nicht dem eigenen Ich entspringen, aber der Verbundenheit des Ich mit der Natur, dem Schöpfer, der Schöpfung. Daraus entspringt ein Grundton des Feierns, der den ,großen' Ausdruck der Erhabenheit sucht.

Man kann im Nachhinein deutlich erkennen, wie Klopstock damit dem Sturm-und-Drang die Bahn bricht. Die Sprache Klopstocks wirkt entfesselt, sprengt eine klar geordnete Syntax wie etwa in der Szene des *Messias*, in der der von Jesus geheilte Besessene zu sprechen anfängt:

> Komm, Mann Gottes, ins Haus, wohin mein Vater zurückkehrt [...]
> Milch und Honig, die lieblichste Frucht von unseren Bäumen
> Sollst du genießen; die Wolle der jüngsten Lämmer der Aue
> Soll dich decken. Ich selber will dich, o Gottes Prophet, dann,
> Kömmt der Sommer, unter der Bäume Schatten begleiten,
> Die mein Vater im Garten mir gab.

Bewegung wird mit Bewegungsverben ausgedrückt, mit Präfixen wie *ent-*, *her-*, *herab-*, *herunter-* usf. Auch Abstrakta werden dynamisiert wie bei *aufweinen*, *dahinzittern*, *durchbeben*, *empordenken* usf. Das Partizip Präsens bringt zusätzliche verbale Kraft wie in *dankweinend*, *blutatmend*, *glanzverbergend* usf. Auf der nominalen Seite lockern der poetische Genitiv (*des Stroms Geräusch*), das Enjambement (das syntaktische Übergreifen des Satzes auf die nächste Zeile) die gewaltigen Satzbögen auf, besonders bei den für Klopstock typischen *Wenn*-Perioden, von denen sich eine in der Ode

An Fanny (1749) über zwanzig Zeilen hinzieht. Der Wortschatz der Seele ist reich entwickelt, wobei der Pietismus die wichtigste Quelle darstellt. All dies sprengt mit seinem Individualismus rhetorisch ‚objektive' Formen und lässt sich doch zugleich ‚rhetorisch' erklären. Wo lag der entscheidende Schritt über diese Paradoxie hinaus?

Die Antwort lautet: bei Johann Georg Hamann und Johann Gottfried Herder, zwei Autoren, die eine neue Philosophie der Sprache entwickelten. Immer hatte man die Sprache als ein Mittel der Verständigung gesehen, als Zeichen der (gewissermaßen auch so existierenden) Gedanken. Für Hamann drückt sich in der Natur die Sprache Gottes als ein Prozess der Symbolisierung aus, den der Mensch gleichsam fortsetzt: „Sinne und Leidenschaften reden und verstehen nichts als Bilder. In Bildern besteht der ganze Schatz menschlicher Erkenntnis und Glückseligkeit." Dem sprachlichen Schöpfertum entspricht das Ringen mit der Sprache, eine Entfaltung der in ihr liegenden Möglichkeiten, die rhetorische Klarheitsforderungen wegfegt: „Die Reinigkeit einer Sprache entzieht ihr Reichtum; eine gar zu gefesselte Richtigkeit ihr Stärke und Mannheit." Mit Herder wird die Sprache jenseits der theologischen Bezüge eine eigene Welt, ja Welt gibt es nur als Sprache. Erst damit wird Sprechen und Dichten Ausdruck des Selbstgefühls. Herder entdeckt es in seinen Briefen: „So schrieb ich in meinen Briefen! Sie waren mir immer die Sprache des Herzens: immer die Beschäftigung meiner süßesten Stunden! Immer mit einer Reihe von Aussichten, von Wünschen, von süßen Planen begleitet, die mein Herz im innersten tat." Systematisch entwickelt er den Gedanken in seiner Idee vom menschlichen Ursprung der Sprache, die das gesamte Weltverständnis säkularisiert. Das Ergebnis ist eine Prosa, die sich von Schematismen befreit und nur dem genialen Impuls gehorchen will. Im *Journal meiner Reise im Jahr 1769* heißt es:

> Worinn die wahre Cultur bestehe? Nicht blos im Gesetze geben, sondern Sitten bilden: was Gesetze ohne Sitten, und fremdangenommene Grundsätze der Gesetze ohne Sitten sind? Ob bei Russlands Gesetzgebung Ehre das erste seyn könne? Bild der Nation? Ihre Faulheit ist nicht so böse, wie man sie beschreibt...

‚Natürlich' soll die Prosa sein, ausdrücklich nicht ‚vernünftig'. Alles, was ‚ursprünglich', nichtkonventionell ist, wird willkommen geheißen: von der Aufklärung verachtete Synonyme („Der Dichter muß rasend werden, wenn du ihm die Synonyme raubst, er lebt vom Überfluß"), Idiotismen ("Idiotismen [...] sind Schönheiten, die uns kein Nachbar durch eine Übersetzung entwenden kann [...] Schönheiten in das Genie der Sprache eingewebt, die man zerstört, wenn man sie austrennet"), Inversionen ("Das Ohr will einen Perioden, der es durch seinen Wohlklang füllet, der gnug abwechselt und nicht zu oft wiederkommet. Kann dies eine Rede ohne Inversionen erreichen?"), Elisionen ("Haben Sie es da nicht oft bemerkt, wie schädlich es uns Deutschen sei, dass wir keine Elisionen haben oder uns machen wollen?")

Die Schriftsprache nähert sich im Sturm-und-Drang damit wohl erstmals in der Geschichte (wirklich) der gesprochenen Sprache an, ja die Abwendung von der Rhetorik manifestiert sich in nichts so sehr wie in der demonstrativen und nicht selten provokativen Abwendung vom Schriftdeutsch. Dies zeigt sich einerseits in der Aufnahme lässiger, derber Ausdrücke bis zum Vulgarismus, in Wortverkürzungen, wie sie der Sprache des ‚Volkes' entsprechen. Andererseits in der Verwendung von Archaismen, die an Luther anknüpfen und sogar auf den Minnesang zurückgreifen. Den gemeinsamen Nenner bildet der Kampf gegen die Aufklärung, die Orientierung am Alten ebenso wie am Volkstümlichen als Garanten des ‚Echten'. Die logische Satzordnung wird gesprengt, an die Stelle der Hypotaxe tritt die Reihung, weil sich nur so der Affekt Bahn brechen kann. Von den rhetorischen Figuren überleben Alliteration, Anapher, Parallelismus, in erster Linie jedoch alles, was als ‚natürlicher' Affektausdruck gelten kann: besonders Anakoluth und Ellipse. In der Metaphorik ist das Organische, ja Vegetative kennzeichnend, zum Beispiel als Baum-Metapher:

> Großes Geschöpf Gottes! Werk dreier Weltteile, und fast sechs Jahrtausende! Die zarte, saftvolle Wurzel, der schlanke, blühende Sprössling, der mächtige Stamm, die starkstrebenden verschlungenen Äste, die luftigen weit verbreiteten Zweige – wie ruhet alles auf einander, ist aus einander erwachsen!

Statt rhetorischer ‚Ausmalung' dominiert das sinnliche Detail, der hingeworfene „Brocken".

Man kann sich die neue Ausdruckssprache am besten an den Dichtungen des jungen Goethe klarmachen. Der Durchbruch gelang ihm – nach frühen anakreontischen Versuchen – zuerst in der Lyrik, beim Thema der Liebe. Statt die Geliebte zu besingen, geht es nun um eine unmittelbare Gefühlsaussprache, um die Formung eines persönlich einmaligen Gefühls. Das Musterbeispiel

ist (die erste Fassung von) *Willkommen und Abschied*, entstanden im
Frühjahr 1771:

> Es schlug mein Herz. Geschwind, zu Pferde!
> Und fort, wild wie ein Held zur Schlacht.
> Der Abend wiegte schon die Erde,
> Und an den Bergen hing die Nacht.
> Schon stund im Nebelkleid die Eiche
> Wie ein getürmter Riese da,
> Wo Finsternis aus dem Gesträuche
> Mit hundert schwarzen Augen sah.
>
> Der Mond von einem Wolkenhügel
> Sah schläfrig aus dem Duft hervor,
> Die Winde schwangen leise Flügel,
> Umsausten schauerlich mein Ohr.
> Die Nacht schuf tausend Ungeheuer,
> Doch tausendfacher war mein Mut,
> Mein Geist war ein verzehrend Feuer,
> Mein ganzes Herz zerfloß in Glut.
>
> Ich sah dich, und die milde Freude
> Floß aus dem süßen Blick auf mich.
> Ganz war mein Herz an deiner Seite,
> Und jeder Atemzug für dich.
> Ein rosenfarbnes Frühlingswetter
> Lag auf dem lieblichen Gesicht
> Und Zärtlichkeit für mich, ihr Götter,
> Ich hofft' es, ich verdient' es nicht.
>
> Der Abschied, wie bedrängt, wie trübe!
> Aus deinen Blicken sprach dein Herz.
> In deinen Küssen welche Liebe,
> O welche Wonne, welcher Schmerz!
> Du gingst, ich stund und sah zur Erden
> Und sah dir nach mit nassem Blick.
> Und doch, welch Glück, geliebt zu werden,
> Und lieben, Götter, welch ein Glück!

Das Charakteristische liegt in der Beschreibung eines Erlebnis-
ses, in der Wiedergabe des Gefühls bei der Begegnung mit und
dem Abschied von Friederike Brion. Das wichtigste Mittel der
Beschreibung ist die Beseelung der Natur, die Formulierung der
eigenen Befindlichkeit aus dem Einklang mit der Natur. In der
Unheimlichkeit des nächtlichen Ritts spiegelt sich die unbändige
Sehnsucht, die Freude der Begegnung schafft sich Ausdruck im
Bild des Frühlings. Der Abschied wird in der Mischung von nach-
klingendem Liebesgenuss und dem Schmerz der Trennung darge-

stellt. Es fehlt jede ‚Reflexion', jede Anknüpfung an vertraute
Formeln für die Wiedergabe des Erlebten, stattdessen das rein
erlebnishafte „du gingst, ich stand".

Neben dem Naturgedicht in Reimform, das häufig volksliedhaf-
te Töne anschlägt, hat Goethe die Ausdruckshaltung in den großen Hymnen erprobt. Hier sind es freie Rhythmen, in denen sich
das Selbstgefühl ausspricht, das Vertrauen auf das eigene Schöpfertum wie in *Wandrers Sturmlied*, das 1772 auf dem Weg zwischen
Frankfurt und Darmstadt entstand. In der ersten Strophe kommen Anaphern vor, aber sie erscheinen spontan:

> Wen du nicht verlässest, Genius,
> Nicht der Regen, nicht der Sturm
> Haucht ihm Schauer übers Herz.
> Wen du nicht verlässest, Genius,
> Wird der Regenwolke
> Wird dem Schloßensturm [= Hagel]
> Entgegen singen
> Wie die Lerche
> Du dadroben.

Parallelismen, Wortwiederholungen, Polyptota kommen vor,
aber auch hier wirken sie wie 'natürliche' Äußerungen, als Folge
individueller Selbstaussprache. Ebenso der Beginn des *Prometheus*:

> Ich dich ehren? Wofür?
> Hast du die Schmerzen gelindert
> Je des Beladenen?
> Hast du die Tränen gestillet
> Je des Geängsteten?

Und nicht nur die Lyrik steht im Zeichen solcher Ausdrucks-
kunst. In ihrem Zeichen verwandelt sich auch das Drama. Der
Götz von Berlichingen (1773, 1. Fassung: *Geschichte Gottfriedens von
Berlichingen*, 1771/72), als Lesedrama konzipiert, das zu Goethes
Verwunderung dann rasch die Bühnen eroberte, sprengt nicht nur
mit der schnellen Folge seiner kurzen Szenen das Gewohnte. Es
war vor allem die ‚gesprochene Sprache', der Umgangston bis hin
zum Vulgären mit dem Höhepunkt des berühmten Götz-Zitats,
die revolutionär wirkte. Schon der Einsatz mit der Unterhaltung
der Bauernanführer zeigt, was gemeint ist:

> SIEVERS. Hänsel, noch ein Glas Branntwein, und meß christlich.
> WIRT. Du bist der Nimmersatt.

METZLER leise zu SIEVERS. Erzähl das noch einmal vom Berlichingen! Die
Bamberger dort ärgern sich, sie möchten schwarz werden.

Vor allem Götz selbst spricht ohne jede Stilisierung. Im Gespräch mit Weislingen formuliert er es als Prinzip: „soll ich von
der Leber weg reden?" Wo einmal ein Bild ausgeformt ist, wird es
individualisiert:

WEISLINGEN. Das ist Weibergunst! Erst brütet sie, mit Mutterwärme,
unsere liebsten Hoffnungen an; dann, gleich einer
unbeständigen Henne, verlässt sie das Nest und übergibt
ihre schon keimende Nachkommenschaft dem Tode und
der Verwesung.

Gassensprache ist allgegenwärtig:

ERSTER OFFIZIER. Freilich! Und er wird sich wehren wie ein wildes
Schwein [...]
ZWEITER OFFIZIER. Es wäre eine Schande, wenn wir ihn nicht kriegten.
Wenn ich ihn nur einmal beim Lappen habe, er soll nicht loskommen.

Götz mischt in seine Rede häufig Sprichwörter: „Ein Wolf ist
einer ganzen Herde Schafe zuviel", heißt es, oder: „Da sah ich
erst, daß ich mit der Hand in die Kohlen geschlagen hatte." Und
die Zigeuner im Wald radebrechen:

KNAB. Ein Hamster, Mutter. Da! Zwei Feldmäus.
MUTTER. Will sie dir abziehen und braten, und sollst eine Kapp
haben von den Fellchen.- Du blust?
KNAB. Hamster hat mich bissen.

Die Figur des Götz ist nur zu verstehen aus ihrer Gefühlsunmit-
telbarkeit, die letztlich zum Zusammenstoß mit der ‚Welt' führt
und so den Untergang provoziert.
    Dieses Thema liegt auch dem *Werther* (1773) zugrunde, wo die
Briefform der Entfaltung der Ausdruckssprache noch mehr entgegenkommt. Schon der allererste Brief zeigt, wie individuelles
Gefühl sich in Ausrufen und Ellipsen geltend macht:

Wie froh bin ich, daß ich weg bin! Bester Freund, was ist das Herz des Menschen! Dich zu verlassen, den ich so liebe, von dem ich so unzertrennlich war,
und froh zu sein! Ich weiß, du verzeihst mir's. Waren nicht meine übrigen
Verbindungen recht ausgesucht vom Schicksal, um ein Herz wie das meine zu
ängstigen? Die arme Leonore! Und doch war ich unschuldig. Konnt' ich dafür, dass, während die eigensinnigen Reize ihrer Schwester mir eine angenehme Unterhaltung verschafften, dass eine Leidenschaft in dem armen Herzen
sich bildete? Und doch – bin ich ganz unschuldig? Hab' ich nicht ihre Emp-

findungen genährt? Hab' ich mich nicht an den ganz wahren Ausdrücken der
Natur, die uns so oft zu lachen machten, so wenig lächerlich sie waren, selbst
ergetzt? Hab' ich nicht – O was ist der Mensch, dass er über sich klagen darf!

Wenn diese Sprache auf das gesprochene Wort zurückgeht, so
zeigt sich dies am meisten da, wo Gesprächsfetzen gewissermaßen
einmontiert sind:

Du fragst, ob du mir meine Bücher schicken sollst? – Lieber, ich bitte dich
um Gottes willen, laß mir sie vom Halse! Ich will nicht mehr geleitet, ermun-
tert, angefeuert sein, braust dieses Herz doch genug aus sich selbst; ich brau-
che Wiegengesang, und den habe ich in seiner Fülle gefunden in meinem
Homer. Wie oft lull' ich mein empörtes Blut zur Ruhe, denn so ungleich, so
unstet hast du nichts gesehn als dieses Herz. Lieber! Brauch' ich dir das zu sagen, der du so oft die Last getragen hast, mich vom Kummer zur Ausschwei-
fung und von süßer Melancholie zur verderblichen Leidenschaft übergehen
zu sehn? Auch halte ich mein Herzchen wie ein krankes Kind; jeder Wille
wird ihm gestattet. Sage das nicht weiter; es gibt Leute, die mir es verübeln
würden.

Noch 'wilder' die Schilderung der ersten Begegnung mit Lotte,
in der jene Elisionen vorkommen, die den Gesprächston besonders charakterisieren (und von den Gegnern karikiert wurden):
„Tu' ich's jetzt nicht, so geschäh' es niemals...“

Die Sprache des jungen Goethe, so lässt sich zusammenfassen,
sucht alles Rhetorisch-Stilisierte zu vermeiden. Wo es nicht um
Nachahmung der gesprochenen Sprache geht, wo eine eigene
Form der Stilisierung entwickelt wird, spielt Sprachschöpferisches
eine Rolle. Zahlreiche neue Komposita lassen sich finden: *Felsen-
quell*, *Sternenblick*, *schlangenwandelnd*, *freudehell* usf. Auffällig auch die
Verbindung von Adjektiv und Adverb etwa in *heilig glühend*, *rings
umfassend*. Von dynamisierender Wirkung sind verbale Präfixbil-
dungen wie *entgegenglühen*, *überschwellen* bis hin zur Wendung: „dem
Schlaf entjauchzt uns der Matrose“ im Gedicht *Seefahrt*. Dynami-
sierend wirkt auch der Gebrauch des adjektivisch gebrauchten
Partizips: *schwebende Sterne*, *türmende Ferne* usf. Schließlich ist hinzu-
weisen auf den reichen Wortschatz für seelische Empfindungen,
den Goethe wie schon Klopstock dem Pietismus verdankt: *Fülle
(des Herzens)*, *Verworrenheit*, *Wüste*, *Dumpfheit*, *verlieren*, *versinken*, *sich
hingeben* usf.

Aber es ist nicht nur der Ausdruck des individuellen Gefühls allein, der den Ton des Sturm-und-Drang geprägt hat. Daneben
steht der pathetische Ausdruck, der vor allem das Drama kennzeichnet. In der Nachfolge des *Götz* entstehen jene Werke von

Jakob Michael Reinhold Lenz und Friedrich Maximilian Klinger, die den *Sturm-und-Drang* nicht nur am meisten geprägt, sondern ihm mit Klingers gleichnamigem Drama von 1776 (ursprünglicher Titel: *Wirrwarr*) sogar den Namen gegeben haben. Abgebrochene Sätze, Interjektionen, Wortwiederholungen, Parenthesen prägen die Syntax. Beim Wortschatz dominieren volkstümliche Formen (*Dings, Zeugs*), Vulgarismen und derbe Redensarten (*fressen, einem das Fell über die Ohren ziehen*) bis zum Schimpfwort (*Hundsfott, Hure, Schweinigel*). All dies steht im Zeichen eines Affektausdrucks, der alle Schranken der Konvention niederreißen möchte. In Klingers *Zwillingen* (1776), die den Brudermord thematisieren, heißt es:

> Reiß dich aus dir, Guelfo! Zerschlage dich, Guelfo! – Guelfo! Guelfo! geh aus dir! Schaff' dich um! – Jetzt will ich schlafen! O jetzt will ich sanft schlafen! Ferdinando ließ mich lange nicht schlafen, jetzt wird er mich schlafen lassen. Ich will schlafen, Blutiger! und wenn tausend brennende Dolche durch meine Seele gingen. Gute Nacht, Guelfo! hi! hi! gute Nacht, Guelfo!

Damit soll ein irrationalistisches Denken und Handeln umrissen werden, das zu Lebzeiten Lessings und noch vor dem Erscheinen von dessen *Nathan* einen Gegenpol dichterischer Möglichkeiten bildet.

Als Gegenentwurf sind auch die Anfänge Schillers zu sehen. *Die Räuber* wurden 1777 begonnen, der erste Druck erschien anonym 1781, die spektakuläre erste Aufführung fand 1782 in Mannheim statt. Aber Schillers Pathos erschöpft sich nicht in einer die Konventionen einreißenden Hyperbolik, auch nicht in der grellen Ausleuchtung des Irrationalen. Für Schiller kennzeichnend ist eher die große Antithetik, das Gegeneinander idealistischer und materialistischer Ideen, das auch die frühe Lyrik prägt, besonders die nur kurz nach den *Räubern* erschienene *Anthologie auf das Jahr 1782*. Das hat ihm den Vorwurf des ‚Barockstils', überhaupt des Rhetorischen eingetragen. Ohne die Fortsetzung seines Schaffens in der Klassik wäre es vermutlich auch bei dieser Sicht geblieben. So aber hat man in den ungestümen Frühwerken die Keime des wesentlich komplexeren Weltbilds und auch dichterischen Schaffens der späteren Zeit gesucht.

Blickt man auf die Titel der *Anthologie*-Gedichte, so zeichnen sich bereits die pathetischen Stoffe ab: *An den Frühling, Hymne an den Unendlichen, Die Größe der Welt, Die Freundschaft, Die Pest*. Aber auch die *Laura*-Gedichte thematisieren nicht Liebe als individuelles Erlebnis, sondern bieten Schwärmerei wie in *Das Geheimnis der*

Reminiszenz. An Laura, von dessen 29 Strophen die folgenden drei
ausgewählt seien:

> Ewig starr an deinem Mund zu hangen,
> Wer enträtselt dieses Wutverlangen?
> Wer die Wollust, deinen Hauch zu trinken,
> In dein Wesen, wenn sich Blicke winken,
> Sterbend zu versinken?
>
> Aber ach! – die selgen Augenblicke
> Weinen leiser in mein Ohr zurücke –
> Könnten Grolls die Gottheit Sünder schelten,
> Laura – den Monarchen aller Welten
> Würd ich Neides schelten.
>
> Laura – weine unsers Glückes Wunde! –
> Saftig war der Apfel ihrem Munde – – –
> Bald – als sie sich unschuldsvoll umrollten –
> Sieh! – wie Flammen ihr Gesicht vergold'ten –
> – Und die Teufel schmollten.

Worum es geht, zeigt die erste Strophe des etwas später veröf-
fentlichten Gedichts *Freigeisterei der Leidenschaft. Als Laura vermählt
war im Jahre 1782*:

> Nein – länger, länger werd ich diesen Kampf nicht kämpfen,
>   Den Riesenkampf der Pflicht.
> Kannst du des Herzens Flammentrieb nicht dämpfen,
>   So fodre, Tugend, dieses Opfer nicht.

Pflicht und Neigung sind die Pole der Weltanschauung, und
stilistisch schlägt sich dies in einer durchgängigen Antithetik
nieder, die auch (pathosfördernde) rhetorische Figuren wie
feierliche Anrede oder rhetorische Fragen bis hin zum Oxymoron
(*Qualentzücken, Paradiesesschmerzen*) einbezieht.

Dies aber kennzeichnet genauso das Drama, zuerst die *Räuber*.
Hyperbolisches begegnet auf Schritt und Tritt, besonders in den
Monologen von Karl Moor, in denen die großen pathetischen
Entschlüsse gefasst werden. Schon bevor das tragische Geschehen
in Gang kommt, wirft Karl mit Kraftausdrücken um sich:

> KARL VON MOOR (legt das Buch weg). Mir ekelt vor diesem tintenklecksen-
> den Säkulum, wenn ich in meinem Plutarch lese von großen Menschen. [...]

> MOOR. Pfui! Pfui über das schlappe Kastratenjahrhundert, zu nichts nütze, als
> die Taten der Vorzeit wiederzukäuen und die Helden des Altertums mit
> Kommentationen zu schinden und zu verhunzen mit Trauerspielen. Die

Kraft seiner Lenden ist versiegen gegangen, und nun muß Bierhefe den Menschen fortpflanzen helfen.

Voller Antithesen ist die gleich darauf folgende Stelle:

MOOR. Nein, ich mag nicht daran denken. Ich soll meinen Leib pressen in eine Schnürbrust und meinen Willen schnüren in Gesetze. Das Gesetz hat zum Schneckengang verdorben, was Adlerflug geworden wäre. Das Gesetz hat noch keinen großen Mann gebildet, aber die Freiheit brütet Kolosse und Extremitäten aus [...] Stelle mich vor ein Heer Kerls wie ich, und aus Deutschland soll eine Republik werden, gegen die Rom und Sparta Nonnenklöster sein sollen.

Dies alles aber ist noch harmlos verglichen mit den Ausbrüchen, in denen Karls Betroffenheit sich Bahn bricht:

MOOR (tritt herein in wilder Bewegung und läuft heftig im Zimmer auf und nieder, mit sich selber). Menschen – Menschen! falsche, heuchlerische Krokodilbrut! Ihre Augen sind Wasser! Ihre Herzen sind Erzt! Küsse auf den Lippen! Schwerter im Busen! Löwen und Leoparden füttern ihre Jungen, Raben tischen ihren Kleinen auf dem Aas, und Er, Er – Bosheit hab ich dulden gelernt, kann dazu lächeln, wenn mein erboster Feind mir mein eigen Herzblut zutrinkt – aber wenn Blutliebe zur Verräterin, wenn Vaterliebe zur Megäre wird, o so fange Feuer, männliche Gelassenheit, verwilde zum Tiger, sanftmütiges Lamm, und jede Faser recke sich auf zu Grimm und Verderben. Oh ich möchte den Ozean vergiften, dass sie den Tod aus allen Quellen saufen!

Nur bleibt es nicht bei diesen Ausbrüchen, sondern dank des tückischen Bruders Franz entwickelt sich das Drama zum Experiment der entgegengesetzten Kräfte von Materialismus (Mechanismus) und Idealismus, von (dank psychologischem Wissen) berechnendem Handeln und (dem Gewissen verpflichteter) moralischer Widerstandskraft. Am Ende steht nicht nur ein tragischer Held, sondern entfaltet sich das apokalyptische Bild der einstigen Rache des strafenden Gottes. Im *Fiesko* (1783) hat Schiller die Tragödie aus dem Widerspruch von politischem Freiheitswunsch und persönlichem Machtstreben entwickelt, in *Kabale und Liebe* (1784) die unbedingte Liebe mit dem Standesgegensatz konfrontiert. Für das daraus folgende Pathos ist der antithetische Stil ebenso kennzeichnend wie eine pathetische Sprache, die nicht nur dem ‚individuellen' Gefühl entspringt, sondern auch noch auf die Bibel zurückgreift, um ‚große' Gefühle darzustellen.

Die Wirkung der Werke Schillers wie Goethes auf die Zeitgenossen war dabei zwiespältig. Lessing oder Wieland reagierten entsetzt oder auch nur achselzuckend. Auf die *Leiden des jungen*

Werthers ließ Friedrich Nicolai die *Freuden des jungen Werthers* (1775) erscheinen, in denen aus der Pistole rote Tinte spritzt und die Verliebten schließlich heiraten. Aber man weiß es: Die Ablehnung kam von den Aufklärern, die junge Generation war begeistert. Nur ist es schon gesagt worden: Goethe und Schiller selbst blieben beim Sturm-und-Drang nicht stehen. Zwei Jahrzehnte später schrieben sie ihre Erstlingswerke um und fühlten sich in ihren neuen einem völlig anderen Stilideal verpflichtet.

Literaturhinweise

Goethes Werke. Hamburger Ausgabe in 14 Bdn. Hrsg. von Erich Trunz. Hamburg 1951.

Friedrich Schiller: Sämtliche Werke. Hrsg. von Herbert G. Göpfert. München 1962.

Böckmann, Paul: Die innere Form von Schillers Jugenddramen. In: Berghahn, Klaus L.; Grimm, Reinhold (Hrsg.): Schiller. Zur Theorie und Praxis der Dramen. Darmstadt 1972, 1-54.

Böckmann, Paul: Formgeschichte der deutschen Dichtung. Hamburg 1949, 628-654 (zum jungen Goethe), 668-690 (zum jungen Schiller).

Schanze, Helmut: Goethes Rhetorik. In: Ueding, Gert (Hrsg.): Rhetorik zwischen den Wissenschaften. Tübingen 1991, 139-148.

4.1.7 Klassische Formkunst: Goethe und Schiller II

Die Umarbeitung, die Goethe an seinen Jugendwerken anlässlich der Göschenschen Gesamtausgabe von 1787-1790 vornahm, weist in eine eindeutige Richtung: Rücknahme alles dessen, was einmal den Sturm-und-Drang ausmachte, und zwar Mundartliches, Kühnheiten der Wortbildung und Satzstellung, Elisionen. An deren Stelle tritt eine Normalisierung nach dem Adelungschen Wörterbuch, die Sätze werden hypotaktisch und zeigen logifizierende Konjunktionen, statt des Gesprächstons dominiert eine klanglich-rhythmisch durchstilisierte Sprache. Die in Prosafassung seit 1781 vorliegenden Dramen *Iphigenie* und *Tasso* werden 1787 und 1789 in fünffüßige Jamben (Blankvers) umgeschmolzen. Und nicht zuletzt kehren rhetorische Figuren wieder bzw. werden als bewusste Mittel der Stilisierung benutzt: Anaphern und Alliterationen, Parallelismen und Antithesen, Wortwiederholungen und Umschreibungen. Was ist der Grund?

Man könnte versuchen, es mit einem einzigen Wort auszudrücken: dem Wort Italien. Auf der ersten italienischen Reise von 1787-1788 entdeckt Goethe anhand antiker Kunst, besonders der Baukunst, das Phänomen des ,Klassischen'. In Karl Philipp Moritz hat er einen Gesprächspartner, der dieses Phänomen gerade im Bereich der Sprache formuliert hat, im *Versuch einer deutschen Prosodie* (1786), die später zu den *Vorlesungen über den Stil* ausgearbeitet wurde, grundsätzlicher in *Über die bildende Nachahmung des Schönen* (1788). Unter den vielen Grundgedanken ist einer für unseren Zusammenhang der wichtigste: das – bei aller Geniebegeisterung doch formulierte – Bekenntnis zur Kunst, zum Ausdruck des Gedankens in geschliffener Form. Genau in diesem Zusammenhang ist auch die antike Dichtung von Bedeutung, und zwar aufgrund der Verskunst. Auch wenn eine moderne Bewusstseinslage weit entfernt ist von antiken Vorstellungen: Ein Element des ,Objektiven' soll die Basis des neu gewonnenen Individualismus, der Autonomie, der Freiheit darstellen. Die großen Tragödien mit der Darstellung eines Scheiterns des Ideals in der Welt treten auf im Kleid eines vollendeten sprachlichen Ausdrucks, werden einem ,objektiven' Versmaß anvertraut. In seinem Aufsatz *Einfache Nachahmung der Natur, Manier, Stil* (1789) hat Goethe, wie gesehen, zum Ausdruck gebracht, dass sich die Utopie der Humanität im Stil ausdrücke und auch davon gesprochen, dass die (geistige) Ordnung aus Freiheit in der (künstlerischen) objektiven Form ihr Gegengewicht habe. Wie sich der Sturm-und-Drang kaum zwei Jahrzehnte behauptet hatte, so sollte auch die neue Welt der Klassik kaum mehr als zwei Jahrzehnte unangefochten bestehen. Schon zu Goethes Lebzeiten brach die ‚Kunstperiode’, wie es Heine ausdrückte, zusammen. Dem klassischen Ernst folgte romantischer Humor, der das Ideal der Ironie unterstellte. Aber die Formkunst der Klassik blieb, ja wurde bei Autoren wie etwa Hölderlin eher noch gesteigert.

Machen wir uns diese Formkunst an der Dramatik klar, zunächst an der *Iphigenie*, mit deren Umarbeitung Goethe die neuen Möglichkeiten unter Beweis stellt. Es ist klar, dass der fünfhebige Jambus die Syntax verkünstelt, und es ist deutlich zu erkennen, dass Goethe dies durchaus bewusst einsetzt. Die ersten Verse, die Iphigenie spricht, lassen sich nicht in Prosa denken:

> IHPIGENIE. Heraus in eure Schatten, rege Wipfel
> Des alten, heil’gen, dichtbelaubten Haines,
> Wie in der Göttin stilles Heiligtum,
> Tret’ ich noch jetzt mit schauderndem Gefühl,
> Als wenn ich sie zum erstenmal beträte,
> Und es gewöhnt sich nicht mein Geist hierher.

Allein die Inversion in den allerersten Zeilen: *heraus* [...] *tret ich* für *ich tret heraus*, wirkt wie eine Ankündigung hoher Kunst. Nicht immer ist der Ton so hochgespannt, aber immer bleibt die ‚gehobene’ Sprache spürbar, so wie etwa in der Rede von Arkas zu Beginn des zweiten Auftritts:

> ARKAS.   Noch bedeckt
> Der Gram geheimnisvoll dein Innerstes;
> Vergebens harren wir schon jahrelang
> Auf ein vertraulich Wort aus deiner Brust.
> Solang’ ich dich an dieser Stätte kenne,
> Ist dies der Blick, vor dem ich immer schaudre;
> Und wie mit Eisenbanden bleibt die Seele
> Ins Innerste des Busens dir geschmiedet.

Ähnliches lässt sich bei der Wortwahl beobachten. Rohes, Vulgäres kommt nicht mehr vor, auch Volkstümliches nicht. Die Sprache ist gehoben. Aber die *Schatten* und *Wipfel* des Haines, von denen Iphigenie spricht, sind ebenso wie das *Harren* von Arkas auch zeitgenössisch kein Umgangston. Andererseits ist die Sprache gerade da zurückhaltend, wo man vielleicht das Gegenteil erwartet. Dies gilt besonders für die Verwendung des Beiworts, der schmückenden Adjektive. Der *dichtbelaubte Hain, das stille Heiligtum,* sogar *das schaudernde Gefühl* haben eher etwas Typisierendes als Ausgefallenes. Noch für *Faust II* hat man dies hervorgehoben, wenn die Rede ist von *heiliger Quelle, hohen Göttern, bitterem Schmerz, grüner Feldsaat, schwerem Beil* usf. Statt kosmisch-metaphysischer Begriffe, wie sie im Sturm-und-Drang kennzeichnend waren (*Dumpfheit, Verworrenheit, Fülle*), dominieren nun ethisch-normative: *edel, schön, groß, gut, tüchtig, heiter* usf. Feste Verbindungen von Adjektiv und Substantiv erscheinen wie Formeln: *redliches Bemühen, unbedingtes Streben, wohldenkender Mann.*

Dies gilt ebenfalls für die Bildlichkeit, die Metaphorik. Nach Kühnheit sucht man wieder vergeblich. Die Sprache ist plastisch, aber in erster Linie klar, verständlich. Entsprechend sind auch alle anderen Tropen und Figuren sparsam verwendet. Selbst in den stichischen Partien widersteht Goethe der Versuchung zu sprachspielerischen Mitteln, wie wir es von Lessing her kennen:

> IPHIGENIE. Soll ich beschleunigen, was mich bedroht?
> ARKAS.   Willst du sein Werben eine Drohung nennen?
> IPHIGENIE. Es ist die schrecklichste von allen mir.
> ARKAS.   Gib ihm für seine Neigung nur Vertraun.
> IPHIGENIE. Wenn er von Furcht erst meine Seele löst.
> ARKAS.   Warum verschweigst du deine Herkunft ihm?
> IPHIGENIE. Weil einer Priesterin Geheimnis ziemt.

Erst die folgenden Verse spielen ein wenig mit Antithesen und Wortwiederholung. Ausgerechnet die großen Höhepunkte fallen dagegen sprachlich am schlichtesten aus. Als Iphigenie zum Schluss Thoas an seine Zusage der Befreiung erinnert, lautet dessen Antwort: „So geht!" Als sie dagegen Einspruch erhebt, indem sie auch die innere Zustimmung verlangt, lautet das allerletzte Wort: „Lebt wohl!"

Aber es gibt etwas anderes, das gewissermaßen die Stelle des sprachlichen Schmucks im Allgemeinen und der Bildlichkeit im Besonderen neu besetzt: das Symbol. Man kann sich dies am letzten der drei großen klassischen Dramen klarmachen, an der *Natürlichen Tochter* (entstanden 1789-1804). Das Trauerspiel, in dem Eugenie, die uneheliche Tochter eines Herzogs, nach dem Tod ihrer Mutter legitimiert werden soll, sich der Standeserhebung aber moralisch nicht gewachsen zeigt, ist geradezu als ein Geflecht von Symbolen angelegt. Bevor der Herzog dem König das Geheimnis enthüllt, stürzt Eugenie mit dem Pferd und entrinnt dem Tod nur knapp. Sie ,stürzt' damit in ihre neue Welt, verlässt die gewohnte ,natürliche' Umgebung und tritt – wie im biblischen Sündenfall, auf den angespielt wird – in die ,Geschichte'. Der ,natürlichen' Umgebung steht dann die neue Welt des Scheins und der Verführung gegenüber, symbolisiert im Bild des Schmucks, besonders des Schmuckkästchens, das ständig auftaucht, daneben allgemein auch des Goldes. In der Verführbarkeit durch die Welt des Scheins soll die Brüchigkeit der alten aristokratischen Ordnung sichtbar werden, womit Goethe seinen Beitrag zur Verarbeitung der französischen Revolution leistet. Die Zulänglichkeit oder Unzulänglichkeit steht hier nicht zur Debatte. Für den Stil des klassischen Dramas entscheidend ist die Verwandlung der Handlung in eine solche Symbolsprache, bei der Individuelles, Konkretes allgemeine Bedeutung gewinnt, auf ,Höheres' verweist. Goethe selbst hat dieses Verfahren ausdrücklich der Allegorie entgegengesetzt, womit in diesem Falle die barocke Metaphorik gemeint ist. Hier steht ja Allgemeines für Konkretes, z.B. *der harte Stein* für *ein hartes Herz*. Zur Allegorie gehört ein (Bildungs)wissen, geradezu ein Schlüssel, mit dem der Eingeweihte das Gemeinte entschlüsseln kann. Das Symbol ist dagegen ,natürlich', demnach direkt, spontan einsehbar, so wie Goethe es sich selbst klargemacht hat am Beispiel des Wiedersehens seines Elternhauses in Frankfurt nach längerer Abwesenheit: Das Elternhaus wird ihm zum Symbol der Herkunft. Damit aber erklärt sich auch der ,einfache' Ton der (Symbol)sprache. Scheinbar vollziehen sich schlichte Handlungen (wie der Sturz in der *Natürlichen Tochter*), tauchen alltägliche Gegenstände auf (wie das *Schmuckkästchen*). Tatsächlich aber wird all dies zu einem komplizierten und komplexen Spiel der Beziehungen und Bedeutungen verwoben. Symbole wirken dabei völlig anders als rhetorische Figuren. Sie sind sprachlicher Art, aber verdecken ihre künstlerische Funktion. Sie verdanken sich der bewussten Planung und stellen doch keine ,Mittel' dar.

Darin liegt vielleicht der wichtigste antirhetorische Zug klassischer Formkunst. Er begegnet genauso in der Prosa, im Roman, den Goethe (mangels antiker Vorbilder) erst spät der ,klassischen' Verssprache an die Seite stellt. Das erste große Beispiel sind *Wilhelm Meisters Lehrjahre* (1796), denen eine ähnliche Umarbeitung einer älteren Sturm-und-Drang-Fassung (*Wilhelm Meisters theatralische Sendung*, 1785) vorhergeht wie im Falle der genannten klassi-

schen Dramen. Auch hier hat man die Umarbeitung in Richtung
des ‚Einfachen', ‚Typischen' beobachtet: Dämpfung und Glättung
der Beschreibungen etwa (aus den „hageren, langnäsigen, weit-
brüstigen Tänzerinnen" werden „die in der Nähe hässlich erscheinenden Tänzerinnen"), Symbolform statt ‚empirischer Weltbreite'
(Wolfdietrich Rasch). Einen Höhepunkt dieser Symbolkunst bieten die *Wahlverwandtschaften* (1809). Schon der Titel verweist auf
einen Begriff der Chemie, bei dem es um die Eigenschaft von
Elementen geht, sich aus einer anderen Verbindung zu lösen und
eine neue Verbindung einzugehen – so wie es im Roman mit den
Figuren geschieht. Zu diesem Zentralsymbol treten zahlreiche
weitere. Bei den von Eduard in seiner Jugend gepflanzten Plata-
nen vollzieht sich das Unheil in Form eines Unfalls, bei dem Otti-
liens Kind ertrinkt. Die Landschaft mit dem von den Winden
geschützten Schloss und der umgebenden Natur mit ihren zerstö-
rerischen Kräften ist bis in Einzelheiten mit dem Schicksal der
Akteure verbunden. Schon die Errichtung der Hütte auf den ersten beiden Seiten des Romans nimmt symbolisch die Handlung
vorweg:

> „Nur eines habe ich zu erinnern," setzte [Eduard] hinzu, „die Hütte scheint
> mir etwas zu eng."
> „Für uns beide doch geräumig genug," versetzte Charlotte.
> „Nun freilich," sagte Eduard, „für einen Dritten ist auch wohl noch Platz."
> „Warum nicht?" versetzte Charlotte, „und auch für ein Viertes. Für größere
> Gesellschaft wollen wir schon andere Stellen bereiten."

Diese ‚Einfachheit' des symbolischen Verweisens ist immer
wieder hervorgehoben worden. Jakob Wassermann sprach von
der „bewundernswerten Einfachheit und Sparsamkeit der Mittel",
von der „kaum zu übertreffenden Simplizität" in der Wiedergabe
der Empfindungen, „die alles Flüchtige, Rudimentäre, Technische
und Hilfsmittelhafte verzehrt hat" – letzteres sicher auch eine
Abgrenzung gegenüber der Rhetorik.

Man kann dies ebenso an der Lyrik demonstrieren. Auch hier
geht der Weg von der Ausdruckssprache des Sturm-und-Drang
zur Symbolsprache der großen philosophischen Gedichte wie der
Metamorphose der Pflanzen (mit der zentralen Idee des Organischen).
Gerade an der späten Lyrik aber ist auch das hervorgehoben worden, was man als ‚Altersstil' bezeichnet hat, der den *West-östlichen
Divan* (1819) prägt. In diesem Fall geht der Weg vom einfachen,
konkreten Symbol eher ins Typisierende, Allgemeine, Sinnschwe-

re. Ganze Wortfelder sind namhaft gemacht worden, die diesen Wandel bezeugen, so das Wortfeld schöpferisch-sittlicher Tätigkeit: *sich rühren, tätig sein, wirken, vollenden* usf. Das Wortfeld des Heilens tritt hinzu (*lindern, laben* usf.), als wichtige Metaphern erscheinen *Himmel, Feuer, Pflanze,* der Gegensatz von *licht* und *düster* usf. Natürlich ist dies auch die Sprache des zuletzt vollendeten *Faust II,* dessen Entschlüsselung ganze Forschergenerationen beschäftigt hat.

Spricht man bei Goethe insgesamt von unrhetorischer Symbolkunst, so scheint Schiller den Gegenpol zu personifizieren. Nicht nur für sein Jugendwerk, auch für seine klassischen Gedichte und Romane ist (schon zu seinen Lebzeiten) ein rhetorischer Grundzug geltend gemacht und heftig kritisiert geworden. Richtig scheint, dass man bei Schiller weniger von Symbolkunst denn von Ideendichtung sprechen kann und dass in dieser Ideendichtung etwas fortwirkt, was schon die frühe Dramatik kennzeichnete: die Antithetik. In der klassischen Dichtung ist es jedoch nicht mehr der krasse Widerstreit von Materialismus und Idealismus, vielmehr der wesentlich subtilere von Sinnlichkeit und Vernunft, den Kant in der Philosophie aufgeworfen hatte und den Schiller in der Dichtung zu versöhnen suchte. Antithetisches aber wirkt schon formal ‚rhetorisch‘, inhaltlich führt es zu pathetischen Situationen, wie man sie ebenfalls aus rhetorischer Darstellung kennt. Und doch ist es wichtig zu sehen, dass Schiller in entscheidenden Punkten rhetorische Positionen preisgibt.

So geht es in seinen Dramen nicht wie etwa noch bei Gottsched um einen moralischen Kern (oder ‚Satz‘), der sinnlich (in Handlung umgesetzt) zur Darstellung gebracht wird und dabei auf rhetorische ‚Mittel‘ zurückgreift. Worauf Schiller abzielt, ist vielmehr eine von der Handlung selbst ausgehende Darstellung der Freiheit, zweckfreie Kunst, die wie bei Goethe ihren Zweck allein in sich selbst hat. Wie die Idee im Stoff ‚aufscheinen‘ kann, ist das Problem. Zeigen soll sich der Triumph der Vernunft über die Leidenschaften, so wie er sich in pathetischen Situationen bekundet. Oder, um es zugespitzt auszudrücken: Schiller sucht genau wie Goethe nach ‚reinen‘ Handlungen, die ihren ‚Sinn‘ in sich selbst tragen, nicht nach einem rhetorischen Wirkungsschema zu ‚deuten‘ sind. So gesehen kann man auch hier nur von rhetorischen Reminiszenzen in einer wesentlich unrhetorischen Dichtungskonzeption sprechen (was in der Forschung oft verzerrt wurde).

Der Weg zur Klassik führte bei Schiller auch in der Lyrik über die Abwendung vom Sturm-und-Drang zur ‚großen' Form. Im Gedicht *Die Künstler* (1789) ist nicht nur die neue Thematik von Vernunft und Gesetz angesprochen, sondern sie wird in einer bewusst schlichten Sprache entfaltet. Hier die erste der 33 Strophen:

> Wie schön, o Mensch, mit deinem Palmenzweige
> Stehst du an des Jahrhunderts Neige,
> In edler stolzer Männlichkeit,
> Mit aufgeschlossnem Sinn, mit Geistesfülle,
> Voll milden Ernsts, in tatenreicher Stille,
> Der reifste Sohn der Zeit,
> Frei durch Vernunft, stark durch Gesetze,
> Durch Sanftmut groß, und reich durch Schätze,
> Die lange Zeit dein Busen dir verschwieg,
> Herr der Natur, die deine Fesseln liebet,
> Die deine Kraft in tausend Kämpfen übet
> Und prangend unter dir aus der Verwildrung stieg!

Wie das Thema eine Antithese bildet, so entfaltet sich das Gedicht in Antithesen wie der folgenden:

> Was wir als Schönheit hier empfunden,
> Wird einst als Wahrheit uns entgegengehn [...]

Auch die Antithese macht eine Entwicklung durch, die sich am besten beim direkten Vergleich verschiedener Fassungen desselben Werks zeigt. Zwar ist das Gedicht *Die Künstler* eine ausweitende Umarbeitung einer ersten Fassung von 1788, die verloren ging. Im Falle eines anderen großen Lehrgedichts besitzen wir dagegen noch beide Fassungen, und zwar bei *Die Götter Griechenlands* (1. Fassung 1788, 2. Fassung 1800). Hier zeigt sich eine deutliche ‚Milderung' der Antithetik, die sich schon in der Reduzierung von 25 auf 14 Strophen andeutet. Zugrunde liegt die Gegenüberstellung der göttererfüllten Welt der Griechen und der entgötterten Welt der (christlichen) Gegenwart. Ursprünglich wurde das Thema (Griechenland) vom Gegenthema (christliche Gegenwart) in immer neuen Varianten unterbrochen:

> Wo jetzt nur, wie unsre Weisen sagen
> Seelenlos ein Feuerball sich dreht [...]
> Damals trat kein gräßliches Gerippe
> Vor das Bett des Sterbenden [...]

In der Endfassung ist diese Entgegensetzung abgeschwächt. Statt der Fülle der Bilder und der scharfen Konturen entsteht ein ruhigerer Ablauf, eine philosophischere (statt affektbezogene) Sprache. Wenn etwa die Stelle „still und traurig senkt ein Genius / Seine Fackel" umgewandelt wird in: „seine Fackel senkt' ein Genius", so ist nicht nur das Enjambement beseitigt, sondern auch die grellere Darstellung durch eine mildere ersetzt. Es konnte darüber hinaus gezeigt werden, wie Schiller bei den Epitheta das Typisierende sucht, wobei die Elegie *Der Spaziergang* (1795) als Höhepunkt gilt. Hier nur der Beginn:

> Sei mir gegrüßt, mein Berg mit dem rötlich strahlenden Gipfel!
> Sei mir, Sonne, gegrüßt, die ihn so lieblich bescheint!
> Dich auch grüß ich, belebte Flur, euch, säuselnde Linden,
> Und den fröhlichen Chor, der auf den Ästen sich wiegt,
> Ruhige Bläue, dich auch, die unermesslich sich ausgießt
> Um das braune Gebirg, über den grünenden Wald,
> Auch um mich, der endlich entflohn des Zimmers Gefängnis
> Und dem engen Gespräch freudig sich rettet zu dir.

Dabei aber wird eine andere Gefahr deutlich: das Abgleiten in Plattitüden. Im *Lied von der Glocke* (1800), dem meistverspotteten Gedicht überhaupt, wären zu nennen: *endliche Gabe, köstliche Habe, züchtige Hausfrau, fleißige Hände, ordnender Sinn, blühendes Glück* usf.

In seinen klassischen Dramen zeigt Schiller eine ähnliche Entwicklung wie Goethe: Er arbeitet einen seiner frühen Versuche in Verse um, in fünffüßige Jamben: den *Don Carlos* (Prosafassung 1783, Reimfassung 1787). Bei diesem Blankvers bleibt er zeitlebens. Nach dem Freundschaftsbund mit Goethe 1794 erscheinen ab 1800 im Jahrestakt jene Dramen, die Goethe jeweils als Theaterdirektor in Weimar zur Aufführung bringt: *Wallenstein* (1800), *Maria Stuart* (1801), *Die Jungfrau von Orleans* (1802), *Die Braut von Messina* (1803), *Wilhelm Tell* (1804). Man hat beobachtet, dass Schiller am Blankvers hart gearbeitet hat. Im *Don Carlos* erscheint er ungebändigter, kaum eine Zeile ist ohne Enjambement, wodurch sich der Stil der Prosa nähert. Dabei klingt noch oft der ‚französische' Dramenvers durch, der in der deutschen Barocklyrik die Norm war: der Alexandriner. Dieser sechsfüßige Jambus mit einer Tendenz zum antithetischen Aufbau der einzelnen Zeile wirkte äußerst statisch – deshalb hat Lessing in seinem *Nathan* den Blankvers eingeführt. Schon in den ersten Versen des *Don Carlos* kann man sowohl das Enjambement wie den versteckten Alexandriner (die 5. und 6. Zeile liest sich, lediglich bei fehlender Kürze im 1. Jambus, folgendermaßen: „Öffnen Sie Ihr Herz / dem Vaterherzen, Prinz") entdecken:

> DOMINGO. Die schönen Tage in Aranjuez
> Sind nun zu Ende. Eure königliche Hoheit
> Verlassen es nicht heiterer. Wir sind
> Vergebens hier gewesen. Brechen Sie
> Dies rätselhafte Schweigen. Öffnen Sie
> Ihr Herz dem Vaterherzen, Prinz. Zu teuer
> Kann der Monarch die Ruhe seines Sohns –
> Des einzgen Sohns – zu teuer nie erkaufen.

Auch der Höhepunkt von Posas Forderung nach Gedankenfreiheit klingt durch das ständige Enjambement nach Prosa:

> [...] – Geben Sie
> Die unnatürliche Vergöttrung auf,
> Die uns vernichtet. Werden Sie uns Muster
> Des Ewigen und Wahren. Niemals – niemals
> Besaß ein Sterblicher so viel, so göttlich
> Es zu gebrauchen. Alle Könige
> Europens huldigen dem spanschen Namen.
> Gehen Sie Europens Königen voran.
> Ein Federzug von dieser Hand, und neu
> Erschaffen wird die Erde. Geben Sie
> Gedankenfreiheit – [...]

Ganz anders demgegenüber das Gespräch von Maria mit Elisabeth in *Maria Stuart*. Die Verse ‚verstecken' sich nicht mehr, sondern wollen bewusst wahrgenommen werden – als ‚objektives' Element von Kunst:

> MARIA.   Regiert in Frieden!
> Jedwedem Anspruch auf dies Reich entsag ich.
> Ach, meines Geistes Schwingen sind gelähmt,
> Nicht Größe lockt mir mehr – Ihr habts erreicht,
> Ich bin nur noch der Schatten der Maria [...]
> Jetzt macht ein Ende, Schwester. Sprecht es aus,
> Das Wort, um dessentwillen Ihr gekommen,
> Denn nimmer will ich glauben, dass Ihr kamt,
> Um Euer Opfer grausam zu verhöhnen

Dieser fließenden Sprache entspricht nun auf höherer Ebene eine Entfaltung der Ideen, die auf die grellen Affekte der Sturm-und-Drang-Zeit verzichtet. Der Klassizität der Formensprache entspricht ein idealistisches Programm der Affektdarbietung, eine Vorführung des Leidens, wobei der Widerstand gegen das Leiden das Entscheidende ist, das Pathos allein aus dessen Überwindung fließt und so den Menschen als autonom darstellt. Was der Mensch als frei handelndes Wesen aus sich selbst macht, nicht was die Natur mit ihm macht, ist das Thema in der Diktion Kants, die Schiller übernahm. Zwar hat man gezeigt, wie schwierig diese Darstellung für Schiller war, wie leicht die Balance verloren geht und ein Abgleiten in Hohlheit, in die leere Phrase droht. Entsprechend experimentiert Schiller ständig mit den ‚Mitteln'. In *Maria Stuart* wird das Pathos am Schluss durch die katholische Szenerie, die Inszenierung der Hinrichtung als Märtyrerszene, gestützt. In der *Jungfrau von Orleans* spielen die Schlachtpanoramen sowie das Krönungszeremoniell eine Rolle als „Theatralitäts-Verstärker" (Ulrich Port). Im *Wilhelm Tell* fungiert die Alpenkulisse gewissermaßen als Pathoslieferant, ja man hat gesagt, dass der wahre Held des Dramas die Natur sei, aus der sich der Freiheitsdrang Tells allererst speise. Pathos, das ist der entscheidende Punkt, kommt im klassischen Drama nur als erhabenes Pathos, als ‚Pathetisch-Erhabenes' zur Geltung – nicht als Naturalismus wie in den *Räubern*.

Wenn sich Schiller von der Rhetorik seiner Jugenddramen entfernt, so bleibt ein Element erhalten, das mit Recht immer als ‚rhetorisch' galt: die Sentenz, besonders wenn sie auch noch als Antithese formuliert ist. Endlos die Reihe der Kritiker, ja Spötter, von den Zeitgenossen bis mindestens zu Nietzsche und dessen Wort vom „Moraltrompeter". Endlos allerdings auch die Reihe der dankbaren Zitierer, die gerade solche Sentenzen zu jenen *Geflügelten Worten* machten, die Georg Büchmann sammelte. 50 Seiten Bibelzitate gibt Büchmann, 135 Seiten aus deutschen Schriftstellern, darunter gut 20 Seiten aus Schiller, mit 27 Nennungen allein aus der *Glocke*. Dabei reicht die Spannbreite von der knappen Zeile bis zur mehrzeilig ausgesponnenen Rede. Als Beispiele mögen dienen:

Die Liebe ist der Liebe Preis (*Don Carlos*)
Die Tugend, sie ist kein leerer Schall (*Die Worte des Glaubens*)
Von der Stirne heiß, / Rinnen muß der Schweiß (*Die Glocke*)

Das eben ist der Fluch der bösen Tat,
Daß sie fortzeugend immer Böses muß ge-
bären (*Die Piccolomini*)

Während diese Stilmerkmale Schillers Rezeption eher schwierig gemacht haben, wirkte seine in den theoretischen (philosophischen und historischen) Schriften ausformulierte Prosa richtungsweisend. Man muss bedenken, dass auch am Ende des 18. Jahrhunderts Gelehrsamkeit noch mit Latein einhergeht und dass ein Leibniz noch französisch schrieb. Eine deutsche Prosa war noch kaum entwickelt, die größten Verdienste liegen hier, wie gesehen, bei Lessing und etwas später bei den so genannten Popularphilosophen des späten 18. Jahrhunderts, von denen Schiller besonders Christian Garve schätzte. Während aber ein Autor wie Garve (wie die meisten Aufklärer) Kant nicht zuletzt sprachlich ablehnte, erarbeitete sich Schiller eine derart geschmeidige Sprache, die auch kantische Gedanken auszudrücken erlaubte. Das herausragende Beispiel stellt *Über die ästhetische Erziehung des Menschen* dar (1794). Während Schiller in seinen historischen Schriften, etwa der *Geschichte des Abfalls der vereinigten Niederlande* (1788) noch durchaus ‚barocke' Satzungetüme hervorbringt, die sich ganz und gar der lateinischen Periode verdanken, liest sich der folgende Absatz trotz der Schwierigkeiten des Stoffes außerordentlich flüssig:

> Durch die ästhetische Gemütsstimmung wird also die Selbsttätigkeit der Vernunft schon auf dem Felde der Sinnlichkeit eröffnet, die Macht der Empfindung schon innerhalb ihrer eigenen Grenzen gebrochen und der physische Mensch so weit veredelt, dass nunmehr der geistige sich nach Gesetzen der Freiheit aus demselben bloß zu entwickeln braucht. Der Schritt von dem ästhetischen Zustand zu dem logischen und moralischen (von der Schönheit zur Wahrheit und zur Pflicht) ist daher unendlich leichter, als der Schritt von dem physischen Zustande zu dem ästhetischen (von dem bloßen blinden Leben zur Form) war. Jenen Schritt kann der Mensch durch seine bloße Freiheit vollbringen, da er sich bloß zu nehmen, und nicht zu geben, bloß seine Natur zu vereinzeln, nicht zu erweitern braucht; der ästhetisch gestimmte Mensch wird allgemeingültig urteilen, und allgemeingültig handeln, sobald er es wollen wird.

Einige Ausdrücke im philosophischen Wortschatz, die uns selbstverständlich scheinen, sind von Schiller geprägt: *Form und Stoff, Spiel(trieb), Schein und Erscheinung, lebende Gestalt* usf. Auch für den politischen Wortschatz wären Beispiele dieser Art zu nennen: *Staatenbund, Staatensystem, Machtgleichheit, Wahlfreiheit, Selbsthilfe, Nationalcharakter* usf. Dem großen Begründer der Ideendichtung, dem unerreichten Pathetiker der deutschen Literaturgeschichte gesellt sich also auch noch ein großer Theoretiker (mindestens im Bereich der Ästhetik) hinzu: nicht gerade der Schöpfer, aber einer der vorbildlichsten Vertreter moderner wissenschaftlicher Prosa

Wenn Schillers Ruf hinsichtlich seiner Dichtungen schwankender war als bei jedem anderen der klassischen Autoren, muss eine stilgeschichtliche Beurteilung günstiger ausfallen, ja, ihn zu den großen Virtuosen der deutschen Sprache rechnen.

Literaturhinweise

Erben, Johannes: Linguistische Bemerkungen zu „Wandrers Nachtlied" (Goethe 1776 und 1789). In: Wellmann, Hans (Hrsg.): Grammatik, Wortschatz und Bauformen der Poesie in der stilistischen Analyse ausgewählter Texte. Heidelberg 1993, 67-78.

Fries, Albert: Goethe, Schiller und Hölderlin. Berlin 1927.

Markwardt, Bruno: Geschichte der deutschen Poetik. Bd III: Klassik und Romantik. Berlin 1958.

Port, Ulrich: „Künste des Affekts". Die Aporien des Pathetischerhabenen und die Bildrhetorik in Schillers Maria Stuart. In: Jb. der deutschen Schiller-Gesellschaft 46 (2002), 134-159.

Rasch, Wolfdietrich: Die klassische Erzählkunst Goethes. In: Burger, Heinz Otto (Hrsg.): Begriffsbestimmung der Klassik und des Klassischen. Darmstadt 1972, 391-412.

Sørensen, Bengt Algot: Altersstil und Symboltheorie. Zum Problem des Symbols und der Allegorie bei Goethe. In Goethe-Jahrbuch 94 (1977), 69-85.

Ueding, Gert: Schillers Rhetorik. Idealistische Wirkungsästhetik und rhetorische Tradition. Tübingen 1971.

Wendt, Kurt: Hölderlin und Schiller. Eine vergleichende Stilbetrachtung. Berlin 1929.

Ziegler-Happ, Gabi: Das Spiel des Stils: Interpretationen von Goethes Stilbegriff vor dem Hintergrund von Schillers Spieltheorie. Ffm u.a. 1987.

4.1.8 Von der Romantik zum 19. Jahrhundert: Heinrich Heine

Kann man – in gröbster Vereinfachung – die klassische Formensprache auf eine Darstellung des Ideals zuspitzen, so lässt sich die
Romantik als eine Abwendung von diesem Ideal verstehen. An der
Stelle objektiver Schönheit, deren Ideal man in der Antike als
vorbildlich ausgeprägt empfand, treten Kategorien wie die ‚Ironie’,
in der sich die Unmöglichkeit der Erreichung des Ideals spiegelt,
der ‚Humor’, in dem das Leiden an den Widersprüchen zwischen
‚utopischen’ Möglichkeiten und (widriger) Lebenswirklichkeit zum
Ausdruck kommt. Lyrik und Roman von Novalis und Brentano
bis Eichendorff und E.T.A. Hoffmann entfalten diese Thematik,
wobei die Autoren sprachlich-stilistisch durchaus an die klassischen Vorgänger anknüpfen. Es geht weiter um ‚Kunst’ und man
muss gelegentlich genau hinsehen, um die leisen Brüche wahrzunehmen. Daran gemessen hat Heinrich Heine schon auf die Zeitgenossen wie ein Revolutionär gewirkt. Zwar bezeichnet er sich
selbst als den „besten der Humoristen“, als „Puppenspieler meines Humors“, nennt *Deutschland. Ein Wintermärchen* „ein höchst
humoristisches Riesen-Epos“. Und manches Gedicht aus dem
Buch der Lieder, manche Abschnitte aus der *Harzreise* klingen im
ersten Moment ‚romantisch’. Aber mit Heine beginnt eine Radikalisierung des romantischen Humors, mit der in vieler Hinsicht eine
spezifisch ‚moderne’ Bewusstseinslage beginnt. Ein Hauptkenn-
zeichen dieser Wende liegt im Stil.

Rein äußerlich betrachtet, bringt er überraschend viel Konvention zurück, darunter eine Rhetorik, die über die Rhetorikreminis-
zenzen der Klassik hinaus die Schulrhetorik einschließt, auch
wenn es nicht an verächtlichen Bemerkungen über deren Schematismus fehlt. Heines Werke, die Lyrik wie die Prosa, ist von stilistischen Figuren geprägt, die wie aus dem Lehrbuch klingen. Schon
die Zeitgenossen haben dies bemerkt und teilweise gerügt. Noch
Karl Kraus schrieb, Heine habe die „Franzosenkrankheit“ in die
deutsche Literatur eingeschleppt. Aber Heine selbst hat durchaus
keinen Hehl aus seiner Kenntnis und auch der bewussten Einset-
zung rhetorischer Mittel gemacht. Von den Schulzeiten her war er
mit dem Stoff vertraut, die Börne-Denkschrift, in der er seinen
einstigen Mitstreiter im Jungen Deutschland scharf angriff, lässt
sich sogar als ein „Stildiskurs“ lesen (Takanori Taraoka). Ausdrücklich bezeichnet sich Heine selbst als einen „Artisten“ und

verweist damit auf die Beherrschung und Anwendung rhetorischer *ars*. Explizit verwirft er das damals als verbindlich geltende Buffon-Diktum und behauptet, man dürfe den Charakter des Schriftstellers nicht an seiner Schreibart erkennen. Denn sein Ideal ist ein ‚objektiver' Stil, womit gemeint ist: ein Stil, der auf der Beherrschung ‚objektiver', und d.h. eben *rhetorischer*, Kunstmittel beruht (auch wenn an anderer Stelle und aus anderen Gründen von seinem „subjektiven Style" die Rede ist). Ludolf Wienbarg, ein Bewunderer, bestätigt diese Form der Meisterschaft, die bis in die Beherrschung von „scheinbaren Kleinigkeiten, wie Absätzen, Punkten und Kommata" reiche. Den kurzen Sätzen Börnes wirft Heine demgegenüber „kindische Unbeholfenheit" vor:

> Himmel! Welche entsetzliche Wortfügungen! Welche hochverrätherische Zeitwörter! Welche majestätsverbrecherische Accusative! Welche Imperative! Welche polizeywidrige Fragezeichen! Welche Metaphern, deren bloßer Schatten schon zu zwanzig Jahr Festungsstrafe berechtigte!

Ist dies ein Rückfall in die Zeiten vor Romantik und Klassik, ja vor die Aufklärung? Bemühen wir uns um eine Bestandsaufnahme.

Der erste große Erfolg Heines war das *Buch der Lieder* (1827), mit dem Zyklus *Junge Leiden* seit 1815 entstanden. Das Überraschende dieser Liebeslyrik liegt in der völligen Abwendung von einer ausdruckshaften Glückserfahrung, stattdessen in der Darstellung des Liebesleids mit allen Mitteln des Petrarkismus. Ob es an der Erschöpfung der klassisch-romantischen Kunst lag, ob die damalige Gesellschaft sich von kollektiven Ausdrucksweisen mehr angesprochen fühlte als von individualistischen (wie Manfred Windfuhr meint): Fest steht, dass sowohl das Thema (die Klage) wie der Ausdruck (Topik) wiederkehren. Zur Beschreibung der Frau gehören wieder die *saphirnen Augen*, der *Rubinenmund*, die *Perlenreihe der Zähne*, die *Alabasterbrüste*, die *schneeweißen Schultern*. Aber Windfuhr hat auch aufmerksam gemacht auf die spezifische Verwendung dieser Bildlichkeit, auf die Ironisierung der Formeln, wenn die schönen Attribute ihre Kehrseite zeigen, auf die Pointen, die sich damit ergeben. Sein Musterbeispiel ist das *Liedchen von der Reue*:

> Zwei Röslein sind die Lippen dort,
> Die lieblichen, die frischen;
> Doch manches häßlich bittre Wort
> Schleicht tückisch oft dazwischen.

Drum gleicht dies Mündlein gar genau
Den hübschen Rosenbüschen,
Wo gift'ge Schlangen wunderschlau
Im dunkeln Laube zischen.

Dort jenes Grübchen wunderlieb
In wunderlieben Wangen,
Das ist die Grube, worein mich trieb
Wahnsinniges Verlangen.

Dort seh' ich ein schönes Lockenhaar
Vom schönsten Köpfchen hangen,
Das sind die Netze wunderbar,
Womit mich der Böse gefangen.

Und jenes blaue Auge dort,
So klar wie stille Welle,
Das hielt ich für des Himmels Pfort',
Doch war's die Pforte der Hölle. –

Während die ersten beiden Zeilen der Strophe jeweils das petrarkistische Vokabular bieten, bilden die letzten beiden den Kontrast – bis hin zur Schlusspointe mit der Antithese von *Himmels Pfort* und *Pforte der Hölle*.

Achtzigmal ist im *Buch der Lieder* vom Sterben des Liebhabers die Rede, auch in der *Loreley*, wo sich der Schiffbruch am allegorisch zu verstehenden Felsen vollzieht, der ganz in petrarkistischer Tradition das Herz der Dame bedeutet. Und doch klingen diese Lieder nicht wie ein Barockgedicht. Abgesehen von den ironischen Brechungen wirken Heines Gedichte liedhaft, ja volksliedhaft. Das petrarkistische ,Vokabular' paart sich mit Alltagserfahrungen, mit Alltagsworten. Ein Gedicht wie das *Liedchen von der Reue* oder die *Loreley* sind ,verständlich', wirken wie gesprochen. Mehr noch: Im Zusammenstoß von petrarkistischem und naturalistischem Vokabular liegt eine Provokation, besonders wenn ein konventionelles Bild wie die *Liebesglut* plötzlich wörtlich genommen wird und „durch die Weste" brennt. Statt des goetheschen „In deinen Küssen welche Liebe, / O welche Wonne, welcher Schmerz", heißt es: „In den Küssen welche Lüge! / Welche Wonne in dem Schein." Das konventionelle Bild schlägt um, wird parodiert, gewissermaßen vom Kopf auf die Füße gestellt. Genau daraus erwächst der spezifische Heine-Ton. Der hohe Stil wird spielerisch verwendet, Pathos schlägt um in Humor. Und dieser Humor ist nicht nur ,stilisierter' als der romantische, sondern regelrecht frech. Am deutlichsten wird dies auf dem Felde, das Heine nach der Thematisierung der Liebe am stärksten bearbeitet hat: die Auseinandersetzung mit dem Zeitgeist, mit der Politik.

Prototypisch dafür steht die *Harzreise* (1826), das erste jener Reisebilder in Prosa, mit dem Heine das für ihn charakteristischste Genre eröffnet – in *Deutschland. Ein Wintermärchen* (1844) hat er auch eine versifizierte Fassung vorgelegt. Schon am Beginn kann man es verdeutlichen:

> Die Stadt Göttingen, berühmt durch ihre Würste und Universität, gehört dem Könige von Hannover, und enthält 999 Feuerstellen, diverse Kirchen, eine Entbindungsanstalt, eine Sternwarte, einen Karzer, eine Bibliothek und einen Ratskeller, wo das Bier sehr gut ist. Der vorbeifließende Bach heißt ‚die Leine' und dient des Sommers zum Baden; das Wasser ist sehr kalt und an einigen Orten so breit, daß Lüder wirklich einen großen Anlauf nehmen mußte, als er hinüber sprang. Die Stadt selbst ist schön, und gefällt einem am besten, wenn man sie mit dem Rücken ansieht. Sie muß schon sehr lange stehen; denn ich erinnere mich, als ich vor fünf Jahren dort immatrikuliert und bald darauf konsiliiert wurde, hatte sie schon dasselbe graue, altkluge Ansehen, und war schon vollständig eingerichtet mit Schnurren, Pudeln, Dissertationen, Teedansants, Wäscherinnen, Kompendien, Taubenbraten, Guelfenorden, Promotionskutschen, Pfeifenköpfen, Hofräten, Justizräten, Relegationsräten, Profaxen und anderen Faxen.

Das ‚Rhetorische' des Textes liegt hier nicht (allein) in der Verwendung klassischer Figürlichkeit (wie Aufzählung oder Wortspiel), sondern in einer Schilderung, die durch die Zusammenstellung der ‚Fakten' absurd klingt. „Würste und Universitäten" passen nicht zusammen, kombinieren ‚Hohes' und ‚Niedriges' und ziehen damit das ‚Hohe' herunter. Bei den „diversen Kirchen" passt das Adjektiv nicht, bei der Aufzählung insgesamt fällt die Erwähnung des Bieres beim Ratskeller ebenso aus der Rolle wie das Nebeneinanderstellen der Entbindungsanstalt neben Sternwarte und Karzer. Dass einem die Stadt am besten gefällt, wenn man ihr den Rücken kehrt, ist reichlich paradox, das „altkluge Ansehen" eine ‚unmögliche' Metapher, die Aufzählung des Zubehörs der Universität endet im Wortspiel der „Profaxen und anderen Faxen". Und so geht es weiter. Im nächsten Abschnitt teilt Heine die Bewohner Göttingens in „Studenten, Professoren, Philister und Vieh" ein und hakt noch nach: „Der Viehstand ist der bedeutendste." Insgesamt ist diese Darstellung ein Witz, es entsteht das Bild einer entzauberten Welt.

Eine Rhetorik des ‚Unpassenden' also, womit einer der wichtigsten Grundsätze der Stilistik, nämlich auf das *aptum*, das Passende, zu achten, ins Gegenteil verkehrt wird. Beobachtet man die Verwendung der Stilmittel im Einzelnen, so ergibt sich immer

Verwendung der Stilmittel im Einzelnen, so ergibt sich immer das gleiche Bild. Was die klassische Rhetorik als ‚Erhöhung' ihres Gegenstandes empfahl, dient Heine gewissermaßen zum Sturz. Zeigen wir dies zunächst an der Bildlichkeit, der Metaphorik.

Helmut Koopmann hat für die frühe Zeit um 1830 gezeigt, dass Heine durchaus ‚klassische', ja pathetische Bilder benutzte. Der Ausbruch der Julirevolution in Frankreich war das große Erlebnis, die Freiheit wird enthusiastisch gefeiert, aber es zeigt sich auch, dass die Bilder eine konkrete Fassung erhalten:

> Es waren Sonnenstrahlen, eingewickelt in Druckpapier, und sie entflammten meine Seele, bis zu wildestem Brand. Mir war als könnte ich den ganzen Oce-an bis zum Nordpol anzünden mit den Gluthen der Begeisterung und der tollen Freude, die in mir loderten."

Genauso ist es bei den anderen wichtigen Bildspendern, z.B. bei dem traditionellen Staatsemblem, dem *gallischen Hahn*:

> Der gallische Hahn hat jetzt zum zweitenmal gekräht, und auch in Deutsch-land wird es Tag. In entlegene Klöster, Schlösser, Hansestädte und derglei-chen letzte Schlupfwinkel des Mittelalters flüchten sich die unheimlichen Schatten und Gespenster... das wache Leben umrauscht uns, wir sind er-staunt, wir befragen einander: - was thaten wir in der vergangenen Nacht?"

Aus der Bibel stammen Metaphern wie die Bezeichnung Robes-pierres als „später Bergprediger", der Franzosen insgesamt als „auserlesenes Volk der neuen Religion". Paris erscheint als das „neue Jerusalem", der Rhein als „der Jordan, der das geweihte Land der Freiheit trennt von dem Lande der Philister". Schließlich schöpft Heine aus der Mythologie, wenn er die Julitage beschreibt:

> Unter der Erde aber kracht es und klopft es, der Boden öffnet sich, die alten Götter strecken daraus ihre Köpfe hervor, und mit hastiger Verwunderung fragen sie: ‚was bedeutet der Jubel, der bis ins Mark der Erde drang' was giebts neues? Dürfen wir wieder hinauf?'

Nach 1830 wird die Metaphorik freier, frivoler, Heine selbst ist stolz auf das Kühne, auf das, was „noch kein anderer gewagt" hat. Ob er die antike Fruchtbarkeitsgöttin Ceres als „schlotterbusig" bezeichnet oder vom „Schellfischseelenduft" der Philister spricht: Je trivialer der Bildbereich, umso größer der Schock. Dies gilt auch für provozierende Bilder aus den Bereichen des Religiösen, wenn von „geistlichen Kaufleuten" die Rede ist oder von einer „Venus dolorosa". Dabei schießen die Metaphern oft über sich hinaus, vergrößern sich gleichsam zur Allegorie, wie es der Fall ist, wenn Heine bei der Verspottung der Advokaten erst einmal einen kulinarischen Vergleichspunkt gefunden hat:

> Die Advokaten, die Bratenwender der Gesetze, die solange die Gesetze wenden und anwenden, bis ein Braten für sie dabei abfällt, diese mögen noch so sehr streiten, ob die Gerichte öffentlich sein sollen oder nicht; darüber sind sie einig, dass alle Gerichte gut sein müssen, und jeder von ihnen hat sein Leibgericht.

Ein andermal schildert er seinen politischen Kampf und spinnt ein Bild aus:

> [I]ch mußte gezwungenerweise teilnehmen an den Schmerzen und Kämpfen der Zeit, und ehrlich war dann meine Teilnahme, und ich schlug mich trotz den Tapfersten [...] Aber ich weiß nicht, wie ich mich ausdrücken soll, *meine* Empfindungen behielten doch immer eine gewisse Abgeschiedenheit von den Empfindungen der *anderen*; ich wußte, wie *ihnen* zu Mute war, aber *mir* war ganz *anders* zu Mute wie ihnen; und wenn ich mein Schlachtroß auch noch so rüstig tummelte und mit dem Schwerte auch noch so gnadenlos auf die Feinde einhieb, so erfaßte *mich* doch *nie* das Fieber oder die Lust oder die Angst der Schlacht; ob *meiner inneren Ruhe* ward mir oft unheimlich zu Sinne, ich merkte, daß die Gedanken anderörtig verweilten, während ich im dichtesten Gedränge des Parteikrieges mich herumschlug.

Immer ist es das Ungewöhnliche, Ungewohnte, das wirken soll. Heine selbst hat von der „scharlatanischen Zutat" gesprochen. Sie prägt auch das reine Vokabular, das – neben Neologismen – nicht selten aus der Gosse stammt, wenn etwa vom „Kackstühlchen" die Rede ist. Unter den weiteren Tropen fehlt keine wichtige. „Meine Rahen sind Metaphern,/ Die Hyperbel ist mein Mastbaum", sagt Heine von sich selbst, wobei viele Metaphern selbst hyperbolisch sind. Aber es gibt auch hier ausführliche Beispiele:

> Die eine Dame war die Frau Gemahlin, eine gar große, weitläufige Dame, ein rotes Quadratmeilen-Gesicht mit Grübchen in den Wangen, die wie Spucknäpfe für Liebesgötter aussahen, ein langfleischig herabhängendes Unterkinn, das eine schlechte Fortsetzung des Gesichtes zu sein schien, und ein hochaufgestapelter Busen, der mit steifen Spitzen und vielzackig festonierten Krägen, wie mit Türmchen und Bastionen umbaut war. Die andere Dame, die Frau Schwester, bildete ganz den Gegensatz der eben beschriebenen. Stammte jene von Pharaos fetten Kühen, so stammte diese von den magern. Das Gesicht nur ein Mund zwischen zwei Ohren, die Brust trostlos öde, wie die Lüneburger Heide; die ganze ausgekochte Gestalt glich einem Freitisch für arme Theologen.

Neben die übertreibende Hyperbel tritt die Untertreibung, die Litotes: „Die hannövrischen Offiziere hier haben mir nichts weniger als missfallen." Besonders häufig erscheinen diejenigen Tropen, die in irgendeiner Form auf Verhüllung zielen. Wenn Heine zu Umschreibungen greift, geht es nicht wie bei der klassischen Verwendung darum, etwa Obszönes zu vermeiden, sondern eher darum, es umso ‚witziger' ins Spiel zu bringen: „unter seinem Rocke arbeitete sichtbar ein kühner Gedanke". Wenn etwas vermieden werden soll, dann am ehesten der Eingriff der Zensur, obwohl Heine auch in diesem Punkt die Zensur oft genug eher herausgefordert hat. Hier stößt man auf ein ganz unrhetorisches Motiv für Rhetorik, das Heines Buchproduktion lebenslang begleitet hat. Um der Verstümmelung oder dem Verbot seiner Texte zu entgehen, hat er sich von seinem Verleger Campe immer wieder zur Selbstzensur überreden lassen, aber auch eine rhetorische Strategie wie die Verstellung sollte wohl die Zensoren täuschen. Im folgenden Text ist der Preis der *Untertanentreue* selbstverständlich ironisch gemeint:

> Innig rührt es mich jedesmal, wenn ich sehe, wie sich dieses Gefühl der Untertanstreue in seinen einfachen Naturlauten ausspricht. Es ist ein so schönes Gefühl! Und es ist ein so wahrhaft deutsches Gefühl! Andere Völker mögen gewandter sein, und witziger und ergötzlicher, aber keines ist so treu, wie das treue deutsche Volk. Wüßte ich nicht, daß die Treue so alt ist, wie die Welt, so würde ich glauben, ein deutsches Herz habe sie erfunden. Deutsche Treue! sie ist keine moderne Adressenfloskel. An Euren Höfen, Ihr deutschen Fürsten, sollte man singen und wieder singen das Lied von dem getreuen Eckart und dem bösen Burgund, der ihm die lieben Kinder töten lassen, und ihn alsdann doch noch immer treu befunden hat. Ihr habt das treueste Volk, und Ihr irrt, wenn Ihr glaubt, der alte, verständige, treue Hund sei plötzlich toll geworden, und schnappe nach Euren geheiligten Waden.

Soweit die Wortfiguren oder Tropen. Unter den Satzfiguren tritt eine hervor, die vielleicht überhaupt den Heinestil am meisten prägt: das Sprachspiel, die alte Paronomasie. Wiederholt ist das Verfahren unter dem Stichwort des ‚Witzes' beschrieben worden (Hartmut Kircher, Wulf Wülfing). Schon immer schlugen die Funken aus der minimalen Veränderung der Lautform, wie man sie vom Reim her kennt. Natürlich sind Heines Reime entsprechend ein Dorado der witzigen, um nicht zu sagen: kalauernden Paronomasien, wenn etwa (im Blick auf seinen Verleger) *Campen* und *schlampampen*, im Blick auf Goethe *Dunstkreis* und *Kunstgreis* zusammengebracht werden, wenn sich *Rückert* auf *zurückkehrt*,

Maulheld auf *Maul hält, Monarchen* auf *schnarchen, Orthodoxen* auf
Ochsen, Größe auf *Klöße* und sogar (der Maler) *Carravatschio* auf *Pat-
schio* reimt. Aber auch in der Prosa kalauert es. Der Intimfeind
Platen etwa wird karikiert, indem dessen Kampf mit „Spondeus,
Trochäus, Jambus, Antispaß, Anapäst und der Pest" angesprochen
wird. Auch das Polyptoton fehlt nicht, wo sich die lautliche Änderung der Wortbildung verdankt. Im *Buch der Lieder* lautet einmal
die Schlussstrophe:

> Die Tore jedoch, die ließen
> Mein Liebchen entwischen gar still;
> Ein Tor ist immer willig,
> Wenn eine Törin will.

Schließlich gibt es Paronomasien auch in Wortbildungen, in denen zwei Bedeutungen gleichsam übereinander geblendet sind:
„Hofmarschälken", „Pensionärrinnen", „Millionärrin" etwa. Berühmt ist das von Sigmund Freud psychoanalytisch interpretierte
(auf den reichen Baron Rothschild gemünzte) ‚famillionär'.
Wenn damit für die wichtigsten Tropen und Figuren Beispiele
gegeben sind, muss der Hinweis genügen, dass auch so gut wie
sämtliche anderen vertreten sind, besonders Satzfiguren wie
Wortwiederholung, Anapher, Epitheton, Ellipse, Zeugma, weiterhin sämtliche Formen von Parallelismus und Chiasmus, schließlich Sinnfiguren wie etwa die Sermocinatio. Gelegentlich sind die
Beispiele so kühn, dass man nicht weiß, in welche Rubrik sie fallen, z.B. bei der Wendung: „Sie konnte nichts abschlagen ausgenommen ihr Wasser", bei der Paronomasie und Zeugma ineinan-
der spielen.
Aber es wird auch deutlich, dass in all diesen Fällen niemals der
klassische Sinn dieser Figürlichkeit zugrunde liegt. Für Heine geht
es nicht mehr um die Ausstaffierung eines wichtigen Gedankens
durch großen Schmuck. Was er beerbt, ist – ähnlich wie schon im
Falle Lessings, auf den sich Heine nicht zufällig oft beruft – das
artistische Element, die Erregung von Aufmerksamkeit durch
Kunst. In *Deutschland. Ein Wintermärchen* hat er bei der Bearbeitung
kleine Erbsen durch *Zuckererbsen* ersetzt – um den Hiat, das Aufeinandertreffen des Vokals am Ende eines Wortes auf den am Anfang des nächsten, zu vermeiden. Eine solche klangliche Sensibilität ist gemeint, wenn Heine von der Beherrschung der „Metrik"
spricht und (gegen Börne) zum Ausdruck bringt, ohne die Verskunst zu beherrschen, sei keine gute Prosa möglich. Aber man

darf darin nicht ein bloßes ‚Mittel' der Wirkung sehen. In der Kunst selbst, im Ästhetischen, steckt vielmehr ein Stück Selbstbehauptung in der nachklassischen, in der modernen Welt. Wo man Ideale verteidigt, ohne Ideale wirklich begründen zu können, wo der ‚Sinn' angestrebt, aber nicht vorgezeigt werden kann, behauptet sich der Intellekt mit seiner eigenen Tätigkeit: ‚Kunst' gegen Sinnverlust, ‚Stil' gegen den Untergang. Es ist eine ironische Kunst, die nichts mehr mit der rhetorischen Form der Ironie zu tun hat, in der man das Gegenteil sagt, um es abwechslungsreich zu sagen, sondern ‚Dagegenhalten' ist das Motiv: mit dem besten, was der Mensch besitzt, seinem ‚Geist'.

Literaturhinweise:

Heinrich Heine: Sämtliche Schriften in zwölf Bänden. Hrsg. von Klaus Briegleb. Frankfurt/M. u.a. 1976.

Broicher-Stöcker, Ursula: Studien zum Stil Heines. In: Heine-Jb. 11 (1972), 3-30.

Kircher, Hartmut: Heines Witz. In: Estudos Vários 15-16 (1991), 95-116.

Klinkenberg, Ralf H.: Die Reisebilder Heinrich Heines. Vermittlung durch literarische Stilmittel. Ffm/Bern 1981.

Koopmann, Helmut: Heines politische Metaphorik. In: Immerwahr, Raymond (Hrsg.): Heinrich Heine. Dimensionen seines Wirkens. Bonn 1979.

Preisendanz, Wolfgang: Die umgebuchte Schreibart. In: Kuttenkeuler, Wolfgang (Hrsg.): Heinrich Heine. Artistik und Engagement. Stuttgart 1977, 1-21.

Scheiffele, Eberhard: Heine als Rhetor. In: Heine-Jb. 18 (1979), 9-16.

Teraoka, Takanori: Der Stildiskurs in Heines Denkschrift über Börne. In: Heine-Jb. 27 (1988), 67-85.

Windfuhr, Manfred: Heine und der Petrarkismus. Zur Konzeption seiner Liebeslyrik. In: Jb. der Deutschen Schillergesellschaft 10 (1966), 266-285.

Windfuhr, Manfred: Zum Verhältnis von Dichtung und Politik bei Heinrich Heine. In: Heine-Jb. 24 (1985), 103-122.

Wülfing, Wulf: Skandalöser ‚Witz'. Untersuchungen zu Heines Rhetorik. In: Kuttenkeuler, Wolfgang (Hrsg.): Heinrich Heine. Artistik und Engagement. Stuttgart 1977, 43-65.

4.1.9 Gepflegter Döblinismus: Naturalistisch-expressionistischer Stil

In den ersten Jahren des 20. Jahrhunderts entstand in Deutschland die ästhetisch aufrührerische Bewegung des Expressionismus, die – gleichsam eine ästhetische Rahmung des Ersten Weltkriegs – von etwa 1910 bis 1920 die Kultur dominierte. Mehr als alle anderen Strömungen wird der Expressionismus allgemein mit Innovation und Modernität in Verbindung gebracht, er gilt als das Herzstück der literarischen bzw. klassischen Moderne. Während der Krieg und seine Folgen in diesen Jahren das Leid und den Tod ins kollektive Bewusstsein hob, riss die Kunst das Leben an sich, genauer: die Lebendigkeit. Zwar geht es auch in expressionistischen Werken nicht selten um den Tod, das aber ohne jede Larmoyanz. Schmerz wird so wenig gemäßigt wie Freude und Rausch. Schreiend sind die Farben der Bilder, voller Energie ist die Sprache. Damit ist das vielleicht wichtigste Stilkriterium der gesamten Epoche bereits angedeutet: der Kontrast. In jeder Hinsicht geht es um Absetzung, die nicht selten in Manifesten kundgetan wird, Absetzung des Zeitstils von den vorherigen Stilen, vor allem vom Realismus und einfachen Naturalismus, aber auch vom Impressionismus oder vom dekorativen Jugendstil, Absetzung wiederum des jeweiligen Individualstils vom Zeitstil. Auch innerhalb eines Werkes sind weite Ausschläge des Stils zu beobachten. Von romantischen Passagen kippt die Stimmung plötzlich um in experimentelle Wortgewalt.

Weil die Rhetorik der literarischen Moderne erstmals in herausragender Weise selbstreflexiv auftrat und die Sprachdimension schon zeitgenössisch in vielen Traktaten als verbindendes Moment der Bewegung erkannt wurde, stellten manche Moderneforscher die Unvergleichbarkeit mit anderen Epochen heraus. Es fehle ein vorbildhafter Wirklichkeitsbegriff, stattdessen regiere reine Textimmanenz. Die These vom Ende der mimetischen Ära scheint bestätigt zu werden durch die besondere Bedeutung, die zu Beginn des Jahrhunderts der Metapher zukam. Die „Differenzfunktion" (Hans Joachim Piechotta) macht die Metapher zu *dem* Stilmittel der literarischen Moderne schlechthin: nicht mehr Abbildung von Wirklichkeit als ikonischer Nachbau, sondern eigenständiger Entwurf eines parallelen Textuniversums mit eigenen Gesetzen.

Manches an der existentiellen und ekstatischen Bekenntnisdichtung etwa der *Menschheitsdämmerung* (1919), der wohl bekanntesten Anthologie des Expressionismus, scheint im Rückblick etwas prätentiös. Und in der Tat war die Vision vom Weltende und vom neuen Menschen oftmals mehr Pose denn tiefe Überzeugung. Das ist schon daran ablesbar, dass kurz nach 1920 die Expressionisten in die (auch politisch) verschiedensten Himmelsrichtungen auseinander stoben. Der expressionistische Stil ist zudem nicht nur eine ästhetische Kategorie, gemeint ist ebenso ein Lebensstil, ein Denkstil, ja sogar ein Kleidungsstil. Begreift man den Expressionismus als umfassendes Stilphänomen, wofür einiges spricht, ist damit noch nicht gesagt, dass es sich um eine besonders *stilintensive* Epoche handelte. Der Naturalismus gebrauchte eben andere und unauffälligere Stilmittel. Jetzt schlug die Stunde des anstößigen Schmucks. Die Wortneubildung rangiert dabei weit oben. Die Analyse expressionistischer Werke stützt sich bis heute oft reduktiv auf die Motivgeschichte (Tod, Licht-Dunkel etc.) oder eine sozialhistorisch inspirierte Werkgenetik (Großstadtliteratur, Reaktion auf die Sprachkrise, das dezentrierte Subjekt etc.). In erster Linie aber ist der Expressionismus eine Feier der (zerbrochenen) Form. Die Deviationstheorie – Stil als Kontrast – scheint im Expressionismus ihre literarische Entsprechung gefunden zu haben.

Ein gutes Beispiel für die Deviations-Begeisterung ist Alfred Döblin, dessen frühe, zwischen 1905 und 1910 entstandene Prosa – abgedruckt in dem Erzählungsband *Die Ermordung einer Butterblume* (1913) – großen Einfluss auf die Zeitgenossen ausübte. Überhaupt war der Expressionismus trotz seiner heute im Mittelpunkt stehenden Gedichte nicht auf Lyrik festgelegt: Gerade die Prosa (weniger das Drama) hatte entscheidenden Anteil an seinem Siegeszug. Döblin selbst setzte sich allerdings später vom Expressionismus ab – wie die Absetzung eben zur Haltung dieser Zeit gehörte. Tatsächlich sind die großen Romane Döblins in einem leicht veränderten, weniger schlaglichtartigen Erzählstil abgefasst und zielen auf epische Totalität. Das verbindende Moment zu den frühen Erzählungen ist das Wagnis. Die Worte bekommen eine Eigendynamik zugestanden, die sich auch gegen den Autor, den Leser oder die Erzählung richten kann und oft (über die Assoziation) ins Gewalttätige oder ins Phantastische abgleitet. Literatur mit und nach Döblin ist keine domestizierte Unterhaltung mehr. Eine Urenergie des Logos wird – vorsätzlich – entfesselt.

Der dem Expressionismus vorausliegende Naturalismus (ca. 1880-1900), aus dem auch Döblin noch hervorging, hatte sich seinerseits als eine Gegenbewegung zur vorherrschenden Romantik entwickelt. Die bewusste Ausschaltung aller Stilisierung bei einer möglichst realistischen Schilderung der Begebenheiten sollte die verhandelten Gegenstände aus dem mythischen Nebel herausholen. Döblin – nicht nur Literat, sondern auch Mediziner und schon von daher dem Experiment zugetan – fühlte sich zeitlebens diesem Darstellungskonzept jenseits des Psychologismus verpflichtet, wählte aber nicht den klassisch naturalistischen Weg der Stilverbergung. Auch Döblins eigene und sozusagen neonaturalistische Stilentwicklung durchlief jedoch mehrere Stationen: In den frühen Erzählungen herrscht noch – anders als nach 1918 – ein Hang zum Symbolismus vor. Eine gewisse jugendliche Sentimentalität steht der Abgeklärtheit gegenüber, die der Erzähler von *Berlin Alexanderplatz* an den Tag legen wird. Durchgängig aber ist die Distanz des Erzählers zu seinen Figuren, die durch inneren Monolog, parallelen Satzbau oder Montage von Zitaten unterstrichen wird. Darin eben unterscheidet sich seine Prosa fundamental von spätromantischen Erzählansätzen. Hier wird nicht das Leben zu Literatur. Vielmehr werden die literarischen Bestandteile ins Leben gerufen. Nicht wenige der Döblinschen Agenten erinnern so an die Figur des Golem: belebte, künstliche Gebilde oder eben ,Sachen'. Der späten Schreibweise Döblins verlieh man nicht zufällig die (der Kunstgeschichte entliehene) Bezeichnung „Neue Sachlichkeit".

Döblin – auch darin äußerst modern – hat seine Schreibweise in mehreren programmatischen Schriften reflektiert, die wichtigste darunter trägt den Titel *An Romanautoren und ihre Kritiker* (1914). Darin entwickelt er als Erweiterung des Naturalismus das Konzept des „steinernen Stils": Das Subjekt der Wahrnehmung (also das Ich der Aussage) soll ausgeschlossen werden. Döblin fordert eine „Depersonation" oder auch „Entselbstung" des Autors. Dessen psychologisch motivierte Gedankenreihung soll der reinen Mitschrift von Ereignissen weichen, einem ,Abfilmen' der Wirklichkeit, weshalb Döblin auch mit Seitenblick auf die zu Beginn des Jahrhunderts hochgeschätzte Filmkunst vom „Kinostil" spricht.

Dass dieses programmatische Manifest der Entrhetorisierung die Döblinsche Schreibart erfassen soll, die fernab von einer rei-

nen „Notierung der Abläufe" hochrhetorisch ist, hätte gleich
misstrauisch machen können. Tatsächlich korrigiert er in einer
weiteren poetologischen Schrift von 1928, *Der Bau des epischen
Werkes*, die Depersonations-These. Das Ich (und sein Stil) sei im
Schreiben unumgänglich. Was aber in der Hauptsache gemeint
war, blieb weiterhin gültig: die Rückführung von Ereignissen auf
Kausalitäten jenseits des Inneren. Dabei entstammt die oft auto-
nome Bildlichkeit zwei konkurrierenden Bereichen, Natur und
Technik, die sich zu einer ganz eigenen Melange verbinden.

Die zwölf frühen Erzählungen der *Ermordung einer Butterblume*
kreisen nüchtern und oft polemisch um Motivkomplexe wie das
Bürgertum, den Glauben oder die Liebe. Das Morbide, der Übergang zum Tod, spielt eine wichtige Rolle. Aber es sind besonders
Stil und Form, wodurch diese Erzählungen sich als expressionistisch erweisen. Als Beispiel mag hier die Analyse der Titelerzäh-
lung fungieren. Sie handelt vom Kaufmann Fischer, welcher,
nachdem sich sein Spazierstock am Wegrand im Gesträuch ver-
hakt hat, stehen bleibt, seinen Stock losreißt und wutentbrannt auf
das Gewächs einschlägt. Ein paar Schritte weiter ‚exekutiert' Fischer, dabei entrückt sich selbst beobachtend, eine einzelne Butterblume. Von nun an verfolgt ihn jedoch diese Szene der ‚Ermordung', überwiegt alle rationalen Überlegungen. Nicht einmal
seine Flucht aus dem Wald in die Stadt beendet die Verfolgung.
Erst als Fischer nach mehreren Sühneversuchen eine andere Butterblume vor dem ‚Verderben' rettet, indem er sie in sein Haus
nimmt, diese aber von seiner Haushälterin umgestürzt und weg-
geworfen wird, fühlt er sich von seinem Fluch befreit. Er verschwindet mit dem Vorsatz, nun ungehemmt zu töten, im Wald.
Schon dieser Plot zeigt, dass wir uns in einem (Innen-)Raum befinden, den Literatur in solch personaler Perspektive bis dahin nur
selten betreten hat.

Onomatopoetische (lautmalerische) Worte heben in der Erzählung die Ding-Perspektive hervor: „wupp" heißt es, als der Spazierstock den Kopf der Butterblume abschlägt. Weitere rhetorische Mittel wie die häufige Verwendung des unbestimmten „es"
kommen zum Einsatz, um das nicht einzuordnende Denken und
Handeln der Figur neutral und am Autor vorbei zu schildern.
Auch die eindrückliche Geminatio (Verdoppelung) spielt eine
Rolle, vollzieht auf der Wortebene das Gehetztwerden des Kauf-
manns nach („Der Kadaver mitten im Walde musste fort. Fort.",

„es war etwas geschehen, es war etwas geschehen", „Er büßte, büßte"). Klaus Müller-Salget erkennt im „Wiederholungsprinzip" auf Wort- und Lautebene ein musikalisches Element in Döblins früher Prosa. Verselbständigung des Textes bewirken auch die asyndetischen Reihungen: „Der Kopf musste fort, der Stil zugedeckt werden, eingestampft, verscharrt", „suchte, wühlte schließlich blind im Gras, zerknäulte und zerkratzte die Blumen". Neben der Funktion der wahrnehmungsgetreuen Abschilderung lenken solche betonenden Wiederholungsfiguren den Blick zurück auf die Textur. Eine ähnliche Wirkung haben die (wenigen) Neologismen: „Er dumpfte lange vor sich hin", „seine Blicke gifteten". Ironie findet sich in der Beschreibung Fischers ständig, besonders die Diminutive fallen auf („sein Mäulchen wurde rund wie ein Loch"). Frappant ist die fast medizinische Genauigkeit der Zuordnung von Körperteil und jeweiliger Handlung:

> Die hellbraunen Augen, die freundlich hervorquollen, starrten auf den Erdboden, der unter den Füßen fortzog, und die Arme schlenkerten an den Schultern, daß die weißen Manschetten halb über die Hände fielen. Wenn ein gelbrotes Abendlicht zwischen den Stämmen die Augen zum Zwinkern brachte, zuckte der Kopf, machten die Hände entrüstete hastige Abwehrbewegungen.

Die hervorstechendsten Merkmale der Erzählung sind denn auch die Synekdochen und Metaphern. Zunächst erscheint eine Bemerkung wie die, „dass seine Brust heftig keuchte", lediglich nach dem Muster des *pars pro toto* gebildet zu sein. So ist zu mutmaßen, dass der Protagonist Fischer gemeint ist, wenn eine Blume „seinen Blick, seine Hand, seinen Stock" lockt. Die Häufung dieser Tropen aber macht nachdenklich: *die Augen starren, die Arme schlenkern, der Kopf zuckt, Fuß tritt vor Fuß* und *der Arm mordet*. Fischer scheint aus lauter 'partes' zu bestehen, die sich verselbständigt haben: „Inzwischen gingen seine Füße weiter. Die Füße begannen ihn zu grimmen. Auch sie wollten sich zum Herrn aufwerfen". Die Synekdoche ‚funktioniert' nicht mehr. Sie löst sich nicht auf. Ihre beiden Bereiche sind auch in der Realität getrennt, ganz so, wie es Fischer zerreißt zwischen Wille und Gliedern. In dieser Weise war etwa bei Silvio Vietta und Hans-Georg Kemper von der „Dissoziation" (der Entzweiung) von Ich und Welt im Expressionismus die Rede. Die Entzweiung aber sitzt offenbar schon im Ich selbst. Daraus ergeben sich auch Konsequenzen für die Metapher. Wurde diese (neben der Katachrese) als Hauptstilmittel des Expressionismus bezeichnet, so muss man nun präzisieren: Es handelt sich bezeichnend oft um eine zur Metapher gewordene Synekdoche. Es sind die alten Teile, die bisher für ein Ganzes einstanden, jetzt aber als Hinterbliebene einzeln existieren.

Auffällig ist die Belebung und Verselbständigung der Natur in der Erzählung, wobei sich zwischen Wahrnehmung und fiktiver Realität nicht mehr trennen lässt. So ist etwa vom „Erdboden, der unter den Füßen fortzog" die Rede. Der reservierte Leser wird geneigt sein, die vielen Personifikationen als reine Projektionen der Figur zu lesen: „Die Bäume schritten rasch an ihm vorbei" etc. Dann aber wäre die ganze Erzählung nur eine Innensicht, bei der der Leser unausgesetzt ergänzte: ‚Fischer glaubte/ fühlte, dass...'. Die Beseelung der Natur wird dabei ganz dem Protagonisten angelastet. Die bedrohlichen Naturvorgänge können aber mit demselben Recht auch als Metaphern gelesen werden, die sich zur Allegorie – wiederum ohne festen Referenten – zusammenschließen. Für eine solche Lesart spricht, dass der Leser dieselbe Bewegung nachvollzieht, welche die Hauptfigur durchlebt, statt sich vom olympischen Standpunkt aus als Beobachter eines Kranken zu gebärden. Gerade weil dem Leser keine auktorialen Auswege geboten werden, liegt es nahe, die Natur als beseelt wahrzunehmen. Zunächst glaubt auch die Hauptfigur noch, sie könne der Allegorie entkommen, wenn sie sie logisch leugne: „Ich bin nicht berauscht. Der Kopf darf nicht fallen, er muss liegen bleiben, er muss im Gras liegen bleiben". Fischer selbst unternimmt die Projektions-Interpretation: „Die Stadt macht mich nervös", „Die eigenwilligen Gedanken wollte er schon unterkriegen: Selbstbeherrschung" – und scheitert. Warum also sollte der Leser der 'absoluten Allegorie' durch ihre Leugnung entgehen? Spätestens mit dem Gefühl des Siegs über den Wald hat Fischer sie endgültig akzeptiert. Er verschwindet letztlich „in dem Dunkel des Bergwaldes", diffundiert in die Allegorie. Von hier aus lässt sich das genitivische Objekt im Titel der Erzählung („einer Butterblume') auch als *agens* verstehen: die Butterblume mordet. Die Kurzgeschichte birgt eine Gefahr für den Leser in sich. Aber sie wird ihn nicht zum Wahnsinn (in den Bergwald) führen; das weiß er von Anfang an, weil er das rhetorische Prinzip nicht übersehen kann.

Dass Döblin in der Folgezeit nicht weniger, sondern (bei allem Naturalismus) eher mehr ‚expressionistisch' wurde, mag die großartige Todesszene des Franz Biberkopf aus *Berlin Alexanderplatz*

(1929) demonstrieren, wobei der Tod wiederum als Personifikation auftritt:

> Und im Blitzen des Lichts und während es schwingt und blitzt und hackt, kriecht Franz und tastet die Leiter, schreit, schreit, schreit Franz. Und kriecht nicht zurück. Schreit Franz. Der Tod ist da.
> Franz schreit.
> Es schreit Franz, kriecht an und schreit.
> Er schreit die ganze Nacht. Ist in Marsch gekommen, Franz.
> Er schreit in den Tag hinein.
> Er schreit in den Vormittag hinein.
> Schwing fall hack.
> Schreit in den Mittag hinein.
> Schreit in den Nachmittag hinein.
> Schwing fall hack.
> Schwing, hack, hack, schwing, schwing, hack, hack, hack.
> Schwing, hack.
> Schreit in den Abend, in den Abend. Die Nacht kommt.
> Schreit in die Nacht, Franz in die Nacht.
> Sein Körper schiebt sich vor. Es werden auf dem Block geschlagen von seinem Körper Stück um Stück.

Der Satzbau macht aus der Szene beinahe eine Litanei. Der anaphorische Beginn der Sätze, Parallelismen, Geminatio, Franz' Todeskampf wird ohne Gnade vom ordnenden Autor-Ich in reiner Innenperspektive (als zentimeterweises Zerhacktwerden) vorgeführt. Die lautmalerische Darstellung des Hackbeils lässt es geradezu durch den Text selber sausen. Franz ist nur mehr Körper; dieser schiebt sich automatisch weiter auf der entsprechenden Vorrichtung der ‚Todeshackmaschine', wie im nächsten Satz gesagt wird. Hier hat man die zerbrochene Synekdoche in aller Deutlichkeit: Stand der Körper bis zum 20. Jahrhundert für die Person, kann er nun von dieser gelöst – als Inkarnation einer Metapher – auftreten. Diese Interpretation von Animismus und Synekdoche ist natürlich keine hinreichende Erklärung des Stils des Expressionismus oder auch nur Döblins, aber sie kann doch eine gewisse Gemeingültigkeit beanspruchen.

Eine ebenfalls expressionistische Gegenposition sei Döblin aber abschließend gegenübergestellt. Es handelt sich dabei um einen weiteren herausragenden Prosaschriftsteller der Zeit, Carl Einstein, dessen kleiner Roman *Bebuquin* nun genau so klingt, wie man sich den Expressionismus vorstellt: gedrängt, explosiv, andeutungsvoll. Schon der Beginn macht das deutlich:

Die Scherben eines gläsernen, gelben Lampions klirrten auf die Stimme eines Frauenzimmers: „Wollen Sie den Geist ihrer Mutter sehen?" Das haltlose Licht tropfte auf die zartmarkierte Glatze eines jungen Mannes, der ängstlich abbog, um allen Überlegungen über die Zusammensetzung seiner Person vorzubeugen.

Dieser programmatisch am Kubismus der bildenden Kunst orientierte Sprachstil unterscheidet sich derart von Döblin, dass die frühe Expressionismusforschung – Walter H. Sokel und Otto F. Best – von zwei grundsätzlich verschiedenen Richtungen ausging: einer naturalistisch-futuristischen bei Döblin, die durch Parataxe und Elliptik gekennzeichnet sei, und einer spätromantisch-nietzscheanischen bei Einstein, in der das Aphoristische vorherrsche. Das ist stilanalytisch nicht falsch, die anschließende These aber, dass bei Einstein im Gegensatz zu Döblin das Erzählte zum Zeichen werde, greift zu kurz. Genau dies trifft schließlich ebenso für Döblin und für den gesamten Expressionismus zu, der die Expression – den Ausdruck und das Ausdrücken – zum Zentralmotiv erhebt. Das reine Maschinengewehrfeuer parataktischer Metaphern-Batterien ohne Punkt und Komma findet sich allenfalls im Futurismus eines Filippo Tommaso Marinetti, dem jedoch Döblin bereits im März 1913 in einem offenen Brief entgegenhält: „Pflegen Sie Ihren Futurismus. Ich pflege meinen Döblinismus". Der selbstbewußte Individualismus, heißt das, war nicht mehr wegzudenken, nicht einmal in den folgenden Massen-Inszenierungen der faschistischen Zeit.

Literaturhinweise

Alfred Döblin: Ausgewählte Werke in Einzelbänden.
- Die Ermordung einer Butterblume. Ausgewählte Erzählungen 1910-1950. Olten/Freiburg i. Br. 1962.
- Berlin Alexanderplatz. Die Geschichte vom Franz Biberkopf. Zürich/Düsseldorf 1996.
Carl Einstein: Wedrke. Berliner Ausgabe. Bd. 1. Berlin 1994.

Vietta, Silvio; Kemper, Hans-Georg. Expressionismus. München (5. Aufl.) 1994.
Anz, Thomas: Literatur des Expressionismus. Stuttgart 2002.
Liede, Helmut: Stiltendenzen expressionistischer Prosa. Freiburg i. Br. 1960.
Piechotta, Hans Joachim u.a. (Hrsg.): Die literarische Moderne. 3 Bde. Opladen 1994.
Müller-Salget, Klaus: Alfred Döblin. Werk und Entwicklung. Bonn (2. Aufl.) 1988.
Jungen, Oliver: Döblin, die Stadt und das Licht. München 2001.

4.1.10 Rückkehr der Arabesken: Thomas Bernhards Stil-Manierismus

Die klassische Moderne war die erste Epoche, die sich nicht mehr auf ein zugrunde liegendes, in Stilistiken festgeschriebenes Stil-Paradigma stützen konnte. Einigermaßen einheitlich geprägt war ihr Stil aber dennoch durch das gemeinsame Projekt der Absto-ßung von solchen Programmen. Erst in der Folgezeit entwickelt sich der wahre Stilpluralismus, das Nebeneinander der unter-schiedlichsten Realisierungen. Stil wird unter diesen Bedingungen zum Zitat, im analytischen Zeitalter scheint jede Stimme die Imitation einer anderen zu sein. Der Eindruck von Individualität (Markenzeichen) entsteht allenfalls noch durch eine einprägsame Stilmischung oder durch extreme Überpointierung in eine be-stimmte Richtung.

Der Wiener Autor Thomas Bernhard gehört sicherlich zu den-jenigen Autoren, die – im angedeuteten Sinn – ein eigenes stilisti-sches Profil entwickelt haben und deren erzählerische Meister-schaft sich in großen Teilen auf ihre stilistische Kompetenz grün-det. Bei Bernhard scheint die Form den Inhalt aber nicht zu ver-drängen, sondern oft selbst der eigentliche Inhalt zu sein. Lange Zeit näherte man sich seinen Texten zu sehr von ihrem narrativen Gehalt her, eine durchweg erhellend-befremdliche Form der ‚Ver-rücktheit', und sah im Stil nur eine unterstützende Maßnahme der ‚Geschichtenzerstörung'. Dafür schien auch das (zumindest ober-flächlich) starke autobiographische Moment der bewussten Inein-anderblendung von Erzähler- und Autorperspektive zu sprechen. Es scheint aber gerade andersherum zu sein: Manche durchgängi-gen stilistischen Vorlieben Bernhards – wie der exzessiv gebrauch-te Konjunktiv – sind dem Geschehen gleichsam vorgeordnet.

Am auffälligsten unter den verwendeten stilistischen Figuren ist die Wiederholung, so auffällig, dass manche Interpreten (wie Alois Eder) mutmaßten, in der Wiederholung erschöpfe sich Bernhards Stil, woraufhin man dieser Technik sogleich eine große reflexive Dimension unterstellte. Zwar weist die Wiederholungsfigur (wie alle Figuren bei Bernhard) tatsächlich eine philosophische Grun-dierung auf, die aber nicht tiefgreifend ist, sondern letztlich eine wenig aufregende Nietzsche-Adaption: Alles, was geschieht, ist ewige Wiederkehr des Gleichen. Gerade diese monotonen, be-schwörenden Wiederholungen (Anaphern, Parallelismen, Paronomasie, Polyptoton, Enumeratio, Stellung auf Kontakt) führte eine sozialgeschichtlich und psychologisch argumentierende Literaturwissenschaft der siebziger Jahre jedoch oft zurück auf die (vermeintliche) Schizophrenie von Bernhards Personal. Die stilistische Struktur wurde also pathologisiert und dann in der üblichen dialektischen Bewegung wieder eingeholt: Die Übertreibung dieses beklemmenden Sprachleerlaufs sei als Kritik einer inhaltsleeren und von sich selbst entfremdeten Gesellschaft etc. zu lesen.

Eine so einfache Funktionalisierung des Stils findet man heute in der Bernhard-Philologie nicht mehr. Ohne dass weiterhin eine Sozialkritik *ex negativo* oder die Unausweichlichkeit eines universalpessimistischen Weltbilds (Anti-Heimatromane) herausgestellt würde, steht nun tatsächlich oft die eigentümliche Formung der Sprache selbst im Mittelpunkt, die nicht mehr seismographisch als Ausdruck einer zu entschlüsselnden inhaltlich-psychischen Disposition verstanden wird. Bernhards Stil scheint sich nämlich – nicht nur syntaktisch – zu verselbständigen. Ihm folgen die Geschichten und Personen, die durchweg Konjunktiv-Existenzen darstellen. Hier findet die metaphorische Bezeichnung „Figur" ihr reales Pendant: Bernhards Figuren sind, zugespitzt formuliert, Stilfiguren. Meisterhaft ist der Wiener Autor in der Koordination von annähernd gleichlangen Teilsätzen einer Periode, meist als Parallelismen. Die zugehörige rhetorische Figur des *Isokolon* (*isos* = gleich, *kolon* = Glied) hat eine außergewöhnliche Intensität zur Folge, zumal, wenn auch noch mit Anaphern oder Epiphern geziert. Immer aber bewegt sich diese Struktur nah am manierierten Pathos entlang.

Neben der Wiederholung und mit dieser zusammenhängend wird als dominantes Stilmittel meist die Hyperbel genannt. Die oft ins Groteske tendierende Komik der Erzählungen und Theaterstücke speist sich nicht zuletzt aus solchen Übertreibungen, die auch die Form von (anaphorischen und chiastischen) Schimpfreden annehmen können – so etwa in dem Stück *Heldenplatz,* das von jenem Platz handelt, auf dem Adolf Hitler am 15. März 1938 den „Anschluss" Österreichs verkündete:

> diese sogenannten Sozialisten die schon ein halbes Jahrhundert
> keine Sozialisten mehr sind
> sind ja die eigentlichen Totengräber dieses Österreich
> das ist ja das Erschreckende und tagtäglich Ekelhafte
> die Sozialisten sind heute die Ausbeuter
> die Sozialisten haben Österreich auf dem Gewissen

die Sozialisten sind die Totengräber dieses Staates
die Sozialisten sind heute die Kapitalisten
die Sozialisten die keine Sozialisten sind
sind die eigentlichen Verbrecher an diesem Staat
dagegen ist ja dieses katholische Gesindel geradezu unerheblich
Wenn es heute in Österreich wieder fast nur Nationalsozialisten gibt
so sind daran nur die Sozialisten schuld

Die bedrückende Komik, die sich aus der Übertreibungsstruktur ergibt, findet fast ausschließlich auf der Sprachebene statt – nicht selten auf Kosten der involvierten Personen –, auf der Ebene des Geschehens bleiben die Erzählungen dagegen gebunden an seriöse oder zumindest ernstgemeinte Handlungen und an beklemmende, existentielle Einstellungen. Zwar finden sich komische Neuprägungen (besser: Neuverbindungen) allenthalben in Bernhards Werk: *Welthautausschlag, Daseinsdilettantismus* etc. In vielen Fällen ist es aber eher die Auswahl nicht gebräuchlicher Bezeichnungen (*Weinflaschenstöpselfabrikant, Kukuruzzuzubereitung*) oder sperrige bzw. sprechende Namen (*Rustenschacher, F. Undt, Einzig, Grill, Weninger*), die für die groteske Grundierung sorgen. Wurde für die klassische Moderne die Vorherrschaft bestimmter Tropen (besonders der Synekdoche) herausgestellt, so gilt für Bernhard – und für einige andere Erzähler der jüngeren Vergangenheit –, dass sich die stilistische Versiertheit in erster Linie auf der Seite der sprachlichen Figuren zeigt. Innerhalb der vielfach so bezeichneten „kreisförmigen Syntax", die einen Satz auf verschiedenen Bahnen um ein Zentrum herum kreisen lässt, finden sich alle Raffinessen: kunstvolle Parallelismen bis ins kleinste Glied, die an herausragenden Stellen wiederum durchstoßen werden, anaphorische Reihungen der Sätze, wobei die Minimalverschiebungen eine Steigerung oder auch eine Anti-Klimax bewirken. Oft sind die Sätze symmetrisch gebaut: wahlweise punkt- oder achsensymmetrisch, wodurch sich im ersten Fall ein Chiasmus, im zweiten ein Parallelismus ergibt.

Geradezu ein Markenzeichen Bernhards sind die unzähligen Inquit-Formeln („sagte Karrer" etc.), mit denen er seine Texte überschwemmt, große Passagen werden in indirekter Rede erzählt. Viele dieser Abschnitte klingen dabei nach jenem Amtsdeutsch, das Stilistiker wie Ludwig Reiners bei schwerem Kerker verboten. Auch sonst sind die Texte in nüchtern nominaler, durchweg berichtender (nicht erlebender) Rede gehalten. Die befremdliche, aber mehrfach geäußerte These, dass dieser „Kanzleistil" Bernhards – der immerhin selbst einmal Gerichtsreporter war – in Österreich einen natürlicheren Grund habe, da sich das Österreichische stärker an der Kanzleisprache orientiere als das Deutsche, ist jüngst von Franz Eyckeler widerlegt worden: Der Nominalstil war und ist auch im deutschen Amtsgebrauch beliebt und bei Thomas Bernhard zudem bewusst eingesetzt. Der Autor lässt reden, begnügt sich mit dem Zitieren des Zitierens usf. Die Zwischenschaltung mehrerer Autoritäten (und Auktoritäten) zeigt, dass es sich kaum mehr um den irgendwo unter diesem Erzählaufwand befindlichen Kern der Prosastücke dreht, sondern um das Erzählen selbst.

Diese Form der Redeverschränkung, wobei direkte und indirekte Rede abwechseln, findet sich wohl nirgends ausgeprägter als in der formal dichtesten Erzählung *Gehen*. Ein beliebig herausgegriffener Satz kann das verdeutlichen:

> Rustenschacher hörte zwar alles aus dem Hintergrund, beobachtete auch alles aus dem Hintergrund, so Oehler zu Scherrer, wenn es auch den Anschein hatte, als beobachtete Rustenschacher nicht das geringste zwischen Karrer und seinem Neffen, die Beherrschung Rustenschachers, sage ich zu Scherrer, so Oehler, ist die größte gewesen, Rustenschacher hatte sich, mit der Erhitzung der Debatte zwischen Karrer und dem Neffen Rustenschachers schließlich in einem Maße zu beherrschen gehabt, wie sich ein anderer nicht beherrscht hätte.

Es ist nun fast, als habe Bernhard eine Stilistik konsultiert und die wichtigsten Regeln in ihr Gegenteil verkehrt: Verstopfung durch Bandwurmsätze, satter Gebrauch von Haupt- und Beiwort unter Streckung der verbalen Klammern. Der erste Satz der Erzählung *Die Billigesser* vermag diese ins Manische tendierende Unmäßigkeit der Syntax bestens zu demonstrieren:

> Auf dem seit Wochen gegen Abend, seit drei Tagen regelmäßig auch in der Frühe gegen sechs Uhr zu Studienzwecken unternommenen Weg in den Wertheimsteinpark, in welchem er in Anbetracht der gerade im Wertheimsteinpark herrschenden idealen Naturverhältnisse nach langer Zeit wieder aus einem vollkommen wertlosen, seine Physiognomik betreffenden Denken zu einem brauchbaren, ja schließlich ungemein nützlichen habe zurückkehren können und also zur Wiederaufnahme seiner schon die längste Zeit in dem Zustande der Konzentrationsunfähigkeit liegengelassenen Schrift, von deren Zustandekommen letztendnedes eine weitere Schrift und von deren Zustandekommen tatsächlich wieder eine weitere Schrift und von deren Zustandekommen eine auf diesen drei unbedingt zu schreibenden Schriften beruhende vierte Schrift über die Physiognomik abhänge und von welcher tatsächlich seine zukünftige wissenschaftliche Arbeit und in der Folge überhaupt seine zukünftige Existenz abhänge, sei er auf einmal und urplötzlich anstatt wie

schon gewohnheitsmäßig zur alten Esche, zur alten Eiche gegangen und dadurch auf die von ihm so genannten Billigesser gekommen, mit welchen er viele Jahre an den Wochentagen und also von Montag bis Freitag in der Wiener öffentlichen Küche und also in der WÖK, und zwar in der WÖK in der Döblinger Hauptstraße billig gegessen habe.

Um den Überblick zu behalten, betrachten wir einmal die Hautsatzstruktur: *Auf dem [...] Weg in den Wertheimsteinpark, [...], sei er auf einmal und urplötzlich anstatt wie schon gewohnheitsmäßig zur alten Esche, zur alten Eiche gegangen [...]* Ein einfach verständlicher Satz, wobei schon hier – als Auslöser der gesamten Handlung – ein Wortspiel zugrunde liegt: statt der *alten Esche* die *alte Eiche*. Auch hier wieder die Dominanz der Sprachlichkeit, verwechselt wird nämlich nicht der Weg, sondern ein Buchstabe: „i" statt „s". Nun wird der Satz bestückt mit allerhand wiederum voneinander abhängigen Nebensätzen. So erweist sich das Zitat als hervorragendes Beispiel für die bernhardsche Ironie mittels Parodie der klassischen Periode, des ausgefeilten und vor allem ausbalancierten hypotaktischen Satzbaus. Das syntaktische Ungetüm schraubt sich in grotesker Weise immer weiter hoch, bis der Leser kaum noch zu folgen vermag. Auf dem Höhepunkt der Erwartung jedoch, nachdem sogar die „Existenz" ins Spiel gebracht worden ist, erfolgt der unvermittelte Absturz: „billig gegessen habe". Eine solche Anti-Klimax lebt von der Stilhöhenspannung zwischen dem *Billigessen* (schon an sich ein komischer Neologismus) und dem, wenn auch ironisierten Gelehrtenstatus der Hauptfigur. Diese Art von Komik ist zunächst einmal wenig subtil, eher eine brachiale, bäurische Veranstaltung. Aber eben das (wie ansonsten nur der Kalauer) ist in seiner unerwarteten Eruption ein trefflicher Gegenpart zu dem akademischen Milieu, in dem Bernhard und seine Geschichten zu verorten sind. Doch die Witzstruktur ist nicht der einzige Maßstab. Zum Vergleich ein pointiertes Gedicht von Heinz Erhard (*Der Berg*), das ebenfalls Erhabenheit auftürmt, ganz real in diesem Fall, um sie in der letzten Umdrehung zusammenstürzen zu lassen, beinahe eine Definition der Anti-Klimax:

Hätte man sämtliche Berge der ganzen Welt
zusammengetragen und übereinandergestellt,
und wäre zu Füßen dieses Massivs
ein riesiges Meer, ein breites und tief's,
und stürzte dann unter Donnern und Blitzen
der Berg in dieses Meer – na, das würd' spritzen!

Bei Bernhard haben wir es mit einer weit komplexeren Struktur zu tun, denn auch die Anreicherungssätze sind stilistisch durchgeformt. Die Wiederholungen der Kernvokabeln *Zustandekommen* und *abhängen* sind in unserem Beispiel von zentraler Bedeutung, denn in ihnen ist die Tragik der ganzen Erzählung bereits beschlossen: Das Zustandekommen einer Schrift ist abhängig von dem Zustandekommen einer davor liegenden Schrift und das bis ins Unendliche und so wird nichts zustande kommen außer eben diesem Bericht über das Nichtzustandekommen. Der gesamte Satz steht zudem in der indirekten Rede und lässt auf die Wiedergabe der wörtlichen Erzählung Kollers durch einen Berichterstatter (Erzähler) schließen.

Natürlich endet die Geschichte der stilistischen Innovationen auf syntagmatischer Ebene nicht mit Thomas Bernhard. Aber doch lässt sich sagen, dass nun die figürliche Ausweitung des Stils ein gewisses Maximum erreicht hat, so dass die weiteren Stilexperimente (etwa Schreibweisen ohne jede Interpunktion, metaphorische Überkomplexität etc.) als Auseinandersetzung mit diesem im 20. Jahrhundert erreichten Zustand der Ornats zu verstehen sind. Die beiden Pole wären also die expressionistische Radikalisierung der Tropen einerseits und die (prototypisch bei Bernhard zu findende) maximale Strapazierung der Figuren andererseits.

Literaturhinweise

Thomas Bernhard: Die Billigesser. Ffm 1980.
Thomas Bernhard: Heldenplatz. Ffm 1988.

Eyckeler, Franz: Reflexionspoesie. Sprachskepsis, Rhetorik und Poetik in der Prosa Thomas Bernhards. Berlin 1995.
Huntermann, Willi: Artistik und Rollenspiel. Das System Thomas Bernhard. Würzburg 1990.
Mennemeier, Franz Robert: Poetische Reflexion und Ironie. Zu Thomas Bernhards Prosawerk Die Billigesser. In: Bartsch, Kurt u.a. (Hrsg.): In Sachen Thomas Bernhard. Königstein 1983, 158-167.
Eder, Alois: Perseveration als Stilmittel moderner Prosa. Thomas Bernhard und seine Nachfolger in der österreichischen Literatur. In: Istituto Universitario Orientale. Sezione Germanica. Studi Tedeschi 22 (1979) 1, 65-100.

4.2 Wissenschaftlicher Stil

Wer heute in der Wissenschaft die Stilfrage stellt, hat wohl hauptsächlich das Problem der Verständlichkeit im Sinn. Gewiss, es gibt
noch andere Probleme: die Publikationsflut, eine Halbwertszeit
des Wissens, die mittlerweile bei zehn Jahren liegen soll, mit anderen Worten: die totale Überforderung durch Quantität. Gerade
deshalb aber der Ruf nach Stil, nach der Darstellung des Wissens
in einer Form, die der Aneignung optimal entgegenkommt – nach
einer bestimmten Art von Qualität, eben der Verständlichkeit. In
der Realität spielt sich freilich das Gegenteil ab. Wer sich in eine
wissenschaftliche Disziplin einarbeitet, wird sich fast immer in
dieser Hinsicht über Mängel beklagen. Fast scheint es so, als habe
die Wissenschaft es auf Unverständlichkeit geradezu abgesehen.
Allenfalls Historiker gelten heute in der gebildeten Allgemeinheit
als lesbar. Einen Physiker, einen Biologen versteht nur ein Einge-
weihter, und Fächer wie Germanistik, die vom Theorietransfer der
Philosophie, Soziologie, Psychologie leben, sind ebenfalls in weiten Teilen abgeschottet. Muss das sein?

Wer diese Frage schlicht mit Nein beantwortet, sei zunächst an
die historische Nahtstelle erinnert, an der das Problem entstand:
die Aufklärung. In diese Zeit fallen die großen Revolten gegen die
Rhetorik, was für die Frage der Verständlichkeit nichts Gutes
bedeutet. Nun wird niemand vermuten, dass die Aufklärer unverständlich sein wollten. Wogegen sie sich wandten, ist vielmehr die
Vorstellung, dass Wahrheit in einer Art Überwältigungsakt zustande komme, dass sich die Annahme der Wahrheit irgendwie
den Affekten verdanke. Genau hier setzt ein neues Verständnis
der Verständlichkeit ein. Wenn René Descartes beispielsweise in
seinem *Versuch über die Methode* (1637) Wahrheit an klare und deutliche Erkenntnis band, so impliziert dies, dass Erkenntnis nichts
mit psychologischen Rücksichten zu tun haben darf, nichts mit
der Hinordnung eines Denkenden auf eine Sache, sondern eher
umgekehrt: mit dem völligen Absehen vom Denkenden zugunsten
der begrifflichen Konstruktion der Sache selbst. Pointiert gesagt:
die Klarheit des Gedachten wird abgelöst von der Klarheit des
Gemachten (Hans Blumenberg). Ein anderer Aufklärer hat den
Gedanken in seiner ganzen Rhetorikfeindlichkeit entfaltet. Genau
das, was man seit Aristoteles als Anreiz für das Erkennen und
insofern als Steigerung der Verständlichkeit angesehen hatte, er-

scheint John Locke in seinem *Versuch über den menschlichen Verstand* (1690) als bloße Quelle von Dunkelheit: der figürliche Charakter der Sprache. Zu Lust und Vergnügen möge dieser etwas beitragen, aber Locke fährt fort: „Wollen wir indessen von den Dingen reden, wie sie sind, so müssen wir zugeben, dass alle Kunst der Rhetorik, soweit sie nicht durch Ordnung und Klarheit gefordert ist, und alle gesuchten und bildlichen Redewendungen, die die Beredsamkeit ersonnen hat, keinem anderen Zwecke dienen, als falsche Ideen unbemerkt einzuführen, die Leidenschaften zu erregen und dadurch das Urteil irrezuleiten. In der Tat also sind jene bildlichen Ausdrücke vollkommener Betrug."

Es ist klar, dass solche Urteile nicht unwidersprochen blieben. Andere Aufklärer gingen nicht von einem gereinigten Wahrheitsbegriff aus, sondern vom Problem der Überforderung durch zu viel Wissen und sprachen sich erstens für Verständlichkeit und zweitens für deren einzig bekannten Anwalt, die Rhetorik (Stilistik), aus. Ein bekanntes Zeugnis dieser Art stellt die französische *Enzyklopädie* dar. Jean Le Ronde d'Alembert hat in der umfangreichen *Einleitung* (1741) zu diesem Werk den überraschenden Gedanken geäußert, es sei von größtem Vorteil für Klarheit und Genauigkeit, wenn die Gelehrten wie früher lateinisch schrieben. Er hat sogar hinzugefügt, dies scheitere wohl in erster Linie an der Eitelkeit derer, die von möglichst vielen verstanden, d.h. gelobt werden wollten. Allerdings folgt dann eine ganz andere Überlegung. Wissenschaftliche Bücher könnten heute mit der schönen Literatur wetteifern, ja d'Alembert singt das Lob derjenigen, die das „Joch der Pedanterie" abgeschüttelt hätten, womit er Bernard le Bovier de Fontenelle (übrigens einen Neffen von Pierre Corneille) meinte: „Durch seine überlegene Kunst, auch die abstraktesten Ideen klar herauszustellen, hat er mit sicherer Methode, Genauigkeit und Klarheit diese Gedanken auch denjenigen nahe zu bringen verstanden, deren Geist für ihr Verständnis am wenigsten geeignet schien." Wissenschaft braucht also Stil, ja Philosophie muss neben ihrer Absicht zu belehren auch Gefallen zu erregen suchen. Wer stattdessen dem „Systemgeist" anhänge, ja sein Streben nach Wahrheit „in jenen dreisten Vermutungen [befriedige], die man mit dem Namen ‚System' beehrt", wirke ausdrücklich nicht „aufklärend". Rhetorik ist somit wieder nötig, und zwar nun statt als Hilfe gegen Unaufmerksamkeit als Hilfe gegen Reizüberflutung. Die Frage lautet: Helfen womöglich dieselben Mittel?

Man hat dies geglaubt. Im Jahre 1793 veröffentlich Christian Garve einen kleinen Aufsatz mit dem Titel: *Von der Popularität des Vortrages*, in dem er einen Erfahrungsaustausch mit Kant verarbeitet. Vorausgegangen war eine scharfe Rezension der *Kritik der reinen Vernunft*, auf die Kant ebenso scharf erwiderte, so dass sich Garve zu einem auf Aussöhnung bedachten Brief entschloss. Darin ist zu lesen: „Aber das ist auch jetzt noch meine Meinung, vielleicht eine irrige; dass das Ganze Ihres Systems, wenn es wirklich brauchbar werden soll, populärer ausgedrückt werden könne; und dass die neue Sprache, welche durchaus in demselben herrscht, so großen Scharfsinn auch der Zusammenhang verräth, in welchen die Ausdrücke derselben gebracht worden, doch oft die in der Wissenschaft selbst vorgenommene Reform, oder die Abweichung von den Gedanken andrer, noch größer erscheinen mache, als sie wirklich ist." Kant hat sich offenbar besänftigen lassen und sogar entschuldigend vorgebracht, sein Buch sei noch nicht „der allgemeinen Faßlichkeit genugsam angemessen ausgearbeitet worden, als wozu noch wohl einige Jahre erforderlich gewesen wären", um dann aber doch eine Grenzlinie zu ziehen: „Die erste Betäubung, die eine Menge ganz ungewohnter Begriffe und einer noch ungewöhnlicheren, obzwar dazu nothwendig gehörigen neuen Sprache, hervorbringen musste, wird sich verlieren." Diese temperierte Haltung brachte er auch öffentlich zum Ausdruck, insbesondere in den Vorreden zu seinen Kritiken. Allerdings hat er sich auch energisch gegen „Popularität" und „Volksbegriffe" ausgesprochen, und zwar als „ekelhaften Mischmasch von zusammengestoppelten Beobachtungen und halbvernünftelnden Prinzipien [...], daran sich schale Köpfe laben." Insgesamt gilt wohl: Kant hielt Verständlichkeit für erstrebenswert, aber nicht mehr um jeden Preis. In der Wissenschaft ist auf jeden Fall Erkenntnisgewinn wichtiger.

Blickt man demgegenüber in Garves Schrift, so wird deutlich, wie sehr das Aufbieten der Rhetorik einem Kampf mit Windmühlen gleicht. Mit der Vermeidung grammatischer Unzweideutigkeiten und dem Einfügen bildlicher Ausdrücke wird gegen eine Transzendentalphilosophie gefochten, von deren Voraussetzungen Garve buchstäblich nichts begriffen hatte. Noch glaubt er, es ließen sich die künstlichen Begriffe „auflösen", „das Gerüste des Systems" abbrechen, „die technische Sprache des Erfinders mit der gemein verständlichen vertauschen" und merkt nicht, dass es gerade diese Sprache war, in der die neuen ,Erfahrungen' einzig ausdrückbar waren. Mit anderen Worten: Garves Lösung der Verständlichkeitsproblematik hängt noch völlig am Gedanken einer zugänglichen Welt, die zwar schwer zu verstehen, aber im Prinzip auf dieses Verstehen hin angelegt ist. Mit Kant kommt eine neue Form der Schwierigkeit ins Spiel: nämlich unser Begreifen der Welt als abhängig von unsern Begriffen zu sehen und damit Erfahrung als etwas Vermitteltes betrachten zu müssen. Kant selbst hat offensichtlich die Folgen seines eigenen Denkens hinsichtlich der Verständlichkeit nicht richtig eingeschätzt. Ihm schien der Ansatz der Transzendentalphilosophie nur schwierig, aber gewissermaßen eine Frage der Gewöhnung. Niemand aber hat sich daran jemals ohne weiteres gewöhnt, vielmehr bedarf es einer höchst energischen Umstellung, ja eines Heraustretens aus dem natürlichen Weltbild, wie es bislang nicht zugemutet worden war.

Was Kant so radikal nicht zum Ausdruck brachte, formulierten jedoch sehr bald seine Zöglinge, und zwar Friedrich Schleiermacher und Friedrich Schlegel. In Garves Art, Idee und Erfahrung miteinander in Beziehung zu bringen, sieht Schleiermacher in einem Beitrag fürs *Athenäum* (1800) „das ganze unerschöpfliche Chaos von Unphilosophie und Geistlosigkeit, wovon alle seine Schriften gleichsam nur Ausströmungen sind. Diese Art Erfahrungen und Ideen entgegenzusetzen, und das Gebiet der letztern am Ende auf die bloße Mathematik zu beschränken, ist der höchste Gipfel der Empirie, gleichsam der Realismus des Raisonnements, der das, was durch das gemeine Denken gefunden ist, als absolut gegeben, als das schlechthin wahre und denkbare an sich ansieht." Schlegel schrieb selbst einen Aufsatz über Verständlichkeit, allerdings unter dem Titel: *Über die Unverständlichkeit* (1800). Wenn er darin das von ihm mitherausgegebene *Athenäum* gegen entsprechende Angriffe verteidigte und im Gegenzug ausgerechnet Garves Werke als „unverständlich" bezeichnete, hatte sich die Problematik längst der Fragestellung entzogen, so wie sie auf klassisch-rhetorischem Boden zu stellen ist. Es geht eben nicht mehr um die Sorge, sich einem Zuhörer gegenüber verständlich auszudrücken, sondern eher um die Folgen aus der Tatsache, dass Verständlichkeit ein ,sachliches' Problem geworden ist. Der Aufsatz über die Unverständlichkeit ist nicht von ungefähr ein Aufsatz über Ironie und Paradox statt über Metapher und Metonymie. Der der Rhetorik so naheliegende Gedanke, dass „alle höchsten

Wahrheiten", weil letztlich trivial, möglichst herausfordernd auszudrücken seien, „damit es nicht vergessen wird, dass sie noch da sind", beruht nicht mehr auf psychologischen Erwägungen, auf der möglichen Entferntheit der Zuhörer, sondern auf erkenntniskritischen, auf der Ferne der Wahrheit.

In der Wissenschaft – so lässt sich das auf die Praxis beziehen – schiebt sich zwischen die zu betrachtende Wirklichkeit, auch z.B. zwischen die Literatur und die Aussage darüber, die Methode. Ein berühmtes Buch des Philosophen Hans-Georg Gadamer, das vor einigen Jahrzehnten die Philologien stark beeinflusst hat, spricht dieses Problem im Titel an. Er lautet: *Wahrheit und Methode.* Die Pointe liegt darin, dass es Wahrheit nicht 'unvermittelt' gibt, dass man sich ihr nur mit 'Instrumenten' nähern kann, die natürlich die Gefahr heraufbeschwören, sich zu verselbständigen und die berüchtigten Wolkenkuckucksheime entstehen zu lassen. Aber man muss auch den Gewinn sehen. An die Stelle von Deutungen, die sich dem Einfallsreichtum oder dem (Fakten)wissen eines Autors verdanken, tritt ein Typus von Erklärungen, der sich auf theoretisch abgeklärte und bewährte Hypothesen stützt. Diese Thesen müssen nicht 'besser' oder 'wahrer' sein als individuelle Deutungen, aber sie sind kontrollierter und kontrollierbarer. Damit hängt etwas zusammen, was den Außenstehenden ganz besonders irritiert: Gerade die theoriegeleiteten Analysen setzen sich viel stärker als individuelle der *Widerlegung* aus, ja es ist das Schicksal der modernen Wissenschaft, dass ihre Thesen oder Ergebnisse *veralten.*

Ein Beispiel für diese Problematik entnehmen wir einem Aufsatz von Jürgen Habermas mit dem Titel *Umgangssprache, Wissenschaftssprache, Bildungssprache.* Es geht darin um den Begriff der „politischen Sozialisation", d.h. um die Art, wie Jugendliche politisches Bewusstsein ausbilden bzw. wie und warum diese Ausbildung stockt oder gar scheitert (mit entsprechenden Gefahren für die Demokratie). Früher stellte man sich diesen Prozess so vor, dass die relevanten (politischen) Begriffe und Werte nach dem Zufallsprinzip im Persönlichkeitssystem verankert werden: Bei einer Gelegenheit lernt der Jugendliche dies, bei einer andern jenes. Aber daran stimmt etwas nicht. Die Entwicklungspsychologie (speziell im Anschluss an Jean Piaget) hat herausgefunden, dass sich das moralische Bewusstsein in Stufen bildet und dass diese Stufen nicht umkehrbar sind. Genau dies aber scheint auch für das politische Bewusstsein zu gelten. Auch hier gibt es Stufen, ohne deren Kenntnis ein Verhalten schwer zu beurteilen ist. Ob ein Jugendlicher Normen für gegeben hält oder ob er sich (auf einer höheren Stufe) der Rechtfertigungsnotwendigkeit und damit auch Veränderbarkeit bewusst ist, 'erklärt' Forderungen und Fehler anders, als wenn man schlicht die Sicht der Erwachsenenwelt zugrunde legt. Allerdings ist es nicht ohne weiteres möglich, diese theoretisch gewonnene Erkenntnis im Alltag 'verständlich' zu machen, weil man dazu eben etwas über Entwicklungspsychologie wissen muss. Habermas schließt den Aufsatz mit dem Gedanken, dass Wissenschaft und Alltag immer in einem gewissen Spannungsverhältnis zueinander stehen. Es wäre eine Illusion zu glauben, dass wissenschaftliche Thesen oder Ergebnisse von alleine im Alltag wirksam werden. Gefragt ist vielmehr ein mühevoller Transfer, bei dem es nicht allein darum geht, dass der Experte mehr weiß als der Laie, sondern auch darum, dass jener die Theorieabhängigkeit dieses Wissens besser einschätzt. Laien bewerten das Expertenwissen zu hoch: Es handelt sich eben nur um theorieabhängige *Erklärungen* und nicht um *Wahrheiten*.

Noch viel schärfer ist die Problematik von einem Autor gefasst worden, dessen Theoriekonstruktion berüchtigt ist: von Niklas Luhmann. Luhmann, der übrigens – rekordverdächtig – das Ende der Rhetorik auf Plato zurückdatiert, hat in einem Aufsatz mit dem Titel *Unverständliche Wissenschaft* die – so der Untertitel – „Probleme einer theorieeigenen Sprache" diskutiert. Dabei wird letztlich die These verfochten, dass Wissenschaft heute nicht nur in einem hohen Maße unverständlich ist, sondern auch sein muss. Wer darin vorschnell lediglich Zynismus sieht, kennt die soeben wenigstens angerissene Geschichte der Verständlichkeitsproblematik schlecht. Luhmanns Thesen, denen sogar Gadamer teilweise zugestimmt hat, knüpfen letztlich an die durch Kant eröffnete Problemlage an. Modernes Wissen ist nicht einfach viel Wissen, obwohl auch dies eine Rolle spielt, sondern in erster Linie ein Wissen, dem eine neue Relationierung von Gegenstand und Erkenntnis zugrunde liegt, derzufolge es jede Erkenntnis mit ihrem eigenen Zustandekommen zu tun hat. Luhmann versteht dies nur nicht mehr transzendentalphilosophisch, sondern systemtheoretisch oder, wie man hier genauer sagen müsste: in der Figur der Selbstreferenz. Ein solches Wissen lässt sich nicht in die Alltagswelt zurückübersetzen, weil Erfahrungen dieser Art in der Alltagswelt nicht vorkommen. Garves Idee, irgendwann die Gerüste abzubrechen, wird obsolet, wenn die Gerüste das Bauwerk sind.

Luhmann hat einige Punkte genannt, die sich alle als Konsequenzen aus dem Abstraktionsniveau moderner Wissensstrukturen – und eben nicht mehr nur aus terminologischer Unvertrautheit – ergeben. Dazu gehört etwa die Tatsache, dass Wissen über Nachkonstruktion von Gegenständen erreicht wird und damit der Theorie eine kalkulierte ‚Abgehobenheit' verleiht, die z.B. Vergleichsmöglichkeiten mit andern Nachkonstruktionen eröffnet, aber eben auch Missverständnisse dadurch fast programmiert, dass Leser an die Theoriesprache ihr gewohntes Alltagsverständnis herantragen – und damit scheitern. Im Grunde lassen sich Luhmanns Punkte, die im Vorübergehen nur schwer darstellbar sind, dahingehend zusammenfassen, dass moderne Theorien nicht nur konstruieren, sondern eine gewisse Verselbständigung dieses Konstruierens anstreben oder in Kauf nehmen, jedenfalls einen Bruch zwischen Theorie und Erfahrung zugrunde legen, dessen Kenntnis oder Berücksichtigung geradezu die Einstiegsbedingung in diese Art von Wissen darstellt. Wenn sich auch Luhmann Sorgen um seinen Leser macht, so betrifft dies die Frage, wieweit dieser bereit bzw. in der Lage ist, alle falschen Vertrautheiten abzustreifen und genau das nachzuvollziehen, was gewünscht wird. Luhmann fasst dies als Problem einer „Simultanpräsenz": „Wie erzeuge ich mit sprachlichen Mitteln hinreichende Simultanpräsenz komplexer Sachverhalte und damit hinreichende Kontrolle über die Anschlussbewegung des Redens und Verstehens?"

Um eine Andeutung der Problematik in der Praxis zu geben, seien im Folgenden zwei Beispiele aufgeführt, in denen Wissenschaftler das Thema Liebe behandeln: Roland Barthes und Niklas Luhmann. Roland Barthes hat dazu ein Buch geschrieben mit dem Titel: *Fragmente einer Sprache der Liebe* (Frankfurt/M. 1984; frz. Original: Paris 1977). Dort findet sich die folgende Vorbemerkung:

Alles ist aus dem folgenden Prinzip erwachsen: daß der Liebende nicht auf ein einfaches symptomhaftes Subjekt reduziert werden durfte, sondern daß eher vermittelt werden mußte, was in seiner Stimme an Unzeitgemäßem, das heißt sich der Behandlung Entziehendem, mitschwingt. Daher die Wahl einer 'dramatischen' Methode, die auf Beispiele verzichtet und sich einzig auf die Wirkungsweise einer ersten Sprache (keiner Metasprache) stützt. Die Beschreibung des Diskurses der Liebe ist also durch seine Nachbildung ersetzt worden, und dieser Diskurs hat seine entscheidende Hauptperson zurückerstattet bekommen, das Ich, und zwar so, daß eine Ausdrucksweise inszeniert wurde,

keine Analyse. Was vorgestellt wird, ist, wenn man so will, ein Porträt, aber
kein psychologisches, sondern ein strukturales: es gibt einen sprachlichen Ort
zur Lektüre auf: den Ort jemandes, der für sich, als Liebender, spricht, der
angesichts des Anderen (des Liebesobjektes) spricht, der seinerseits schweigt.

Wieso versteht man das schlecht, obwohl es kaum Fachtermini
gibt? Selbst wenn man *Metasprache* nachschlägt und dafür als Antwort erhält: *Beschreibungssprache*, kommt man nicht recht weiter.
Der Grund liegt darin, dass man die wirklich schwierigen Wörter
gar nicht erkennt und selbst wenn, dass man dann jedenfalls in
einem Lexikon nichts Passendes findet. Der Begriff *Diskurs* gehört
dazu. *Diskurs* bedeutet im Allgemeinen „Abhandlung, Erörterung", aber bei Barthes ist etwas ganz Bestimmtes damit gemeint.
Diskurs der Liebe will sagen, dass man an das Phänomen Liebe
nicht 'herankommt' im Sinne einer Aufdeckung der 'Wahrheit'
über die Liebe. Sie existiert vielmehr (nur) als das Reden über sie.
Zur Methode von Barthes gehört es, solche Diskurse herauszupräparieren, sie als etwas zu erforschen, was Menschen nicht 'erfinden', sondern immer schon 'vorfinden'. Wir bewegen uns in
Diskursen, auch angesichts der Liebe, von der wir wahrscheinlich
alle glauben, dass wir gerade in ihr 'Subjekte' sind.

Jetzt versteht man den ersten Satz vielleicht besser: Wenn wir
die Liebe erforschen wollen, dann nicht als eine Art Leistung von
Subjekten. Das wäre der alte Irrtum und der macht blind für das,
was an der Liebe (für Barthes) interessant ist. Folgen wir besser
der Art, wie sich Liebende ausdrücken, sehen wir dies nicht an als
etwas 'Intendiertes', sondern als etwas, was 'passiert' – genau wie
Biologen Tiere beobachten oder Geologen Gesteinsformationen,
die nichts intendieren *können*. *Deshalb* keine Bestimmung des wahren 'Wesens', wie man das früher versucht hätte, sondern 'Inszenierung'. *Beobachten* wir das, was die Liebenden äußern: kühl, nicht
an Deutung interessiert, sondern an den *Strukturen*, in denen Bedeutungen ausgetauscht werden. Barthes tut dies in achtzig Kapiteln, die so seltsame Titel haben wie etwa: „Anbetungswürdig?",
„Die Liebe teilen", „Ich liebe Dich", „Lob der Tränen" – eben die
Klischees, in denen Liebe 'für uns' vorkommt.

Das nächste Beispiel ist Niklas Luhmanns Buch *Liebe als Passion.
Zur Codierung von Intimität* (Frankfurt/M. 1982). Diesmal springen
wir mitten in den Text, und zwar in das Kapitel zur Liebe im 17.
Jahrhundert. Damals habe man die alte Vorstellung von der Liebe
als Leiden neu ausgestaltet, ja zugespitzt – als Exzess:

Aussagen über Liebe in die Form von Paradoxien zu kleiden, das ist keine Erfindung des 17. Jahrhunderts, sondern antike und mittelalterliche Überlieferung. Sie hat eine Liebeskasuistik erzeugt, da sich Paradoxien nur fallweise und nur durch Handlung der Liebenden selbst auflösen lassen. Darauf beruht die Nähe der Liebe zur narrativen Form. Sie ist das Romanthema par excellence. Auf der Ebene der Bilder, Formeln und Metaphern ist hier wie sonst auch schwer auszumachen, was denn wirklich 'neu' ist. Betrachtet man jedoch den Code als Ganzen, so wird eine Art Tendenzwende deutlich: Während im Mittelalter an einer alle semantischen Widersprüche übergreifenden mystischen Einheit (unio) festgehalten wird, beginnt das 17. Jahrhundert damit, die Paradoxie auf sich selbst zu stellen, sie um ihrer selbst willen anzubieten und genau darin die Einheit des Liebes-Codes zu sehen. Die Paradoxie wird zur Abschlussformel des Codes, und gewonnen wird damit: Legitimation der Instabilität und psychologische Raffinierung. Die 'kasuistische' Auflösung der Paradoxie verschiebt sich vom Exemplarischen ins Individuelle, und das wiederum bedeutet, daß die Paradoxie anders zusammengesetzt sein muß. An die Stelle des paradoxen Verhältnisses von höfischer Distanz und alles überwindender Leidenschaft treten im 17. Jahrhundert vorwiegend Zeitprobleme.

Zunächst zu den Fremdwörtern, von denen es diesmal einige mehr gibt. Bei *Liebeskasuistik* kann man unter *Kasuistik* nachschlagen und findet: eine Lehre, die sich an (Fall)beispielen orientiert. *Semantische* Widersprüche sind Widersprüche auf der Ebene von Wortbedeutungen, mit *psychologischer Raffinierung* ist eine Verfeinerung in psychologischer Hinsicht gemeint. Aber dann beginnt ja erst das Missverstehen. Was *Paradoxie* bedeutet, ist zwar 'an sich' klar (Widersprüchlichkeit, Unlogik), aber was bedeutet *auf sich selbst gestellte Paradoxie*, die *um ihrer selbst willen angeboten* wird, um darin die *Einheit des Liebes-Codes* zu finden?

Auch hier muss man den methodischen Hintergrund kennen, um weiterzukommen. Luhmann betrachtet die Liebe ganz ähnlich wie Barthes nicht als ein (nur schwierig zu verstehendes) 'Gefühl', das zum Menschen gehört, sondern als etwas in der Welt Gegebenes, dem man folgt. Wichtig ist dabei die Vorstellung, dass sich in diesem Punkt auch noch historische Unterschiede ergeben: Man 'liebte' im Mittelalter anders als im 17. Jahrhundert, in diesem anders als in der Romantik oder heute. Liebe, so spitzt Luhmann zu, ist also eine sich wandelnde 'Sprache', (nur) ein Code (den man benutzt bzw. aufdecken kann). Im Mittelalter war es charakteristisch, dass Liebe aus ständischen Gründen paradox werden konnte: Man durfte den/die nicht lieben, den/die man doch liebte. Im 17. Jahrhundert gab es zwar auch noch Standesunterschiede (und in der Folge unglückliche Liebe), aber jetzt geht es nicht mehr um dieses zufällige Paradox, sondern man verlangt für Liebe *überhaupt* das Paradox. Es ließe sich auch sagen: Dass man liebt, merkt man daran, dass diese Liebe maßlos ist – wenn nicht, ist es nicht Liebe. Was aber ist das Problem dieser Maßlosigkeit? Die Dauer! Der Exzess lässt sich vielleicht eine Zeit lang durchhalten, aber irgendwann ist der Bogen überspannt (und die Liebe hört auf). Dies fasst Luhmann als das *Zeitproblem* dieser Form von Liebe. Mit anderen Worten: Luhmann betrachtet die Liebe als eine Art Institution, aber nicht wie Barthes als überzeitliche *Struktur*, sondern als ein *System*, das sich im Kontext der Gesellschaft etabliert. So gesehen gehört die Liebe für Luhmann zu den vielen Systemen innerhalb des Großsystems Gesellschaft, die sich alle bilden, wandeln, vor allem aber etwas leisten – wenn sie es nicht mehr tun, sterben sie ab. Genau dieser Gedanke liegt der Systemtheorie zugrunde, die sich übrigens an der Biologie (an biologischen Systemen – der Strukturalismus kam von der Grammatik und den grammatischen Strukturen her) orientiert: Die Organe bilden z.B. Systeme innerhalb des Großsystems Körper und die Frage ist immer, wie sie was leisten.

Blicken wir noch einmal zurück auf das Problem der Verständlichkeit, so wird deutlich: Die Lösung liegt nicht in der Neutralisierung der wissenschaftlichen Abstraktion, sondern eher in der Hinführung zu ihr. Dabei kann man unterschiedlicher Meinung darüber sein, wie groß die Zahl derer sein darf, die buchstäblich nicht mehr mitkommen. Luhmanns Vorstellung mag zu salopp formuliert sein, wenn es heißt: „Es ist ganz gewiss nicht möglich, die Theoriesprache nach dem Konvoiprinzip zu fahren und auf das Verständnis des Letzten zu warten. Aber man sollte sich bemühen, eine Spitzengruppe zusammenzuhalten und durch eine Nachhut für Anschlussmöglichkeit zu sorgen." Außer den Wissenschaftlern selbst gibt es im Übrigen auch noch andere, die für den Anschluss sorgen sollen – die Journalisten.

Literaturhinweise

Gadamer, Hans-Georg: Die Ausdruckskraft der Sprache: Zur Funktion der Rhetorik für die Erkenntnis. In: Jb. der Deutschen Akademie für Sprache und Dichtung 1 (1979), 45-55.

Habermas, Jürgen: Umgangssprache, Wissenschaftssprache, Bildungssprache. In: Merkur 32 (1978), 327-342.

Luhmann, Niklas: Unverständliche Wissenschaft: Probleme einer theorieeigenen Sprache. In: Jb. der Deutschen Akademie für Sprache und Dichtung 1 (1979), 34-43.

4.3 Journalistischer Stil

Journalistischer Stil war immer umstritten. Die vielleicht unmä-
ßigste Kritik stammt aus einer Zeit, als mit ‚Massenmedien' noch
allein Zeitungen gemeint waren, die allerdings – zumal im Vergleich zur heutigen Boulevardpresse – auf sprachlich vergleichsweise hohem Niveau standen. Gemeint ist Nietzsches Verdam-
mungsurteil in der *Ersten Unzeitgemässen Betrachtung* von 1873:

> Das Uebergewicht nämlich bei dem, was der Deutsche jetzt jeden Tag liest,
> liegt ohne Zweifel auf Seiten der Zeitungen nebst dazu gehörigen Zeitschrif-
> ten: deren Deutsch prägt sich, in dem unaufhörlichen Tropfenfall gleicher
> Wendungen und gleicher Wörter, seinem Ohre ein [...] Die Fabrikanten jener
> Zeitungen sind aber, ihrer ganzen Beschäftigung gemäss, am allerstärksten an
> den Schleim dieser Zeitungs-Sprache gewöhnt [...] Daraus erklärt sich das tutti
> unisoni, mit welchem, trotz jener allgemeinen Erschlaffung und Erkrankung,
> in jeden neu erfundenen Sprachschnitzer sofort eingestimmt wird: man rächt
> sich mit solchen frechen Corruptionen an der Sprache wegen der unglaubli-
> chen Langeweile, die sie allmählich ihren Lohnarbeitern verursacht... Wenn
> das Platte, Ausgenutzte, Kraftlose, Gemeine als Regel, das Corrupte und
> Schlechte als reizvolle Ausnahme hingenommen wird, dann ist das Kräftige,
> Ungemeine und Schöne in Verruf.

Mit ähnlichen Verurteilungen geht es weiter: die vor Sprachfeh-
lern strotzenden Alltagswendungen auf der einen, das charakter-
lich Stilvolle auf der anderen Seite. Aber eine solche eindimensio-
nale Medienkritik, die in erster Linie die Allgemeinverständlichkeit, welche ein Massenmedium zwingend mit sich bringt, als Stillosigkeit geißelt, greift zu kurz. Denn einerseits ist das Gemeinver-
ständliche, die Klarheit, noch keine Stilsünde – im Gegenteil –
und andererseits gibt es ja bis heute beides nebeneinander: Zeitungen, in denen gutes Deutsch geschrieben wird (den ‚Qualitätsjournalismus'), und, allerdings in der Überzahl, um alles Sprachliche unbekümmerte Stilblütenblätter.

Betrachtet man die elektronischen Medien: Radio, Fernsehen,
Internet, dann wird schnell deutlich, dass sich die alte *actio* revolu-
tioniert hat. Das Medium – anders als das Wort heute oft gebraucht wird – ist schließlich zunächst einmal nichts Verbindendes, sondern etwas Trennendes: das Mittlere zwischen Aufführung und Wahrnehmung. Der Vorteil ist klar: Elektronische Medien überbrücken große Entfernungen. Sie tun dies allerdings um
den Preis einer Reduktion. Beim Radio ist das sofort deutlich, da
alles – auch die Gestik – mit der Stimme ausgedrückt werden

muss. Aber auch die Zweidimensionalität des Fernsehens ist nicht mit der alten Redesituation vergleichbar. So finden schon aus diesen äußerlichen Gründen Verschiebungen in der *elocutio* statt. Dazu kommt der eng begrenzte Auftrag der Medien (auch der öffentlich-rechtlichen): *Unterhalten* und *informieren* sollen die Sender, *bilden* nur in sehr beschränktem Umfang. Eine schnelle Auffassung aber verlangt eine einfache Sprache. Tatsächlich hat die Sprache in den elektronischen Medien eine solche Umformung (und Reduktion) erfahren, dass wir sie im Folgenden weitgehend unberücksichtigt lassen und uns den Printmedien zuwenden, wo am ehesten von einem ausgereiften Stil gesprochen werden kann.

Die Zeitungen entstanden nicht gleich nach dem Buchdruck, obwohl ihre Herkunft mediengeschichtlich auf die frühen Flugschriften des 16. Jahrhunderts zurückgeht, sondern erst ein bis zwei Jahrhunderte später. Die ersten regelmäßig erscheinenden gedruckten Wochenzeitungen der Welt stammen aus Braunschweig-Wolfenbüttel (*Aviso*) und Straßburg (*Relation*), beide waren seit 1609 im Umlauf. Im Jahre 1615 gründete der Buchhändler Egenolph Emmel die *Frankfurter Zeitung*, die bis 1903 als *Frankfurter Journal* fortbestand. Ab 1617 erschien eine Wochenzeitung in Berlin. Es folgten Wochenzeitungen in Frankreich und England ab 1622, in Skandinavien um 1644 und in Spanien 1704. Im 18. und 19. Jahrhundert entwickelten sich dann in ständiger Auseinandersetzung mit der Zensur die verschiedenen Tageszeitungen, zunächst noch im engbedruckten Kleinformat. Darunter gab es durchaus stilistisch brillante Publikationen wie die *Berliner Abendblätter* Heinrich von Kleists, auch wenn diese nur von Oktober 1810 bis März 1811 erschienen.

Wohl in keinem Bereich ist die normative Stilistik noch (oder wieder) so verbreitet wie im Journalismus. Es ist eine der wichtigsten Aufgaben von Journalistenschulen, ihren Zöglingen einen ‚pressegerechten Stil' anzuerziehen. Dazu gibt es entsprechende Handbücher. Was den meisten darunter gemeinsam ist, ist die Betonung des Einfachen. Einfachheit bedeutet zunächst einmal Verständlichkeit durch eindeutige Wortwahl, angemessene Begründungen etc. Das war, wie gesehen, bereits in der Antike nicht anders. Es bedeutet aber auch Einfachheit der Syntax: Verschachtelungen gelten als Feind des mediengerechten Sprechens und Schreibens. Ganz anders als in der Wissenschaftssprache gilt nämlich geradezu das Gesetz: Was nicht einfach ausgedrückt werden kann, behält man am besten für sich. Helmut Spinner hat sogar vom Journalisten als einem „Agenten der Gelegenheitsvernunft" gesprochen, im Gegensatz zur reinen Vernunft der Wissenschaft. Aber auch manche Abweichungen gegenüber der alten Stilistik sind zu entdecken, so die Empfehlung, Zentralbegriffe häufig zu wiederholen, auch wenn das stilistisch unschön wirken mag. Der Aufbau einer Nachricht soll in der Regel dem Lead-System folgen: schlagzeilenartiger Beginn, der den Kerngedanken umreißt, dann das Eingehen auf die Umstände und zuletzt auf die Einzelheiten.

Horst Pöttker bringt die Stiltugenden des Journalisten auf vier Begriffe: 1) Universalität, 2) Wahrheit, 3) Aktualität und 4) Verständlichkeit. Am stärksten gefährdet erscheint ihm die Universalität, womit gemeint ist, dass jeder Artikel für alle geschrieben sein muss und keineswegs für ein Fachpublikum. Insofern definiert sich der journalistische Stil gleichsam als Gegenstück zum Wissenschaftsstil. Wahrheit versteht Pöttker denn auch eher pragmatisch: Die Subjektivität der geschilderten Sicht soll deutlich gemacht und zudem eine gute logische Struktur unterlegt werden. Die Aktualität zeigt sich auf stilistischer Seite vor allem durch eine klare Tempusstruktur. Das Grundtempus ist das Präteritum, klar geschieden von der Vorvergangenheit. Für die Verständlichkeit greift Pöttker auf die Verständlichkeitsforschung zurück und nennt wiederum vier Kriterien: Einfachheit, Gliederung, Kürze und anregende Zusätze. Wenn auch die einzelnen journalistischen Gattungen jeweils eigene Kriterien haben, so gelten doch die genannten Vorgaben für alle gleichermaßen. Hinzu kommt noch das *aptum*, die Angemessenheit der Stilebene – angemessen nicht zuletzt dem ‚Sound' des jeweiligen Organs.

Warnungen vor Stilblüten, eintönigen Modewörtern, Archaismen und Euphemismen scheinen – ganz im Sinne Nietzsches – in jedes Handbuch des Journalismus zu gehören. Die Medien sind für ihre Stilblüten geradezu bekannt, endlos die Listen der Negativbeispiele. Kaum eine Wahlberichterstattung etwa kommt heute ohne das Wort „erdrutschartig" aus, und zwar gleichermaßen auf Sieg wie Niederlage bezogen. Stilblüten-Warnungen, auch wenn sich manche Ratgeber darin erschöpfen, haben aber offenbar lediglich Unterhaltungswert, kaum praktischen Erfolg. Wolf Schneider, Journalist und selbsternannter Journalistentrainer, hat sich besonders hervorgetan mit der Geißelung journalistischer Logorrhö. Etwas subtiler als die Klage über die Verflachung des

Sprachstils ist dagegen die Empfehlung für Funktionalstile, die Karola Ahlke und Jutta Hinkel aussprechen: Erfüllt der Beitrag die angestrebte Funktion, ist sein Stil angemessen.

Innerhalb der Presse gab es allerdings einen Bereich, der sich zunehmend verselbständigte und bald als intellektuelle Speerspitze der Zeitungen galt: das Feuilleton. Die Beigabe eines gesonderten Kulturteils kommt bereits im 18. Jahrhundert auf. Ab etwa 1800 firmiert dieses Kulturressort in Frankreich unter dem Namen Feuilleton (ein Diminutivum zu frz. *feuille*, also „Blättchen") und wird in die Zeitung selbst aufgenommen, oft auf das Deckblatt, vom Politikteil aber durch einen Strich abgetrennt. In Deutschland gilt die *Kölnische Zeitung* als erstes Blatt, das diesen Aufbau übernahm (1838). ‚Unter dem Strich' entwickeln sich nun eigene stilistische Formen von hohem Anspruch, neue Textformen wie Rezensionen, Kritiken, Glossen, Skizzen, Interviews, Reisereportagen usf. erscheinen. Eine Besonderheit bildet die so genannte „Kleine Form", für die sich auch der Begriff „Feuilleton" selbst eingebürgert hat, weil man gerade sie mit dem Kulturressort eng verband. Heute eher in der Wendung des feuilletonistischen Schreibens gebräuchlich, wird darunter ein eleganter, beiläufiger Ton verstanden, der die Leichtigkeit zum Maßstab macht. Bereits sehr früh machte eine literarische Elite gegen diesen Stil der vermeintlich reinen Ornamentik Front. Karl Kraus nannte ihn, wie gesehen, in seinem berühmten Heine-Essay von 1910 eine „Franzosenkrankheit", die der Dichter nach Deutschland eingeschleppt habe: „Ohne Heine kein Feuilleton". Durch das Feuilleton aber eine „Verschweinung" der Sprache. Gestützt auf solche Urteile bekämpften schließlich die Nationalsozialisten das Feuilleton, in dem sie eine jüdische Domäne sahen.

Trotz aller Abwehrversuche hat sich das ‚Feuilletonisieren' langfristig durchgesetzt, was nicht zuletzt am Publikum lag, das diese Gattung gerade wegen ihrer Leichtigkeit und stilistischen Sorgfalt schätzte. Formal handelt es sich beim „Feuilleton" im engen Sinne um die Verbindung eines persönlich erlebten Ereignisses mit einem philosophisch allgemeinen Unterbau. Diese Form erweist sich sogar als so beliebt, dass sie zunehmend auf alle Bereiche des Journalismus ausgreift. Das aperçuhafte *Streiflicht* der Süddeutschen Zeitung etwa findet sich auf Seite eins und nicht im Feuilleton. Und auch innerhalb der anderen Sparten wird nicht selten dem Feuilletonstil gemäß (ironisch gebrochen und philosophisch

verallgemeinernd) geschrieben. Gernot Stegert benennt zwei auffällige Grundstrategien dieses journalistisch-literarischen Schreibens: das „semantische Komprimieren" (also etwa die Zusam-
menziehung zweier Worte, wodurch eine These auf kleinstem
Raum entsteht: „Grüße aus dem Unruhestand" betitelte die FAZ
die Rezension von Fritz J. Raddatz' Memoiren mit dem Titel „Un-
ruhestifter") und das „Kulinarisieren" (Würzen durch Witz und
Ironie). Sehr wichtig, aber schnell auch abwegig ist die Anspielung: „Apocalypse Cow" titelten einige Zeitungen bezüglich des
BSE-Skandals und spielten damit – nicht allzu geschmack- oder
sinnvoll – auf den Film „Apocalypse Now" an, der seinerzeit den
Vietnam-Krieg als selbstgemachte Apokalypse für eine ganze Generation von Amerikanern interpretierte. Mitunter geht den Re-
dakteuren bei Überschriften dieser Art der Witz durch.

Dass sich heute eine zunehmende Tendenz zum Kolumnismus
zeigt, lässt sich auch auf einen Generationenwechsel in den Re-
daktionen zurückführen. Nach 1968 hatte eine Riege kritisch und
oft belehrend argumentierender Dialektiker die meisten Feuilletons erobert, aber seit den 1990er-Jahren rückte eine junge Generation nach, die mit dem sozialrevolutionären oder auch mit dem
konservativen Akademismus der Vorgänger wenig anzufangen
wusste und einen eigenen Generationenstil der betonten Lässig-
keit entwickelte.

Wir betrachten im Folgenden eine kurze Schauspielrezension
(*die* altehrwürdige Gattung des Feuilletons schlechthin) aus der
Frankfurter Allgemeinen Zeitung vom 18. August 2003:

Massenrufmord
Thalheimers Salzburger „Woyzeck"

SALZBURG, 17. August
Die Bühne des Salzburger Landestheaters: eine ge-
schlossene Aluminium-Zelle. Vorne singt ein Rauh-
und Rauchbein „Sag mir quando, sag mir wann" und
„Si tu n'existe pas". In der Zellenmitte grinst sich
Woyzeck, weißes Hemd, schwarze Hose, eins. Weil er
nicht existiert und sich alles nur im Kopf ausdenkt,
dreht er, quando, quando, quando, der magersüchti-
gen Keifmegäre Marie den Hals um, schneidet dem
Hauptmann, einem Kotz-Deppen, und dem Doktor,
einem Lall-Idioten, die Kehlen durch, bringt den hän-
gebauchschweinischen Tambourmajor dazu, sich das
Blut literweise abzuzapfen, meuchelt die geile Käthe

per Handkantenschlag, mittels Würgegriff aber seinen Kumpel Andres, der hier ein verhungertes T-Shirt-Girlie ist. Woyzeck – bei Georg Büchner ein Einzelmörder (an Marie; sie hat was mit dem Tambourmajor). Real. Aus Verzweiflung. Demütigung. Es geht um alles. Hier jetzt: ein Massenmörder mit Regie-Rübe. Irreal. Es geht um nichts mehr.

Die Untat des Festspiel-Sommers: Rufmord an Woyzeck. Begangen vom Spielvogt Michael Thalheimer und dem Hystero-Schmuddel-Ensemble des Hamburger Thalia. „Was sagt ihr?" fragte einmal Woyzeck von oben herab. Da antwortete einer im Publikum: „Ich will mein Geld zurück!" stand auf und ging. Recht so. Ich aber bin leider noch sitzen geblieben. Ich möchte ja nur meinen Büchner zurück.

GERHARD STADELMAIER

Das hat ihm nicht gefallen, dem Rezensenten. Der Hauptvorwurf lautet: ungebührliche Übertreibung. Durch den Kunstgriff, eine im Text nicht vorhandene Traumsequenz einzuschieben, glaubte der Regisseur offenbar, dem Stück mehr Aktualität oder Brisanz geben zu können. Stadelmaier ist der gegenteiligen Meinung: Das hat das Stück nicht nötig, mehr noch, es verkommt durch solche Eingriffe zu billigem Schmuddel-Theater. Warum sagt der Rezensent das nicht einfach? Weil es dann nach dem elitären Argument gegen alle modernen Inszenierungen klänge, was hier jedoch nicht gemeint ist. Es geht allein um den tatsächlich etwas plumpen Einfall, aus einem psychologisch subtilen Mörderdrama gleich ein Splatter-Stück zu machen. In Stadelmaiers Kritik kann man diese misslungene Adaption nun förmlich *erleben*. Indem er ganz gezielt den niederen Stil in die immer noch als hohe Gattung zählende Schaupielrezension einstreut, führt er (im doppelten Wortsinn) die inszenatorische Idee vor.

Insofern ist die Sprache dieses Artikels nicht nur gerechtfertigt, sondern richtet sich zugleich in all ihrer Stilebenenvermischung als Waffe gegen denjenigen, der mit dieser Herabstimmung begonnen hat. *Hängebauchschweinisch*, ein Wort das bis dato in keiner Theaterkritik aufgetaucht sein dürfte, ist vernichtend, und das nicht wegen seines eigentlichen Inhalts, sondern durch seine Suggestionskraft. Was abstoßend klingt an Stadelmaiers Tirade (*Kotz-Deppen* etc.) überträgt man leicht auf den Regisseur und das „Hystero-Schmuddel-Ensemble", was an stilistischer Brillanz übrigbleibt – es beginnt schon mit der Paronomasie *Rauchbein* –, zählt für den Kritiker (und damit doppelt gegen den Regisseur).

Dass der Artikel manche stilistische (und damit suggestive) Finesse aufweist, fällt sofort auf. Bereits die Überschrift ist eine Kontraktion aus *Massenmord* (den Woyzeck hier an den anderen Figuren begeht) und *Rufmord* (den das Thalia-Ensemble dadurch an Büchner bzw. Woyzeck begeht) – was genau jenem semantischen Komprimieren entspricht, von dem schon die Rede war. In den wichtigsten Partien arbeitet Stadelmaier mit Parallelisierungen und Oppositionen: *Real – Irreal, Es geht um alles – Es geht um nichts, Steht auf und geht – Bleibt sitzen, Will Geld zurück – Will Büchner zurück*. Die Syntax ist auf ein schnodderiges Stakkato reduziert, die meisten Sätze sind elliptisch. Des weiteren findet sich Alliteration (*Rauh- und Rauchbein, Regie-Rübe*), Metonymie (*meinen Büchner*) und Chiasmus (*meuchelt Käthe mit einem Schlag, mit Würgegriff Andres*). Indem der aggressive Ton in der letzten Zeile abgeschwächt wird, kommt ein neuer Stilzug hinzu und aus dem Frontalangriff wird zuletzt ein kleines Requiem für den durch Rufmord Entehrten. Zugegeben: Von solcher Kunstfertigkeit ist selbst ‚Qualitätsjournalismus' nicht immer und zu Recht gilt Stadelmaier als einer der besten Stilisten seines Faches.

Dass in der Rezension keine Metaphern vorkommen (die *Regie-Rübe* ausgenommen), ist beinahe programmatisch: Im Journalismus darf die Ebene des Geschehens nicht ganz verlassen werden. Von Vergleichen dagegen wimmelt es nur so, aber Metaphern, vom Vergleich hauptsächlich dadurch unterschieden, dass das Wort „wie" fehlt, könnten schnell fehlleiten. Metonymien wiederum sind äußerst gängig: „Berlin will die Steuern senken" etc. Am wichtigsten aber sind im journalistischen Stil die Sprachspiele, die Paronomasien und Polyptota – alles, was den Effekt aus dem scheinbaren Zufall herausholt. In der Metapher ist die Sprache kreativ, im Sprachspiel der Sprecher.

Literaturhinweise

Kurz, Josef u.a. (Hrsg.): Stilistik für Journalisten. Wiesbaden 2002.

Ahlke, Karola; Hinkel, Karola: Sprache und Stil. Ein Handbuch für Journalisten. Konstanz 2000.

Stegert, Gernot: Feuilleton für alle. Strategien im Kulturjournalismus der Presse. Tübingen 1998.

Schneider, Wolf: Deutsch für Profis. Wege zu gutem Stil. Goldmann Verlag 1999.

Weinrich, Harald: Deutsch von Journalisten lernen?. In: Ders.: Wege der Sprachkultur. Stuttgart 1985, 19-26.

4.4 Zusammenfassung: Stilanalyse

Die vorangegangenen Stilanalysen dokumentieren an ausgewählten Beispielen den Wandel stilistischer Praxis vom Mittelalter bis zur Gegenwart. Im Vordergrund stand die Literatur, zum Schluss fielen auch Schlaglichter auf Wissenschaft und Journalismus. Was wird insgesamt deutlich?

Zunächst einmal erfolgte die Analyse unter einem bestimmten Aspekt: der Umsetzung stilistischer Vorstellungen in die Praxis. Natürlich kann man Stilgeschichte auch anders schreiben, z.B. statistisch oder in irgendeiner Form auf (synchrone) Strukturen bezogen, auch als Wandel von Denkstilen usf. Der hier vorgenommenen Entscheidung liegt die Überlegung zugrunde, dass die Textproduzenten vom Mittelalter bis mindestens ins 18. Jahrhundert stilistische Kenntnisse besaßen und diese bei aller Freiheit auch anwandten. Sie ließen sich bei den Untersuchungen entsprechend wiederfinden, wobei deutlich wurde, dass die Geschichte des Stils eine Geschichte der (verschiedenen) Auswahl und (verschiedenen) Gewichtung stilistischer Kriterien darstellt. In Gottfrieds *Tristan* spielt der Schmuck eine hervorragende Rolle, bei Luther stehen Verständlichkeitsprobleme im Vordergrund, Fischarts ,unlesbarer' Text ist ,unlesbar', weil er bestimmte Figuren, die Aufzählung und das Sprachspiel, besonders pflegt usf.

Ein gewisse kritische Grenze ist im 18. Jahrhundert erreicht. Mit dem Untergang der Rhetorik (den wir hier wirklich ernst nehmen und nicht als eine Fehlinterpretation von Philologen betrachten) ist das Ende stilistischer Verbindlichkeit erreicht. Wie ging es weiter? Die Antwort lag darin, dass der Untergang der rhetorischen ,Philosophie' die stilistischen Mittel nun für andere ,Philosophien' freigibt. Dies ließ sich schon bei Lessing zeigen. Bei Goethe und Schiller wurde die Situation dramatischer, haben wir es hier doch mit einem ausgesprochen rhetorikverachtenden Sturm-und-Drang zu tun, der erst nach und nach einer gelassen das Erbe adoptierenden Klassik weicht. Im 19. Jahrhundert wird stilistische Kunst von Heine sogar zu einem Höhepunkt geführt, allerdings auch gründlich umfunktioniert. In naturalistisch-expressionistischen Versuchen eines Döblin oder Einstein, aber in manchem ähnlich auch in der späteren Prosa Bernhards spielen stilistische Mittel eine ganz andere Rolle. Hier werden die alten Muster überreizt, an ihre Grenzen geführt, sowohl was die Uneigentlichkeit der Tropen, als auch, was die Architektonik der Figuren angeht. Die Tradition ist also nicht verschwunden, aber mit ihr wird gespielt. Unter der Bedingung absoluter stilistischer Freiheit (zumindest generell gesehen, innerhalb eines Werkes ergeben sich oft doch wieder ‚zwingende' Regeln) ist die stilistische Dimension weiterhin keineswegs nebensächlich. Oft scheint die Wahl des treffenden Stils ohne die Hilfe von allwissenden Stilistiken weit schwerer zu sein, als es die Erfüllung der Vorgaben war. Es wird sich jedoch nicht mehr ändern lassen. Die Literatur hat in der Moderne ihre Unschuld verloren, sie kann die eigene Verfassung (als geformte Sprache) nicht mehr übersehen. Auch wenn sie nun mit dem reichen Erbe (aller Epochen) zu wuchern und zu spielen vermag, wenn zeitgleich Versromane (wie jüngst von Durs Grünbein) neben Internettexten entstehen, alle sprachlichen Volten dasselbe Grundrecht besitzen – sie wird sich nicht mehr in die komfortable Häuslichkeit eines legitimierten Stilideals zurückziehen können.

Die Wissenschaft hat im Zuge der Modernisierung am meisten an stilistischen Vorgaben aufgegeben, sogar die Verständlichkeitsforderung eingeschränkt – und zwar mit Recht. Dagegen kann der Journalismus – gewissermaßen das Gegenstück zur Fach- und Wissenschaftssprache – ohne Verständlichkeit nicht auskommen, ja es kehren manche Mittel des Schmucks wieder. Andererseits wurde hier die Verständlichkeit derart hoch bewertet, dass dafür nicht nur inhaltliche Details, sondern oft auch manche stilistische Raffinessen geopfert wurden, während andere, etwa die Wortspiele, einen ungekannten Aufschwung erlebten. Man nimmt von der alten Stilistik, was noch zu brauchen ist, doch das System ist aus den Fugen.

Personenindex

Sachindex